太田 茂 著

応用刑事訴訟法

成文堂

はじめに

　筆者は、検事として、昭和52年から約34年間、全国の地方検察庁、高等検察庁、最高検察庁において、様々な事件の捜査・公判やその指揮・指導に従事し、また、法務省の官房人事課、司法法制課、刑事局等において、司法試験の実施や改善、裁判員制度創設への協力などの司法制度改革の推進に携わりました。この間、若手検事のころ、米国の四つの州の連邦地方検察庁において捜査公判の実情を視察・研究し、また、外務省に出向して中国北京の日本大使館の書記官として日中の司法交流や中国の司法制度の研究を行う機会にも恵まれました。

　筆者は検事を退官後、平成24年から、早稲田大学大学院法務研究科（法科大学院）の教授に就任しましたが、早稲田大学においては、法学部も兼務し、新設された応用刑事訴訟法の講義も担当することになりました。この科目は、法学部の3、4年生を対象とし、刑事訴訟法の基本的な講義は既に履修していることを前提に、筆者の実務経験を踏まえて、刑事訴訟法が具体的な事件の捜査公判においてどのように適用・運用されているかを、長文の事例問題に基づいて講義するものでした。これらの事例問題は、筆者が実際に経験した具体的事件を素材としてこれに加工し、あるいは現実に発生し得る事件を想定して考案したオリジナルのものです。これによって、学生の皆さんが、頭の中では一応分かっているはずの刑事訴訟法の条文や判例が示す規範が具体的事件においてどのように適用され、判例・学説が論じている問題点が、具体的事件の中にどのように現れ、解決されていくのか、実感を持って理解できるようになることを意図したものです。また、私が捜査に従事・関与した具体的事件の中から、刑事司法の実情等の理解に役立つと思われるものを選び、関係者の秘密・名誉に支障を生じさせない範囲で紹介しました。

　学生の皆さんは学説や判例の勉強によって刑事訴訟というものに対して一定のイメージを持っており、それは我が国の刑事訴訟に対する負のイメージである場合が少なくないように思えます。しかし、学説や判例が論じている問題点が発生するような事件は実はそれほど多いものではなく、多くの事件は捜査関係者の黙々とした努力により、困難を乗り越えて問題点を克服・解決する適切な捜査が行われています。そのような事件では、公判で争われることがないため、判例という形で公にならず、研究者の眼に止まることもありません。しかし、我が国の刑事訴訟の実像は、そのような公にならない大多数の事件の捜査・公判の中に現れているのです。

　どんな国の刑事司法制度も完璧なものはなく、優れた点もあればその反面としての問題点、いわば光と影の両面をもっています。自国の制度の問題点のみに目を奪われ、他国の制度の長所のみを強調するような姿勢では、自国の制度の正しい理解に欠けることとなり、ひいてはその問題点の改善・改革の方向性も不十分なものとなりがちです。本講義では、我が国の法制史、米英独仏等の刑事司法制度の比較法的な紹介を行ったのもそのような観点によるものです。

　本講義の履修生は、幸い、当初スタートした20名余りから数倍に増加し、履修生の皆さんは、法科大学院等から司法試験を目指す人、警察官、裁判所職員等の法律関係分野を目指す人のみならず、大学院進学希望者、国際公務員、マスコミ、一般企業、行政等の分野を目指す人など、多様であり、皆さんの履修態度は極めて真摯、熱心なものでした。

　筆者は早稲田大学での任期を終えて本年春から日本大学危機管理学部の教授に就任しましたが、今後もこれらの様々な分野を目指す学生の皆さんのお役に立てるのではないか、と考え、本講義を踏まえてその内容を更に整理・補充し、本書を取りまとめて公にすることとしました。司

はじめに

法試験を目指す皆さんにとっては、司法試験の受験勉強に忙殺される前に我が国の刑事司法制度の全体像を概観しておくことには意義がある上、また、特に法学未修者の皆さんにとっては、ベーシックなレベルでの司法試験のための勉強ともなり得るものと思います。また、本書は、法学部で学習する皆さんのみならず、若手の警察官、検察官など、実務にある方々にとっても、日々従事している捜査公判について、より広い視点から実務の在り方を考察する機会となるのではないかと期待しています。さらに、法律分野とはご縁のない一般読者の皆さんにとっても、犯罪捜査・公判の実情を伝える「読み物」として手にとっていただくことができれば誠に幸いだと思っています。

　本書の執筆にあたっては、筆者が実務を離れてかなりの期間が経過しており、最近の公判実務などでは裁判員裁判制度の導入以降、かなりの運用の変化も生じていることなどから、筆者の優秀な後輩検察官であった菊池浩検事（現法務省大臣官房審議官）と恩田剛判事（現柏崎簡易裁判所判事。元特任検事。「裁判と法律あらかると（司法協会）」など著書多数）に原稿のチェックをお願いし、様々な貴重なご指摘をいただきました。御両名は、本書の「私の事件帖」「5　山奥の警察署が摘発した全国に10億円の被害を与えたアダルトサイト架空請求事件」や「9　ある消費税法違反事件」の主任検事及び応援検事として活躍していただいた方です。

　御両名はもとより、早稲田大学における応用刑事訴訟法講義の開設等で多大のご尽力をいただいた早稲田大学名誉教授田口守一先生、また、本書の公刊に多大の労をとっていただいた成文堂田中伸治氏に、この場を借りて心よりお礼申し上げます。

　なお、本書の発行と同時に、成文堂から「実践刑事証拠法」を出版しました。これは筆者が早稲田大学法科大学院で担当した刑事証拠法の授業の素材を活用したもので、司法試験受験者や若手実務家向けに、理論と実務を架橋する刑事証拠法を、長文のオリジナル事例を中心に講義する内容です。関心のある方は、本書に併せ、参考としていただければ幸いです。

著　者

目　次

はじめに ·· i
目　次 ·· iii
凡　例 ·· vii

序　章

第1　刑事司法の目的は何か ―Ｓ／Ｎ比の譬え― ····································· 3
　1　刑事司法の目的は何か ·· 3
　2　無罪率のもつ意味 ·· 3
　3　Ｓ／Ｎ比の譬え ··· 4
　4　取調べの意義と目的、その功罪 ·· 5
　5　私の小さな経験から ――若手検事時代の失敗と反省―― ······································· 6
　6　私の事件帖序章 ――ある虚偽自白の窃盗事件―― ·· 7

第2　法制史・比較法的観点からみた我が国の刑事司法の特徴 ························ 10
　1　我が国の法制史の概観 ·· 10
　　(1)　上　代（10）　(2)　上　世（10）
　　(3)　中世から近世へ ――固有法への劇的変化――（11）
　　(4)　貞永式目の制定（11）　(5)　当時は活発な『訴訟社会』だった？（12）
　　(6)　明治維新による近代へ（14）
　2　法制度の近代化は、かえって国民から裁判所を遠いものとしてしまった ············· 14
　3　刑事の分野での法制度の進展 ·· 15
　4　戦後の現行刑訴法の制定 ·· 15
　5　現行刑訴法の分かりにくさの原因はこの制定経緯にある ··································· 15

第1編　捜査法を中心に

〔事例講義1〕
　　資産家老夫婦に対する強盗殺人事件 ·· 19
〔事例講義2〕
　　覚せい剤の組織的密売事件 ·· 69
〔事例講義3〕
　　連続強盗・同致傷事件 ·· 89
〔事例講義4〕
　　連続窃盗・強盗殺人事件 ··· 111
〔事例講義5〕
　　振り込め詐欺事件 ·· 134
〔事例講義6〕
　　犯罪事実の一部起訴 ··· 149

目次

第2編　私の事件帖

1　M市における連続保険金殺人事件 …………………………………… 161
2　独居V女殺人・死体遺棄事件 ………………………………………… 164
3　公共工事をめぐる談合・贈収賄事件 ………………………………… 166
4　軽微な交通事故事件を端緒とする市長の贈収賄事件 ……………… 168
5　山奥の警察署が摘発した全国に10億円の被害を与えたアダルトサイト架空請求事件 … 170
6　通信傍受により摘発した非対面方式の覚せい剤密売事件 ………… 172
7　轢逃げ交通事故の兄弟誤認逮捕事件 ………………………………… 174
8　連続放火「ギョーザ（餃子）」のアリバイ潰し事件 ……………… 176
9　ある消費税法違反事件 ………………………………………………… 178
エピローグ ………………………………………………………………… 182

第3編　公判・証拠法を中心に

第1章　証拠法総論 …………………………………………………… 188
第1　証拠法の基本問題と証拠構造の理解の重要性 ……………… 188
1　自由心証主義 …………………………………………………………… 188
2　厳格な証明と自由な証明 ……………………………………………… 190
3　証拠の関連性など ……………………………………………………… 192
4　要証事実と立証趣旨、主要事実・間接事実・補助事実、直接証拠・間接証拠・補助証拠などの基本的概念 ……………………………… 192
5　証拠構造を理解すること ……………………………………………… 193

第2章　伝聞法則の基本問題 ………………………………………… 196
1　伝聞法則導入の経緯がもたらす問題 ………………………………… 196
2　重要な基本的概念の不統一がもたらす問題など …………………… 197
3　「供述書」と「供述録取書」の媒体には様々なものがあること … 200
　(1)　供述書（200）　(2)　供述録取書（200）
4　伝聞法則適用例外規定の骨格 ………………………………………… 200
　(1)　類型的・定型的に極めて高度の信用性があるため、無条件に伝聞例外が認められるもの（201）
　(2)　一定の要件はあるが、類型的に信用性が高いことなどから、その要件がかなり緩やかなもの（202）
　(3)　(2)ほど類型的に信用性が高いとまでは言えないが、更にある程度要件を厳しくすることにより、伝聞例外として認められるもの（203）
　(4)　類型的な信用性は(3)よりも更に低いため、その必要性が極めて高く、特信性が個別に認められる場合に限り、伝聞例外として認められるもの（203）
　(5)　刑訴法324条の伝聞供述（典型的な口頭の又聞き）（203）

(6) 当事者が同意・合意することにより、証拠能力が付与される場合　(204)
　　(7) 弾劾証拠（刑訴法328条）　(204)
　5　再伝聞、再々伝聞等について ·· 204
　6　「精神状態に関する供述」の問題点 ·· 206

第3章　事例講義1　集団強姦事件 ·· 210
第3章　事例講義2　轢き逃げ殺人事件 ·· 228

第4章　違法収集証拠の諸問題 ·· 251
第1　違法収集証拠排除法則の生成・発展の歴史の概観 ······················ 251
　1　アメリカにおける排除法則生成発展の経緯等 ································ 251
　2　我が国における排除法則の生成発展の経緯 ···································· 252
第2　違法収集証拠排除法則の論拠と排除法則に関する重要な問題点 ·· 253
　1　排除法則の論拠 ·· 253
　2　具体的問題点 ··· 253
第3　最判昭和53・9・7の判旨とそれを踏まえたより網羅的な排除法則の要件など ···· 254
　1　事案の概要と判決要旨 ·· 254
　2　本最決を踏まえたより網羅的な排除法則の要件など ······················ 255
　3　その他の重要な問題点については、どのように考えるべきか。 ······ 256
　(1)　私人の違法行為によって収集された証拠物には排除法則の適用があるか否か。　(256)
　(2)　申立適格（排除の申立てをする資格を当該証拠収集手続における違法行為の被害者等に限定すべきか、他の被疑者等もその手続の違法性を申立てることが許されるか。　(256)
　(3)　証拠物に限らず、違法な取調べ等によって得られた自白についても排除法則の適用があるか。　(257)
　(4)　違法収集証拠に基づいて更に得られた証拠（派生証拠・毒樹の果実）について、どのような範囲・程度において排除がなされるべきか。　(257)
　(5)　違法収集証拠に対して被告人側が同意し、あるいは取調べに異議がない場合には証拠能力が認められるか。　(257)
第4　毒樹の果実論（派生証拠の問題）·· 258
　1　毒樹の果実論についての指導的判例 ·· 258
　2　違法承継論、密接関連論、毒樹の果実論と相互の関係 ·················· 259
　(1)　違法承継論　(260)　　(2)　密接関連論　(260)
　(3)　それぞれの論の関係　(261)
第5　実践的応用問題 ·· 261

第5章　訴因と公訴事実の諸問題 ··· 266
第1　訴因制度導入の経緯と、定着した「訴因」の意義 ······················ 266
第2　訴因の「特定」の諸問題 ··· 268
　1　訴因の特定に関する基本問題 ·· 269
　2　事例による検討 ·· 272

第3　訴因の変更の要否などの諸問題 …………………………………… 273
第4　訴因変更の可否に関する諸問題 …………………………………… 282
　1　訴因変更の可否の基本問題 ………………………………………… 282
　　(1)　詐　　　欺　(284)　　(2)　覚せい剤使用　(285)
　　(3)　窃盗・盗品有償譲受け　(286)　　(4)　収賄・贈賄　(287)
　　(5)　過失運転致死・犯人隠避　(287)

第4編　諸外国の刑事司法制度

第1章　アメリカの刑事司法 …………………………………………… 292
第2章　イギリスの刑事司法 …………………………………………… 307
第3章　フランスの刑事司法 …………………………………………… 313
第4章　ドイツの刑事司法 ……………………………………………… 318
第5章　中国の刑事司法 ………………………………………………… 323

おわりに ………………………………………………………………………… 327
判例索引 ………………………………………………………………………… 334

凡　例

1　法　令
法令名の略語、通称は、各年版の六法全書（有斐閣、三省堂）又は大方の慣用に従う。

2　判　例
判例集・判例収録誌の略称は、次の例によるほか、一般の慣例に従う。

例）最（一小）判平成24・2・13刑集66巻4号482頁：最高裁判所第一小法廷判決平成24年2月13日最高裁判所刑事判例集第66巻第4号482頁以下

最大判	最高裁判所大法廷判決
最（一小）判（決）	最高裁判所第一小法廷判決（決定）
最（二小）判（決）	最高裁判所第二小法廷判決（決定）
最（三小）判（決）	最高裁判所第三小法廷判決（決定）
高判	高等裁判所判決
地判	地方裁判所判決
支判	支部判決
大審院刑集	大審院刑事判例集
刑集	最高裁判所刑事判例集
裁判集刑	最高裁判所裁判集刑事
下刑集	下級裁判所刑事裁判例集
高刑集	高等裁判所刑事判例集
高刑特	高等裁判所刑事判決特報
高刑速	高等裁判所刑事判決速報集
東高刑時報	東京高等裁判所判決時報
刑月	刑事裁判月報
判時	判例時報
判タ	判例タイムズ

3　雑　誌
刑ジャ：刑事法ジャーナル
ジュリ：ジュリスト
法教：法学教室
ひろば：法律のひろば

4 概説書

団藤：団藤重光『新刑事訴訟法綱要［七訂版］』（1967年、創文社）

三井（Ⅱ）、（Ⅲ）：三井誠『刑事手続法Ⅱ、Ⅲ』（2003年、2004年、有斐閣）

5 注釈書、講座、判例解説・判例研究、論文集等

大コンメ刑訴法［2版］（1）～（10）：河上和雄＝中山善房＝古田佑紀＝原田國男＝河村博＝渡辺咲子編『大コンメンタール刑事訴訟法［第2版］第1巻～第10巻』（2010年～2013年、青林書院）

刑訴百選［9版］：井上正仁＝大澤裕＝川出敏裕編『刑事訴訟法判例百選［第9版］』（2011年、有斐閣）

百選：井上正仁＝大澤裕＝川出敏裕編『刑事訴訟法判例百選［第10版］』（2017年、有斐閣）

刑訴争点［3版］：松尾浩也＝井上正仁編『刑事訴訟法の争点［第3版］』（2002年、有斐閣）

新刑訴争点：井上正仁＝酒巻匡編『刑事訴訟法の争点』〔新・法律学の争点シリーズ6〕（2013年、有斐閣）

実例刑訴Ⅰ：松尾浩也＝岩瀬徹編『実例刑事訴訟法Ⅰ 捜査』（2012年、青林書院）

石井・刑事実務証拠法：石井一正『刑事実務証拠法［第5版］』（2011年、判例タイムズ社）

6 祝賀・記念・退官論文集

曽根・田口古稀（上）、（下）：高橋則夫＝川上拓一＝寺崎嘉博＝甲斐克則＝松原芳博＝小川佳樹編『曽根威彦先生・田口守一先生古稀祝賀論文集 上巻、下巻』（2013年、成文堂）

序　章

第1 刑事司法の目的は何か ―Ｓ／Ｎ比の譬え―

1 刑事司法の目的は何か

　私の講義のまず最初に、刑事司法の真の目的というのはいったい何だろうか、ということを皆さんに考えていただきましょう。「刑事司法の目的は無辜を罰しないことにある」「100人の有罪を逃しても、一人の無辜を罰しないことが刑事司法の目的だ」ということがよく言われます。これは確かに、近代以前の古い刑事司法制度が被疑者被告人の権利を保障せず、弾圧的、糾弾的な捜査や裁判によって多くの無実の人を罪に陥れていたことの反省に立って、近代国家社会が求めるべき刑事司法の在り方の基本的な指針として重要な意味を持つものです。

　しかし、私は、このような格言は、刑事司法の目的の重要な柱を示すものではあっても、これのみが刑事司法の重要な目的である、と考えるならばそれは適切でないと思います。犯罪は、その被害者や遺族に取り返しのつかない深刻な被害をもたらし、社会全体の安全・安心を損ない、法秩序の混乱をもたらします。それを防止し、あるいは発生した犯罪を迅速的確に摘発し、犯人たちに事案に応じた厳正かつ適切な処罰を与えることは、国家の重要な使命であり、責務です。近代国家においては、犯罪の被害を受けた者による報復・仇打ちを禁じました。西洋においては、仇打ちの決闘は認められていましたし、我が国でも江戸時代には、仇打ちは堂々と認められていました[1]。しかし、仇打ちを禁じる近代国家においては、犯罪で家族を殺された遺族・被害者の怒りに応えるとともに、社会の安全と正義を実現するためには、国家が、犯罪者を逃さず、必ず厳正的確な処罰を与えることが不可欠の要請となります。

　このように考えると、近代国家における刑事司法の真の目的は、「罪を犯した者を逃さず、厳正・適切な処罰・処分を行うこと」「犯罪捜査・公判において、無実の者を誤って処罰することがないこと」の二つであり、これはどちらがより重要か、という比較の問題ではなく、その二つの要請に共に応えることにあるというべきでしょう。

　刑事訴訟法１条が「この法律は、刑事事件につき、公共の福祉の維持と個人の基本的人権の保障とを全うしつつ、事案の真相を明らかにし、刑罰法令を適正且つ迅速に適用実現することを目的とする」としているのは、この意味にほかなりません。

2 無罪率のもつ意味

　あるデータを元に、日米の無罪率の比較をしてみましょう。

　日本
　　平成22年度　　検察庁受理（一般刑法犯、道交法以外の特別刑法犯）　413,064件
　　　　　　　　　※警察の総検挙人員は約100万件
　　　　　　　　　　公判請求6.9％、略式命令請求25.9％、起訴猶予53.3％、その他不起訴4.7％、
　　　　　　　　　　家裁送致9.2％
　　　　　　　　　※約７万人が公判（約47万人の終局裁判）で、無罪は86人、
　　　　　　　　　　0.02％（全体）　0.13％（公判事件）

（１）　仇討ちは、1863年（明治６年）２月の太政官布告「復讐ヲ厳禁ス」（仇討禁止令）によって禁止されるに至った。

> アメリカ（連邦）
>
> 1995年　　起訴被告人56,480人
> 　　　　　有罪84.2％（有罪答弁77.7％　公判有罪6.5％）
> 　　　　　無罪等15.8％
> 　　　　　　　公訴棄却13.8％（訴因のすべての棄却、検察官の自発的取り下げを含み、実質的な無罪である。）
> 　　　　　　　公判無罪2％（陪審裁判のほか、裁判官によるベンチトライアルもある）
> 　　　　　　　※母数が公判有罪の6.5％と合わせた8.5％なので、公判での無罪率は23.5％となる。

　日本のわずか0.13％の公判無罪率と、アメリカの公判での20数％の無罪率の違いは際立っていますね。これをいったい、どう見るべきでしょうか。論者によっては、日本の無罪率の低さは異常であり、有罪とされた事件の中にも多くの冤罪事件が暗数として存在するとし、アメリカの陪審裁判こそが市民の良識によって無実の者を冤罪から救っており、高い無罪率はその表れである、と主張する人もあります。しかし、そう単純に言い切れるでしょうか。高い無罪率が、真犯人の多くを逃している結果だとすれば無罪率の高さはそれほど評価すべきことではありません。また、有罪率が低くても、それらの有罪とされた者の中に冤罪の者が含まれている可能性もあるでしょう[2]。

　我が国においても、神ならぬ身の捜査官が、時として積極証拠のみに目を奪われ、消極証拠の存在に気が付かずに起訴してしまって公判でそれが暴かれて無罪となる事件、また、相手方の弁解を十分に吟味しないままの厳しい追及が虚偽の自白を生んだ不幸な冤罪事件も存在します。しかし、私の長い検察官としての経験上、検察官は、少なくとも起訴する段階においては、被疑者が真犯人であると確信している場合にのみ起訴します。その判断が誤っていたことが公判で明らかになる場合があるとしても、「無罪か有罪かは確信がないが、まあ有罪となる可能性はあるので起訴しておこう」などと考えて起訴したというようなことは少なくとも私は体験も見聞もしていません。しかし、本講義の後半で勉強するアメリカやイギリスなどの犯罪捜査においては、ずいぶん状況が異なります。日本の有罪率の高さは、基本的には、検察官が、裁判官に近い視点に立って、有罪の確信を得た場合にのみ起訴するという伝統が最も大きく支えていることには間違いがありません。この問題は、当面ここまでにしておいて、本講義を終えた段階で、改めて皆さんによく考えていただこうと思います。

3　S／N比の譬え

　みなさんは、S／N比という言葉を知っていますか？　これは、音楽のオーデイオ装置の性能を表す概念のひとつです。Sとはシグナルのことで「音」といってもよいでしょう。Nとはノイズ、雑音です。大音響が出るのはSが高く、雑音が大きければNも高くなります。性能の良い高

（2）　アメリカでは、1970年から今日まで、死刑判決を受けた6,000人のうち、78人がその後真犯人が逮捕されたり、検察側証人の偽証等が明らかとなって無罪放免（ここ3年半では17人）されたという。1998年ノースウエスタン大学ロースクールで「誤判と死刑に関する全国会議を開催、放免された3名の元死刑囚が参加し、米国刑事司法に重大な疑問を提示し、ある研究では、無実の人間が有罪判決を受けるケースは、毎年1万件ほどあるともいう（公刊物等未登載資料による）。

級オーディオは、割れんばかりの大音響の大きなSが出ても、雑音のNはほとんどないため、快適に音楽を聞くことができます。Nが分母でSが分子ですから、S／N比は極めて高くなりますね。これに対して、昔のわんちゃんがスピーカーに耳を傾けているようなビクターの古いレコード装置は、Sの音は小さいうえ、鉄の針がレコード盤をこする雑音のNが大きく、雑音の中からフルトベングラーの第9が聴こえてきたりします。分母のNは大きく、分子のSは小さいのでS／N比はとても低くなりますね。

　刑事司法の二つの目的、つまり真犯人を逃さないことと、無実の者を誤って罰しないこと、はこのSとNに対応します。真犯人は必ず捕まえ、的確に処罰等を行うのはSを100にすることですね。他方、誤認逮捕などの冤罪はNです。冤罪を限りなく少なくしていけばNは小さくなり、その結果S／N比は飛躍的に高まります。反面、100人の真犯人がいても半分の50人しか検挙できず、そればかりか検挙した50人の中に誤認逮捕等が少なからず混じっていれば、S／N比は非常に小さくなります。

　刑事司法の真の目的は、このS／N比を高めることにある、といってよいでしょう。真犯人を逃さないと同時に、無実の者はきちんと見分けて起訴をせず、誤った有罪としないこと。Nを少しでも減らすことにのみ頭がいき、ちょっとでも問題があれば無難に無難に、ということで警察や検察が検挙・起訴に慎重になるのであれば、犯罪被害者は浮かばれませんし、社会正義も実現できません。また、だからといってNを完全にゼロにしていくことも難しいでしょう。だからこそ、検察官が起訴した事件は公判で審理され、上訴による三審制度や再審制度が設けられているのです。研ぎ澄まされた感覚を用いて、真犯人を識別し、厳正・的確な捜査を遂げていく警察や検察官の姿勢は、逆に言うと、そのような的確な捜査で、捜査段階において無実の者を発見し、起訴を踏みとどまる、ということにもつながっていくのです。Sを限りなく100に近づけるとともに、Nを限りなく0に近づけることが求められるのであり、二つの目的は一見相反する方向への要請のように見えますが、真実発見の厳しい追求こそがこれらの目的を統合・融合させることになるともいえるでしょう。

4　取調べの意義と目的、その功罪

　我が国の刑事司法を批判する論者の多くは、密室での被疑者の追及が、虚偽の自白を生み出すということを強調します。確かに、これまでの捜査において刑事や検事の厳しい追及が虚偽の自白を生んだ事件があったことは事実であり、それらに対する真摯な反省は必要です。他方、論者によってほとんど理解されていないか、軽視されていることは、取調べのもつ、「弁解聴取」の機能です。被疑者の取調べの目的は、犯した罪の追及のみの視点ではなく、被疑者の弁解を聴取し、その裏付けをとることによってその弁解の合理性や真実性を発見し、被疑者の不起訴等に導くことにもあります。このように取調べには2面性があり、単に嫌疑があることだけを前提にして自白を強要するというようなものではないことが理解されなければなりません。これはアメリカやイギリスなどにおいては捜査における取調べの比重が少なく、捜査段階で被疑者の弁解を詳細に聞いてその裏付け捜査を行うことがあまりなされないため、積極証拠があれば起訴し、弁解の真実性ないし合理性は公判段階で初めて明らかになることが少なくないことと対照的だといえます。

　批判論者が、取調べのこのような面の機能に注目しないのは、理解できないではありません。というのは、逮捕された被疑者を刑事や検事が取調べ、弁解は信用できる、あるいは嫌疑に合理

的な疑いが生じた、などの事情から不起訴とした場合、それはほとんど公にならないからです。検察官は有罪の確信をもって起訴するので、当然、公判での有罪率は高いものになりますが、その中で時として捜査の不十分・不適切さにより、無罪とされた場合にはそれが公になるため、弁護人、研究者、また社会全体から、警察・検察に対して厳しい批判がなされます。ところが、捜査段階で嫌疑に合理的疑いがあることを発見して不起訴とした場合は、それは社会の注目を集めません。皆さんが勉強する刑訴法で問題となった判例等の事案は、ほとんどが、捜査の適法性等が問題となった事案や無罪判決の問題事例等が中心であるため、皆さんも、日本の捜査官はふだんからこのようなひどい捜査ばかりやっている、というような印象を持つようですね。

　しかし、圧倒的多数の事件においては、警察や検察は、黙々と適切な捜査をして、起訴すべき事件に絞って起訴し、無実の可能性があれば不起訴とし、あるいは酌量すべき事案では起訴猶予とするなど寛厳よろしきを得た捜査処理をしています。これらが社会の注目を受けることは非常に少ないといえます。これは、別の言葉でいえば「氷山の譬え」といってもいいでしょう。氷山は全体の9割が海面下に沈んでいます。海上に覗かせているのは1割程度の氷山のごく一部にすぎません。いわば、公判請求されて社会の注目を受けるのは海面上の氷山の一角であり、警察や検察が黙々と適正な捜査処理を行っている事件が海面下の氷山の大部分に相当するといえるでしょう。

　制度というものはその長所も短所も含めてその全体像を把握して考察しなければなりません。ある制度がもつ短所の一部分のみを過度に強調して、制度がもつ優れた面や、目に留まらない多くの面を考慮しないような考え方は、ひいては将来のよりよい制度への改革を進める上でも適切なものとはいえません。

　ただ、誤解のないように申しておきますが、私は、「Sを高めるためにならどんどん怪しい者は検挙・起訴すべきであり、多くを起訴すればその中にはある程度誤った起訴事例が生じることも制度の『コスト』としてやむを得ない」とか「大多数の事件について警察や検察は、正しい捜査と事件処理をしているのだから、多少は問題事例があっても大目に見てほしい」などと言う趣旨では全くありません。少数とはいえ、事件の正しい捜査処理ができず無罪等を招いた事件については社会から厳しい批判を受けるのは当然のことですし、警察も検察も厳しい自己反省が必要です。Sを限りなく100に近づける努力と同時に、Nも限りなく0に近づける努力が求められるのです。

5　私の小さな経験から――若手検事時代の失敗と反省――

　検事は、いきなり能力も備え、完璧な捜査処理を遂行できるものではありません。警察官も同じことです。みな、経験未熟な若手のころから、失敗や反省を重ねてだんだん成長し、判断力や適切な捜査処理の遂行能力を高めていけるのです。私も、若手の頃は今から思えば恥ずかしいほどの失敗の経験がありました。

　新任検事のころですが、暴力団員が、拳銃を持って警察署に出頭したため、「警察署における所持」ということで逮捕され、送致されてきました。被疑者は、所持の事実を認め、「名前を知らない男から買った」という弁解でした。私はその弁解の不合理さを見抜けず、問題意識をもたないまま公判請求しました。ところが、公判で被告人は「話が違う。組事務所にガサ（捜索のこと。これから時々使います。）をかけられたが、拳銃が一丁も出てこなかったので捜査担当の刑事が、組の幹部に『俺のメンツにかけても一丁出させろ。起訴はさせないから』と要求した。それ

で、組の幹部が、自分に因果を含めて、拳銃の入った袋を警察署の前で自分に渡し、自分はそれをそのまま持って出頭したにすぎない」と捜査段階では全くしていなかった新たな弁解を始めました。そして、そのような瞬間的な携帯では所持罪は成立しない、と争ったのです。公判を担当したのは優秀な先輩女性検事でした。私は先輩検事から呼び出され、気づいていなかった問題点を厳しく指導されました。送致された記録を読み込むと、ガサの根拠となった、拳銃を見かけたという参考人の調書で、添付された手書きの図面に描かれた拳銃の形状は本件の形状とはずいぶん違っていました。私はそのようなことにすら気づかず、自分で拳銃を持って警察に出頭したんだから所持は当然成立するだろう、と甘く考えていたのです。公判では先輩検事が綿密な立証活動をしてくれて公判での弁解の不合理さを指摘するなどし、最終的には有罪とはなりました。でも判決の後、先輩検事からは「あなたの捜査記録で公判で役に立ったものなんかほとんどなかったわよ」と怒られてしまいました。

　また、新任明けの検事3年生の当時、在宅送致の傷害事件で、被害者と被疑者の言い分が大きく食い違うのですが、被害者は一貫して相手から暴行を受けたと主張し、それは信用できるだろう、と判断したため公判請求しました。しかし、両者の言い分を微細にわたって対比検証し、現場での実況見分を行って両者のいずれが客観的に合理性があるかという基本に忠実な捜査ができていませんでした。これは一審無罪・確定となり、捜査の詰めの甘さにお灸を据えられたのです。

　このような苦い体験から、記録のすみずみまで徹底的に読み込み、どんな微細な矛盾点をもおろそかにせず、真相を解明することの大切さを次第に学んでいったのです。次の事件は、小さな窃盗事件ですが、被疑者の自白が虚偽であることを見抜き、起訴を思いとどまることができたものです。

6　私の事件帖序章──ある虚偽自白の窃盗事件──

　ある中年女性が窃盗被疑者として送致されてきた。嫌疑は、被疑者が働いていた屋台の近くで、行きずりの男を遊客として旅館に誘い、客が風呂に入っている間に財布を盗んで逃げたといういわゆる「旅館盗」の手口だ。

　面割りをした旅館の従業員のＫＳ（警察官が作成した供述録取書の略語）では、被害者と共に来たのはその女に間違いないと明言しており、被疑者には若いころに前歴もある。嫌疑は濃厚なのに、被疑者は完全否認を続けた。しかし、勾留延長後に至り、客室で飲んだビールのコップから被疑者の指紋が検出された事実を突きつけると、ようやく自供し、公判請求に至った。

　その後、余罪が発覚し、追送致されてきた。記録を検討すると、1件目と時期も場所も近いホテルでの同種手口の犯行で、従業員の面割り供述も、前回同様に明確だ。しかも今回は被疑者は最初から自白している。なんら問題のない事件であり、被疑者は、働いている屋台の周辺で、しばしばこのような窃盗を常習的に犯しているものと思われた。

　被疑者を追起訴するべく、取り調べたところ、被疑者は、間違いありません、と自白した。ところが、警察でとられた2通の調書の中で、最初の調書では、盗んだ財布は、近くのゴミ箱に捨てた、となっているが、2通目の調書では、川に捨てた、となっている。何か変だな、と思い、被疑者にこの点を質したが、どうも様子がおかしい。しばらく考え込んだ上「どっちでもいいです」などと言いだす。そういうわけにはいかないから記憶どおり話しなさい、と促した。被疑者は、しばらく躊躇したが、おずおずと口を開き「検事さん、私は本当はこの事件やっていないん

序章

です」と言い出した。驚いて「警察では認めてるのに、やっていないというのは本当か」と質すと、被疑者はまた黙りこんだ後、「やっぱりやりました。間違いありません」と言う。これはじっくり話を聞かなければ、と直感し、とにかくありのままの事実を話すように促した。すると、被疑者は、次第に口を開き、「私は、1件目の事件の取調べのとき、どうしても自供できなくて、長い間刑事さんに迷惑をかけてしまいました。起訴された後、2件目のことを聞かれましたが、身に覚えはなかったのです。でも、いくらやっていない、といっても、前の事件で嘘をついていた私を刑事さんは信じてくれないと思いました。それで投げやりな気持ちになり、最初から言いなりの調書を取ってもらったんです。でも検事さん、私は、今さら刑事さんにこれが嘘だったとは言えません。もうこのまま検事さんも自白の調書を取って起訴してください」と言い出した。

しかし、無実の者を起訴するわけにはいかない。とにかく、被疑者から更に詳しく事情を聞くしかない。なぜ証拠明白だった最初の事件を長い間否認していたのか、などと尋ねていくうちに、被疑者は重い口を開いて、自分の生い立ちを話し始めた。

——私は、貧しい家庭に生まれて中学卒業後、各地を転々として生きるために罪を犯したこともあった。ようやく結婚して、娘ができ、夫とは別れたが、屋台の手伝いをしながら細々と暮らしていた。でも、生活に余裕がなく、時々男とホテルに行って小遣いを稼ぐこともしていた。最初の事件は、そのような中で出来心で起こしてしまった。娘は明るく元気に育ち、近く結婚するところまでこぎつけているが、私の暗い過去を娘にはまったく話したことがない。逮捕されてから親戚が面会に来てくれたが、私が逮捕されたわけは娘には絶対話してくれるな、と頼んでいた。起訴されれば、私の過去や今回の事件が娘や婚約者に知られ、結婚も破談になってしまう。それがおそろしく否認を続けてしまった。でも、動かぬ証拠を突きつけられて結局自白し、起訴されてしまった。刑事さんから身に覚えのなかった2件目を聞かれ、起訴されて落ち込んでいた私は、もう1件でも2件でも同じことだと投げやりな気持ちになり、最初から嘘の自供をしてしまった。財布をどこに捨てたかなど分かる訳がないので適当に思い付きで話していた。そのまま検事さんにも認めて起訴されるしかないと思っていたが、その矛盾を聞かれたことがきっかけで、おそるおそる本当のことを話す気持ちになった。——

彼女の自白が虚偽であるのか否か、まず旅館の従業員に検察庁に来てもらって、直接面割りをしてみた。KSには「間違いありません」と書かれていたが、従業員は「よく似てるので間違いないと思うんですけどねえ」と煮え切らない。次に被害者の会社員を呼んでみたが、本人は当時ほとんど酩酊状態で、ろくに相手の女の顔を覚えていないという。被害に遭ったいきさつを聞くと、会社の花見の車座に、その女が途中から馴れ馴れしく加わって来て、花見の後、仲間と別れてからホテルに誘われたということだ。そこで花見に参加した数人の同僚に来てもらって事情を詳しく聞いてみた。するとある若い部下が、「検事さん、○○さん(被害者)が一緒に帰った女は、前歯が欠けていましたよ。だから、翌日、○○さんが女から財布を盗まれたと聞いて、仲間で『○○さんは歯欠けの女に騙された』と笑っていたんですよ」と話してくれた。

しかし、彼女の前歯はしっかりしており、事件前後に歯医者にかかった事実もない。人違いであることは確実となり、不起訴としたのである。

気がかりなのは娘さんのことだ。被疑者は1件目で起訴されているので、いずれ公判で事実は明らかになる。娘さんに検察庁に来てもらって事情を聞くと、彼女は、母が逮捕された事実すら

正確に知らされておらず、喧嘩かなにかで捕まった、と思い込んでいる。また母は、その生い立ちなどこれまで話してくれたこともない、と言う。

　私は迷った。しかし、いずれ公判で明らかになることだ。彼女に、母親の生い立ちや今回の事件の概要などの真実を伝えるしかない、と思い、話したところ、彼女は見るも気の毒なほどショックを受けている。そして「私は、結婚を約束した彼までいるのに、そんなお母さんは許せない。縁を切ります」とまで言い出した。私は慰めの言葉も見つからず、せめて「お母さんは貧しさの中で、苦労しながらあなたを育ててくれた。今回、幸い、起訴は1件だけで、2件目の疑いは無実であることもわかった。決して常習的にこんなことをやってはいなかったんだと思う。いずれ公判になるが、あなたがお母さんのために、どのようなことをやってあげられるかは、弁護士の先生とも相談し、最後はあなた自身で決めるしかないんじゃないか」と励ますことしかできなかった。

　後日、公判担当検事から「あの事件、娘さんが、公判に情状証人として出頭し、『検事さんから母の生い立ちなどを聞いたときは本当にショックだったが、私を産んで苦労して育ててくれた母を、今は許せる気持ちになった。婚約者にもありのまま話したら、理解してくれた。母が二度と罪を犯さないよう彼と一緒によく世話をしていきます』と供述し、執行猶予判決になったよ」と伝え聞いたのである。

　人が嘘をつく動機は様々だ。捜査官の厳しい追及のみが虚偽の自白を生むわけではない。

　私は、その後、アメリカでの在外研究で各州の捜査公判の実情を見聞したが、いつも念頭にあったのは、窃盗に限らず、私が捜査を経験した様々の事件がアメリカで発生し、捜査をするとした場合、どのような展開を見せるだろうか、ということだった。これは小さな事件ではあるが、被疑者の弁解の微細にわたる点まで取調べや裏付け捜査を行うことは少ないアメリカであれば、おそらく被疑者は、2件目の窃盗についても起訴されて有罪答弁をし、弁護人が検察官と量刑について取引をすることで決着するだろう、と想像された。取調べと自白はまさに両刃の剣なのだ。

第2 法制史比較法的観点からみた我が国の刑事司法の特徴

　刑事訴訟法を勉強する皆さん、特に司法試験受験を目指す皆さんは、目の前の現行刑事訴訟法についてたくさんの問題点に関する法律の解釈論や、様々な判例の勉強に熱心に取り組んでいることでしょう。そんな皆さんにとって、日本の古い時代からの法制史の勉強とか、諸外国の刑事司法制度の勉強などは、司法試験の勉強などにはちっとも役立たないことだと思っているのではありませんか。でも決してそうではないのです。現行の刑事訴訟法がどのような経緯で制定されたのか、それには諸外国のどのような法制度の影響があったのか、を理解することは、単なる「教養」の問題ではなく、現行刑事訴訟法をよりよく理解する上で、とても大切で意義があることなのです。これらについて基本的な知識・理解がある人とそうでない人とでは、現行刑事訴訟法自体の理解の深さに違いが出てきます。

　また、例えば、刑事訴訟法上、むつかしい問題点とされる伝聞法則とか、公訴事実と訴因の問題についても、比較法的視点や現行刑事訴訟法制定のいきさつを知ることによって、謎が解けてくる問題も少なくありません。いわば急がば回れ、なのです。

1　我が国の法制史の概観

　皆さんは、我が国の刑法、刑事訴訟法はもとより、民事法についても、基本的にはドイツなどの大陸法系の成文法典によっている、ということくらいは知っていますね。「継受法」と「固有法」という言葉を知っていますか。「継受法」とは、外国の法制度を受け入れ、これに倣って創り上げた法制度です。「固有法」とは外国の影響によらず、その国自身の国民性、社会、文化によって生み出された法制度です。現在の法制度は、基本的にはドイツなどの成文法体系によっていますから、継受法の性格をもっています。しかし、歴史上これは決して古い話ではなく、我が国は、遠い昔から、固有法時代と継受法時代を、交互に繰り返してきたのです。これらを簡単に概観してみましょう。

(1)　上　代

　603年の推古天皇による冠位十二階制定以前を指します。この時代の法制度の特徴は、法と宗教の未分離、不文法・慣習法の世界だったことにあります。高校の歴史の授業などで、鹿の骨を焼いて神意を占ったり、熱湯に手を入れさせて手がただれるかどうかで、その結果を神判とみる「盟神探湯（くがたち）」という呪術的な風習も行われていたと聞いたことがあるでしょう。また、この時代には、「罪」の観念は、犯罪よりも広く疾病・災厄（神が忌み嫌うものとして）も含んでいました。これらの時代の法制度は、外国の影響を受けない我が国の固有法時代の始まりでした。

(2)　上　世

　603年から967年までの時代を指します。この時代は、我が国が国家を形づくり、政治社会を納めるために、中国の隋や唐の律令制度に倣い、これを導入した時代です。典型的な継受法の時代ですね。律令制度の編纂期（大化の改新まで）、全盛期（奈良朝）、衰退期（平安期前半）に大別されます。編纂期には、604年聖徳太子の17条の憲法、702年の大宝律令（近江令、天武令、養老律

令）などが次々制定されたことは聞いたことがあるでしょう。もちろん、全くの猿真似ではなく、特に行政の分野を治める法である「令」については、我が国の国情にあわせた様々な工夫・考案がなされていました。

また、律令の法制度に加えて新たな法体系も生まれました。それは荘園の発達です。律令制度の当初は、公地公民制でした。しかし、土地の開墾を促すために、三世一身法（723）、墾田永年私財法（743）が制定され、これに伴って公地公民制が次第に崩れ、土地の私有化が始まったのです。それが貴族や寺社、地方の有力者らによる荘園の発達を促しました。荘園の中には律令制度はいきわたらず、荘園内の独自の法制度である「本所法」というものも生まれ、発達してきました。

上世での刑事の分野である「律」については、基本的に中国の法制度に倣っていたといわれます。儒教的色彩が強く、精緻な法制度でした。刑罰には、笞・杖・徒・流・死の五種類がありました。

この時代の刑事の法制度は、警察制度は検非違使、司法制度は訴訟と断獄（弾正台が糾弾）が担っていました。有罪とするには自白が必要で、拷問もあったそうです。しかし、平安時代に入り、仏教思想を背景に、死刑が実際上廃止され810年から1156年までの346年間死刑執行はなかったといわれています。

(3) 中世から近世へ──固有法への劇的変化──

この時代に日本の法制度は劇的な変化を遂げました。中国からの継受法体系から、武家社会のもとでの我が国の固有法の時代に変化したのです。源平の戦いにより、源頼朝は鎌倉幕府を樹立し、武家が支配する国家社会となり、武士及び武家領を支配する武家法が次第に発達してきました。ただ、従来の律令制度や、荘園での本所法が廃止されたのではなく、朝廷の支配する公家社会では公家法（律令の後身たる慣習法）、荘園領主が支配する荘園内ではその内部で発達した慣習法である本所法が支配していたのです。そこに武家が政権をとるに及んで、武士及び武家領を支配する武家法が発達し、三法系の鼎立状態となりました。

しかし、土地の私有制がますます発達したため、これらの鼎立状態は、必然的に、荘園領主（地頭）と武家社会の御家人との間などの土地の支配権をめぐる紛争の増加をもたらしました。殊に、承久の乱（1221年、後鳥羽上皇による鎌倉幕府の討伐戦）後には、朝廷側についた西国の荘園や、公家、武家の多くの領地が没収され、これらが幕府で戦功があった御家人に大量に給付されました。これによって、執権北条氏と御家人との信頼関係が強固になり、鎌倉幕府の開府期に続いて多くの御家人が西国に移り住むこととなり、幕府の支配が畿内にも強く及ぶようになりました。しかし、土地を奪われた側が簡単に承服するとは限らず、伝統的な土地の支配者からは「これは先祖伝来の土地だ」、御家人の側からは「恩賞によって授与された土地だ」などと主張する土地の紛争が増加したのです。それに、土地の私有制が発達すれば、相続や離婚をめぐっても、土地の支配権が誰にあるのか、ということが深刻な問題となってきたのは当然です。

それらのため、幕府の裁判所などでは、土地などをめぐるおびただしい訴訟処理の必要に迫られたのです。

(4) 貞永式目の制定

これらの紛争を迅速的確に解決することは幕府の権威の確立保持のために重要であることか

ら、鎌倉幕府の執権であった北条泰時が、1232年、貞永式目（御成敗式目）を制定したのです。皆さん、貞永式目を読んだことがありますか。インターネットで簡単に見ることができます。たったの51条の条文ですが、条文を読むだけでとても面白いですよ。例えば21条は、妻や妾が相続した土地の、離別後の夫側からの返還請求に関する定めですが「離別した妻や妾に落ち度があった場合は、与えた土地を取り返してもよい。しかし、新しい妻や妾をかわいがり、何の落ち度もない前妻や前妾を離別したときには、その前妻や前妾に与えた土地を取り返すことはできない」としています。

また、訴訟の基本的なルールについても、規定があり、例えば35条は「呼び出しを3回無視した者は、原告だけで裁判を行う。原告が負けた場合は争っている財産や領地は他の御家人に分け与える。ただし、牛馬や下男などは、神社やお寺の修理のために寄付する」こととしています。まるで、目の前に具体的紛争や手続がビジュアルにイメージできるほど生き生きとした規定ですね。

北条泰時は、この式目を「ただ道理の推すところによって定めた」としています。この式目は、幕府法を周知させて裁判の公平を期することに主眼があり、朝廷や荘園領主の支配下の公家法や本所法はまだ効力を失ってはいなかったのですが、幕府権力の拡大とともに、式目の効力の範囲は広がってゆき、後世に大きな影響を与えました。

貞永式目は、鎌倉幕府が倒れ、室町幕府の時代になり、更に江戸時代になってもこれが基本とされました。多くの式目が追加され、最後は900条以上になったと言われます。江戸時代には、式目が、寺子屋での教科書にも使われていたそうです。

式目の特徴は、精緻な条文による論理的・体系的な成文法典ではないことです。目の前に現実に発生する具体的紛争を想定して、常識と道理にかなった解決のための規範を示すものです。ある学者によれば、これは「コモンロー的性格」を有するといいます。コモンローというのは、イギリスやアメリカのような、成文法によらず、現実の紛争を裁判で解決しその判例の蓄積によって、紛争解決の規範を示していく、というものですね。

江戸時代になると、式目の法制度を基盤としつつ、幕府の公事方御定書（1742年）、禁中並びに公家諸法度が制定されました。特に重要なのは、全国の各藩では幕府の法のほかに、各藩固有の法制度もあったのです。いわば幕府法と各藩の法の二重構造であり、どこかアメリカの連邦法と各州の法の二重構造を想起させますね。

裁判所は、鎌倉時代は問注所と言われ、裁判に携わるのは、評定衆とその下での具体的裁判に従事する引付衆がいました。江戸時代には奉行所ですね。

この時代の刑事法の特徴としては、室町時代頃から刑の過酷化が進んだようです。江戸時代には、喧嘩両成敗法、連座制度もありました。有罪とするためには自白が必要で、そのために磔、鋸引き、火あぶり、耳鼻そぎなどの拷問も認められていました。

(5) 当時は活発な『訴訟社会』だった？

私が法学部生だったころ、川島武宜先生の『日本人の法意識』（1967年、岩波新書）という本が学生の必読書でした。これによれば、日本人は訴訟を嫌い、和解を好む民族だ、というのです。確かに、「訴訟沙汰」というネガティブなニュアンスの言葉があるように、法的紛争を裁判所に持ち込むのは最後の手段であり、それよりも話し合いで円満に解決するのがいいのだ、という意識は私たちの周囲に抜きがたくあり、私も川島先生の説が正しいのだろうと思っていました。と

ころが、鎌倉から江戸にかけては、実は日本は非常に活発な訴訟社会だったともいえるのです。問注所とか奉行所には膨大な数の訴えが持ち込まれていました。

　鎌倉時代の例ですが、静岡県のある村は「傀儡」という職能集団の村でした。「傀儡」とは「くぐつ」と読み、男は人形遣いの芸人、女は遊女だったと言われています。「傀儡政権」とは人形のように操られる政権だという意味ですね。これらの職能集団は、身分は武士よりも下ですが農民よりは高かったようで、各地を旅して芸で身を立てていたそうで、そのため、農民に課せられる課徴金や労役等の義務は免除されていたのです。ところが、その村に新たにやってきたお寺の領主が、この傀儡らに新たに課徴金や労役の義務を課したため、怒った傀儡らが、こんな義務は認められないということで、幕府の裁判所に訴えを起こしたのです。そして、結局傀儡らが勝訴し、お寺の幹部らは追放されてしまいました。皆さん、信じられますか。武士よりも身分の低い人々が領主を訴えて勝訴したのです（網野善彦＝笠松宏二『中世の裁判を読み解く』〈2000年、学生社〉）。

　江戸時代も活発な訴訟社会であったことを窺わせるいくつかの例を紹介しましょう。暴れん坊将軍、徳川八大将軍吉宗が享保の改革というのをやりました。ある資料によると、江戸の人口は当時100万人程度と言われていますが、享保3年の江戸の公事（相手方のある訴訟）は、3万5,751件（その大半が金の貸し借りの争い）、訴訟（相手方がないか、応訴以前の事件）は、3万4,501件と、膨大な数でした。奉行所は激務で訴えが引きも切らない。そして吉宗は、事件が多すぎて重要な事件の訴訟に支障が生じるため、享保4年に「相対済令（あいたいすましれい）」というものを出しました。これは、侍はお米で禄をもらい、札差（ふださし）という商人に換金させるのですが、札差は高利貸し的存在で、武士と札差との間に金銭の争いが頻発し、しょっちゅう奉行所に持ち込まれたのです。奉行所はパンクしてしまうので、以後は、そんな金銭のトラブルは奉行所では受け付けないことにし、当事者の話し合いで解決しろ、というものでした。要するに濫訴対策です。

　当時、江戸の奉行所は、江戸で起きる紛争のみならず、地方の藩では解決できない事件の訴訟も受け付けていました。そのため、当時、江戸には「公事宿」といって、訴訟当事者のための宿が100軒以上もあったそうです。地方から出てきて奉行所での裁判を待つ人々が長期間逗留し、また、宿の番頭さん達の中に、奉行所と折衝して裁判の日程を決めてもらったり、提出する書状を作成するなど、司法書士のような仕事をする者がいたそうです（高橋敏『江戸の訴訟』〈1996年、岩波新書〉）。

　もうひとつ面白い例を挙げましょう。江戸の中期から後期にかけて「肥料訴願」という訴訟が多発しました。これは大阪の事件でした。肥料とは干鰯のことで、当時農業の必需品でしたが、これを大阪の株仲間たちが買い占め、値段を吊り上げるのです。それに怒った摂津、河内、和泉の1,000以上の村の住民たちが、大阪の奉行所に、買い占めの禁止などを求める訴訟を起こし、51件もの記録が残っています。いわば、独占禁止法違反の集団訴訟・住民訴訟のようなものですね（平川新『紛争と世論－近世民衆の訴訟参加』〈1996年、東京大学出版会〉）。

　余談ですが、私は落語が好きなのですが、落語の中には、大岡越前守の「三方一両損」、「天狗裁き」、「大工調べ」、「鹿政談」、など裁判もの、訴訟ものがたくさんあります。江戸時代には、江戸の町には今のコンビニくらい、あちこちに寄席があり、庶民の楽しみだったのですが、そんな落語の題材に訴訟ものが多いということは、紛争解決のために奉行所が頼りにされていたことをよく示していますね。江戸の庶民の間の紛争でも、まずは五人組、そして大家さんが仲裁に乗

り出し、それでも解決できないときには奉行所に訴え出てお白洲で裁きを受けるということが、日常的になされていたのです。

(6) 明治維新による近代へ

明治維新により幕府が倒れ、鎖国もやめて日本は国際社会の中で近代国家への歩みを開始しました。司法制度の改革も、日本が近代国家の仲間入りをするために不可欠の要請でした。殊に、日本が独立国家たるには、治外法権撤廃、関税自主権回復が悲願であり、当時、初代の司法卿であった江藤新平をはじめとする先達は、血のにじむような努力で、ヨーロッパに倣った近代法制導入を進めたのです。

当初は、フランスから招聘したボアソナードの指導の下でフランス的な民法や治罪法等が制定されましたが、次第に、ドイツに倣った法制の方向に変化していきました。

そして、民法典などをはじめとする大陸法系の立派な成文法典は成立し、裁判所や司法省などの法律を所管する官公庁も立派に建築されました。今法務省のある霞が関１丁目１番地には赤れんがという明治の洋風建築が保存・利用されていますが、このことだけでも当時の政府がいかに司法制度を立派に作り上げることを重要と考えていたことを示しています。

ドイツなどに倣った近代的な成文法典の導入にはもう一つの理由もありました。というのは、四民平等により、武士や公家の身分の区別がなくなりました。すると江戸時代には、公家にのみ適用された公家諸法度などの法律は通用しなくなります。また、幕府と藩の法制度の二重構造だったのが、廃藩置県によって崩れてしまいました。ですから、それまでは地方の藩でも、江戸の幕府においても、様々な法的紛争について非常に活発に利用されていた法律や裁判制度は、使いたくても使えなくなってしまったのです。

2　法制度の近代化は、かえって国民から裁判所を遠いものとしてしまった

このように、外見上は壮大な成文法典や司法の建築物等ができても、実際の国民が抱える紛争解決のためには、裁判所は、かえって遠いものとなってしまいました。というのは、民法は1,000条以上の膨大な条文ですが、概念が徹底的に抽象化され、論理的・体系的に構成されています。ですから、民法の個々の条文を読んだだけでは、具体的紛争をどう解決してよいのか、素人にはまったく分かりません。御成敗式目が「別れた妻をいじめて新しい妻をかわいがったら～」などと生き生きとルールを定めているのとは大違いですね。ですから、このような民法を理解し、紛争解決のために適用できるのは、裁判官や弁護士など法律の専門家に限られます。ところが、弁護士は、今日でさえ英米よりはるかに少ないため近年の司法制度改革が進められたのですが、明治時代などには、代言人と呼ばれた弁護士は「三百代言」と揶揄され、数えるほどしかいませんでした。ですから、全国の国民が、法的紛争が生じても頼るべき弁護士も周りにおらず、裁判所の敷居は非常に高いものになってしまったのです。日常生じる紛争を、大家さんが解決してくれなかったら、すぐに奉行所に駆け込む、などとてもできなくなったのですね。

もうひとつは、戦争への突入です。日本が列強に肩を並べて、中国のような侵略される国に陥らないために、富国強兵策を推し進め、国民の膨大な犠牲のもとに、日清・日露戦争を戦い、さらには日中戦争、太平洋戦争への道を突き進みました。こういう時代には、個人の権利利益を犠牲にしてでも国を強くするということが、為政者の方針でした。「ああ野麦峠」のような女工哀史、田中正造翁が闘った足尾鉱山鉱毒事件などは、今で言えば悪質な労働基準法違反、環境法違

反事件ですが、司法はこれらを救済できませんでした。私は、かえって江戸時代の方が、これら民衆の苦しみを奉行所などが救ってくれたのではないかな、と思うほどです。江戸時代は封建的国家でしたが、武士はいばって悪政ばかり行っていたのでありません。賢明な領主たちは、農民たち庶民の不当な抑圧に対しては、様々な救済策を施しており、奉行所などもそのために活発に利用されていたようです。

しかし、国民を犠牲にしても国を強くする必要に迫られた明治国家においては、裁判所を国民の日常的な紛争処理の制度として活性化させる余裕はなく、そのために、訴訟はできるだけ避けて、各種の和解や調停手続等による紛争解決が奨励されていたように思われます。

このように考えると、川島先生は、民法や法社会学の大家ではあられましたが、『日本人の法意識』には法制史的な分析叙述はほとんどみられません。ですから、川島先生が「日本人は訴訟を嫌い、和解を好む」とされたことは、鎌倉以降の長い歴史の中では当てはまらない、ということはいえそうですね。

3 刑事の分野での法制度の進展

ボアソナードの指導のもとで、フランス法を模範とする初めての近代的な刑事の法典として、1880年（明治13年）に治罪法が制定されました。これによって、有罪認定のために自白を必要とする法定証拠主義を排し、自由心証主義の採用、検事による国家訴追主義、弾劾主義の導入などが図られました。その後、明治刑訴法といわれる旧旧刑訴法（1890年）を経て、1922年（大正11年）には、ドイツの刑訴法に大幅に倣った大正刑訴法といわれる旧刑訴法が制定されました。

そして、この旧刑訴法が、太平洋戦争の敗戦と、その後の昭和23年の現行刑訴法の制定まで、戦前の日本の刑事訴訟制度の根幹となったのです。旧刑訴法は大陸法の職権主義が支配する刑事司法であり、予審制度も含まれていました。

4 戦後の現行刑訴法の制定

太平洋戦争の敗戦により、ＧＨＱの指導の下で、日本国憲法が制定され（形式的には旧憲法の改正）、それを踏まえて刑訴法の制定作業が進められました。憲法がアメリカ法の強い影響を受けて、31条以下に、アメリカの連邦憲法の修正条項を模範とした適正手続等の権利保障条項を盛り込んだため、刑訴法もこれを踏まえた見直しを迫られました。

望むらくではありますが、大陸法的な職権審理主義が支配する旧刑訴法の構成や骨格の全体を根本的に改め、アメリカの当事者主義を導入した新たな刑訴法を基本的に作り直す、ということが当時できていれば、戦後、刑訴法について長く続いた論争や、明文の文理解釈とは大幅に異なる実務の運用、というような事態は生じず、皆さんも刑訴法の勉強で悩む問題は少なくなっていたでしょう。

しかし、当時、旧刑訴法の構成・骨格を全面的に見直すということまではできなかったため、職権審理主義を前提として制定されていた旧刑訴法の骨格の基本は維持したまま、予審制度を廃止し、起訴状一本主義、公訴事実と訴因、伝聞法則などアメリカの当事者主義に基づく制度等をいわば接ぎ木的に挿入する、という形がとられたのです。

5 現行刑訴法の分かりにくさの原因はこの制定経緯にある

旧刑訴法は、裁判所が、積極的、主体的に真実を発見していく、という職権審理主義のもとに

構成されています。刑事事件は、事件の発生、捜査の端緒の把握、捜査の開始と遂行、捜査を尽くした上での起訴不起訴の事件処理、起訴後の公判前整理、公判の開始と審理、判決、というように時系列的に進行します。ところが、現行刑訴法はこのような事件の時系列的進行に即した条文構成をとらず、いきなり「第1編」として、裁判所が前面にでて真実を発見するための諸制度の規定が並びます。本来なら先に始まるはずの捜査手続は、「第2編」として、その後に位置します。そして被疑者等の身柄の拘束に関する規定や、捜索・差押えなどの諸規定の多くは、第2編の例えば222条などの規定が、第1編の裁判所が行う真実発見の手続き規定を多数準用する、という形になっています。例えば、捜索については、裁判所による捜索押収（99条から127条まで）の規定を、222条が捜査段階についてほとんど準用しています。しかし、私は、これまで裁判所が捜索をした、など聞いたことがありません。肝心の裁判所の捜索・差押えの権限規定はほとんど死文化し、準用する捜査段階の方で実際にはほとんどすべてが活用されているのです。また、312条の訴因変更の「命令」など実務では皆無に近いですし、証人尋問の方式についての304条1項は、「証人等は、裁判長又は陪席の裁判官がまず、これを尋問する」としていますが、実際の裁判では、こんなことはあり得ません。証人尋問請求した当事者からまず尋問を始める交互尋問制度が完全に確立しています。

　このような現行刑訴法制定の経緯を理解しておけば、皆さんがしばしば抱く「なんで判例・学説は刑訴法の条文の明文とは全然異なる議論をしているんだろう」「これに関する条文は一体どこにあるんだろう」などという疑問は、かなり解消できることになるでしょう。ここでも「急がば回れ」ですね。

第 1 編
捜査法を中心に

さあこれから、具体的事例によって刑事訴訟法を実践的に勉強していきましょう。みなさんが、これまで刑訴法の講義や教科書で学び、一応頭の中に入っているはずの様々な問題点が、具体的事件の中にどのように現れるのか、また、それらの問題点について法律の規定や判例の規範をどのように的確に当てはめて事件を解決していくのか、ということを実感をもって理解できるようになるのが「応用刑事訴訟法」の講義の目的です。一般の教科書などでは、刑訴法の問題点について体系的に論じられることが多く、また判例についても重要で指導的な判例については多くの解説や評釈等があります。しかし、以下の事例講義では、様々な問題点がなんの脈絡もなく、また、判例どおりの事案ではなく、様々な変化球を含んで登場します。教科書などが論じている理論と重要な判例に含まれる様々な問題点を、丸暗記の勉強に頼るのではなく、具体的事例の中に発見し、それを自分の頭で考えて理解する努力を続けることによって「応用力」が養われるのです。以下、引用する条文について、何も表示しないか「法」とのみ表示したものは刑事訴訟法、「規則」とは刑事訴訟規則、「規範」とは犯罪捜査規範のことを指します。

〔事例講義１〕
資産家老夫婦に対する強盗殺人事件

〔事件の発生〕

　大本・中山・小川の３名が、ある資産家の老夫婦宅を襲い、金品を強奪することを計画した。平成23年４月15日夜、被害者宅に大本ら３名が侵入し、用意したロープで夫婦を縛り上げ、金品を奪った上、夫婦を脅迫してキャッシュカードの暗証番号を聞き出した後、夫婦を絞殺した。

　侵入と逃走のための足として、大本が、昔刑務所服役時代に知り合ったAに、５万円の礼をやるから、と言って運転手役に誘い込んだ。しかし、強盗の目的であることは告げず、Aの自動車で被害者宅近くまで送らせ、帰りもその車で数キロ離れた私鉄の駅まで送らせて逃走した。

　被害金品は、現金120万円、高級腕時計２個、指輪・ネックレス等十数点、銀行・信用金庫のキャッシュカード３枚であった。

　事件翌日の16日、老夫婦の娘が訪ねてきて、悲惨な現場を発見。110番したため警察が駆け付け、事件が発覚して直ちに捜査が開始された。

> **設問１**　警察は初動捜査としてどのようなことを行うべきか。

　みなさんが、警察官になったつもりで考えていきましょう。初動捜査は、事件の性質や捜査の端緒がどのようなものであるかによって一様ではありません。捜査の端緒には、告訴・告発や自首、現行犯逮捕のように刑訴法に明文で定められているものもありますが、匿名の情報提供、噂や風評等に基づく内偵捜査の開始、ある事件の捜査中に浮かび上がった別の事件の嫌疑、など

様々なものがあります。それらに応じて初動捜査の進め方も異なってきます。本事例のように、110番通報により捜査の端緒が得られた殺人事件では、次のような初動捜査が必要になります。

① 現場保存

まず大事なのは、現場を発見時のままにして、手をつけずに保存することです。横たわっている遺体を引き起こしたり、犯人が金品を奪っていないかなど調べようとして引き出しの中をいきなり開けたりしては絶対にいけません。そんなことをすれば、重要な事件の証拠の痕跡が消えてしまうことだってあるからです。

犯罪捜査規範は、第3章「捜査の開始」の第3節「犯罪現場」に次のような規定を置いています。

84条2項　……現場臨検が行われるときは、確実に現場を保存するよう努めなければならない。
86条1項　現場の保存に当たつては、できる限り現場を犯罪の行われた際の状況のまま保存するように努め、現場における捜査が的確に行われるようにしなければならない。

② 実況見分又は検証

こうして、保存された現場について実況見分（※「検分」ではないので注意）または検証を行います。これと後に述べる検視等と、どちらを先にやるかの順序は、事案によって必ずしも一様ではありません。検証とは、法218条が捜査段階の令状による検証を定めており、222条が、128条以下の裁判所が行う検証に関する規定の多くを準用しています。このような条文構成の経緯や問題は既にお話ししましたね。検証とは、捜査官が、五感の作用によって対象物の存在、外観・形状等を認識することを言い、物や場所に対するもののみでなく、身体検査も検証の一種です。ただ、身体検査については特に相手方の名誉・プライバシーへの侵害のおそれが大きいので、それに配慮した特別の規定も設けられています。検証は、捜査官が通常の人間の五感の作用の能力を用いて行うことであり、鑑定が専門家によって専門的・科学的知見や技術を用いて行われることとに違いがあります。

実況見分と検証とは、行う内容に違いはありません。相手方の承諾や協力が得られない場合に令状によって行うのが検証であり、相手方が任意に協力してくる場合や、公道上で令状なしに行うのが実況見分です。実務ではむしろ実況見分の方が多いですね。

検証・実況見分では、本件のような殺人事件では、家の外観、玄関などの侵入経路、犯行が行われた部屋、遺体が横たわっている状況などについて、詳細に見分して写真を撮影し、図面を作成するため部屋の広さや家具の位置など、克明に寸法を計測します。血痕が飛び散っている場合には、血痕の大きさについてミリ単位で計測し、それが飛び散ったときにできる飛沫こんなのか、垂れ落ちて溜まったものか、なにかにより拭われた形跡はないかなど、綿密に見分して写真・図面を作成します。これらに基づいて後日検証調書ないし実況見分調書を作成しますが、重大事件では時には数十頁に及ぶことも珍しくありません。これらの証拠能力の問題については後半の講義で勉強していきます。

③ 任意提出物又は遺留物の領置

被害者やその遺族など、その場所を管理する人が、その場所にある、事件に関係すると思われる書類や物品を捜査官に任意提出してくれれば、これを領置します。また、犯人が残していった

と思われる凶器や、犯人や被害者のものかもしれない毛髪が見つかれば、これらは法221条に基づき、遺留物として領置します。ただ、その場合は、どこにどんな状態で残っていたのか、ということに重要な意味がありますので、発見された状況を写真に撮影するなどし、実況見分調書にそれを含めるか、別途写真撮影報告書を作成したりします。領置については領置調書を作成します（規範109条・110条）。

④ 指紋、足跡等の採取

　これらの重要性はいうまでもありませんね。規範92条は、「遺留品、現場指紋等を発見した場合、紙片に被害者又は第三者の署名を求めて添付の上撮影するなど証拠力の保全に努める」と定めています。指紋をどこから採取したのかの正確な記録が必要なのはいうまでもありませんが、採取した指紋について、それが当該事件の捜査で採取されたことを正確に記録して保存することも極めて重要です。指紋は、付着箇所にアルミウム粉などの粉末を振りかけて浮かび上がった指紋を用紙に写し取り、それを後日照合するのですが、窃盗事件捜査で採取した指紋の保存管理がおろそかだったため、裁判で請求された指紋の証拠について、それが本件の犯行現場から採取されたものであるとの証明が十分でないことなどを理由に無罪とされた事案もあります（豊島簡判平成元・7・14判時1336号156頁）。

⑤ 検　視

　死体が発見された場合、検視を行います。検視とは、犯罪の有無を発見するために行われる捜査前の処分であって捜査そのものではなく、その意味で検証とは異なります。
　犯罪に関して行う検視は司法検視と呼ばれ、法229条が次のように定めています。
　1項　変死者又は変死の疑いのある死体があるときは、その所在地を管轄する地方検察庁又は
　　　区検察庁の検察官は、検視をしなければならない。
　2項　検察官は、検察事務官又は司法警察員に前項の処分をさせることができる。
　ここで、死体のうち、司法検視の対象となる「変死者又は変死の疑いのある死体」の概念を確認しましょう。

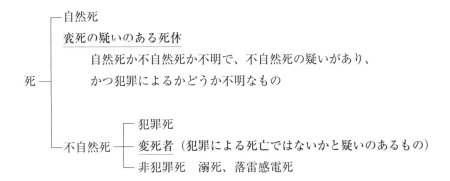

　この死の概念自体からは、犯罪死であることが明らかな死体については、法229条の検視の対象とはならないように読めますが、捜査実務においては、犯罪死であることが明らかであっても検視をしているのが実情です。また、検視の本来の主体は検察官ですが、229条2項は、いわゆる代行検視、といって検察官が自ら検視をせず、検察事務官や警察官に行わせることもできま

す。実務では、それほど問題がないような事案では代行検視による場合が多く、重要事件や問題のありそうな事案については検察官が自ら検視を行っています。検視の結果、犯罪による死亡の嫌疑が生じればそこから捜査段階に移行します。

ところで、司法検視とは異なる「行政検視」という制度があります。これは、警察官が、凍死者、自殺者等犯罪性のないことが明らかな死体について身元確認、公衆衛生上の目的のために行うものです[1]。

⑥ 司法解剖

検視の結果、犯罪性が認められれば司法解剖を行うことになります。なお、医師が患者等の死亡の際に、死亡を確認し、死因、死因の種類、死亡時刻、異状死との鑑別を総合的に判断することを死体の検案といいますが、これにより犯罪が疑われて警察に通報等がなされた場合にも捜査が開始され、司法解剖が行われます。

死体解剖の一般的な根拠法令には死体解剖保存法があり、「死体の解剖及び保存並びに死因調査の適正を期することによって公衆衛生の向上を図るとともに、医学の教育又は研究に資すること」を目的としています。死体解剖については、通常保健所長の許可や遺族の承諾が必要ですが、司法解剖は例外的にこれが不要であり、刑訴法に次の規定があります。

223条　検察官等は被疑者以外の者に「鑑定を嘱託」できる。
225条　鑑定受託者は、裁判官の許可を受けて、168条1項に規定する処分をすることができる。
168条1項　鑑定人は、鑑定について必要があるときは、裁判所の許可を受けて、人の住居等に立ち入り、身体を検査し、**死体を解剖し**、墳墓を発掘し、又は物を破壊できる。

この225条にいう裁判官の許可により、「鑑定処分許可状」が発付されます。

なお、司法解剖とは別に、行政解剖という制度があります。これも死体解剖保存法8条が、遺族の承諾等が不要な例外として定めており、都道府県知事が置く監察医が、「伝染病、中毒又は災害により死亡した疑いのある死体その他死因の明らかでない死体について死因を明らかにするため」に行われます。運用としては、主に死因の判明しない「犯罪性のない異常死体」に対して死因の究明のために行われています。その他にも広い意味の行政解剖として、食品衛生法や検疫法の規定に基づいて遺族の承諾がなくとも行われる解剖もありますが、これらの要件に該当しない死体の解剖は遺族の承諾等が必要です。

本来なら、少しでも犯罪性が疑われる死体についてはきちんと司法検視を行って司法解剖を行うのが理想なのですが、事件関係者が犯罪を隠蔽していたり、あるいは、司法解剖を行う法医学の先生の確保の困難さから、行政検視しかなされないことも少なくありませんでした。後でお話しする、私が捜査を経験したM市の連続保険金殺人事件（後掲「私の事件帖」）でも、6年前の殺

---

(1) 以前は、死体取扱規則（国家公安委員会規則）により行っていたが、死体の検査調査の問題改善を図るため、平成24年、死体取扱規則が改正され、新たに「警察等が取り扱う死体の死因又は身元の調査等に関する法律」が制定された。これにより、死因を明らかにするために、体液の採取や、死体の内部外部の撮影等による診断の規定、身元確認のためのDNA検査の実施などを可能とする規定が整備された。ただ、同法では「取扱死体が変死体であるときは、刑訴法による検視があった後でなければこれらの検査はできない」ものとされ、刑訴法の検視が優先する。

人については、被疑者らが警察に嘘をついていたため、行政検視しか行われず、解剖はなされていませんでした。被疑者らが解剖を承諾するはずもなく、だからといって司法解剖を行うだけの嫌疑はまだ浮かんでおらず、行政解剖の要件にも該当していなかったからです。

そのため、前注の「警察等が取り扱う死体の死因又は身元の調査等に関する法律」では、第6条が、「警察署長は、取扱死体について、第三項に規定する法人又は機関に所属する医師その他法医学に関する専門的な知識経験を有する者の意見を聴き、死因を明らかにするため特に必要があると認めるときは、解剖を実施することができる。この場合において、当該解剖は、医師に行わせるものとする」（1項）と定め、この場合には、従来の行政解剖では必要的であった遺族の承諾等がなくとも、遺族への説明で足り、また、遺族の不存在や所在不明、緊急を要する場合などには、説明をせずに解剖を行うことができるとされました（2項）。これは「新法解剖」と称されています。

これによって、司法解剖と行政解剖のいわば隙間にある事案について、犯罪死の見逃しを防止するための解剖も可能となりました。この法律の目的は、犯罪死の見逃しの防止のみならず、「被害の拡大及び再発の防止そのた適切な措置の実施に寄与」することや「遺族等の不安の緩和又は解消及公衆衛生の向上」という広い視点を含んでいます。

⑦　聞き込みその他の内偵の開始

現場での実況見分や証拠物等の収集が一段落したら、あるいはこれらと並行して、事件について何か知っていると思われる家族その他の関係者や近隣住民などに対する聞込みを開始します。

〔捜査の進展と難航〕

警察は老夫婦の取引銀行を把握したため、甲銀行と乙信用金庫に連絡を取り、キャッシュカードによるATMからの預金引き出し状況を確認したところ、事件翌朝、既に預金は引き出されており、次の事実が判明した。
　ア　甲銀行○支店のATMから、3回にわたり現金150万円が引き出された
　イ　乙信用金庫○支店のATMから、2回にわたり80万円が引き出された
いずれの引き出しの様子も防犯ビデオカメラに録画されていたが、警察では録画画像の容貌だけからは、犯人の特定に至らず、犯人の割り出しは難航していた。

事件の翌年6月2日、Bが窃盗（別件）の罪で逮捕　勾留されていたが、Bは担当刑事の親身な取調べに心を許し、自分の罪を認めたほか、次の供述をしたが、調書作成には至らなかった。

「お世話になった刑事さんの耳に入れたいことがある。実は、去年4月の老夫婦強殺事件だが、あれは、自分の昔の窃盗仲間の大本・中山らがやったことだ。今年の5月初旬ころ、久しぶりに大本と街で顔を会わせたので喫茶店で話したところ、大本は、自分にまた窃盗仲間に加わるよう誘いをかけてきた。自分は、以前、大本の分け前のやり方に不満を持っていたので言葉を濁していたら、大本は『去年の4月の老夫婦殺しの件、知ってるだろう。あれは俺が中山達と踏んだヤマだ。完璧なやり方だったから、もう1年もたったけど警察も手が出せない』などと自慢気に打ち明けた。でも、このことは調書にはしないで欲しい」

警察は、直ちに、大本・中山の特定作業にかかったところ、両名の氏名が特定でき、それぞれ数件の窃盗・強盗の前科があることが判明した。しかし、逮捕された当時の写真は残って

第1編　捜査法を中心に

いたが、古いものであった。警察は、Bから得た情報を踏まえ、大本・中山の所在捜査を進めたところ、その住居も特定できた。

そこで警察は、ATMの防犯ビデオに録画された画像と大本・中山との容貌の一致の確認作業を進めることとし、次の捜査を行った。

ア　大本に対する尾行を続けた刑事が、大本が自宅近くの路上を歩いているところをビデオカメラで撮影することに成功した。

イ　中山については最近健康を害しているらしく、自宅アパートの部屋にこもりきりであったため、アパート近辺の貸しビルの大家と交渉し、空き部屋にビデオカメラを設置し、望遠レンズで、アパート居室内の様子を観察し続けた。そしてある日、中山が窓を開け放っていた時、室内にいた、パジャマ姿の中山の容貌肢体の録画に成功した。

設問2　これらのビデオ録画は適法か。その根拠、重要な判例にはどのようなものがあるか。

1　この問題についての判例

カメラが普及していなかった昔には、捜査官が捜査でカメラを使って写真撮影することもそう簡単ではなく、ましてビデオカメラによるビデオ撮影はなおさらでした。これらが普及するにつれて、捜査でのカメラ撮影の活用は当たり前の捜査手段となりました。カメラによる撮影は、撮影対象の人や物の存在、外観・形状などを認識して記録・保存することですから、法的な性質は検証に当たります。しかし、人は誰でも自分の身体や所持品などについてむやみには他人から撮影されたくないので、もし相手の意思に反してでもカメラで撮影する場合には、それが強制処分として検証令状を必要とするのか、あるいは任意処分としてどのような状況のもとで許されるのか、という問題が生じます。強制処分の定義と任意処分の許容性の判断基準については、**最（三小）決昭和51・3・16刑集30巻2号187頁**という最重要判例がありますが、これについては後にゆっくり勉強するとして、まずは、カメラ撮影についての重要判例をいくつか見ていきましょう。

この問題について初期の最も重要な判例は、**最大判昭和44・12・24刑集23巻12号1625頁（京都府学連事件）**です。この事件は、学生運動が盛んだった当時、京都の河原町の目抜き通りで学生が許可条件に反する違法デモを始めたため、警察官が令状なしに、歩道上から違法デモを写真撮影したことの適法性が争われました。最高裁は、「何人も、その承諾なしに、みだりにその容ぼう・姿態を撮影されない自由を有する」としつつ、「犯罪を捜査することは公共の福祉のために与えられた国家的作用の1つであり、警察にはこれを遂行すべき責務がある」とした上、その許容される限度について「<u>現に犯罪が行なわれもしくは行なわれたのち間がないと認められる場合であって、しかも証拠保全の必要性及び緊急性があり、かつその撮影が一般的に許容される限度をこえない相当な方法をもって行われる</u>」ときには、犯人の容ぼう等のほか、その近くにいる第三者の容ぼう等も含まれる写真撮影は違法ではない、としたものです。

この判例をめぐっては、「現に犯罪が行われもしくは行われたのち間がない」という「現行犯的状況」について、無令状の写真撮影にはこれが常に必要とされるのか（限定説）、あるいはこれは当該事件について許容される事実のひとつとして指摘したにとどまり、常にこれが必要とされるわけではないと考えるのか（非限定説）、の議論がありました。

しかし、その後、東京高判昭和63・4・1東高刑時報39巻1～4号8頁（山谷テレビカメラ監視事件）では、労働者擁護の争議団と暴力団との対立が激しく、違法行為発生のおそれがあったため、派出所前路上の電柱にビデオカメラを設置して継続的に録画していた事案について、「右最高裁判例（前記最大判）は、その具体的事案に即して警察官の写真撮影が許容されるための要件を判示したものにすぎず、この要件を具備しないかぎり、いかなる場合においても、犯罪捜査のための写真撮影が許容されないとする趣旨までは包含するものではない」とした上、「<u>当該現場において犯罪が発生する相当高度の蓋然性が認められる場合であり、あらかじめ証拠保全の手段、方法をとっておく必要性及び緊急性があり、かつ、その撮影、録画が社会通念に照らして相当と認められる方法でもって行われるときには、現に犯罪が行われる時点以前から犯罪の発生が予測される場所を継続的、自動的に撮影、録画することも許される</u>」と判示し、非限定説をとることを明らかにしました（なお、東京地判平成17・6・2判時1930号174頁（板橋区自動車放火事件）参照）。

さらに、最（二小）決平成20・4・15刑集62巻5号1398頁（京都カード強盗殺人事件〈百選8事件〉）は、以下のように、犯人の特定のためのビデオ撮影も許容されるとして、限定説と非限定説の争いに決着をつけました。

〈事案の概要〉

被害者を殺害してキャッシュカード等を強取した事件の被疑者が、カードを使用して現金を引き出そうとした際に撮影された防犯ビデオに写っていた像と被疑者との同一性を確認するべく、被疑者宅近辺の公道上を歩いている被疑者を、捜査車両や付近に借りたマンション部屋からビデオ撮影し、さらに、防犯ビデオに写っている人物がはめていた腕時計と被疑者の腕時計との同一性を確認するため、パチンコ店の店長に依頼して、店内の防犯カメラにより、あるいは警察官が小型カメラにより、遊戯中の被疑者の姿をビデオ撮影したもの。弁護人は、被疑者のプライバシーを侵害した違法な捜査であると主張して判例違反により上告。

〈決定要旨〉

「捜査機関において被告人が犯人である疑いを持つ合理的理由が存在していたものと認められ、かつ、前記各ビデオ撮影は強盗殺人等事件の捜査に関し、<u>防犯ビデオに写っていた人物の容ぼう、体型等と被告人の容ぼう、体型等との同一性の有無という犯人特定のための重要な判断に必要な証拠資料を入手するため、これに必要な限度において、公道上を歩いている被告人の容ぼう等を撮影し、あるいは不特定多数が集まるパチンコ店内において被告人の容ぼうを撮影したもの</u>であり、いずれも、通常、人が他人から容ぼうを観察されること自体は受忍せざるを得ない場所におけるものである。以上からすれば、これらのビデオ撮影は、捜査目的を達成するため、必要な範囲において、かつ、相当な方法によって行われたものといえ、捜査活動として適法なものというべきである」

2　本事例への当てはめ

まず、アの路上を歩いている大本の撮影は適法ですね。強盗殺人という重大事件についての犯人の特定について、現金を引き出したATM画像の人物との一致の有無の捜査は重要不可欠です。上記平成20年最決に照らしても適法であることに問題はないでしょう。

しかし、イの中山の姿の撮影は問題です。望遠レンズでアパートの居室内を撮影するということは、路上での撮影とは異なり、相手方のプライバシー侵害の度合いははるかに大きいです。こ

れについては、のちに勉強する強制処分の定義について、「人の明示または黙示の意思に反して、重要な利益に対する実質的な侵害ないし制約を伴う処分」が強制の処分であるという説が多くの支持を得ています。人から覗かれたくない居室内にいる姿を撮影されるということは、重要な利益の実質的侵害であることは明らかでしょう。ですから、このような撮影を行う必要があるのなら、裁判官から検証令状を得て実施すべきであり、これがないまま撮影したことは明らかに違法というべきですね。

〔録画画像の鑑定〕

　これらの録画画像をＢに示したところ、Ｂは、大本・中山の両名に間違いないと供述した。また、その画像と、ＡＴＭの防犯ビデオ録画の画像との一致の可能性について、専門家に鑑定を依頼した。その結果、甲銀行○支店のＡＴＭから引き出した男については、「大本と同一人である可能性が極めて高い」、また、乙信用金庫○支店のＡＴＭから引き出した男については、「中山と同一人であることに不自然さはない」との回答が得られた。

設問3　この鑑定の依頼の根拠法規は何か。裁判所による鑑定人への依頼とはどう異なるか。

　捜査段階では、警察官が一般人の能力では識別・判断ができない事項について、専門家に鑑定を依頼することは非常に多いです。ここで鑑定についての基本を理解しておきましょう。

　覚せい剤使用事件での覚せい剤と疑われる白い粉末の鑑定、尿の鑑定、死体の死因の鑑定、筆跡や毛髪の鑑定、被疑者の精神鑑定など多岐にわたります。その根拠は、法223条が、捜査官の権限として、参考人の取調べ、鑑定、通訳、翻訳を「嘱託」することができる、としていることにあります。この場合、鑑定の嘱託を受けた専門家は「鑑定受託者」といいます。裁判所が公判段階で行う鑑定については、第1編の第12章「鑑定」のところに一連の規定があり、この鑑定は、裁判所の「命令」によってなされるもので、それを行うのは「鑑定人」です。この違いをよく理解しておく必要があります。これについては、講義後半の証拠法のところで勉強することにします。

　鑑定を行う場合、鑑定の作業によって鑑定の対象物に、原状回復ができないなんらの損壊や変更が必要になる場合があります。死体の解剖などはその典型ですね。薬物鑑定でも鑑定に使用した分の薬物は費消してしまいます。これらの鑑定では当初の押収手続にとどまらない新たな法益侵害をもたらすため、嘱託だけでは許されず、裁判所の特別の許可が必要になります。法225条1項・2項は、検察官等捜査官の請求により、鑑定受託者が裁判官の許可を受けて、法168条1項の処分をすることができるとしています。これを「鑑定処分許可状」といい、実務では非常に重要です。168条1項は、人の住居等への立入り、身体検査、死体解剖、墳墓の発掘、物の破壊、を列挙しています。ここでも、裁判所の命令による鑑定に関する規定が捜査段階に準用されています。

　なお、被疑者の精神鑑定を行う場合には、精神病院に収容して様々な精神鑑定の作業が必要になります。期間については規定がなく、病院側の態勢の問題もあるので一律ではありませんが、通常2カ月くらいは必要とされています。これは、捜査段階の勾留の最大20日間ではとても足りませんので、そのために法224条が法167条を準用し、「鑑定留置」を行うことになります。鑑定

留置の期間は、勾留期間からは除かれます。ですから、例えば、被疑者の勾留を10日延長した後、勾留15日目に２カ月の鑑定留置がなされ、鑑定が終了した場合、残る勾留日数は５日間ですから、検察官は、鑑定留置の終了後、この５日間の間に、起訴不起訴の判断・処理をすることになります。

鑑定を嘱託する専門家については、多くの場合、各都道府県警にある科学捜査研究所（科捜研）に対してなされ、警察職員である鑑定の技官が行います。しかし、法医学鑑定や精神鑑定などは、警察ではできないので、大学の法医学研究室の先生や、病院の精神科医に対して嘱託がなされます。

【強制捜査の準備】

警察は、上記ビデオ録画の鑑定結果及びＢの供述内容の捜査報告書を疎明資料として、大本・中山両名について住居侵入・強盗殺人罪の罪で逮捕状、また、両名の各自宅アパートについて捜索差押許可状を請求することとし、同年６月30日、その発付を得た。
〈各捜索差押許可状の内容〉
　ア　捜索場所は、大本・中山各自のアパート居室
　イ　差し押さえるべき物
　　本件犯行に使用したと思料される覆面・手袋・ロープ・侵入用具、本件の被害品と思料される現金・貴金属・時計・キャッシュカード、携帯電話、手帳、日記帳、メモその他本件に関係すると思料される一切の物又は書類等

設問４　逮捕状を請求できる司法警察職員の資格は何か。

法199条２項は、逮捕状の請求権者について「検察官又は司法警察員（**警察官たる司法警察員については、国家公安委員会又は都道府県公安委員会が指定する警部以上の者に限る**）」と定めています。

全国の都道府県警察の警察官は約28万人余りいますが、警察には、司法警察と行政警察の二つの分野があり、犯罪捜査・被疑者の検挙など刑事訴訟に関する職務を担うのが司法警察です。司法警察職員とは、刑事訴訟法に規定された犯罪捜査の担い手（捜査機関）として司法警察活動を行う公務員で、司法警察員と司法巡査とがあります（法39条３項）。なお、警察以外にも、それぞれの専門的分野で犯罪捜査に携わる公務員として、例えば麻薬取締官、海上保安官、労働基準監督官があります。これらは特別司法警察職員と呼ばれます。

司法警察職員の中で、さらに司法警察員があり、警察では、巡査部長以上の警察官のことです。警察官の階級は、巡査、巡査部長、警部補、警部、警視、警視正、警視長、警視監、警視総監があり（警察法62条）、また、これらの都道府県警察の階級外に、国家公安委員会の下に全国警察行政のトップの職として警察庁長官があります。

各種の令状請求の中で、最も厳格になされるべき逮捕については、請求権者を公安委員会が指定する警部以上の警察官に限定しています。ただ、緊急逮捕の場合には、資格の制限がなく、司法巡査でもできます。また、発付された逮捕状の執行については、資格の制限がなく、検察事務官又は司法警察職員もできます。

なお、捜索・差押え、検証の令状請求権者には、検察事務官、司法警察員も含まれます（法218条4項）。ただし、規範137条1項が、原則として指定司法警察員とし、やむを得ない場合には他の司法警察員も可能として、より慎重を期しています。

> **設問5** このような差押の対象物の記載は許されるか。

本事例では、令状に列記された対象物に続いて「その他本件に関係すると思料される一切の物又は書類等」と記載されています。

憲法35条は、住居、書類及び所持品の不可侵を定め、1項が「正当な理由に基づいて発せられ、且つ捜索する場所及び押収する物を明示する令状がなければ、侵されない」とし、また2項は、「捜索又は押収は、権限を有する司法官憲が発する各別の令状により、これを行ふ」としています。そして、法219条1項が、令状には、「被疑者若しくは被告人の氏名、罪名、差し押さえるべき物、捜索すべき場所、身体若しくは物……」を記載しなければならないとしています。これらの規定は、アメリカ連邦憲法修正4条に由来するもので、同条は「不合理な捜索及び逮捕・押収から、その身体・家屋・書類及び所有物の安全を保障される人民の権利は、これを侵してはならない。宣誓または確約によって証拠づけられた相当の理由に基づくものであって、捜索すべき場所及び逮捕すべき人または押収すべき物件を特定して記載するものでなければ、いかなる令状も発してはならない」としています。この規定は、昔、捜索すべき場所や差し押さえるべき物を特定しない「一般令状」によって人民の権利が侵害されたことから、これを防止するためのものであり、「特定性の要求（particularity requirement）」と呼ばれており、我が国の憲法・刑事訴訟法もこれを採り入れているのです。

しかし、捜索すべきものが単純・少数で事前に明確に特定できる場合ならいいのですが、捜査の実際では、複雑事件の場合など、捜索する場所に当該事件のどのような証拠物が存在するのかを予測することが容易でない場合は少なくありません。そのため、できる限り対象物を令状に明示した上で、その末尾にこのような記載をすることも珍しくないのです。これは、アメリカでも判例法によって広く認められており、我が国でも指導的な判例として、<u>最大決昭和33・7・29刑集12巻12号2776頁（都教組事件〈百選A5〉）</u>があります。これは、勤務評定反対闘争のストライキの地方公務員法違反事件ですが、「本件許可状に記載された<u>『本件に関係ありと思料せられる一切の文書及び物件』とは『会議議事録、闘争日誌、指令、通達類、連絡文書、報告書、メモ』と記載された具体的な例示に付加されたものであって、同許可状に記載された地方公務員法違反被疑事件に関係があり、且つ右例示の物件に準じられるような闘争関係の文書、物件を指すことが明らかであるから、同許可状が物の明示に欠くところがあるということもできない</u>」と判示しました[2]。

本事例も、強盗殺人という重大事件で、差し押さえるべき物を事前にすべて明確に列挙することは困難ですから、このような記載は許されるでしょう。

---

(2) これらの問題について関心のある人は、拙稿「捜索差押えの特定性の要求に関するアメリカ合衆国連邦裁判所の判例の諸法理とその実情(1)～(4)——『詐欺性充満の法理』を中心として——」比較法学49巻1～3号、50巻1号登載（早稲田大学比較法研究所）参照。

> **【強制捜査の実施】**
>
> 　翌7月1日、大本・中山の各自宅において、両名を逮捕するとともに、捜索を実施した。
> 　捜索においては、大本の居室から、高級腕時計が15個発見されたが、本物か模造品か、また、被害品との同一性について、その場で判断することはできなかったので、これら15個の時計をそのまま全部差し押さえた。また、キャッシュカードも10枚発見されたが、その名義人は被害者夫婦でなかったが、大本・中山両名の名義でもなかった。捜査官は、これらも大本・中山らが同種の余罪で奪った被害品であると判断し、これらも全て差し押さえた。
> 　中山のアパート居室は3階にあったが、1階玄関奥の共用部分に、各戸に割り当てられた小型倉庫があることが判明したが施錠されていた。中山は、鍵はなくしてしまった、と弁解したので、鍵職人を呼んで協力を得て開錠したところ、中から約5メートルのロープの束が発見されたので差し押さえた。

設問6　これらの時計、キャッシュカードの差押は適法か。

　本件での被害品は、高級腕時計2個、指輪・ネックレス等十数点、銀行・信用金庫のキャッシュカード3枚であり、令状には、「本件の被害品と思料される現金・貴金属・時計・キャッシュカード」としか記載されていないのに、捜査官は、発見された腕時計15個とキャッシュカード10枚をすべて差し押さえました。まず、腕時計について、もし最初から被害品がその型番や製造番号などで特定されているのであれば、それが一致する物のみが本来の差押えの対象物です。しかし、捜索の現場ではそれが確認できなかったため、15個全部を差し押さえたのですが、これはいわゆる「包括的差押え」の可否の問題です。

　この問題についての指導的判例は、最（二小）決平成10・5・1刑集52巻4号275頁、判時1643号192頁、判タ976号146頁（百選22事件）です。オウム真理教信者による自動車登録ファイルの電磁的公正証書原本不実記録等事件についての捜索・差押えにおいて、パソコン一台、フロッピーディスク108枚等が差し押さえられたものですが、捜索の現場ではこれらのフロッピーを個別に事件との関連性を確認することなく、包括的に差し押さえたことの当否が争われました。本決定は、「差し押さえられたパソコン・フロッピーディスク等は、本件の組織的背景及び組織的関与を裏付ける情報が記録されている蓋然性が高いと認められた上、中立人らが記録された情報を瞬時に消去するコンピューターソフトを開発しているとの情報もあったことから、捜索差押の現場で内容を確認することなく差し押さえたものである。<u>令状により差し押さえようとするパソコン、フロッピーディスク等の中に被疑事実に関する情報が記録されている蓋然性がみとめられる場合において、そのような情報が実際に記録されているかをその場で確認していたのでは記録された情報を損壊される危険があるときは、内容を確認することなしに、右パソコン、フロッピーディスク等を差し押さえることが許されるものと解される</u>」と判示しました。また、**大阪高判平成3・11・6判タ796号264頁**も、中核派の構成員らによる偽名による自動車登録事項等証明書の受交付事件について、令状により内容を確認せずにフロッピーディスク271枚を差し押さえたことの適否が争われた事案について同趣旨の判示をしています。これは、警察官の立ち入りを被告人らが強く拒み、エンジンカッターなどを使用してようやく18分後に立ち入った時には浴槽などに水溶紙が大量に処分されるなど大がかりな罪証隠滅が行われた形跡があったという

事案でした。

また、**最判平成９・３・28裁判集民182号855頁、判時1608号43頁**は、国税査察官が、令状に基づき、犯則被疑者の取引金融機関に対する捜索において、当該金融機関の職員らが査察官に対して暴行等の激しい妨害行為を繰り返したため、帳簿等の内容の確認がその場では困難であったことから、内容を確認することなく差し押さえた行為について、「本件差押物件の中には、……相当の時間をかけて平穏な状況の下で犯則事実との関連性ないし差押えの必要性を吟味して差押物件の選別を行うことができたならば、右の関連性ないし必要性がないという判断をすることが可能な物件が含まれていたことを否定することができないとしても、本件差押物件の差押えに違法があったということはできない」と判示しました。この事案は、オウムや中核派の事案のような可視性のないフロッピーとは異なり、可視性のある帳簿等について、相手方の物理的抵抗などの特殊事情があったものです。

しかし、本事例については、可視性のないフロッピーについての相手方の証拠隠滅のおそれや可視性のある帳簿等について物理的妨害等の特殊事情はありません。上記の３判例の評釈等を見ると、大方の考え方は、これらの事件のような証拠隠滅等の特殊事情の存在が包括的差押えのために必ず必要とされるとしているようです。しかし、私は、このような「特殊事情」の存在は、包括的差押えが許容されるために考慮すべき事情の一つではあっても、常にこのような特殊事情の存在が必要とされるとは考えません。本事例では、発見された15個の時計のどれかが被害品であることは確実であり、ただ、それがどの１個を現場で判別することはできないのです。このような場合、被害品の特定は、差し押さえた後に、バンドに付着している皮膚片についてのDNA鑑定とか、遺族に示しての識別とか、時計の製造・販売元での製造や販売年月日の特定などの捜査が必要であり、これらにはかなりの長期間を要します。15個の時計にはそれぞれ、それが被害品であることの「蓋然性」が認められる以上、これらの包括的差押えは許容されるべきです。この問題に関しては、私が論文を書いていますので、興味のある人は読んでみてください[3]。

ところで、キャッシュカードについては、それが被害品そのものではないことは現場で明らかでした。しかし、大本・中山の名義でもありません。状況から、捜査官は、これらも同種手口の余罪で他の被害者から奪った物だと判断して差し押さえました。これについては、「本件の被害品と思料される」ものには当たりません。そこで、これらがその他本件に関係すると思料される一切の物又は書類等」に読み込めるかどうかですね。これについては考え方は分かれるところでしょう。否定する考え方もあるかもしれませんが、大本・中山らが、同種の手口で、他人のカード等を奪う犯行を繰り返している疑いが強く、本件もその一端であると疑われる状況にあれば、同人らのカード強・窃取犯罪の犯意の補強や常習性の立証に役立つ証拠物として差押えを許容してもよいだろうと思います。

設問７　小型倉庫の捜索とロープの差押えは適法か。

令状には「中山のアパート居室」としか記載されておらず、中山の居室は３階にありました。１階にこの倉庫があることがあらかじめ捜査官に分かっていれば、令状の請求書に「居室及び同

---

(３)　拙稿「いわゆる『包括的差押え』をめぐる諸問題について」曽根・田口古稀（下）83頁。

アパート内の中山使用の小型倉庫」と記載しておけば、裁判官はそのような令状を発付してくれたでしょう。しかし、本事例の令状で、それに明示されていない一階にある中山使用の小型倉庫まで捜索できるか、という問題です。基本から考えていきましょう。

　　ア　一通の捜索令状により捜索することが可能な範囲はどこまでか。
　憲法35条は、「各別の令状」が必要だとしています。捜索は、当該場所についての管理権の侵害という実質を有するので、この「各別の令状」の個数は管理権の個数を基準としています。「管理者の人数」ではありません。同一人が所有する建物であっても、東京の自宅と軽井沢の別荘とでは管理権が異なりますので一通の令状では許されず、それぞれについて令状が必要です。
　一戸建て住宅の場合には、「○番地○○方」で、その敷地内にある○○の管理に服する家屋、付属建物、駐車場等も捜索できます。ただ、敷地内に複数の建物などがある広大な邸宅のような場合であれば、「住宅及び付属建物・敷地」などと記載しておくのがベターでしょう。
　集合住宅については、問題が複雑となります。排他的管理権のある居室と、居室そのものではないが、居室の住人のみが排他的に使用できるスペース（1階エントランスにある当該住人の郵便受けや本事例の小型倉庫など）のほか、共用部分（廊下・階段・エレベーター、共同駐車場等）があります。共用部分については、本人居室のみを捜索場所とする令状では当然には捜索できません。その場合、他人の管理権をも侵害してしまうからです。ただ、令状請求する場合、本人居室と共用部分について各別の令状までは要求されず、一通の令状で足りますが、その場合、本人居室のほかに、共用部分についてもその令状に明示しておかなければなりません。広大な集合住宅で共用部分が大きいような場合には、共用部分について別の令状を取得しておくのがベターだといえるでしょう。

　　イ　捜索令状の場所の記載によって「明示されている」といえるか。
　共用部分については、一通の令状でもよいのですが、それらの共用部分がその令状に明示されていなければならず、この記載がなければ、居室のみの捜索しか許されません。居室外にはあるが、本人が専属的に使用管理している部分について、それが令状で明示されていない場合にはやや問題です。一階の郵便受けポストの本人使用部分については居室の使用管理権と不可分のものと考えて許されるでしょう。小型倉庫については、やや問題ですが、居室住人の排他的・単一の管理権に属するので、ぎりぎり、許容できると考えていいように思います。もちろん、最初から「居室及び付属設備等」などと記載した令状を得ておくのがベターです。
　本事例での1階小型倉庫の捜索は、ぎりぎりではありますが適法といえるでしょう。
　したがって、それを捜索してロープを差し押さえたことは許容されるでしょう。

> 設問8　鍵職人を呼んで開錠させることの法的根拠は何か。

　中山は、鍵はなくしてしまった、と弁解したので、鍵職人を呼んで協力を得て開錠したところ、中から約5メートルのロープの束が発見されたので差し押さえました。
　法222条1項は、111条を準用しており、同条1項は「差押状又は捜索状の執行については、錠を外し、封を開き、その他必要な処分をすることができる」としています。この捜索における

「必要な処分」とは、実務上頻繁に行われる極めて重要な捜査手段です。相手方が捜索に抵抗して戸を開けない場合に鍵を破壊して立ち入るとか、ホテルの居室に閉じこもっている場合に支配人からマスターキーを借りてドアを開錠して立ち入るなど様々です。鍵職人を呼んで開錠させることも必要な処分として許されます。

> 【被疑者の逮捕・勾留】
>
> 　捜索と同日、警察は、大本・中山を、被害者夫婦に対する、住居侵入・強盗殺人の容疑で通常逮捕した。大本は、警察官、検察官による弁解録取手続と裁判官による勾留質問において、「自分は全く事件に関係ないので何も話す必要はない」とのみ供述しただけで以後は完全黙秘した。中山は、「強盗殺人などは身に覚えがないが、被害者の名前と似た名前が書かれたキャッシュカードを、友達から渡されて暗証番号も教えられ、3万円の礼をやるから、と言われて100万円位の現金の引き出しをやったことはあるが、カードも金もその友達に返した。友達の名前は、「マサ」という呼び名しか知らない。発見されたロープは引越しの荷造りの際に購入して一部を切り取って使用した残りのものだ」などと弁解した。

設問9　逮捕直後に大本・中山に接見した弁護人が、大本・中山から、「自分は無実だ、不当逮捕だから釈放させて欲しい」と懇願された場合、弁護人としてはどのような方策を採ることが考えられるか。

【勾留に対する準抗告の申立て】

　被疑者にとっては、逮捕・勾留されるということは最大の権利・自由の侵害・制約であり、もしそれが違法・不当なものであれば迅速な救済が必要です。本件では、客観的には逮捕・勾留は適法ですが、依頼された弁護人にとっては、事件の証拠関係などが把握できないのですから、被疑者が無実だと主張すれば、それを信じて身柄の解放のために努力するのは当然の務めです。

　そのための最大の手法で、実務でも頻繁に用いられるのは、被疑者の勾留の裁判に対する準抗告です。これは、勾留された被疑者や弁護人が行う場合もあれば、勾留請求が却下されたため、検察官が行う場合もあります。勾留は裁判官が行う裁判の一種です。基本として、まず、裁判には、判決、決定、命令の三種がありますので、それらの区別を理解しておきましょう。

　判決は、最も重い裁判で、口頭弁論に基づいて裁判所が行うものです（法43条1項）。それに対する不服申し立ては、控訴によります。

　決定も裁判所が行う裁判ですが、口頭弁論に基づく必要はありません（法43条2項）。例えば、裁判所が行う証拠採否の決定や、被告人の保釈の決定などです。単独体の裁判官が行う場合にも、裁判所として行う場合には決定です。これに対する不服申立ては、「抗告」によります（法419条）。

　命令は、裁判官が行う裁判です。ただ、これは裁判所が行う決定ではないので、それに対する不服申立ては、抗告ではなく、「準抗告」によります（法429条）。

　同条は、準抗告の対象となる裁判として、忌避の申立てを却下する裁判とか、勾留、保釈、押収又は押収物の還付に対する裁判などを列挙しています。勾留については、第1回公判期日以降の勾留中の被告人の勾留更新の決定や保釈の決定は裁判所が行います。しかし、被疑者段階での

勾留については、法207条1項が、「前三条の規定による勾留の請求を受けた裁判官は、その処分に関し、裁判所又は裁判長と同一の権限を有する」と定めており、また、法280条1項が「公訴の提起があった後第一回の公判期日までは、勾留に関する処分は、裁判官がこれを行う」と定めています。これは、第1回公判期日までは、裁判所の予断を排除しなければなりませんが、勾留とか保釈の可否の判断のためには、事件の一件記録を読まなければならないので、それによって裁判所が事件の予断を抱くことがないよう、裁判所とは別の裁判官が勾留や保釈の裁判を行うこととされるのです。したがって、この裁判官が行った勾留や保釈、また証拠物の押収などに関する裁判に対する不服申立てについては、抗告でなく準抗告という制度が設けられているのです。準抗告が認められている裁判に共通するのは、後の公判での審理における判断を待っていては権利救済が間に合わないため、迅速に権利救済を図らなければならないようなものに限られています。検察官の接見の指定が違法だとして弁護人からなされる準抗告も、これに含まれます。

　勾留に対する準抗告は、法60条が規定する勾留の要件である、住居不定、罪証隠滅のおそれや逃亡のおそれの勾留の理由がないことのほか、事案が軽微で勾留の必要性がないことなどを主張してなされます。ただ、犯罪の嫌疑がないことを理由にこれができるか、つまり「被疑者は無実なのだから勾留すべきでない」という準抗告が許されるのかについては、法420条3項が、「勾留に対しては～犯罪の嫌疑がないことを理由として抗告をすることができない」と定めているのを、法429条2項が、準抗告についても準用していますので、それは許されないとするのが通説・実務です。それは、犯罪の存否に関する判断は専ら本案の手続に委ねるべきであり、派生的手続である抗告や準抗告の段階でこれを争うことは適切でないからです。

【勾留理由開示請求】

　法82条から86条に定められている手続です。被疑者の勾留段階でも、法207条に基づいて裁判官により行われます。これは、憲法34条が、「何人も理由を直ちに告げられ、且つ、直ちに弁護人に依頼する権利を与えられなければ抑留又は拘禁されず、要求があれば、その理由は、直ちに本人及び弁護人の出席する公開の法廷で示されなければならない」と定めていることに基づきます。憲法のこの規定は、英米法のヘイビアス・コーパス（人身保護請求）制度に由来し、これを背景として生まれたものであり、勾留理由開示制度も憲法34条を受けたものと理解されています。実務では、この請求は、勾留の裁判に対する準抗告に比べればそれほど頻繁にはなされていませんが、時々行われています。勾留の理由については、勾留状により簡潔には告知されているのですが、改めてその理由の開示請求を行うことにより、勾留の取消しや準抗告の権利行使の準備となる効果があります。

　この請求は、被疑者・被告人のほか、弁護人や親族、一定の利害関係人も可能です。

　開示請求がなされた場合、公開の法廷で、裁判長が勾留の理由を告げます。被疑事実と、法60条1項各号の事由を告げますが、さらに、勾留の「必要性」についても事案に応じて開示されています。被疑者・被告人・弁護人の出頭は原則として義務的です。検察官の出頭は義務的ではありませんが、通常は出頭しています。開示の法廷で、検察官、被疑者・被告人、弁護人、その他の請求者は意見を述べることができます。

　この手続自体は、勾留の理由を告げることが目的ですので、直ちにこれが被疑者の身柄解放につながることはないのですが、弁護人等としては、開示された理由が薄弱であるなどと考えれば、準抗告を申し立てたり、次の勾留取消し請求を行うこともあります。

実務的には、勾留されて孤独感に陥っている被疑者・被告人に対し、弁護人や支援者が、激励の意味を込めてこの手続を請求することも多いようです。

【勾留の取消し】

法87条が規定しており、勾留の理由又は勾留の必要がなくなったとき、裁判所は、被告人や弁護人等の請求又は職権により決定で勾留を取り消すことができます。通常は、起訴後の被告人段階で行われています。起訴前にこれが可能かどうかは説が分かれており、起訴前にも準用されるというのが通説です。しかし、実際には、公判段階よりも短期間の勾留である起訴前の身柄解放のためには準抗告が用いられており、勾留取消しの請求がなされることは稀なようです。

【勾留の執行停止】

法95条が定めており、裁判所は、適当と認めるときは、決定で、勾留されている被告人を、親族、保護団体その他の者に委託し、又は被告人の住居を制限して、勾留の執行を停止することができます。これは、起訴前の勾留段階でも可能です。これが行われる典型的な場合は、勾留中に肉親が亡くなって葬儀に参列しなければならなくなったり、被疑者・被告人が入院を要するような健康上の由々しい事態が生じるなど、人道的に一時身柄拘束を解除する必要性がある場合です。これは、請求によるのでなく職権でなされるのですが、実際上は、検察官であれ弁護人であれ、裁判所に執行停止の職権発動を促すための申立てを行うことが多いです。

執行が停止されるのは、例えば親族の葬儀の場合、参列のため必要な2日間程度等が通常で、執行が停止された期間は勾留期間から除外されますので、その分、勾留の満期が延びることになります。

【捜査の難航による処分保留・釈放】

勾留後も大本・中山両名の黙秘や弁解状況は変わらず、キャッシュカードも一部の所有者は判明したが、大本が完全黙秘であるため、その入手経緯等はなんら解明できなかった。もう一人の共犯者小川については、その氏名も所在も分からないまま推移していた。当初情報を提供してくれたBは、大本・中山が逮捕されたことを知ったが、依然として供述調書の作成には応じなかった。勾留延長後も捜査の進展はなく、勾留満期が近づいたが、起訴するに足りる証拠は不十分であり、検察官は処分保留で釈放せざるを得ないと判断し、勾留満期の7月23日、両名を釈放した。

設問10　Bの供述を確保する方法にはどのようなものがあるか。

重要事件で通常逮捕する以上、警察は確実に検察官が起訴してくれると期待していますが（これが無令状逮捕が頻繁に行われるアメリカやイギリスとは実情がかなり違うところです）、勾留期間中に、起訴できるだけの期待した捜査の成果が得られなければ、検察官は事件の処分を保留して釈放することになります。重要事件での処分保留釈放はめったにないことで、警察も検察官も悔しい思いをします。本事例では、Bの情報は大本から本件犯行を打ち明けられたというものですから、その調書を作成できれば起訴に向けた重要な証拠となります。しかし、Bは依然としてこ

れに応じてくれません。このような場合、一つの手段として起訴前の証人尋問という制度があります。

法226条は犯罪の捜査に欠くことのできない知識を有すると明らかに認められる者が、第223条第1項の規定による取調に対して、出頭又は供述を拒んだ場合には、第1回の公判期日前に限り、検察官は、裁判官にその者の証人尋問を請求することができるとしています。検察官の参考人取調べは相手が任意に応じなければできませんが、裁判官の証人尋問であれば、参考人は証人として出頭・証言の義務があります。また、それによって作成された証言の録取書は、法321条1項1号の裁判官面前調書であり、同項2号の検察官面前調書よりも伝聞例外の要件が緩やかです。ですから、本事例では、検察官がBについてこの証人尋問請求を行うという方法があります。ただ、実務では、相手が任意の取調べに応じない場合、強制的に証言を求めても期待される供述が確実に得られるとは限りませんし、情報源を秘匿することを条件に話をしてくれた者に、その証言を強制することは信頼関係をも損ないかねません。そのため、この請求がなされる場合は比較的稀ですが、それでも、事案に応じてときどきこの方法が実施されています。

法227条も第1回公判前の証人尋問を定めていますが、これは、いったんは任意の取調べに応じて供述をした者が、公判では供述を翻すおそれがある場合についての規定であり、より容易に証拠能力が認められる供述録取書を作成することが目的です。

【小川の逮捕】

その約3週間後の8月12日、小川は、覚せい剤の密売所がある裏町の路上を歩いていたところ、警らの警察官が近寄ってきたのであわてて路地に逃げ込んだ。小川は当時覚せい剤を常用していた上、密売所に出入りして、小口の覚せい剤の売り子もやっていた。不審に思った警察官が小川を追いかけると路地は行き止まりになっており、立ち止まった小川は寒いのに汗をかいて覚せい剤使用者特有の顔つきであった。警察官は「君は顔色が悪いが覚せい剤でもやっているんじゃあないか。ちょっと、ポケットの中の物を出してみなさい」と求めた。小川は「俺は何にも関係ない。急いでるから」と言って警察官の脇をすり抜けて表の道路に向かって走り始めたので警察官は後ろから追いかけ「すぐに済むんだから待ちなさい」といいながら、小川の肩に手をかけて引き止め、もう一人の警察官が前方に回り込んで小川の前に立ちはだかった。

設問11　このような職務質問と、そのための停止行為は適法か。

警察官職務執行法（警職法）は、2条1項で「警察官は、異常な挙動その他周囲の事情から合理的に判断して何らかの犯罪を犯し、若しくは犯そうとしていると疑うに足りる相当な理由のある者又は既に行われた犯罪について、若しくは犯罪が行われようとしていることについて知っていると認められる者を停止させて質問することができる」と定めています。また同条3項は職務質問の相手方について「刑事訴訟に関する法律の規定によらない限り、身柄を拘束され、又はその意に反して警察署、派出所若しくは駐在所に連行され、若しくは答弁を強要されることはない」と定めています。

本事例では、警察官は、小川に対し職務質問を行うため小川を停止させようとして肩に手をか

けて引き止めました。職務質問においては、素直に立ち止まろうとしない相手方に対して、このような有形力を行使することもしばしばあり、2条1項の停止をさせるための行為として許されるのか、許されるとすればどのような状況で、どのような程度のものが許されるのか、ということが実務上しばしば問題となります。

これまで、停止させるために有形力等が行使されたことの適法性が争われ、これが許容されたいくつかの判例を見てみましょう。

① 最（一小）決昭和29・7・15刑集8巻7号1137頁

夜間道路上で、警邏中の警察官から職務質問を受け、巡査駐在所に任意同行され、所持品等につき質問中隙をみて逃げ出した被告人を、さらに質問を続行すべく追跡して背後から腕に手をかけ停止させる行為は、正当な職務執行の範囲を超えるものではないとした。

② 最（二小）決昭和59・2・13刑集38巻3号295頁（在日韓国大使館抗議事件）

警官に暴行し傷害を負わせた犯人がデモ隊の中に逃げ込んだので、その犯人を探し出すために、デモ隊の者たちを6～7分停止させたことが適法とされた。

③ 最（三小）決平成6・9・16刑集48巻6号420頁（会津若松エンジンキー引き抜き事件〈百選2事件〉）

異常な挙動から覚せい剤の使用が疑われた被疑者が、積雪で滑りやすい状態の道路で車を発進させようとしたため、警察官が運転席の窓から腕を入れてキーを引き抜いて取り上げ、さらに、採尿に応じさせようと説得して現場で6時間半以上にわたり留め置いた行為について、キーの引き抜き行為は適法であり、留め置きは長すぎて違法ではあるが重大な違法とまではいえないとした。

これらの判例が示すように、職務質問の相手方を停止させるためにある程度の有形力の行使を行うことは具体的状況により許容されます。もちろん、例えば相手方をはがいじめにして身動きできないようにするとか、パトカーの中に無理やり押し込むなどすれば、それは警職法2条3項の身柄の拘束であり、実質的な逮捕行為となってしまうので許されないことは当然です。

【職務質問と犯罪捜査との関係】

職務質問は、何らかの犯罪を犯していると疑われる者に対しても、そこまでは至らない挙動不審者や参考人的な立場の者に対しても行われますが、特に前者の場合には、職務質問は犯罪捜査と密接に関連してきます。警職法は本来行政警察活動に関する法律であり、犯罪捜査を目的とする司法警察活動は刑事訴訟法に基づいて行われます。しかし、多くの場合、警察官が職務質問を行う際に、当初から相手方の犯罪の嫌疑を抱いて開始することや、また、質問を行う過程で相手方の犯罪の嫌疑が浮かび上がってくる場合も多いのが実情です。そのような場合には、行政警察活動と司法警察活動としての任意捜査とが表裏一体となり、あるいは状況に応じて行政警察活動から司法警察活動へと流動的に変化していきます。

ですから、職務質問における有形力行使の許容性の要件や限度については、犯罪捜査における任意処分の許容性の問題と重なりあうことが多いのです。

【警察比例の原則】

　警職法1条1項は、同法が警察法に規定する個人の生命、身体、財産の保護、犯罪の予防、公安の維持等の職務を遂行するために必要な手段を定めるとした上、2項で「この法律に規定する手段は、前項の目的のため必要な最小の限度において用いるべきものであって、いやしくもその濫用にわたるようなことがあってはならない」と定めています。これはいわゆる「警察比例の原則」を示したもので、「雀を撃つのに大砲を使ってはならない」という譬えでも表現されています。つまり、相手方の権利利益に対してなんらかの制約を与える警察活動は、具体的事案・状況に比例して必要最小限のものでなければならない、という原則です。これは、行政警察活動にも司法警察活動にも共に通じる大原則です。

　ですから、職務質問や任意捜査における有形力の行使は、単に「相手方の肩に手をかけることは適法か」というような一般的・抽象的な判断にはそもそもなじまないのです。

　まったく不審な挙動はないのに、警察官が興味本位で相手方から何かを聞きたいと思って肩に手をかけて引き止めるのであれば、それは違法となりますし、逆に、殺人事件が起きた直後、事件現場近くから血相を変えて走って来る男が、警察官の顔を見て急に向きを変えて逃げ出そうとした場合には、追いかけてベルトをつかんで強く引き戻すことも許される場合があるでしょう。

　ただ、どんなに停止を求める必要性が高くとも、停止させる行為が、警職法2条3項の身柄拘束となってしまい、実質逮捕になってしまえば、準現行犯逮捕とか緊急逮捕の要件を充たしていないかぎり、それは違法となります。それは任意になされるべき職務質問や任意捜査の段階を超えて、強制手段・強制処分の域に入ってしまうからです。ですから警察比例の原則が働くのは、あくまでそれが任意の手段・処分の域にとどまっている場合であることが必要です。

【強制処分と任意処分の概念の定義】

　そこで、本事例からはしばらく離れますが、捜査法の最も基本である強制処分と任意処分の問題をまず勉強しておきましょう。警職法では、「必要な手段」という言葉を使っています。しかし、前述のように職務質問は犯罪捜査と表裏一体・流動的になされる場合が多く、同法2条3項が、身柄拘束状態等となることを禁じていますので、強制処分とは何か、任意処分とは何か、それが許される限度はどのようなものか、という問題は、本来の犯罪捜査のみならず職務質問における有形力の行使の限度や許容性の問題にも通じるものです。

　法197条1項は、「捜査については、その目的を達するため必要な取調をすることができる。但し、強制の処分は、この法律に特別の定めのある場合でなければ、これをすることができない」と定めています。これが「強制処分法定主義」といわれるもので、刑訴法の大原則です。

　このように法律の規定がなければ行うことができない「強制処分」というものがいったいどのようなものを指すのか、ということが大問題ですね。

　古い時期には、強制処分とは、相手方に対して直接強制を加えたり、なんらかの義務を負わせて間接的に強制するもののみが強制処分である、と考えられていました。

　しかし、科学技術の発達とともに、望遠レンズによる遠くからの写真撮影とか、秘密の通信傍受などの捜査手法も生まれてきました。これらは相手方に直接強制も間接強制も加えるものではありません。しかし、これらの捜査が相手方のプライバシーなどの重要な権利・利益を侵害することは少なくありません。そこで、これらも強制処分として規制する必要があるため、相手方に対して何らかの権利・利益を侵害・制約するものはすべて強制処分と考えるべきだとの説が現れ

ました。強制処分の概念を広く考えるのです。しかし、強制処分であるなら法律の規定が必要ですが、科学技術の発達に伴って次々と現れる新たな犯罪現象に対応できる新たな強制処分を迅速に法律化することは現実には極めて困難です。そこで、この説は、法197条1項のいう強制の処分とは、すでに法律で定められているもののみをさし、それ以外の法律の規定がない強制処分については、憲法・刑訴法の令状主義の精神に合致するものか否かを判断して許容していけばよい、と考えたのです。ひらたくいえば、法律には規定がなくとも裁判官が審査して令状を発付したり、具体的事件の裁判において判例法として許容することも許される、という考え方です。これはアメリカ法の考え方に根差しています。

しかし、この考え方は、強制処分法定主義よりも令状主義の方を上位概念と捉えるもので我が国の強制処分法定主義にはなじみません。強制処分法定主義とは、そもそも、国民の権利利益を侵害制約する強制処分とは、国会で承認された法律によってのみ行えるという民主主義的側面が重要なのであって、令状主義とは、あくまで法律が認めた強制処分について、個々の具体的事件においてその要件を充たしていることを裁判官が審査して令状を発付することによって適法性を担保するためのものだからです[4]。

★最（三小）決昭和51・3・16刑集30巻2号187頁、判時809号29頁、判タ335号330頁（岐阜呼気検査拒否事件〈百選1事件〉）

このような議論があったところに、この最重要判例が登場しました。この事案は、酒酔い運転のうえ物損事故を起こした被告人に対し、2名の巡査が警察署に任意同行して呼気検査に応じるよう説得し、要請で来署した父親による説得も続け、母親が来るなら要求に応じるとのことで待機中、小走りで出入り口に向かおうとした被告人を巡査が左手首を掴むなどして留めようとした際、被告人が巡査の襟首を掴んで引っ張り、顔面を一回殴打するなどの暴行に及んだため、公務執行妨害罪の現行犯人として逮捕されたものです。

最高裁は、「捜査において強制手段を用いることは、法律の根拠規定がある場合に限り許容されるものである。しかしながら、<u>ここにいう強制手段とは、有形力の行使を伴う手段を意味するものではなく、個人の意思を制圧し、身体、住居、財産等に制約を加えて強制的に捜査目的を実現する行為など、特別の根拠規定がなければ許容することが相当でない手段を意味するものであって、右の程度に至らない有形力の行使は、任意捜査においても許容される場合があるといわなければならない。</u>ただ、強制手段にあたらない有形力の行使であっても、何らかの法益を侵害し又は侵害するおそれがあるものあるから、状況のいかんを問わず常に許容されるものと解するのは相当でなく、<u>必要性、緊急性なども考慮したうえ、具体的状況のもとで相当と認められる限度において許容されるものと解すべきである</u>」とした上、本件の巡査の制止行為は強制手段にはあたらず、その程度もさほど強いものではなかったとして捜査活動として許容される程度を超えた不相当な行為とはいえず、公務の適法性は否定されないとしました。

この判例が重要な意味をもつのは、なんらかの有形力の行使があれば直ちに強制処分となるわけではなく、「相手方の意思を制圧」するような場合であるとの限定を加えたことと、それには至らない任意処分であってもすべて適法となるのではなく、必要性、緊急性などを考慮した上で相当と認められる限度でなければならない、としたことです。つまり任意処分にもそれらの限度

---

(4) 井上正仁「強制捜査と任意捜査の区別」新刑訴争点54頁。

をこえた違法なものとそうでないものとがあることを明らかにしたのです。

【重要利益侵害説等の議論】
　この最決をめぐっては、ここで示された強制処分の定義が、すべての強制処分を網羅したものであるとの説と、そうではなく、当該事案が有形力行使のパターンであったため、その事案に即して判示したものにすぎず、強制処分の定義については、この判例を核としつつもより網羅的な定義を考えるべきだという説との議論が生じました。

　前者は、意思制圧説と呼ばれる説で、相手方の意思を制圧するか否かが強制処分かそうでないかを決める分水嶺だとします。しかしこの説では、相手方が知らないところで秘密裏に行う通信傍受等の捜査については意思の制圧ということが考えられないという問題があるのですが、この説は、そのような場合には、相手方がこれを知れば抵抗するだろうから意思を制圧したのと同視できる、と説明します。

　しかし、意思制圧説を批判し、より網羅的な強制処分の定義としては「相手方の明示又は黙示の意思に反して、その権利利益を実質的に制約ないし侵害する処分」であるとする重要利益侵害説が現在多くの支持を得ています（上記井上参照）。また、51年最決の判旨は、有形力行使の類型事案についてはそのまま妥当するが、相手方が知られないところで秘密裏に行う捜査については重要利益侵害説が妥当する、という二類型的な考え方の説もあります。これらについては、どの説が最も妥当であるか、皆さん自身がよく考えてみてください[5]。

【任意処分の許容性判断基準】
　強制処分の定義については、このような議論がありますが、51年最決が示した任意処分の許容性の判断基準については、ほとんど異論がなく支持されています。

　そして、この決定は、酒気帯び運転の道路交通法違反事件の任意捜査に関して判示したものですが、前述したように、職務質問と任意捜査とは表裏一体的、流動的に行われ、両者ともに警察比例の原則が働くものであるため、この決定が示した任意処分の許容性の判断基準は、職務質問における有形力行使等の許容性の判断基準としても妥当するものです。

　さきほど紹介した過去のいくつかの職務質問についての判例も、51年最決の前後を問わず、このような考え方に照らして具体的妥当な判断を行っていることがわかりますね。

【職務質問に伴う所持品検査と小川の現行犯逮捕】
　仕方なく立ち止まった小川に対し、警察官が「持っている物を見せなさい」と言ったが小川は口ごもりながら応じなかった。警察官は「ちょっと触らせてもらうぞ」と言いながら小川の上着の胸ポケット付近を両手の手のひらで軽く叩きながら触ると、胸ポケットの中に何か固くて細長い物があるのが感じられた。それで警察官は「これは何だ。注射器じゃないのか。見せてもらうぞ」と言ったが、小川は、嫌々という素振りは示したものの明確に拒否まではしなかった。警察官は小川の上着の襟を少し開き、手を内側胸ポケットに差し入れて中の物を取り出すと小さな小物入れであり、蓋を開けると注射器１本と、小さなビニール袋に入った白い結晶様の粉末が入っていた。警察官は「これはシャブだな。予試験をするから

（５）　拙稿「刑事訴訟法演習」法教415号（2015年）141頁参照。

第1編　捜査法を中心に

ね。」と言って、試薬を用いて予試験をしたところ覚せい剤の反応が得られた。
　警察官は、小川を覚せい剤所持の現行犯として逮捕するとともに、注射器と覚せい剤、また、小川が所持していた携帯電話を差し押さえた。

【捜査のピラミッド】

これまでお話ししたことを、図示してみましょう。

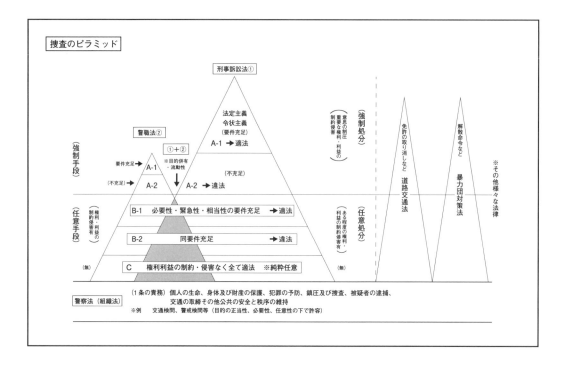

設問12　職務質問に伴う所持品検査の法的根拠は何か。

【問題の所在】

　警職法は、質問とそのための停止をさせる権限は警察官に与えていますが、所持品検査については、まったく触れていません。同法2条3項も、身柄拘束や連行、答弁の強要には至ってはならないとしていますが「捜索」に至ってはならないとはしていません。このような同法の文理や、所持品検査は、口頭での質問とは異なる新たで異質な権利利益の制約侵害を伴い得るものであるため、そもそも警職法の職務質問は、それに伴って所持品検査を行うことを想定も許容もしていない、とする考え方も根強くありました。

　しかし、現実には、挙動不審者に対して職務質問を行う際に、覚せい剤などの法禁物の所持が疑われる場合に所持品検査を行う必要がある事案は非常に多いのです。

★最（三小）判昭和53・6・20刑集32巻4号670頁、判時896号14頁、判タ366号152頁、（米子銀行強盗事件〈百選4事件〉）

　これがこの議論に決着をつけた最重要判例です。米子市内の銀行で凶器を所持した4人の若者

が現金600万円余りを強奪して逃走したため、警察は緊急配備検問を実施し、事件から約10時間余り後に手配人相に似た若者二人X・Yが乗車している車を停止させ、強く促して警察署に同行を求めて職務質問を実施しました。警察官がボーリングバッグとアタッシュケースの開披を求めたが、Xらは黙秘して拒絶しました。そこで警察官がバッグのチャックを開けると大量の紙幣が発見され、さらにアタッシュケースをドライバーでこじあけると被害銀行の帯封のある札束も発見されたので、両名を緊急逮捕するとともに、これらを差し押さえました。一審二審とも有罪となりましたが、弁護人が違憲、違法な捜索・差押えであるとして証拠排除を主張して上告しました。

　最高裁は「所持品の検査は、口頭による質問と密接に関連し、かつ、職務質問の効果をあげるうえで必要性、有効性の認められる行為であるから、同条項（2条1項）による職務質問に付随してこれを行うことができる場合があると解するのが、相当である」「職務質問ないし所持品検査は、犯罪の予防、鎮圧等を目的とする行政警察上の作用であって、流動する各般の警察事象に対応して迅速適正にこれを処理すべき行政警察の責務にかんがみるときは、所持人の承諾のない限り所持品検査は一切許容されないと解するのは相当でなく、捜索に至らない程度の行為は、強制にわたらない限り、所持品検査においても許容される場合があると解すべきである」「状況のいかんを問わず常にかかる行為が許容されるものと解すべきでないことはもちろんであって、かかる行為は、<u>限定的な場合において、所持品検査の必要性、緊急性、これによって害される個人の法益と保護されるべき公共の利益との権衡などを考慮し、具体的状況のもとで相当と認められる限度においてのみ、許容されるものと解すべきである</u>」などとした上、本件の具体的状況に照らし、ボーリングバッグの開披行為については適法とし、アタッシュケースのこじ開けについても、すでに緊急逮捕の要件が整っており、極めて接着した時間に緊急逮捕に先行して行われた捜索手続と同一視し得るものとして証拠能力は排除されず、違憲違法はないとした一審原審の判断を是認して上告を棄却しました。

　この事案は、相手方の承諾もないのに、ボーリングバッグのチャックを開くなどかなり程度の強い所持品検査をしています。一般的にいって、所持品の内容を把握する行為には次のような段階があります。

　① 外部からの観察
　② 任意（承諾）の提示を求めた上で検査
　③ バッグや着衣の外表に手を触れて検査
　④ バッグ等を開披して内部を一瞥
　⑤ バッグ等から内容物を取り出す
　⑥ 着衣の内側から内容物を取り出す
　⑦ バッグ等の内容物をすべて取り出して逐一検査

　これらの段階的行為が、どのような状況で、どの程度まで許されるかについては、警察比例の原則を踏まえて、51年最決が示した任意処分の許容性の判断基準に沿って検討すべきものです。ただ、④や⑤あたりからは任意の手段・処分を超えてだんだん捜索の域に近づいていきます。上記判示も、任意処分の許容性の判断基準を所持品検査に当てはめて肉付けしたものとなっていますね。この事案も当初から、発生した銀行強盗事件の捜査目的を強く併有して職務質問や所持品検査が行われています。

　しかし、軽微な犯罪で、相手方の嫌疑も薄いような事案であれば、承諾もないのにバッグのチ

ャックを警察官が開いたとすれば、それは違法とされるでしょう。

設問13　本事例の所持品検査と予試験は適法か。

　警察官は、小川に覚せい剤の使用等が疑われる不審な挙動等が認められたので、胸ポケットを軽く叩きながら触るなどし、固くて細長い物が手に触れたため、手を小川の内側胸ポケットに差し入れて小さな小物入れを取り出し、覚せい剤らしきものを発見して予試験をして小川を逮捕しました。このような明確な承諾のない所持品検査と予試験の適法性が問題となります。このような事案に関しては、次の極めて重要な判例があります。

★最（一小）判昭53・9・7刑集32巻6号1672頁、判時901号15頁、判タ369号125頁（大阪天王寺覚せい剤所持事件〈百選90事件〉）
　この事案は、警ら中の警察官が、挙動が不審で、売春の客引きの疑いもあった被告人を職務質問するうち、被告人の落ち着きのない態度、青白い顔色から、覚せい剤中毒の疑いを持ってさらに職務質問を続行しました。A巡査の所持品提示の要求に被告人が一部提示した後、A巡査らが他のポケットを触ると上着左内側ポケットに何か固いものを感じたので、その提示を求めたところ、被告人は何かぶつぶつ言って不服らしい態度を示していたが、A巡査はポケットに手をいれてプラスチックケース入りの注射針1本とちり紙の包を取り出しました。包を開けると、ビニール袋入り覚せい剤様の粉末が入っており、試薬で検査すると覚せい剤であることが判明したので、現行犯逮捕し、これらを差し押さえたというものです。一審は、差押は違法で令状主義に反する重大なものであるとして無罪とし、原審も検察官控訴を棄却したので検察官が上告しました。判決は、「所持品を検査する必要性ないし緊急性はこれを肯認しうるところであるが、被告人の承諾がないのに、その上衣左側内ポケットに手を差し入れて所持品を取り出したうえ検査した同巡査の行為は、一般にプライバシイ侵害の程度の高い行為であり、かつ、その態様において捜索に類するものであるから、……本件の具体的な状況のもとにおいては、相当な行為とは認めがたいところであって、職務質問に付随する所持品検査の許容限度を逸脱したものと解するのが相当である」としました。
　しかし、そのような所持品検査は違法ではあるが、「被告人の承諾なくその上衣左側内ポケットから本件証拠物を取り出したA巡査の行為は、職務質問の要件が存在し、かつ、所持品検査の必要性と緊急性が認められる状況のもとで、必ずしも諾否の態度が明白ではなかった被告人に対し、所持品検査として許容される限度をわずかに超えて行われたに過ぎないのであって、もとより同巡査において令状主義に関する諸規定を潜脱しようとの意図があったものではなく、また、他に右所持品検査に際し強制等のされた事跡も認められないので、本件証拠物の押収手続の違法は必ずしも重大であるとはいえないのであり、これを被告人の罪証に供することが、違法な捜査の抑制の見地に立ってみても相当でないとは認めがたいから、本件証拠物の証拠能力はこれを肯定すべきである」として覚せい剤の証拠排除は認めず、これを排除した原判決を破棄差戻ししたのです。
　この判決は、我が国の最高裁が、初めて違法収集証拠排除の原則を肯定した画期的なものです。この問題については、後に、証拠法のところでしっかり勉強することにします。

本事例でも、この最高裁判例の事案とほぼ同様で、小川については、その場所や挙動の不審さなどから、覚せい剤所持や使用が強く疑われる状況にあり、職務質問や所持品検査の必要性、緊急性は大きかったのですから、上衣の内ポケットに手を差し入れて物を取り出した行為は、違法といわざるを得ませんが、重大な違法とまではいえないと考えられます。

【小川の逮捕に伴う無令状捜索・差押え】

警察官が、小川を警察署に連行しようとしたところ、小川は、「近くに俺の車を停めている。置いたままにはしておけない。友達を呼んで移動させてもらう」と言ったので、警察官は小川に案内させ、約100メートル離れた路上に駐車していた小川の軽自動車のところまで行った。警察官は、小川から車のキーを取り上げ、ドアを開けて車内に乗り込み、ダッシュボード、シートの下部、トランク内をくまなく捜索したところ、ダッシュボードの中から注射器10本が入った封筒が発見されたので差し押さえた。軽自動車は、警察官が代わりに運転して警察署まで移動させることとした。

設問14 注射器、覚せい剤、携帯電話を差し押さえた法的根拠は何か。携帯電話の差押えはされるか。

まず、警察官は、小川を逮捕した現場路上で、注射器、覚せい剤、携帯電話を差し押さえました。これは逮捕の現場における無令状捜索・差押えであり、法220条1項2号により認められます。ただ、それが許されるのは、あくまで逮捕事実に関する証拠物に限られます。携帯電話については、覚せい剤事件では、携帯電話に覚せい剤の入手に関する電話やメールの発受信の記録があることが多いので、所持・使用に係る覚せい剤の入手経路等の立証のために有用な証拠物であり、差押えは認められます。しかし、逮捕に伴う無令状捜索・差押えは、被疑者を「逮捕する場合」に「逮捕の現場で」認められます。これには、被疑者を逮捕した時間と捜索との前後関係や時間差の問題と、逮捕した地点と捜索する場所との距離的な隔たりの問題があります。本事例では、小川の車両の捜索は逮捕に引続いて行われているので時間的には問題はありませんが、小川が逮捕された場所から約100メートルも離れた路上に駐車されていた小川の車が、「逮捕の現場」といえるかどうかが問題です。

この問題については、逮捕に伴う無令状捜索が認められる論拠やその範囲などの基本を勉強しなければなりません。

【緊急処分説と相当説・合理説】

逮捕に伴う無令状捜索・差押えが認められる論拠として、緊急処分説と相当説（合理説）の両説があります。逮捕に伴う無令状捜索・差押えが認められる趣旨については、次のようなことが指摘されています。

① 逮捕の現場には、被疑事実に関連する証拠物が存在する蓋然性が高いこと
② 捜索差押が適法な逮捕に随伴する限り、捜索差押令状発付の要件はほとんど充足されていること

③ 捜索差押が逮捕という重大な法益侵害に付随する処分であって、新たな法益侵害はさほど生じないこと
④ 被疑者らが凶器を所持しているおそれがあることから逮捕者の身体等の安全を図る必要があること
⑤ 証拠の散逸や破壊を防ぐための緊急性があること

　これらのうち、①の証拠物存在の蓋然性については、両説ともそれを前提としています。その上で、緊急処分説は、証拠存在の蓋然性が強いだけでなく、逮捕の際に証拠が破壊・隠滅されるのを防止し、それを保存する緊急の必要性があるからであるとし上記の⑤を重視するものです。なお、④の逮捕者の安全のための凶器の身体捜索、保管については、220条1項2号を根拠とするのでなく、逮捕に対する妨害排除のための措置としてそもそも逮捕の効力によって認められるとするのが適切でしょう。

　これに対し、合理説・相当説は、逮捕の現場には証拠の存在する蓋然性が高く、一般に令状発付の要件を充足しており、逮捕という重大な人権の制約に付随して捜索・差押えを許容しても新たな権利制限の程度は小さく、合理的な証拠収集手段として認められるので事前の司法審査を得る必要はないと考えるもので、上記①②③を重視するものです。

　緊急処分説によれば、被疑者を逮捕することにより、被疑者が証拠物を破壊・隠匿するおそれはなくなるので、それ以後の無令状捜索・差押えは許されないし、また被疑者が証拠物を破壊・隠匿できるような手の届く範囲内でしか捜索等は行えないということになり、無令状捜索・差押えが認められる時間的・場所的範囲は限定されることになります。それに対し、相当説・合理説では、場所について、令状を請求すれば当然発付されるようなその場の管理権の及ぶ範囲なら許されますし、また時間的にも、逮捕の前後のある程度の幅をもってこれを許すなど広く考えることになります。

　通説・実務では合理説・相当説によっています。いくつかの重要判例があります。

① **最大判昭和36・6・7刑集15巻6号915頁（西成ヘロイン事件〈百選A7〉）**
　被疑者をヘロインの譲渡の事実で緊急逮捕するため被疑者の自宅に赴いた捜査官が、被疑者が不在でまだ帰宅していないのに無令状捜索を先行させてヘロインを発見・差し押さえた事案。最高裁は「<u>逮捕する場合において、と〜は、単なる時点よりも幅のある逮捕をする際をいうのであり、……逮捕との時間的接着を必要とするけれども、逮捕着手時の前後関係はこれを問わないものと解すべきであって〜被疑者がたまたま不在であっても、帰宅次第緊急逮捕する態勢の下に捜索・差押えがなされ、且つ、これと時間的に接着して逮捕がなされる限り、その捜索・差押は、なお緊急逮捕する場合その現場でなされたとするのを妨げない</u>」とした。しかし、これについては6名の裁判官が反対意見を述べている。

② **東京高判昭和44・6・20高刑集22巻3号352頁、判時575号8頁、判タ243号262頁（ベトナム帰休兵大麻所持事件〈百選23事件〉）**
　在日米軍所属の被告人が、Aと共に横浜のホテルに投宿。被告人らが大麻らしいものを吸っていたとの情報に基づき捜査官が同ホテル5階の待ち合わせ所でAを職務質問し、大麻タバコ1本を発見して現行犯逮捕。逮捕後、捜査官がAに同行して7階のAらの客室に赴き、客室内も逮捕の現場での捜索・差押えが可能だとして捜索を開始し、洗面所内で、Aと被告人との所持品を区

別せずに捜索を行い、洗面用具入れについて、Aはそれが被告人のものであると述べたが、捜査官は内容を捜索して大麻タバコ7本等を押収。捜査官はこれが被告人とAとの共同所持に係るものと判断。Aへの職務質問から約1時間45分後に戻ってきた被告人に職務質問を行い、洗面用具入れが自己のものと認めたため、直ちに緊急逮捕した。一審は、違法な捜索・差押えであるとして証拠能力を否定して無罪としたため検察官が控訴した。

判決は、下記の判示をして破棄自判して有罪とした。

「(220条1項2号の趣旨は)逮捕の場所には被疑事実と関連する証拠物が存在する蓋然性が極めて強く、その捜索差押が適法な逮捕に随伴するものである限り、捜索押収令状が発付される要件を殆ど充足しているばかりでなく、逮捕者らの身体の安全を図り、証拠の散逸や破壊を防ぐ急速の必要があるからである。従って、同号にいう『逮捕の現場』の意味は、～最高裁大法廷（注、前記①判決）の判決からも窺われるように、右の如き理由の認められる時間的・場所的且つ合理的な範囲に限られるものとするのが相当である」

「Aの逮捕と同タバコの捜索差押との間には時間的、場所的な隔たりがあるといってもそれはさしたるものではなく、また逮捕後自ら司法警察員らを引き続き自己と被告人の投宿している相部屋の右714号室に案内していること、同タバコの捜索差押後被告人も一時間20分ないし1時間45分くらいのうちには同室に帰ってきて本件で緊急逮捕されていることおよび本件が検挙が困難で、罪質もよくない大麻取締法違反の事案であることなどからすると、この大麻タバコ七本の捜索差押をもって、直ちに刑事訴訟法220条1項1号にいう「逮捕の現場」から時間的場所的且つ合理的な範囲を超えた違法なものであると断定し去ることはできない」

③　最（三小）決平成8・1・29刑集50巻1号1頁、判時1557号145頁、判タ901号145頁（和光大内ゲバ事件〈百選25事件〉）

内ゲバ事件に関連し、警察官が、被告人3名を凶器準備集合等の準現行犯人として逮捕したところ、警察官は、被告人が籠手を装着していることは現認していたが、被告人が興奮しており、場所も店舗付近で適当でなかったことなどから、警察車両に乗せて約500メートル離れた警察署に約5分で到着し、その場で籠手を差し押さえた事案。

最高裁は、「刑訴法220条1項2号によれば、捜査官は被疑者を逮捕する場合において必要があるときは逮捕の現場で捜索、差押え等の処分をすることができるところ、右の処分が逮捕した被疑者の身体又は所持品に対する捜索、差押えである場合においては、逮捕現場の状況に照らし、被疑者の名誉等を害し、被疑者らの抵抗による混乱を生じ、又は現場付近の交通を妨げるおそれがあるといった事情のため、その場で直ちに捜索、差押えを実施することが適当でないときには、速やかに被疑者を捜索、差押えの実施に適する最寄りの場所まで連行した上、これらの処分を実施することも、同号にいう『逮捕の現場』における捜索、差押えと同視することができ、適法な処分と解するのが相当である」として本件捜索・差押えを適法とした。

> 設問15　軽自動車についての捜索と差押えは適法か。

これを踏まえて本事例の当てはめですが、警察官は、逮捕した場所から約100メートル離れた路上に駐車していた小川の車のキーを取り上げ、ダッシュボード等をくまなく捜索して注射器

10本入り封筒を発見しました。緊急処分説に立てば、既に小川は逮捕されていますし、100メートルも離れていれば、逮捕の現場とはいえないのは当然であるとして違法とされるでしょう。相当説に立っても、これほど離れていれば、もはや逮捕の現場とはいえないという考え方もあるかもしれません。ただ、この車がそれまで小川が乗って来ていて、間もなくこれに乗って帰るつもりであり、一時的に車から離れた路上にいた、という状況にあれば、ぎりぎり逮捕の現場であるという考えもあるかもしれませんね。判断が分かれるボーダーラインの事案でしょう。

【警察署への引致と強制採尿】

　小川は警察署に引致されたが、警察官の職務質問時の対応に反感を持ち、1時間近い説得にもかかわらず、尿の提出を求められても応じなかった。それで警察は裁判官に対して強制採尿のための令状を請求し、約2時間後にこれが発付された。小川は採尿のための病院への同行も拒否したので、警察官が小川の両脇を抱え、警察車両に乗せて病院に連行し、病院内において、医師がカテーテルを用いて小川の尿を採取した。

　逮捕の現場で差し押さえた覚せい剤は約0.5グラムであったので、小川については、この所持の事実により、8月13日、検察官に送致された。採取された尿から覚せい剤が検出されたので、自己使用の罪についても立件し、所持の事実に併せて送致した。

設問16　この尿を強制的に採取する令状はどのような種類・内容のものか。

　覚せい剤使用の疑いのある被疑者が任意に尿を提出しない場合、強制的に採尿をしなければならなくなります。強制採尿は、病院で、医師が、被疑者の尿道にカテーテルを挿入し、膀胱内の尿を吸い出すものです。これは、被疑者のプライバシーや名誉感情などを大きく損ねるものではありますが、これを認めなければ、素直に尿を出す正直者だけが処罰され、拒否する者は粘り勝ちで検挙を免れる不公平が生じてしまいます。覚せい剤事犯撲滅のためには、末端の自己使用者を摘発して覚せい剤の使用が割に合わないことを自覚させ、またこれらの者からいわゆる突き上げ捜査という密売人・密売組織の摘発につなげていく必要性が高いため、我が国では以前から強制採尿は実務上不可欠の手段として認められていました。

　その場合に必要となる令状については、かつては、身体検査令状と鑑定処分許可状の2通の令状を併用するというのが実務でした。それは、採尿の目的は尿の鑑定にあること、しかし、鑑定処分許可状では、拒絶する相手方に対する直接強制が認められていないこと、身体検査令状は、相手方の名誉・プライバシー保護に最も手厚いものである上、これは直接強制が認められていることなどによるものでした。ところが、下記の最決が、それまでの実務を覆し、強制採尿は条件付の捜索差押許可状による、という画期的な判断をしたのです。体内にある尿を捜索して差し押さえる、という考え方には違和感をもつ人もいるでしょうが、膀胱内にある尿は、身体組織に戻ることはなく老廃物として間もなく排出されるものであることにものであることに着眼したものです。この決定の考え方については、異論もありますが、現在の実務には完全に定着しています。

★最（一小）決昭和55・10・23刑集34巻5号300頁、判時980号17頁、判タ424号52頁〈百選27事件〉）

「体内に存在する尿を犯罪の証拠物として強制的に採取する行為は捜索・差押えの性質を有するものとみるべきであるから、捜査機関がこれを実施するには捜索差押令状を必要とすると解すべきである。ただし、右行為は人権の侵害にわたるおそれがある点では、一般の捜索・差押えと異なり、検証の方法としての身体検査と共通の性質を有しているので、身体検査令状に関する刑訴法218条5項（注：現在は6項）が右捜索差押令状に準用されるべきであって、令状の記載要件として、強制採尿は医師をして医学的に相当と認められる方法により行わせなければならない旨の条件の記載が不可欠であると解さなければならない」

> **設問17** 令状に基づく病院への連行は許されるか。

　強制採尿を行うためには病院で医師によることが必要なので、被疑者を病院に連行しなければなりません。しかし、被疑者が同行を拒否する場合に、強制的に病院に連行することが許されるか、という問題があります。これが認められなければ、強制採尿令状の実効性は全くなくなるため、病院への強制連行は認めるのが通説実務ですが、その論拠については、大別して、必要な処分説と令状効力説の争いがありました。前者は、強制採尿は捜索差押許可状によってなされるので、捜索の執行のための必要な処分が可能であり、連行はそのような必要な処分として認められるというものです。しかし、**最（三小）決平成6・9・16刑集48巻6号420頁〈百選28事件〉**）は、次のように、令状効力説を採ることを判示しました。この決定は、既に勉強した会津若松エンジンキー引抜き事件のものです。

「身柄を拘束されていない被疑者を採尿場所へ任意に同行することが事実上不可能であると認められる場合には、強制採尿令状の効力として、採尿に適する最寄りの場所まで被疑者を連行することができ、その際、必要最小限度の有形力を行使することができるものと解するのが相当である。けだし、そのように解しないと、強制採尿令状の目的を達することができないだけでなく、このような場合に右令状を発付する裁判官は、連行の当否を含めて審査し、右令状を発付したものとみられるからである。

その場合、右令状に、被疑者を採尿に適する最寄りの場所まで連行することを許可する旨を記載することができることはもとより、被疑者の所在場所が特定しているため、そこから最も近い特定の採尿場所を指定し、そこまで連行することを許可する旨を記載することができることも明らかである」

　ただ、留意すべきは、このような強制連行が許されるのは、被疑者が捜査官の面前にいる場合です。路上で職務質問を開始して留め置いている間とか、任意同行に応じて警察署に来ているなどの場合です。例えば、被疑者が自宅で中毒症状を起こして暴れていると通報を受けた警察官が、強制採尿令状を取得して被疑者宅に行っても、被疑者が家から出てこない場合、被疑者の承諾なしにその住居内に立ち入って被疑者を強制連行することは許されません。そのような強制採尿令状は、被疑者の住居への立入りという新たで異質の重要な権利の侵害までをも許容するものではないからです。

　なお、必要な処分説に立つとしても、そのような住居への承諾のない立入りは認められませ

ん。法222条が準用する法111条1項の必要な処分とは、捜索の実効性を確保するための行為ならなんでも認められるというものではありません。

同条の規定は、捜索押収という強制処分の内容ないし本来的な目的を達成・実現するために合理的に必要と考えられる最小限度の付随的な実力行使、強制力の発動が許されるという、法定された強制処分の性質そのものから論理的・合理的に導かれる事柄を確認的に明示したものだと理解されています[6]。

> **設問18** 逮捕事実は覚せい剤の所持であるが、自己使用の事実も併せて送致することが許されるか。

本事例では、小川は、覚せい剤の所持で逮捕されましたが、引致後、強制採尿され、覚せい剤反応が出たため自己使用罪も立件されました。覚せい剤の所持と使用とは別の犯罪で、両者は併合罪関係にあります。このように逮捕事実は所持罪だけなのに、警察は逮捕はしていない自己使用の事実も併せて、検察官に送致できるか、という問題です。

これは、逮捕前置主義と事件単位の原則の問題です。

捜査段階の勾留には、逮捕前置主義がとられます（公判段階での勾留については逮捕前置主義はとられません）。逮捕前置主義は、「事件単位の原則」を前提としています。事件単位の原則とは、逮捕・勾留の効力はその理由となった事件についてのみ及び、また逮捕・勾留の要件（理由・必要性）は、その事件のみについて判断されなければならないということです。ですから、本来なら、警察官が最初に逮捕した事件を送致する際、立件した別事件も併せて送致しようとするなら、その別事件についても逮捕するべきことになります。しかし、覚せい剤の所持の事実で逮捕後、送致前に自己使用の事実も発覚し、この事実も立件したような場合、自己使用の事実について、あらためて逮捕するまではせず、所持の事実に併せて身柄事件として送致することも少なくありません。被疑者が、所持の事実も使用の事実も認めており、所持の事実の勾留期間中に使用の事実も併せて捜査処理ができると見込まれる場合には、このようにすることが実際的です。被疑者にとっても使用の事実で再逮捕・勾留されるよりも身柄拘束の期間が少なくてすむという利益もあります。自己使用の事実は身柄事件とせず、後日在宅事件として立件し、追送致するというのも実際的なやり方です。ただ、被疑者が所持の事実や自己使用の事実を否認するなど、それぞれの事実について十分時間をかけた捜査が必要な場合には、原則どおり、自己使用の事実は後日再逮捕・勾留して捜査を遂げることになるでしょう。

また、例えば、軽微な事実で逮捕し、逮捕期間中に殺人のような重大事件を立件して殺人については逮捕せず軽微な事実に併せて送致するようなことは許されません。そのような場合は、あくまで原則通り、殺人についても改めて逮捕して送致するべきです。

これらのことは、あるA事実で逮捕された被疑者について検察官が勾留請求をする場合、A事実に加えて、逮捕・送致されていないB事実をも併せて勾留請求することが許されるか、という問題にも共通します。そのような勾留請求が、逮捕前置主義の趣旨を潜脱するものではなく、被疑者の身柄拘束期間についても不利益を与えないような場合であれば許されます。

---

(6) 拙稿「刑事訴訟法演習」法教419号（2015年）160頁参照。

本事例では、同じ覚せい剤事件であり、所持と自己使用とは関連もするので、同一勾留期間中に捜査処理を遂げることが可能な事案であれば、逮捕を二度繰り返さず、所持の事実に併せて送致することは被疑者の身柄拘束期間について被疑者に有利でもあるので妥当であり、許されます。

【小川の自宅の捜索】

警察は、小川が上記密売所の売り子であったとの嫌疑を深めたため、直ちに小川の自宅（一軒家）を捜索して密売組織摘発の手がかりとなる証拠を得ようと考え、小川の逮捕当日の深夜、裁判官から小川の自宅の捜索差押許可状の発付を受けた。同令状には、
（捜索すべき場所）
　小川の自宅建物及び付属設備
（差し押さえるべき物）
　覚せい剤、小分け道具、注射器、ビニール袋、手帳、日記、電話帳、メモ、その他本件に関係すると思料される一切の書類及び物等
と記載されていた。
翌8月13日早朝、5名の警察官が小川宅に赴いたが、同人宅には、小川の覚せい剤仲間が出入りしているとの聞き込み情報もあったため、警察官は、宅配便の配達を装い、呼び鈴を鳴らして「宅配便です」と声をかけて玄関を開けさせようとした。すると、玄関はチェーンロックがかかっており、少し空いたドアから男が顔を出し、奥に向かって「ヤバイ」と叫びながらドアを閉めようとした。警察官は、直ちにクリッパーでチェーンを切断し、玄関内に踏み込み、リビングに入ると小川の内妻C女の外、男Dが緊張した顔で立っていた。警察官はC女に対し捜索差押許可状を示した上捜索を開始した。

設問19　このような玄関からの立ち入りは許されるか。その法的根拠は何か。また、令状の呈示手続に問題はないか。

警察官は小川宅に立ち入る際、宅配便の配達を装ったり、クリッパーでドアチェーンを切断しました。また、立ち入る際に玄関で令状を示すことなく、踏み込んだ後で令状を提示しました。このようなことが許されるかが問題です。
既に勉強したように、捜索については、法111条1項が「差押状又は捜索状の執行については、錠を外し、封を開き、その他必要な処分をすることができる」と定めています。また、110条は「差押状又は捜索状は、処分を受ける者にこれを示さなければならない。」と定めています。
これらの問題に関する主な判例を見てみましょう。

①　最決平成14・10・4刑集56巻8号507頁、判時1802号158頁、判タ1107号203頁（京都五条警察署捜索事件〈百選A6事件〉）
被告人が宿泊している客室等に対する捜索差押許可状に基づき、警察官が、当初、ホテル従業員を装って「シーツ交換に来ました」と言って入ろうとしたが、被告人が応じなかったので、支配人からマスターキーを借りて施錠を開けて入室し、入室後に令状を呈示したことについて、「捜索差押許可状の呈示に先立って警察官らがホテル客室のドアをマスターキーで開けて入室し

た措置は、捜索・差押えの実効性を確保するために必要であり、社会通念上相当な態様で行われていると認められるから（必要な処分として）許容される。また、……捜索差押許可状の呈示は、手続の公正を担保するとともに、処分を受ける者の人権に配慮する趣旨に出たものであるから、令状の執行に着手する前の呈示を原則とすべきであるが、前記事情の下においては、警察官らが令状の執行に着手して入室した上その直後に呈示を行うことは、法意にもとるものではなく、捜索・差押えの実効性を確保するためにやむを得ないところであって適法というべきである」とした。

② 大阪高判平成5・10・7判時1497号134頁

被告人が拳銃を所持しているとの情報がある中、証拠隠滅を恐れた警察官が、合鍵で扉を開け、携行していたクリッパーで鎖錠を切断して入室の上、被告人を制してバッグを取り上げ、拳銃等を発見した後に令状を呈示した事案につき適法とした。

③ 大阪高判平成6・4・20高刑集47巻1号1頁（大阪四条畷警察署宅配便仮装事件）

警察官らが、宅急便の配達を装って玄関扉を開けさせて住居内に立ち入った行為について、有形力を行使したものでも、住居所有者等に財産的被害を与えたものでもなく平和裡に行われた至極相当なものであるとした。

④ 東京高判平成15・8・28（公刊物等未登載、大コンメ刑訴法［2版］（2）399頁参照）

覚せい剤譲渡の被疑事件について、被告人方に対する捜索差押許可状を執行する際、玄関ドアが施錠されていたので、ベランダの掃出し窓のガラスを割り、クレセント錠を外して入室した事案について、覚せい剤自体は対象物に含まれていなかったことを踏まえ、緊急性に乏しい状況にあったとして、許容されないとした。

これらの判例が示すように、相手方が捜索・差押えの対象物を瞬時に破壊・隠滅するようなおそれのある事案では、即座に捜索場所内に立ち入るために捜査官であることを偽ったり、施錠を切断するなどの実力を行使して立ち入ることは必要な処分として許されています。またそのような事案では、令状の呈示の時期を、立入りが完了したり、即座に対象物を発見するなどした後に遅らせることも許容されています。令状呈示の意義は、手続の公正を担保するとともに、処分を受ける者の権利・利益を保護すること（捜索差押の範囲、場所、対象物等を了知させ、必要な異議・是正措置を求めるなどの対応策が可能となるようにすること等）にあります。本来なら、このような令状の呈示は捜索場所に立ち入る時点で行うのが望ましいのですが、事案に応じて事後的な呈示など臨機応変の対応が許されるのは、令状の呈示自体は憲法上の令状主義の要請ではなく、優越する利益・必要ないし正当な理由のある場合には、事前呈示の原則の例外も認め得ること、また、捜査機関が捜索場所に立ち入って捜索・差押えを行うことができるのは、令状を事前に呈示することの効果ではなく、令状により裁判官の許可を得た効果であることなどによります。

ただ、注意すべきは、④の判例です。これは、ガラスを割ったり錠を外して入室したことが違法とされたのですが、この事案では、捜索・差押えの対象物に覚せい剤が含まれていなかったことに特徴があります。もし、覚せい剤が対象物に含まれているのであれば、相手方が捜査官の来訪を察知するや否や、瞬時に覚せい剤をトイレに流すなどの隠滅を行うおそれが強いので、このような立入りは許されるでしょう。でも、対象物に覚せい剤が含まれていなかったので、ガラスを割るなどしてまで直ちに立ち入ることが必要不可欠だとは考えられなかった事案だと思われま

す。つまり、必要な処分としてどのような行為が許されるかは一般的・抽象的には論じられず、事案の性質、対象物が瞬時に破壊・隠滅されるようなものであるか否か、相手方が捜索を妨害するようなおそれがある事案か否か、などをよく検討してその適法性・妥当性が検討されなければなりません。

> **【捜索現場にいる第三者の所持品や身体の捜索の許容性】**
>
> 室内を捜索中、内妻C女がハンドバックを小脇に抱えていたので、警察官が「そのバックを見せなさい」と求めたところ、C女は「これは私の個人のものだから嫌よ。令状は夫へのものでしょう」といって拒否した。警察官はやむなくC女からバッグを取り上げ、中身を調べると、大きなビニール袋に入った白い結晶様粉末が発見されたので予試験をしたところ、覚せい剤の反応が得られた。警察官はC女をも覚せい剤所持の現行犯として逮捕するとともに、その覚せい剤を差し押さえた。
>
> 「ヤバイ」と叫んで玄関ドアを閉めようとした男はDであった。Dは捜索中、そわそわとしていたが、突然、警察官の脇をすり抜けて玄関から飛び出した。警察官は追いかけてDの背後から羽交い絞めにしてその場で取り押さえた。
>
> Dは取り押さえられてからも、トレーナーのポケットに突っ込んだ手を出さないので、警察官が「君は何か隠したな。シャブじゃないのか。出しなさい。」と求めたがDは応じなかった。そこで警察官は、ポケットに突っ込んだDの手を掴んで引き出したところ、小さなメモ帳が握りしめられていた。警察官はDの指をこじ開けるようにしてメモ帳を取り上げ、開いてみると、多数の電話番号や氏名、20、5、5 などの数字が書かれており、覚せい剤の密売に関するメモだと思われたので、警察官はこれを差し押さえた。

設問20 この内妻C女や、Dに対する捜索差押手続は適法か。

　警察官は、小川の内妻C女が小脇に抱えていたハンドバックを取り上げてビニール袋入りの覚せい剤を発見し、現行犯逮捕するとともに差押えし、また、その場にいたDが突然玄関から飛び出したので追いかけて羽交い絞めにして取り押さえ、トレーナーポケットに突っ込んだ手を引き出し、握りしめた指をこじあけて、密売に関するメモを差し押さえました。捜索差押許可状は小川の自宅を捜索場所とするものであり、C女の所持品やDの身体等に対するものではありません。

　すでに勉強したように、憲法35条は、「捜索する場所及び押収する物を明示する令状」を必要とし、また、「捜索又は押収は、権限を有する司法官憲が発する各別の令状によりこれを行う」としています。本来、居室等の場所と、そこにいる人の身体や所持品は別であり、場所のみでなく、人の身体や所持品をも捜索しようと捜査官が考えるのであれば、あらかじめ、それらについても別に捜索差押許可状を取得しておかなければなりません。

　しかし、具体的事件においては、捜索の際にその場所にどんな人が現在するかは警察官が事前に把握できない場合は多いですし、また、本来はその場所に存在し、捜索・差押えの対象となる物を、その場に居合わせた人間が、捜索・差押えを免れさせるために自分の所持品や身体・衣服の中に隠匿してしまうことも珍しくありません。

　そのような場合、場所に対する令状で、その場に居合わせた人の所持品や身体について、どこ

まで捜索することが許されるか、ということがしばしば重要な問題となります。

この問題を考える前提ですが、場所に対する捜索差押許可状は、その「場所」の建築物のみでなく、そこにある家具・什器備品等も「包摂」しています。ですから、住居等の場所を特定さえすれば、その住居内にあるタンスや机の引出し、金庫などについても当然に扉を開扉するなどして捜索することは許されます。

他方、捜索の際に偶然にその場所に立ち寄った第三者については、その所持品や身体はその場所に包摂されませんので、場所に対する令状による捜索はできません。したがって、これが例外的に許され得るのは、本来は、その場所に置かれており、その場所に包摂されていたはずの物を、捜索の執行時にその場にいる人が携行品、被服、身体に隠匿していることが疑われる状況にある場合です。主な判例を見てみましょう。

① 最（一小）決平成6・9・8刑集48巻6号263頁、判時1516号62頁、判タ868号158頁（大阪天王寺ボストンバッグ捜索事件〈百選19事件〉）

京都府甲警察署の警察官らが、被告人の内妻に対する覚せい剤取締法違反被疑事件につき、被告人及び内妻が居住するマンション居室を捜索場所とする捜索差押許可状により捜索を実施した際、居合わせた被告人が右手にボストンバッグを持ったままであったことから、再三、任意提出を求めたが、被告人がこれを拒否してバッグを抱え込んでしまったので、警察官がやむをえず被告人の身体を制圧し、バッグを取り上げて中を捜索したところ、覚せい剤が発見された。被告人を現行犯逮捕して逮捕現場における差押えとして同覚せい剤を差押さえた事案。

本決定は、「（警察官らが）被告人の内妻であったAに対する覚せい剤取締法違反被疑事件につき、同女及び被告人が居住するマンションの居室を捜索場所とする捜索差押許可状……に基づき右居室の捜索を実施した……際、同室に居た被告人が携帯するボストンバッグの中を捜索したという……事実関係の下においては、前記捜索差押許可状に基づき、被告人が携帯する右ボストンバッグについても捜索できるものと解するのが相当である」とした。

② 東京高判平成6・5・11高刑集47巻2号237頁、判タ861号299頁（立川警察署ポケット内捜索事件）

覚せい剤取締法違反事件につき、A方居室が捜索場所である捜索差押許可状を執行する際、その居室内にいた被告人の身体を捜索したもの。被告人がトレーナーのズボンポケットに両手を突っ込んだまま「俺は関係ない」と言って出て行こうとしたため、出すよう求めたが応じなかったので、両肩を押さえ付けて床に座らせ、激しく抵抗するところを数人掛かりで制圧し、両手をポケットから抜き出し、飛び出した茶色小物入れの中を確認し（空）、握りしめた両拳の指を一本ずつこじ開けるなどするうち、股間にピンク色小物入れが落ちていたので中を確認して覚せい剤3袋を発見。明示の同意なく予試験し、逮捕・押収した。本判決は次の判示をして、被告人の身体に対する捜索を適法とした。

「場所に対する捜索差押許可状の効力は、当該捜索すべき場所に現在する者が当該差し押さえるべき物をその着衣・身体に隠匿所持していると疑うに足りる相当な理由があり、許可状の目的とする差押を有効に実現するためにはその者の着衣・身体を捜索する必要が認められる具体的な状況の下においては、その者の着衣・身体にも及ぶものと解するのが相当である」「本件は、暴力団関係者による組織的かつ大規模な覚せい剤密売事犯の一端をなすものと目され、したがっ

て、関係者による罪証隠滅の虞が高いこと、本件差押の目的物は『取引メモ、電話番号控帳、覚せい剤の小分け道具』という比較的小さい物で、衣服のポケットなどに容易に隠匿できるものであること、Aは捜索差押許可状の被疑事実と関係のある暴力団の幹部であることなどの事情からすれば、本件捜索に際し、(A方に継続的に同居し、Aの輩下であった) 被告人において、A方に存在する差押の目的物を隠匿・廃棄しようとする虞は十分に考えられるところである。しかも被告人は、最初に発見されたときから両手をトレーナーのズボンのポケットに突っ込んだままという異常な挙動を続けていたのであるから、そのポケット内に本件差押の目的物を隠匿している疑いは極めて濃厚である。したがって、捜査員において、被告人に対し、ポケットから手を出し、中に入っている物を見せるよう説得したことは、適切な措置と認められる。これに対し、被告人は『関係ない』などと言って説得に従わず、部屋を出ていく素振りを見せ、捜査員において部屋に留まるよう両肩を押さえ付けて座らせ、説得を続けたにもかかわらず、なおも激しく抵抗してその場から逃れようとしているのであるから、捜査員の目の届かないところでポケットの中の物を廃棄するなどの行為に出る危険性が顕著に認められる。以上のような本件の具体的状況の下においては、被告人が本件捜索差押許可状の差押の目的物を所持していると疑うに足りる十分な理由があり、かつ、直ちにその物を確保すべき必要性、緊急性が認められるから、右許可状に基づき、強制力を用いて被告人の着衣・身体を捜索することは適法というべきである」

　この二つの判例について、①の方は、被告人の内妻に対する覚せい剤事件での内妻方を捜索場所とする令状で、その場にいた夫である被告人が持っていたボストンバッグを捜索したものです。一般に、バッグなどの携行品は、その場所にあった物をひょいと持ち上げることは簡単ですし、プライバシー侵害の程度も身体・衣服に対するよりは軽度です。しかも、被疑者である内妻との内縁関係という人間関係の緊密さから、被告人が内妻をかばって捜索・差押えを免れさせようとする動機は強いのが一般でしょうから、夫である被告人が抱え込んでいるボストンバッグ内に差押えの対象物が隠匿されている蓋然性は強いといえますね。②の方は、捜索場所の管理者であるAと被告人とは夫婦のような密接な人間関係まではないですが、被告人は「A方に継続的に同居し、Aの輩下であった」という者であり、判決が指摘するように、A方に存在する差押えの対象物を隠匿する動機は十分にあり、しかもその挙動の不審さは歴然としていました。この事案では、かなり手荒な実力を行使して覚せい剤を発見・押収していますが、この事案の具体的事情の下では、場所に対する令状の効力が被告人の身体にも及ぶ例外的な事案であったといえます。

　これらの判例からは、<u>場所に対する捜索差押許可状が、その場に居合わせた人の所持品や身体にも及ぶか否かは、その場所の管理者と当該人物との人的関係の強さ（管理者のために対象物を隠匿しようと考えるような立場の者であるか否か）、差押えの対象物が、容易にその人物の所持品や身体に隠匿可能なものであるか否か、当該人物の不審な挙動から、対象物を隠匿したと合理的に疑われるような状況が認められるか否か、などを総合して判断すべきです</u>。

　そこで、これを踏まえて本事例の検討ですが、内妻C女が小脇に抱えていたハンドバッグについては、C女は小川のために捜索を免れさせようとの動機を有する人間であること、対象物は覚せい剤であり、ハンドバックの中に隠匿することは容易に可能であること、警察のバッグの呈示の求めを拒否した挙動の不審さ、などからその捜索は許容されるでしょう。

　Dについては「ヤバイ」と叫んで玄関ドアを閉めようとした上、捜索中そわそわとしており、突然、警察官の脇をすり抜けて玄関から飛び出すなどし、連れ戻されてからもトレーナーのポケットに突っ込んだ手を出さないなどの極めて不審な挙動をしており、対象物を隠匿していると合

理的に十分疑われる状況にあったので、その身体に対する捜索は許されると考えていいでしょう。

なお、逃げ出したDを警察官が追いかけて現場に連れ戻す行為はそれ自体は捜索でなく、必要な処分として許されます。警察官が、連れ戻したDの手をつかんでポケットから引き出し、指をこじ開けるようにして握りしめていたメモ帳を取り上げた行為は、捜索行為そのものであると考えてよいでしょう。

> **【小川やDの自動車内等の捜索】**
>
> 小川宅の庭には、小川所有の自動車が駐車されており、車内を捜索したところ、トランクの中に手提げバッグが入っており、その中に、封筒に入れられた注射器20本と多数のビニール袋が発見されたので差し押さえた。庭には、Dの自動車も駐車していた。警察官がDに「これは君の車だな。中を調べるけどいいか」と聞いたところ、Dは「勝手に好きなようにすればいいだろ」とふてくされたように言ったので、警察官が車内をくまなく調べるとダッシュボードの中から、約1グラムずつに分けて小さなビニール袋に入れられた覚せい剤が発見された。警察官が予試験をすると覚せい剤の反応が得られたので、Dを覚せい剤所持の現行犯として逮捕し、粉末入りのビニール袋を差し押さえた。この覚せい剤は約10グラムであった。
>
> その他、小川宅内をくまなく捜索したところ、次の物が発見されたので差し押さえた。①「重要」と手書きされたノート一冊（中身はKとかLとかの隠語を使い、『何日、○○喫茶で100渡し』などとメモが多数記されていた。）　②天秤秤、未使用のビニール袋多数。

設問21 上記の2台の自動車の各捜索・差押手続は適法か。

小川所有の自動車については、小川の自宅に対する捜索差押許可状により、捜索差押は適法です。その敷地内に駐車している小川の自動車については、その令状が特定した場所に包摂されるからです。ただ、それはその自動車が、自宅敷地内に駐車している場合に限ります。その自動車が、敷地内でなく公道上など別の場所に駐車していたのであれば、自宅に対する令状の効力は及びませんので、別途小川の自動車に対する捜索差押許可状が必要となります。

Dの自動車については、小川の自宅に対する令状の執行としての捜索は許されません。居室内にいたDの身体の捜索が許されたのは、Dがその場所にあった対象物を隠匿したと合理的に疑われたからであり、令状の効力は屋外にあるDの自動車にまでは及びません。ですから、警察官がDの自動車内を捜索したいのなら、Dの承諾を得るか、承諾が得られないのなら、別途令状を取得して行わなければなりません。ただ、本事例では、小川の手の中からメモ帳を発見して差し押さえたのですが、これがメモ帳ではなく、覚せい剤だったとしたら、Dを覚せい剤所持の現行犯として逮捕できますね。Dを逮捕すれば、逮捕に伴う無令状捜索・差押えが許されます。相当説、合理説に立てば、限界事例ではありますが、Dが乗ってきたばかりで逮捕された家の駐車場に停めてあるDの自動車内の捜索も許されるとの考え方もあり得ます。

なお、規範108条は、「人の住居又は人の看守する邸宅、建造物若しくは船舶につき捜索をする必要があるときは、住居主または看守者の任意の承諾が得られると認められる場合においても、捜索差押許可状の発付を受けて捜索をしなければならない。」と定めています。

〔事例講義１〕 資産家老夫婦に対する強盗殺人事件

これは、刑訴法上は、住居等の管理者の真意の承諾があれば、プライバシー等の権利が放棄されますので、無令状での住居内の捜索も違法ではありません。しかし、住居の中には、路上での身体や携行品などと違って、保護すべきプライバシーが質的にも量的にも極めて大きいことや、真に承諾があったのか否かは、後々争われる場合も少なくないことから、規範は一種の警察の自己規制として、住居については承諾があっても捜索をするなら令状を得てするように、と定めているのです。

しかし、この規定には、自動車は含まれていません。ですから、自動車内の捜索については、真に相手方の承諾が得られれば、捜索を行うことは、刑訴法上はもとより、規範レベルでも許されているのです。

【事件の立件・送致等】

内妻Ｃ女のハンドバッグから押収した覚せい剤は約50グラムであり、警察は、これを小川及びＣ女の営利目的での共同所持によるものと判断した。Ｃ女の逮捕事実は50グラムの単純所持であったが、営利目的に変更して検察官に身柄付で事件送致した。Ｃ女については、20日間の勾留後、９月３日、送致事実どおりの事実により公判請求された。

Ｄについては、その自動車内から発見押収された約10グラムの覚せい剤の所持の罪で公判請求された。しかし、Ｄは、その所持の事実は認めたが、その入手経路については一切供述を拒んでいた。

小川については、９月２日、当初の職務質問の際の約0.5グラムの覚せい剤所持と自己使用の事実により公判請求後、同日、Ｃ女との共謀による50グラムの営利目的所持により再逮捕し、勾留の上、９月15日、追起訴された。この再逮捕前の当初の勾留中に、小川に対し、余罪であるＣ女との共謀による50グラムの覚せい剤の営利目的所持についても取調べがなされ、特に勾留延長後は、主としてこの余罪についての取調べがなされて３通の自白調書が作成されていた。

設問22 逮捕事実と異なる事実による送致は許されるか。

Ｃ女の逮捕事実は覚せい剤50グラムの単純所持でしたが、警察はこれを「営利目的所持」に変更して検察官に送致しました。同じ量の覚せい剤所持でも、営利目的の場合は法定刑がはるかに重くなります。しかし、このような送致事実の変更は許されます。単純所持と営利目的所持の事実は公訴事実の同一性があるからです。これは、例えば傷害罪で逮捕したが、送致前に被害者が死亡したため傷害致死罪として送致したり、恐喝罪で逮捕したが、反抗を抑圧する程度の暴行脅迫である疑いが強まったため強盗罪として送致する場合でも同様です。このような逮捕事実と送致事実の変更は逮捕前置主義に反するものではありません。

設問23 小川の当初の勾留期間中における営利目的所持の取調べは許されるか。

小川は0.5グラムの所持の罪で現行犯逮捕され、自己使用罪もつけて勾留されました。この勾

留期間中、特に延長後は、主として女との共謀による50グラムの覚せい剤の営利目的所持について取り調べられました。

このような勾留中の余罪の取調べが許されるかということは重要な問題の一つです。ただ、本事例の場合は、別件逮捕・勾留の問題ではありません。一般的に、問題となる別件逮捕・勾留とは「いまだ逮捕・勾留の嫌疑の要件が備わっていない本件について専ら又は主として取調べる目的で、逮捕・勾留の要件が備わっている別件により逮捕・勾留する捜査手法をいう」とされます。本事例では、小川は0.5グラムの所持で現行犯逮捕されたのであり、50グラムの営利目的所持の事実はその段階では発覚しておらず、警察は小川逮捕の当初から50グラムの営利目的所持について取り調べる目的は有していなかったからです。

したがって、本事例は、勾留中の余罪の取調べの可否の問題です。この問題は、別件逮捕・勾留の問題とも関連はするのですが、それらの問題点については、いずれ別の機会に十分に勉強することにします。

一般的に、ある事実で逮捕・勾留中、その事実以外の余罪を取り調べることは、被疑者が任意に応じるのであれば許されます。逮捕・勾留事実以外の余罪については、再逮捕・勾留も許される場合が多いでしょうが、逮捕・勾留事実についての取調べに必要な時間以外を利用して余罪を取り調べることは、それによって余罪についての再逮捕・勾留が不要となったり、その期間が短縮されるなどして、全体的に被疑者の身柄拘束期間の短縮にもつながるからです。

しかし、被疑者が、余罪の取調べに応じない場合には問題です。これは、「取調べ受忍義務」の問題となります。学説では逮捕・勾留事実自体についても取調受忍義務を否定するのが多数説ですが、実務判例はこれを肯定しています。しかし、その受忍義務は、逮捕・勾留事実のみに限定され、余罪については任意でしか取調べできない、とする限定説、逮捕・勾留されている以上、その事実以外のいかなる余罪についても取調受忍義務があるとする非限定説、逮捕・勾留事実のほか、その事実と密接に関連する事実については取調受忍義務があるとする中間説があり、かつては実務・判例は非限定説が主流でしたが、その後中間説にたつ判例が増えています。

本事例では、逮捕・勾留事実は少量の覚せい剤の所持・自己使用ですが、それらの覚せい剤の入手経路等は小川の自宅で発見された50グラムの覚せい剤と共通する可能性が強いと思われるので、密接関連性があると考えていいでしょう。したがって、非限定説ないし中間説に立てば、小川に対して50グラムの営利目的所持の事実について取調受忍義務を課して取り調べることは許されるでしょう。

ただ、留意すべきは、勾留延長後、逮捕・勾留事実については捜査が終了し、起訴できる状態に至っているのであれば、まずその起訴を行うべきです。余罪の取調べが許されるのは、あくまで当初の逮捕・勾留事実について捜査が終了しておらず、勾留の必要性が継続していることが前提です。したがって、その起訴が可能である以上、勾留延長期間が残されているからといって50グラムの所持の余罪の取調べは許されません。それはいったん逮捕・勾留事実を起訴した後、再逮捕・勾留して取り調べるか、再逮捕前なら起訴後の被告人の立場で、あくまで任意の取調べを行うべきです。

本事例では、勾留延長後は、主として余罪の取調べがなされていますので、この点はやや微妙ですね。逮捕・勾留事実についてはまだ起訴できる段階にはなかったのであれば許されることになります。

なお、当初の逮捕・勾留期間中に余罪についてある程度の取調べがなされた場合でも、その余

罪について再逮捕・勾留は、それが逮捕・勾留の不当な蒸し返しに当たらない場合には許されます。それは、余罪の事件の重大性、当初の身柄拘束中にどの程度の取調べがなされたか、余罪についてさらにどのような捜査が必要かなどを総合して判断すべきです。本事例では、延長後は主に営利目的所持の取調べがなされ調書も3通作成されていますが、営利目的所持罪は重い犯罪であり、さらに組織性や計画性、入手経路の解明等も必要だと思われるので、この事実による再逮捕・勾留が許される余地は十分あるでしょう。ただ、それらが既にほぼ解明されているのであれば、再逮捕・勾留は控えるか、行うとしても勾留延長まではすべきでないというのが実務的に妥当だといえるでしょう。

【強盗殺人事件の捜査の進展】
警察は、小川・C女・Dの逮捕を突破口として、密売組織の全容を解明するべく、押収したノートの内容を検討していた。すると、ノートのあるページに「〇月〇日、大本・中山と。〇町の夫婦宅。」との記載があり、その日付は、老夫婦が殺害された日であり、町名も一致していた。さらに、小川から押収していた携帯電話には、大本・中山の携帯の電話番号が登録されていた。そこで、警察は小川のC女との共謀による覚せい剤営利目的所持について9月15日に追起訴後、直ちに、小川に対して老夫婦の強盗殺人の容疑について鋭意追及を開始した。

設問24 小川に対する公判請求後の強盗殺人の容疑についての取調べは許されるか。

小川は起訴されたことにより被疑者から被告人の立場に変わりました。起訴後の被告人に対する取調べは、被告人が任意に応じない限り許されません。これは取調受忍義務を肯定する説に立っても同じです。ですから、小川が取調べに応じなかったり、仮に応じても連日厳しく追及するなど、受忍義務を課したような取調べを行うことは許されません。このような取調べをするのであれば、小川を強盗殺人罪で再逮捕・勾留すべきです。

【起訴後の小川の弁護人との接見】
追及開始二日目の9月16日、小川の覚せい剤事件の弁護人丙が、公判準備の必要があるとして接見を求めてきたが、警察はその日は終日、小川を取り調べる予定で、既に取調べを開始していた。

設問25 丙弁護人に対し、接見を翌日にするよう指定できるか。

これは絶対に許されません。法39条3により検察官が接見指定を許されるのは、被疑者が身体の拘束を受けている場合であり、また、それは「公訴の提起前に限り」ます。事件単位の原則上、身体の拘束を受けているか否かは事件ごとに判断します。小川は起訴済みの覚せい剤事件については身体の拘束を受けてはいますが、強盗殺人事件については、公訴の提起前ではあっても、逮捕・勾留されていないので「身体の拘束を受けている被疑者」には当たりません。ですか

ら、小川が任意の取調べに応じ、その取調べ中であっても接見指定は許されないのです。

　ただ、仮に、強盗殺人事件について小川が再逮捕・勾留中であるのなら状況は異なってきます。その場合には、小川は、接見指定が許されない起訴後の被告人の立場と、起訴前の身柄拘束中であるため接見指定が許されるはずの強盗殺人事件の被疑者の立場が競合するからです。これについては、次の重要な指導的判例があります。

★最（一小）決昭和55・4・28刑集34巻3号178頁、判時965号116頁、判タ415号114頁（水戸収賄事件〈百選35事件〉）

　この事案では、被告人は3月15日、収賄事件で勾留のまま起訴され、4月7日、別件収賄事件で追起訴され、さらに余罪の収賄被疑事実で逮捕されて4月10日に勾留されました。その勾留中の4月16日、弁護人が、接見を求めたのですが、検察官が接見の指定をしたため準抗告された事案です。

　本決定は、「同一人につき被告事件の勾留とその余罪である被疑事件の逮捕、勾留とが競合している場合、検察官等は、被告事件について防御権の不当な制限にわたらない限り、刑訴法39条3項の指定権を行使することができるものと解するべきであって、これと同旨の原判断は相当である」と判示して、検察官の接見指定を適法としました[7]。

　ただ、留意すべきは、余罪について逮捕・勾留中で、その取調べを行っているなど当該事実について接見指定の要件が認められる場合であっても、この決定が「被告事件について防御権の不当な制限にわたらない限り」としていることは重要です。これは事案によって具体的に検討しなければなりません。通常は、公判の期日は比較的緩やかに指定され、公判準備のための被告人と弁護人の打ち合わせの時間の余裕はある場合が多いのに対し、捜査段階の勾留は最大23日間でその間鋭意捜査を遂行しなければならないので、被疑者の取調べ中であれば、その事情の方が優先され、接見指定は許される場合が多いでしょう。しかし、例えば、公判期日が間近に迫り、その認否等の方針について弁護人が被告人と打ち合わせる必要が大きい反面、逮捕・勾留されている事件の捜査については、被疑者の取調べの日時の調整が可能な余裕があるような場合であれば、検察官としては、取調中であったりその予定がある場合であっても、その日時を調整して弁護人の接見が可能となるような配慮が必要でしょう。

【小川の自供と捜査の進展】

　小川は任意の取調べに応じていたが、取調べを開始してから4日目の9月18日、小川は、強盗殺人について自供を始めた。その供述の要旨は「自分は、大本から誘われ、奪った金品を山分けするとの約束で、犯行に加わったことは、間違いない。しかし、自分は窃盗だけの計画であると思い、まさか老夫婦を殺してまで奪うとは考えていなかった。自分は、別室で金品を物色していたが、大本・中山と老夫婦のいた部屋に戻ると、老夫婦がぐったりとなって倒れており、死んでいるように見えたので驚いて大本・中山らに『殺してしまったのか』と聞くと、大本が『顔を見られたから仕方ない』と言ったので愕然とした。乗りかかった船

（7）　この事案は、起訴された事件の弁護人と再逮捕・勾留中の弁護人が同一である場合であった。最決平成13・2・7裁判集刑280号115頁、判時1737号148頁は、「なお、同一人につき被告事件の勾留とその余罪である被疑事件の勾留が競合している場合、検察官は、被告事件について防御権の不当な制限にわたらない限り、被告事件についてだけ弁護人に選任された者に対しても、同法三九条三項の接見等の指定権を行使することができる」としている。

なので逃げ出すわけにもいかず、さらに室内を物色して、ネックレスや高級腕時計等を盗み、3人で家から逃げ出し、名前の知らない男の運転する車に乗って駅まで逃げた。2日後、大本から呼び出され、自分の取り分だ、として現金30万円を渡された。車を運転した男は初対面で、名前も聞かされなかった」というものであった。

警察は、この小川の供述を根拠に、大本・中山を強盗殺人で再度の逮捕を行うことを決断し、9月19日、裁判官に対し、大本・中山の逮捕状を請求した。

設問26　このような同一事実についての再逮捕を許されるか。

大本・中山の両名は、既に強盗殺人罪で逮捕・勾留され、23日間の身柄拘束を受けた後、処分保留で釈放されています。それにもかかわらず、同じ強盗殺人罪で再び逮捕・勾留が許されるかということは重大な問題です。これが無制限に許されるのなら、逮捕・勾留の期間を最大23日間として厳格に定めた法の規定は無意味になってしまいます。

そのため、同一事実についての逮捕・勾留は1回に限る「一罪一逮捕一勾留の原則」が刑訴法上の大原則として確立されています。これには、同一事実についての再逮捕・勾留を許さないという「再逮捕・勾留禁止の原則」と、実体法上一罪の関係にある事実を分けて重複して逮捕・勾留することは許されない「重複逮捕・勾留禁止の原則」の二つの面があります。後者は、例えば住居侵入罪で逮捕・勾留し、その期間中に、重ねてこれと実体法上一罪の関係にある牽連犯の強盗罪での逮捕・勾留は許されないということです。

しかし、再逮捕・勾留禁止の原則については、一切その例外が認められないという訳ではありません。再逮捕・勾留しなければ真実の解明ができず、それがやむを得ない事情が認められれば例外的にこれが許される場合もあります。

刑訴法199条3項は、「逮捕状を請求する場合において、同一の犯罪事実についてその被疑者に対し、前に逮捕状の請求又はその発付があったときは、その旨を裁判所に通知しなければならない」と定めており、これは同一事実についての再逮捕がなされることも想定した規定です。再勾留については明文の規定はありませんが、多数説・実務は、これを肯定しています。

再逮捕・勾留がどのような場合に例外的に許容されるかが問題となりますが、許容されるのは、一般的に、再度の身柄拘束をした上での捜査を必要不可欠とする事情が生じ、再度の身柄拘束の不利益を被疑者に負担させることを正当化できる事情があって、不当な逮捕・勾留の蒸し返しでない場合とされます。具体的には次の三つの類型があります。

① 事情変更が生じた場合
② 当初の逮捕手続に違法があり、釈放の上、改めて逮捕が必要となる場合
③ 一罪の一部についての再逮捕・勾留の場合

①については、当初の逮捕・勾留後証拠不十分で起訴に至らなかったものの新たな証拠の発見により嫌疑が復活・明確化した場合等です。ただ、安易にこれを許すべきではないので、その許否については、それまでの捜査経緯、先行する身柄拘束期間の長短、事案の軽重、検察官の意図、新証拠発見の経緯やその重要性、他の代替的手段の有無等を総合して許否を判断することとなります。次が指導的な重要判例です。

★東京地決昭和47・4・4判時665号103頁、判タ276号286頁（百選15事件）
　この事案は、爆弾使用の爆発物取締罰則違反の罪により逮捕され、20日間勾留された被告人が、公訴提起に至らず釈放されたが、その後、共犯者が逮捕されて被告人との共謀を自白したため、被告人が再逮捕されたものです。原裁判官は、再逮捕はやむをえない場合があるとしても勾留は通じて20日間を超えることはできないとして勾留請求を却下したため検察官が準抗告しました。
　本決定は、「しかしながら、<u>同法199条3項は、再度の逮捕が許される場合のあることを前提としていることが明らかであり、現行法上再度の勾留を禁止した規定はなく、また、逮捕と勾留は相互に密接不可分の関係にあることに鑑みると、法は例外的に同一事実につき再度の勾留をすることも許しているものと解するのが相当である</u>」「そして、<u>いかなる場合に再勾留が許されるかについては、前記の原則との関係上、先行の勾留期間の長短、その期間中の捜査経過、身柄釈放後の事情変更の内容、事案の軽重、検察官の意図その他の諸般の事情を考慮し、社会通念上捜査機関に強制捜査を断念させることが首肯し難く、また、身柄拘束の不当なむしかえしでないと認められる場合に限るとすべきであると思われる</u>」などと判示した上、本件においては例外的な場合であるとして勾留を許容しました。
　このような、爆弾使用のような重大犯罪について、共犯者が後から逮捕されて自白したという新証拠の出現が、再逮捕・勾留が認められる「事情変更が生じた場合」の類型の典型例ですね。
　本事例については、強盗殺人という重大事件であり、大本・中山の処分保留釈放後に逮捕された小川が事件や共犯関係について自白したという重要な新証拠が得られたものなので、この判例に照らしても、大本・中山の再逮捕・勾留は認められるでしょう。

設問27　そのための逮捕状請求の手続はどのようなことが求められるか。

　すでに述べた法199条3項は、逮捕状を請求する場合において、同一の犯罪事実についてその被疑者に対し前に逮捕状の請求又はその発付があったことを裁判所に通知すべき義務を定めています。規則142条1項8号も、逮捕状請求書の必要的記載事項として「同一の犯罪事実又は現に捜査中である他の犯罪事実についてその被疑者に対し前に逮捕状の請求又はその発付があったときは、その旨及びその犯罪事実」を含めています。裁判所が逮捕状の発付に当たり、前に同一事実で逮捕・勾留がなされたことを知らなければ、前述のような再逮捕・勾留が不当な蒸し返しに当たるのか否かの判断ができませんので、この通知や記載を怠ることは許されません。

設問28　大本・中山の逮捕・勾留後の、勾留延長は認められるか。

　再逮捕・勾留が認められるのであれば、勾留延長も認められる余地はあります。ただ、当初の逮捕・勾留で23日間を使い切っているので、警察・検察としては、できる限り再逮捕・勾留の期間が必要最小限にとどまるよう鋭意捜査を尽くすべきあり、勾留延長はなるべく避けるか、延長請求するとしても、必要最小限に絞って行うべきでしょう。

> **設問29** 客観的な補充捜査が尽されている段階で、被疑者が否認ないし一部自供に留まっている場合、「被疑者についてさらに取調べの必要がある」ということを理由に延長が認められるか。

　そのような理由による勾留延長は認められません。勾留は、本来罪証隠滅を防ぎ、被疑者の逃走を防止するためのものであって、取調べ自体を目的として認められるのではありません。取調べ受忍義務を肯定する実務においても、受忍義務が認められるのは、勾留が認められることのいわば反射的効果であって、勾留自体が取調べを目的として許されるからではありません。ですから、被疑者の更なる取調べを理由とした勾留延長が認められないのは当然のことです。ただ、共犯事件において、共犯者の供述の相互に重要な食い違い等があり、その矛盾を解明しなければ事件の起訴不起訴の判断ができないような事情があれば、被疑者らの更なる取調べの必要性も延長の理由に加えることは許される余地があるでしょう。

【大本らの再逮捕・勾留と取調べの進展、事件処理】

　裁判官は、大本・中山の逮捕状を発付したので、翌9月20日、警察は両名を逮捕した。小川も、強盗殺人罪で再逮捕・勾留された。大本・中山は、小川が逮捕されたことを知って動揺し、9月21日に送致され、勾留された後、追及に対して次第に供述を始めた。大本・中山・小川の各自供内容の要旨は次のとおりである。

大本：「窃盗目的で侵入したが、最初から殺すつもりはなかった。老夫婦に顔を見られてしまったが、中山が持って来ていたロープで夫の首を絞め始めたので、自分はそこまでやらなくとも、と内心思った。中山がロープを持って来ていたことは事前には知らなかった。中山は夫を絞め殺してしまい、妻をも同じように絞め殺した。自分は見ているだけだった。奪ったキャッシュカードで現金を引き出したことは間違いない」

中山：「大本から誘われ、最初から老夫婦を殺害する計画で、自分がロープも用意した。大本が、家に侵入する前に『道具は持って来ているだろうな』と聞いたので、『大丈夫だ』と答えた。夫婦から顔を見られてしまったので、大本が自分に『仕方ない、やってしまえ』というので、自分はためらったが、覚悟を決めて、夫婦をロープで絞殺した。使ったロープは捨てたが、自宅から押収されたロープは、店から買って一部を事件のために切り取った残りである」

小川：「自分は、大本から誘われ、奪った金品を山分けするとの約束で、犯行に加わったことは、間違いない。しかし、自分は窃盗だけの計画であると思い、まさか老夫婦を殺してまで奪うとは考えていなかった。自分は、別室で金品を物色していたが、大本・中山と老夫婦のいた部屋に戻ると、老夫婦がぐったりとなって倒れており、死んでいるように見えたので驚いて大本・中山らに『殺してしまったのか』と聞くと、大本が『顔を見られたから仕方ない』と言ったので愕然とした。乗りかかった船なので逃げ出すわけにもいかず、さらに室内を物色して、ネックレスや高級腕時計等を盗み、3人で家から逃げ出し、男の運転する車に乗って駅まで逃げた。二日後、大本から呼び出され、自分の取り分だ、として現金30万円を渡された。車を運転した男は初対面で、名前も聞かされなかった」

検察官は、10月10日、大本・中山・小川の3名をそれぞれ公判請求した。

設問30 上記の証拠関係ではそれぞれの起訴罪名・事実はどのようなものか。

　事実認定の基本的な勉強ですね。具体的事件ではさらに証拠関係の詳細な検討が必要ですが、共犯者の供述内容が食い違う場合の事実認定の基本的な勉強として考えてみましょう。
　まず、小川については、殺害には関与しておらず、殺害を後から知ったという供述ですが、大本・中山の両名も、殺害について小川の関与はなんら供述していません。また、小川の自供の経緯に照らしても、その供述は基本的に信用できるでしょう。ですから、殺害に関与しているのは、大本・中山の2名であったと認定できます。したがって、小川については、強盗殺人罪の共犯の責任は問えませんので、住居侵入・窃盗罪の共犯の限度で公判請求すべきこととなります。
　問題は、殺害について、大本と中山の供述はいずれが主導的に実行したのかについて対立しています。大本は、最初から殺すつもりはなかったとか、中山が殺すのを見てそこまでやらなくとも、と思ったとか、自分は見ているだけだった、などと、責任をすべて中山に押し付けるような弁解をしています。
　これに対し、中山は、自分が実行行為をしたことを認めた上で「大本から誘われ、最初から老夫婦を殺害する計画で、自分がロープも用意した」「大本が、家に侵入する前に『道具は持って来ているだろうな』と聞いたので、『大丈夫だ』と答えた。」などと自己に不利なことも含めて迫真性のある具体的な供述しています。
　また、基本的に供述が信用できる小川は、「大本が『顔を見られたから仕方がない』と言った」と供述していますが、これは、大本の弁解には沿いませんし、小川の供述からは、本件犯行は当初から大本が中心となって実行したことを窺わせます。小川は、大本・中山との関係では中立的な立場であり、大本とのやりとりについて作り話をする動機もないでしょう。
　これらに照らせば、大本の供述は、殺人の責任を中山に押し付ける虚偽の弁解が多く含まれており、信用性は低く、中山の自供の方が基本的に信用できると考えてよいでしょう。
　したがって、大本と中山の両名には住居侵入・強盗殺人の共同正犯が成立し、その罪で公判請求すべきです。量刑については、実行行為を行ったのは中山である前提で、事件の計画性等の面では大本が主犯格であったということを踏まえて、的確に判断されるべきです。

【Aの逮捕】
　ところで、上記起訴の約2週間後の10月24日、本件強盗殺人事件で大本らの運転手役を務めていたAが、深夜、飲酒して道路を走行中、警察がその道路で酒気帯び運転予防・取締りのための交通検問を実施していた。警察官が、赤色の信号灯を回しながら停車を求めてきたため、Aは酒気帯び運転の発覚をおそれて動揺し、とっさにアクセルを踏み、猛スピードで走り抜けようとした。警察車両が直ちに発進し、サイレンを鳴らしながら追尾してきたので、Aはますます動揺した上、かなり飲酒酩酊していたため、ハンドル操作を誤り、道路脇の疎水に転落横転し、Aはしたたかに頭部を打撲して失神した。

設問31 この交通検問の適法性とその根拠はなにか。

【自動車検問にはどのような類型があるか】

警察が、道路において検問所を設置して走行してくる自動車を一時停止させて質問などを行う自動車検問はしばしば行われます。しかし、自動車検問には、その目的や実施方法などに様々なものがあるので、それぞれに応じた根拠規定や実施方法の適法性・妥当性の判断が必要です。

自動車検問には、大別して、何らかの不審事由が認められる特定の車両に対して行われる場合と、不審事由の有無にかかわらず、走行してくる自動車に対して無差別に行われる場合があります。

不審事由のある車両に対して行われる自動車検問は、

① 走行状況等から不審事由が認められるため警職法2条1項による職務質問として行われるもの
② 犯人が乗っていると疑われる状況が認められるので任意捜査として停止を求めたり、あるいは運転者に逮捕状が発付されていたり、現行犯逮捕等の要件がある場合の停車措置
③ 車両の外観・走行状態から、整備不良車両である等の異常が認められる場合に行われる道路交通法上の危険防止のための措置（同法61条、63条、67条）。

があります。

これらの事由に基づく自動車検問、停車の措置は、それぞれの要件が認められる限り適法であり、比例原則も踏まえて、事案に応じた強い措置による停車も許されます。

問題は、不審事由が外観上認められないのに、不特定・無差別に自動車を停止させて質問等を行う自動車検問の適法性とその根拠です。

このような自動車検問には、実務上、また講学上、

ア 交通違反の予防・検挙のための交通検問
イ 不特定の一般犯罪予防・検挙のための警戒検問
ウ 特定の犯罪が発生した際における犯人の捕捉及び捜査情報収集のための緊急配備検問

の三類型があります。ただ、これは、検問の表題の問題ではなく、不審車両のみを対象とするか、無差別の場合であるか、の実施方法・形態の違いの問題であり、これらの三類型が、不審事由の有無にかかわらず、無差別に行う場合が問題となります。例えば③の緊急配備検問でも、犯人の逃げた車が車種や外観から特定できるため、走行してくる車両の中で、それに該当するもののみを停止させ、他の車は通過させるのであれば、それは前述の②の場合になります。

【そのような不特定・無差別の自動車検問の根拠についての学説】

これについては、従来から様々な説がありました。しかし、憲法に直接の法的根拠を求める説は少数にとどまり、また違法説は、理論的にはともかく、現実の要請を充たさないため、①の警職法説と②の警察法説が主要な説でした。

① 警職法説
同法に基づく職務質問のための停止行為に根拠を求める。
② 警察法説
「交通の取締その他公共の安全と秩序の維持」を警察の責務とする警察法2条1項が警察官の

権限行使の一般的根拠規定となり得るとする。

　③　憲　法　説

　一斉検問の法的根拠を直接に憲法31条に求め、緊急性・公共性（必要性）の要請と具体的事情の総合判断により合理性があると認められた場合には許容されるとする。

　④　違　法　説

　必要性は否定できないが、現行法下では、法的根拠がなく違法とする。

【判　例】

　判例では、次の天王寺警戒検問事件の大阪高判が警職法説に立っていましたが、その後、宮崎交通検問事件の最決が、警察法に根拠を求める判示をしました。

　ア　大阪高判昭和38・9・6高刑集167巻526号、判時360号9頁（天王寺警戒検問事件）

　この事案は、自動車強盗の予防検問所を設けて自動車検問の実施中、通りかかったタクシーに赤色灯を回して停車を求めたが、そのまま通り過ぎようとしたので警笛を鳴らして停車を命じたところ、少し過ぎてから停車したため、不審を抱いた警察官が走り寄って、どこから客を乗せたのか、などを質問中、後部座席に乗っていた被告人が顔を出し、警察官の顔面を殴打したので公務執行妨害の現行犯として逮捕した事件です。

　被告人は、現行法の下では自動車検問は法的根拠を欠き不適法であると争いました。一審（大阪地判昭和37・2・28下刑集4巻1-2号170頁）は、前記違法説に立ち、自動車検問には法的根拠がなく違法であると断じた上、公務執行妨害罪の成立を否定して無罪としましたが、本判決は警職法2条1項の前提要件を確かめるための自動車検問を認めて停車を求めることを許容し、次の判示をして、本件停止行為等の適法性を肯定して有罪としたのです。

　「文明の発達と共に自動車を犯罪の手段または隠蔽の方法として利用する者が激増する事態を招き、高速度交通機関を利用する者に対しても同条1項の要件を満たす限り警察官の職務質問の権限を認むべき実質的理由があるのである。しかも同条1項は相当な理由のある者、知っていると認められる者とのみ規定し、職務質問の対象となる者について自動車を利用する者を除外するものでないことは文理上からも明らかである。従って、自動車を利用する者に対しても同条1項は警察官に対し職務質問の権限を与えているものと解すべきであり、徐行しているオープンカーの如き場合を除き職務質問の要件の存否を確認するため自動車利用者に停車を求める権限をも合せて与えたものといわなければならない。さらに運転者や乗客に職務質問の前提要件の存否を確かめるため二、三の質問をすることも相手方の任意の応答を期待できる限度において許容されているものと解するのが妥当である。しかしながら自動車の停車を求める権限が無制限のものとは到底考えらえない」とした上、その要件として、①任意の手段によること、②犯罪を犯し、若しくは犯そうとしている者が自動車を利用しているという蓋然性、③自動車の停止を求めることが公共の安全と秩序の維持のために自動車利用者の自由を制限しても已むをえないものとして是認される場合であることを挙げた。

　イ　最（三小）決昭和55・9・22刑集34巻5号272頁、判時977号40頁、判タ422号75頁（宮崎交通検問事件〈百選A1事件〉）

　この事案は、深夜、飲食店の多い区域からの帰路に位置する道路上で、約2時間半にわたり通

過車両のすべてに対して、赤色灯を回して停止を求める方法で25、6台を検問し、被告人を含む5人を酒気帯びで検挙されました。被告人は、公判で、本件自動車検問は法的根拠に欠ける違法なものとして酒気帯鑑識カードは違法収集証拠として証拠能力を争い、一審二審はともにこれを退けて有罪としたので被告人が上告しました。

本決定は、「警察法2条1項が「交通の取締」を警察の責務として定めていることに照らすと、交通の安全及び交通秩序の維持などに必要な警察の諸活動は、強制力を伴わない任意手段による限り、一般的に許容されるべきものであるが、それが国民の権利・自由の干渉にわたるおそれのある事項にかかわる場合には、任意手段によるからといって無制限に許されるべきものでないことも同条2項及び警察官職務執行法1条などの趣旨にかんがみ明らかである。しかしながら、自動車の運転者は、公道において自動車を利用することを許されていることに伴う当然の負担として、合理的に必要な限度で行われる交通の取締に協力すべきものであること、その他現時における交通違反、交通事故の状況なども考慮すると、警察官が、交通取締の一環として交通違反の多発する地域等の適当な場所において、交通違反の予防、検挙のための自動車検問を実施し、同所を通過する自動車に対して走行の外観上の不審な点の有無にかかわりなく短時間の停止を求めて、運転者などに対し必要な事項について質問などをすることは、それが相手方の任意の協力を求める形で行われ、自動車の利用者の自由を不当に制限することにならない方法、態様で行われる限り適法なものと解すべきである」としました。

本決定は、無差別に行われる自動車検問については、警察法に根拠を求めつつ、「目的の正当性」「実施の具体的必要性」「手段の任意性・相当性」の要件を付したものとみることができます。しかし、この要件は、任意捜査の許容性の判断基準である必要性・緊急性・相当性とは異なるものです。前に勉強した捜査のピラミッドで言えば、このような不審事由の認められない無差別の自動車検問は、あくまで相手方の任意の承諾を得ることが不可欠であり、いささかも権利自由の侵害制約にわたってはなりません。ピラミッドの最下段に該当します。不審事由のある相手方に対する任意捜査や職務質問においては、比例原則にしたがい、ある程度の権利自由の制約は許容され得るのですが、無差別の自動車検問においてはこれは許されません。

例えば若い警察官が、好きなタレントが車に乗ってくることを知り、興味本位で自動車検問名目で停止させてタレントに話しかけたとすれば、いくら相手が任意に応じ、短時間の質問にすぎなかったとしても、「目的の正当性」「実施の具体的必要性」を欠くのですから、許されないことは当然ですね。

設問32　警察による追尾行為は適法か。

本事例では、警察官が赤色灯を回して停止を求めたのに気付いたAは、酒気帯び運転の発覚をおそれて動揺し、とっさにアクセルを踏み、猛スピードで走り抜けようとしたので警察車両が直ちに発進して追尾しました。これは許容されます。なぜなら、赤色灯を回せば、どの車も停止するのが通常であり、Aのこのように突然猛スピードでの逃走を図る行為自体に、Aが飲酒運転をしていることを疑わせる不審事由が認められます。したがって、その瞬間から、警職法に基づく停止を求める行為が許され、そのための追尾は適法です。しかし、だからといってどんな追尾行為でも許される訳ではありません。アメリカのドラマや映画のように派手なカーチェイスをし、

危険な幅寄せをするなどして逃走車両が大事故を起こしかねないような追尾は許されません。これも比例原則の現れです。本事例で、Aが事故を起こしたのは、かなり飲酒酩酊していたため、ハンドル操作を誤ったことによるものなので、追尾行為自体が違法とはされないでしょう。

【失神したAからの血液の採取】

警察はAを病院に搬送したが、Aの意識が戻らないため、治療に当たった医師に対し「微量でよいから、Aから血液を採取して欲しい」と依頼し、医師はその求めに応じ、Aの腕から注射器により約5CCの血液を採取して警察に提出した。

採取された血液から0.3％の濃度のアルコールが検出されたため、警察は、Aの意識の回復後、飲酒運転の罪により同人を通常逮捕した。

設問33 この血液採取は適法か。適法でないとすれば、どのような方法によるべきか。

犯罪捜査では、しばしば、捜査官が医師に対して捜査の協力を求める場合があります。しかし、医師が、患者の承諾なしに、その患者の医療に関する情報等を提供することについては、医師と患者との信頼関係が損なわれるおそれや、秘密漏示罪の主体でもある医師の守秘義務等の問題があります。他方、医師も公益性が重視される職業である上、医師が公務員である場合には、法239条2項が定める公務員が職務を行うことにより犯罪があると思料する場合の告発義務との関係はどうなるのかという問題もあります。

強制採尿の場合には、裁判官が発付した令状に基づいて医師に行わせるために問題はないのですが、捜査官から任意の協力を医師が求められた場合、この問題は深刻なものとなり得ます。これは、捜査官が医師に依頼して、患者から、尿、血液、毛髪等の採取や提出を求める場合や、医師が診療行為の過程で知り得た情報の提供を求められた場合に顕在化します。

次の判例がこの問題に関する重要な判例です。

★最（一小）決平成17・7・19刑集59巻6号600頁、判時1905号144頁、判タ118号251頁）

この事案は、同棲相手との口論でナイフにより腰背部に刺創を負い、国立病院に搬送された被告人について、検査のため採尿が必要と判断した医師が、被告人に採尿を説得したが応じなかったものの、麻酔をかけて縫合手術をし、その際カテーテルを入れることについては、拒絶しなかったため、麻酔をかけて手術の上採尿をしました。薬物による影響が考えられたので、簡易な薬物検査を行ったところ、アンフエタミンの陽性反応が出ました。そこで医師は、両親に警察への通報しなければならないと説明したところ、両親も了解した様子であったので、警察に通報し、警察が差押許可状により、尿を差し押さえました。

被告人側は、①採尿は医療上必要がなく、承諾のない違法な治療である、②警察への通報は医師の守秘義務違反、③警察官による押収は令状主義の精神に反する重大な違法がある、と争いました。

これに対し、本決定は、「上記の事実関係の下では、同医師は、<u>救急患者に対する治療の目的で、被告人から尿を採取し、採尿した尿について薬物検査を行ったものであって、医療上の必要があったと認められるから、たとえ同医師がこれにつき被告人から承諾を得ていたと認められな</u>

いとしても、同医師のした上記行為は、医療行為として違法であるとはいえない。また、医師が必要な治療又は検査の過程で採取した患者の尿から違法な薬物の成分を検出した場合に、これを捜査機関に通報することは、正当行為として許容されるものであって、医師の守秘義務に違反しないというべきである」と判示しました。

この判旨のポイントは、尿の採取と薬物検査は、医師が治療上の必要性から自ら行ったことにあります。

そこで、これを踏まえた本事例の検討ですが、本事例はこの最決とは重要な点で大きな違いがあります。つまり、本事例での採決は、治療上の必要性によるものではなく、最初から、警察への捜査協力の目的でした。これは、明らかに違法です。医師もこのような依頼は拒絶するべきでした。

他方、Aに飲酒運転の嫌疑が強い以上、早期に採血しなければ、時間の経過とともに血中のアルコールは排出されていきます。ですから警察官としては、裁判所に対し、強制採血のための令状を請求し、それに基づいて医師に採血をしてもらうことは可能であり、警察官はそれを行うべきでした。

そのような強制採血のために、どのような令状が必要かという問題があります。これは、身体検査令状と、鑑定処分許可状の二つの令状を併用するのが実務です。既に強制採尿についてお話ししたように、強制採尿については昭和55年の最高裁の判例により、捜索差押許可状に医師をして相当と認める方法によるべし、との条件を付するという運用が確立しています。しかし、強制採血については、この判例が出た後も、従来どおり、身体検査令状と鑑定処分許可状の併用によっています。というのは、尿の場合には、膀胱内に貯留した尿はいずれ短時間後に必ず排泄されるものなので、捜索差押許可状によることも合理性があるのですが、血液の場合には、たとえ少量であっても体外に自然に排出されることはあり得ず、身体の不可欠の一部を構成しています。それに、採尿の場合のカテーテルの挿入は身体に何らの損傷を与えないのに対し、採血の場合は注射針を身体に刺すのですからわずかながらでも身体の損傷を伴います。このような違いがあるため、実務では現在も二つの令状を併用しているのです。

設問34 Aの出血した血液が治療後残存していたので、その一部の任意提出を受けた場合はどうか。

この場合には、事情が異なってきます。というのは、その血液は、医師が捜査協力のために体内から採取したのではなく、既に自然に排出されたものであり、後は廃棄するしかなかったものです。このような問題に関しては、古いものですが、**松山地裁大洲支部判昭和59・6・28判時1145号148頁、判タ50号29頁**があります。

この事案は、交通事故直後病院に搬送された被告人の膝関節部に貯留した血液を、警察の依頼により、医師が、針のない注射器で吸引して採取した事案です。判決は「被告人の意識状態からして同人の承諾を得たものとみることは困難だとしても、被告人から採取された血液は、同人の身体から流出して左膝関節部に貯留していたもので、被告人の身体の一部に付着していたとはいえ同人の排他的支配の意思はすでにないものとみられ、一方、その採取方法は、専門的医師により被告人の生命、身体に支障を来さないとの判断のもとになされており、加えて、血液中のアル

コール含有量の検査は、飲酒後なるべく早い時期に採取された血液からなされるべきで、その意味から本件では被告人の血液を採取する必要性と緊急性が認められ、以上の事情を総合考慮すれば、被告人からの本件血液採取をもって、令状主義を潜脱した違法、無効なものであるということはできない」としました。

また、福岡高判昭和50・3・11刑月7巻3号143頁は、自ら起こした交通事故で失神状態にあった被疑者につき酒気帯び運転の疑いがあったため、警察官の依頼により、医師が看護師に指示して被疑者の身体から流れ出ている血液を抑えていたガーゼに付いていた血液5.6ミリグラムを試験管に採取して警察官に提出した事案について、被疑者の身体に何等の傷害も苦痛も与えるものではないことから、被疑者や家族から同意を得なくとも適法であるとしました。

松山地裁大洲支部の判例では、医師が患者の膝関節から貯留していた血液を抜き取ったという点でやや問題なしとしませんが、いずれは除去して廃棄されるべき血液なので許容されたのでしょう。

なお、治療目的で採取したり、自然に排出された尿や血液が残存している場合に、医師からそれらの提供を受けることはこれらの判例に照らして許容されますが、その場合、単なる医師から任意提出を受けるだけで足りるのか、差押許可状を得て差し押さえるべきなのか、という問題はあります。公益性を有する医師が、自己の判断で任意提出をすることは許されるでしょうが、後に患者から医師が抗議を受けて責任を問われるようなおそれもあるので、可能であれば、任意提出によらず差押許可状を得て差し押さえるのがベターだといえるでしょう。

【Aの罪責など】

Aは飲酒運転について取調べを受けた後、担当刑事に対し、自分が強盗殺人事件に関わり、運転役を務めたこと、しかし、まさか大本・中山らが人殺しをするとまでは知らず、後日報道でそれを知って驚いたことなどを供述し、調書が作成された。

設問35　Aについて成立する罪は何か。

Aは強盗の目的までは告げられていないので、強盗の幇助罪は成立しません。もし車で送り迎えを依頼されたときの状況から、大本らが被害者宅に忍び込んで窃盗を行うかもしれないと認識していたのなら、窃盗幇助の限度での未必的故意が認定され得るか否かの問題となります。

〔事例講義２〕
覚せい剤の組織的密売事件

　老夫婦に対する強盗殺人事件は、大本、中山、小川の３名を公判請求したことにより一段落つきました。しかし、小川宅の捜索により、小川らの覚せい剤の組織的密売事件が浮かびあがってきたので、警察はその解明・摘発に乗り出しました。このように、一つの事件の捜査の進展過程で他の重要な事件が発覚し、捜査が新たな展開を見せることは少なくありません。事例講義２では、この覚せい剤の組織的密売事件を中心に捜査法の勉強をしていきましょう。

〔捜査の進展〕

　警察は、小川、内妻のＣ女、Ｄの３名に係る覚せい剤事件について捜査処理を遂げた後、更にその上部の密売組織摘発のための捜査を継続していた。小川やＣ女は、起訴後の勾留中の取調べに対しても、上部組織に関しては口をつぐみ、一切供述をしなかった。

　ところが、Ｄは、自動車内から発見された覚せい剤約10グラムの所持の罪について起訴された後、11月３日、刑事に対し自ら取調べ願いをし、次のように供述した。

　「自分はこの覚せい剤の入手経路について否認していたが、それは、密売組織を守りたかったからだ。実は、密売組織を仕切っているのは、野田という男で、○○組という暴力団の幹部だ。小川やＣ女はその配下の者で、野田は、他にも数人の組員や関係者を使って手広く覚せい剤を密売している。自分は、一度だけ、小川に連れられて野田のアジトのマンションを訪ねたことがある。野田と直接顔を会わせたのはその時１回だけだが、野田は、自分が小川を手伝って覚せい剤を密売していることを知っており、『もしお前が逮捕されるようなことになっても心配するな。弁護士もつけてやるし、お前の嫁さんや子供の生活費くらい、お前の服役中は全部俺が面倒みてやるから』と言っていた。だから、自分が逮捕された時、野田が弁護人をつけたり、家族の生活費くらい出してくれると期待して、組織のことは一切しゃべらなかった。しかし、結局、自分が逮捕されても、弁護人もつけてくれないし、この前女房が面会にきたが、野田は生活費も一銭もくれていないということだ。結局、野田は、自分達を使い捨てにするだけで、自分だけ助かって密売で大儲けしているのだ。自分は、腹が立ち、この際、自分のやった罪は清算し、組織から足を洗おうという気になった。野田を摘発するためなら、なんでも協力する。野田は、毎月」数キロ単位で覚せい剤を仕入れているが、それは、小川から聞いた話では、月に１回、大阪方面から送られる宅配便で届いているとのことだ」

　そして、Ｄは、野田のアジトのマンションの所在場所等を詳細に供述したので裏付け捜査を行ったところ、その特定に至った。

　警察は、野田宅近辺の宅配便業者から聞き込み捜査をしたところ、ある業者から、毎月１～２回、野田宅への宅配便の配達があることが判明した。それで、その業者の協力を得て、野田宅への宅配便配達があるときは直ちに連絡して、数時間その荷物を借り受けるよう依頼し、協力方を取り付けた。11月15日、業者からの連絡があったので、警察は直ちに店舗に赴き、野田宅への配達予定の荷物を借り受け、空港の税関の協力を得て、空港においてその荷

物の内容物についてエックス線検査を施した。
しかし、その荷物内には、違法な薬物と思われるような物は入っていなかった。

設問1　このような宅配便荷物のエックス線検査は適法か。

　宅配便の荷物の内容をエックス線で検査することは、検証の性質を有しますので、裁判官から検証許可状を得て行うのであれば許されます。しかし、本事例のように、令状を得ずに行う検査については問題です。

　最決平成21・9・28刑集63巻7号868頁、判時2099号160頁、判タ1336号72頁（百選29事件）は、大阪の会社事務所に東京の暴力団関係者から、宅配便により覚せい剤が送られてきている疑いを掴んだ警察官らが、宅配便業者の協力を得て、5回にわたり、配達予定の宅配便荷物を借り受け、大阪税関においてエックス線検査を実施したところ、2回目以降の荷物の内容が覚せい剤と思われる袋の射影であると判断されたため、5回目の射影写真等に基づいて捜索差押許可状を取得し、返還されて配達された荷物を差し押さえて開披したところ覚せい剤が発見されたので、受領した被告人らを現行犯逮捕したという事案です。

　一審の**大阪地判平成18・9・13刑集63巻7号890頁**は、本件エックス線検査は、プライバシー侵害にあたることは否定できないとしつつも、その射影により内容物の形状や材質を窺い知ることができるだけで、内容物が具体的にどのようなものであるかを特定することは到底不可能であって、そのプライバシー侵害の程度は極めて軽微なものにとどまるとして、強制処分に当たらないとした上、①嫌疑が相当深まっていたこと、②代替手段の不存在、③実施方法の相当性、等から、任意捜査として許されると判示し、控訴審の**大阪高判平成19・3・23刑集63巻7号911頁**も概ねこれと同様の判断をしました。

　しかし、最高裁は、上告を棄却したのですが、理由中で
　「承諾を得ることなく、これに外部からエックス線を照射して内容物の射影を観察したものであるが、その射影によって荷物の内容物の形状や材質をうかがい知ることができる上、内容物によってはその品目等を相当程度具体的に特定することも可能であって、荷送人や荷受人の内容物に対するプライバシー等を大きく侵害するものであるから、検証としての性質を有する強制処分に当たるものと解される。そして、本件エックス線検査については検証許可状の発付を得ることが可能だったのであって、検証許可状によることなくこれを行ったエックス線検査は、違法であるといわざるを得ない」
と判示しました。しかし、エックス線検査を行う実質的必要性があったこと、警察官らに令状主義潜脱の意図はあったとはいえないこと、本件覚せい剤等は他の証拠をも資料として発付された捜索令状に基づいて発見されたことなどに鑑みるとその収集過程に重大な違法があるとはいえず、その他証拠の重要性等の事情を総合すると、違法収集証拠として排除するまでの必要はないとして、証拠能力を認めました。

　このように下級審と上級審とで法律判断等が異なる場合、それを読み比べて検討することは大変よい勉強になります。法律判断というものは、数学や物理のように絶対的な真実が常にあるというものではなく、優秀なプロの裁判官でも評価判断が分かれることも少なくありません。この事案では、エックス線検査がどの程度の精度で内容物を特定することができるのか、という評価

が主な判断の分かれ目になっていますね。また、一審等において、任意処分として適法と判断する際の必要性、緊急性、相当性判断の考慮事情は、最高裁が強制処分とした上で重大な違法とまではいえず証拠は排除すべきでないとした判断での考慮事情とも重なっていることも理解しておくとよいでしょう。

【本事例へのあてはめ】
　本事例では、結果的に薬物は発見できなかったので実際は問題となりませんが、仮に発見された場合には問題となります。上記最決の判旨に従えば、本事例のエックス線検査は、強制処分であるので検証許可状が必要であり、違法となります。しかし、違法の重大性についてはＤから得ていた確度の高い情報による嫌疑の濃さ、荷物の借受けは限定されていたこと、数キロ単位の大量密売の事件の重大性、覚せい剤の証拠の重要性などから、証拠排除まではすべきではないでしょう。
　しかし、仮に、たとえば、噂程度の情報しかなく、所持や密売の嫌疑もさほど強いわけではないのに、送られてくる宅配便を無差別に借り受け、エックス検査を長期間にわたり多数回行っていた、というような事案であれば、重大な違法があるとして証拠排除すべき場合も出てくるでしょう。「宅配便のエックス線検査は適法か」というだけの抽象的な判断ではなく、具体的事案の個々の事情を丁寧に指摘して総合的な判断をすることが大切です。

〔おとり捜査の実施準備と秘密録音〕
　警察は、野田宅捜索の決め手を欠き、このままでは捜索を行っても覚せい剤等を発見できる可能性は低いと思われたので、野田に対しておとり捜査を実施する計画を立てた。
　Ｄの供述や小川宅から押収されたメモ等を検討・分析すると、野田とつながりがあると思われる男数人が捜査線上に浮かんだ。その中に、Ｅという男がおり、以前は覚せい剤事件で服役していたことがあるが、Ｅは最近は足を洗っていることが判明した。
　11月20日、警察が、Ｅに接触したところ、Ｅは警察が野田をターゲットにしていることを知り、次のように供述した。
　「野田を捕まえるためだったら協力してもよい。あいつはひどい奴で、自分だけが密売で大儲けをし、逮捕された仲間が野田をかばって野田のことを一切しゃべらなくても、恩に着るどころか、なんの面倒も見ない。自分は前刑で3年近く服役し、その事件も野田から仕入れた覚せい剤の所持であり、自分は野田の名前を出さずかばってやった。それなのに、自分の服役中、野田は全く知らん顔を通し、何の面倒も見てくれなかった。自分が組織から足を洗ったのも、野田に対しての怒りからだ」
　そこで、警察は、Ｅに対し、野田から覚せい剤1キログラムを買いたいと申し入れるおとりになってくれないか、と協力を求めたところ、Ｅは「協力してもよいが、野田は非常に用心深い奴で、直接ブツを手渡すことは絶対にしない。電話で注文を受けた物は、駅の貸ロッカーの中に入れておき、深夜に電話で指示される場所に車で行き、野田の車とすれ違う時に停止して代金の入ったカバンをドア越しに渡し、金を確認すると引き換えにロッカーの鍵を渡すというやり方だ」などと供述した。
　警察は、Ｅの話から、通常のやりかたでおとり捜査を実施しても、覚せい剤授受の場面での現行犯逮捕は困難であると考えた。そこで、Ｅが野田に覚せい剤譲渡を電話で申し込む際

に、野田とのやりとりを秘密録音し、更に後日野田宅を捜索する際などに野田の声を秘密録音した上、両者の音声の一致について声紋鑑定を実施することとした。

11月23日、Eは野田の携帯電話に電話をかけ、覚せい剤1キログラムを譲り受けたい旨申し入れた。野田は当初警戒していたが、Eの巧みな話に乗り、譲り渡しを承諾して、物の受け渡しの日時場所等は、後日連絡すると言った。警察は、Eの側でこの会話を秘密で録音した。

設問2　このような秘密録音は適法か。

事例講義1で勉強したように、法律の規定がなければ許されない強制処分とは、**最決昭和51・3・16刑集30巻2号187頁**が「個人の意思を制圧し、身体、住居、財産等に制約を加えて強制的に捜査目的を実現する行為」と定義しましたが、より網羅的な強制処分の定義としては「相手方の明示又は黙示の意思に反してその重要な権利・利益を実質的に侵害ないし制約する処分」とする重要利益侵害説が多くの支持を得ています。

例えば電話の秘密傍受など誰からも聞かれないことを前提に行う会話について両当事者の承諾なしに秘密録音することは、重要な利益の侵害に当たることは明らかですから強制処分に当たることは当然であり、通信傍受法に基づいて令状を得て行う必要があります。

しかし、対話の一方当事者の承諾を得て行う録音については、承諾をしていない相手方も、自分たちが話す会話内容が、対話の相手方の口から他に漏れることは想定すべきなので、通常は重要利益の侵害とまではいえないと考えられます。そこで、捜査機関がこのような一方当事者の同意を得て、あるいは捜査官自身が一方当事者となって行う会話の秘密録音が、法197条1項に基づく任意捜査として実施することが可能であるか、それが許されるのはどのような場合かということが問題となります。昭和51年最決は、任意処分の許容性の判断基準として、「何らかの法益を侵害し、又は侵害するおそれがあるのであるから、状況のいかんを問わず常に許容されるものと解するのは相当でなく、必要性、緊急性なども考慮したうえ、具体的状況のもとで相当と認められる限度において許容される」と判示しており、この基準が、秘密録音についても一般的に妥当します。捜査機関によるものと、私人によるものとの代表的な二つの判例を見てみましょう。

○　**千葉地判平成3・3・29判時1384号141頁（百選9事件）**

中核派構成員の被告人が、県収用委員会委員である被害者に電話をかけ、脅迫して辞任を迫った強要の事案について、その脅迫電話の録音と、警察官が捜索差押の際に小型マイクを装着して被告人の同意を得ずに立会人である被告人の声を密かに録音したものについての、音声が同一であるとの声紋鑑定書の証拠能力が争われた事案です。判決は、

「捜査機関が対話の相手方の知らないうちにその会話を録音することは、原則として違法であり、ただ録音の経緯、内容、目的、必要性、侵害される個人の法益と保護されるべき公共の利益との権衡などを考慮し、具体的状況のもとで相当と認められる限度においてのみ、許容されるべきものと解すべきである」

とした上、

① 　令状により適法に差押する際に、本件犯人が中核派の構成員で容疑が濃厚であり、在所していたことからその音声を録音する必要があったこと

②　被告人は相手が警察官であること等を了知した上で会話に応じていること
　　③　会話は捜索の立会に関連することのみでプライバシー等に係るような内容ではないこと
　　④　警察官らは、被告人に発言されるために強制・偽計等は何らしていないこと
などから、被告人の法益を侵害する程度が低いのに比し、電話による脅迫という事案の特質から秘密録音によらなければ有力証拠の収集が困難であるという公益上の必要性が高度であることにかんがみると、例外的に相当と認めて許容すべきであると判示しました。

　○　最決昭和56・11・20刑集35巻8号797頁、判時1024号128頁、判タ459号53頁（いわゆる検事総長にせ電話事件）
　この事件は、世間を震撼させたロッキード事件に関連して、こともあろうに現職の判事補が、検事総長に成りすまし、当時の三木総理大臣に電話をかけて指揮権発動めいた会話を引き出そうとしたとんでもない事件でした。判事補だった被告人が新聞紙による報道を目的としてこのにせ電話テープの再生音をある新聞記者に聞かせたのですが、その記者もまた、この判事補との会話等を秘密録音していたのです。まさに「蛇の道は蛇」という事件でした。最高裁は、被告人と記者との間に交わされた会話等を、同記者において取材の結果を正確に記録しておくために被告人の同意なしに録音したものについて、対話者の一方がこのような事情のもとに会話やその場の状況を録音することは、たとえそれが相手方の同意を得ないで行われたものであっても違法ではないと解すべきとしました。

　これらのように、一方当事者の同意がある場合の秘密録音は許容されていますが、千葉地判がこれを「原則として違法」としたことには賛同できません。任意処分としての許容性を判断するのであれば、必要性、緊急性、相当性の諸事情を個々の事案ごとに具体的に検討すべきですから、最初から原則的に違法とすることは適切でないと思われます。千葉地判が①ないし④の指摘をしたのは、必要性、緊急性、相当性を具体的に検討した結果として妥当です。しかし、一方当事者の同意があるからといって、例えば、アメリカの覆面捜査官がやっているように、捜査官が身分を隠して相手方に近づき、身体に録音マイクを装着して長期間、プライバシーを含む全会話を秘密録音するような捜査手法は日本では重要利益侵害に当たり、違法な強制処分となってしまうでしょうし、任意処分としても到底許容されないでしょう。事案の具体的事情を検討することなく「一方当事者の同意がある秘密録音は任意処分として適法」とするようなパターン化された暗記的論述はすべきでありませんね。

【本事例のあてはめ】
本事例では、組織的な大規模密売の重大事案であり、野田は捜査を警戒して直接相手方と顔を合わせることはしない非対面方式の密売なので、声紋鑑定を行う資料を得るための会話録音の必要性・緊急性は大きいです。覚せい剤1キロ購入を申し入れたのはおとり捜査ですから偽計を用いてはいますが、これは後で話すおとり捜査として許容できる限度内でしょう。会話の内容は覚せい剤の取引に関するもののみに限られており、他にプライバシーに関する会話を引き出したものでもなく、相当性も認められるでしょう[1]。

---

(1)　拙稿「刑事訴訟法演習」法教415号（2015年）141頁参照。

> 〔覚せい剤の授受等〕
>
> 　11月30日、野田からEに電話があり、物は高田の馬場駅のロッカーに入れていること、その夜午後10時に、戸山公園傍の路上で金の受け渡しをすることなどを指示してきた。
>
> 　Eは、警察に連絡し、約束どおり、車で公園傍の路上に行くと、野田の乗った車が停車しており、その後部にEは車を停車し、降りて野田の車の運転席に近寄り、窓からバッグを野田に手渡した。中には、表面だけ真札を乗せて巧妙に作った100万円の束が10個入れてあった。
>
> 　野田は札束を確認したが、封までは切らず、Eにロッカーの鍵を手渡し、走り去った。
>
> 　警察は、これらの様子を隠れて見ており、直ちにEと共に高田の馬場駅に赴き、ロッカーを開けて見ると、ガムテープで縛った紙袋が入っており、開封するとビニール袋5個に入った白い結晶であり、約1キログラム位あるものと判断された。警察署に戻ってその物を試薬で検査すると覚せい剤であることが判明した。
>
> 　また、走り去った野田の車のナンバーを確認し、裏付け捜査したところ、野田の内妻の所有名義であり、平素は主に野田が運転していることも確認された。

設問3　このようなおとり捜査は適法か。

　おとり捜査とは、捜査官やその依頼を受けた捜査協力者が、その身分や意図を相手方に秘して犯罪を実行するように働き掛け、相手方がこれに応じて実行した犯罪を現行犯逮捕等により検挙するものです。アメリカなどでは、おとり捜査は様々な犯罪の摘発のために、広い範囲で頻繁に行われています。しかし、おとり捜査は捜査官が偽計を用いる「汚い捜査手法だ」というイメージがつきまとうので、潔癖な国民性の我が国では、実施件数は少なく、薬物犯罪等ごく限られた事件でしか用いられていません。

　おとり捜査は、捜査官の働きかけによって相手方に犯罪を実行させようとするものですから、そもそも将来発生する犯罪に向けた捜査というものが認められるのか、という基本的な問題があります。しかし、匿名で犯罪実行の予告や情報が寄せられた場合などには犯罪の実行前から警察が捜査に乗り出しますし、スリ事犯の捜査では、これから犯されるスリを検挙するために、刑事が朝から足を棒にして警戒・検挙の捜査活動をすることは当然のことです。将来の犯罪に向けたおとり捜査も、刑訴法上の任意捜査として許容され得るとするのが一般です。

【おとり捜査の適法性、許容性に関する説とその論拠等】

　かつて、古い時期の判例では、おとり捜査によって相手方に犯意を生じさせる「犯意誘発型」は違法であるが、犯罪を行おうとの意思を既に有している相手方に働きかける「機会提供型」のおとり捜査なら適法であるとされていました。これは「二分説」ないし「主観説」と呼ばれる考え方です。例えば、**最判昭和29・11・5刑集8巻11号1715頁**が、

　「いわゆる囮捜査は、これによって犯意を誘発された者の犯罪構成要件該当性、責任性若しくは違法性を阻却するものではないことは、既に、当裁判所の判例とするところである」

としたり、**東京高判昭和57・10・15判時1095号155頁**は、

　「Aの譲り受けの申し込みは、覚せい剤の犯意のなかった者にその犯意を誘発させたというの

ではなくかねてからよい客があれば覚せい剤を売ろうとして所持の犯意を有していた者に、その現実化及び対外的行動化の機会を与えたに過ぎないというべきである」
などと判示しておとり捜査を適法としていました。

　しかし、**最決平成16・7・12刑集58巻5号333頁、判時1869号133頁、判タ1162号37頁（百選10事件）** は、次の判示をして、二分説の判断枠組みによらず、おとり捜査を任意捜査の許容性判断の枠組みで適法性の判断を行うべきことを明らかにしました。この事案は、あへん等の営利目的輸入等の罪で前科のある被告人を恨んでいた捜査協力者Aが、麻薬取締官事務所に被告人の逮捕を要請しておとり捜査が開始され、被告人がAに対し、大麻樹脂の買い手紹介を頼んできたので、Aは同事務所に連絡し、Aに大麻樹脂2キロの買い手に扮した麻薬取締官を紹介し、ホテルに運び込ませたところを現行犯逮捕したものです(2)。

　「直接の被害者がいない薬物犯罪等の捜査において、通常の捜査方法のみでは当該犯罪の摘発が困難である場合に、<u>機会があれば犯罪を行う意思があると疑われる者を対象におとり捜査を行うことは、刑訴法197条1項に基づく任意捜査として許容される</u>べきものと解すべきである」「これを本件についてみると、上記のとおり、麻薬取締官において、<u>捜査協力者からの情報によっても、被告人の住居や大麻樹脂の隠匿場所等を把握することができず、他の捜査手法によって証拠を収集し、被告人を検挙することが困難な状況にあり、一方、被告人は既に大麻樹脂の有償譲渡を企図して買手を求めていた</u>のであるから、麻薬取締官が、取引の場所を準備し、被告人に対し大麻樹脂2kgを買い受ける意向を示し、被告人が取引の場に大麻樹脂を持参するよう仕向けたとしても、おとり捜査として適法というべきである。」

　ただ、この判示をよく読むと、最高裁は、従来の二分説の「犯意誘発型」か、「機会提供型」かという判断基準を否定したのではありません。「機会があれば犯罪を行う意思があると疑われる者を対象に」としているように、その区別は、任意捜査の許容性判断の基準である必要性、緊急性、相当性の考慮要素に含まれていることが分かります。

　例えば、犯意誘発型のおとり捜査の場合は、もともと相手方には犯意がないのですから、放置しておけばよいのであり、相手方が犯罪を行うことはないでしょう。つまり、おとり捜査を行う「必要性」「緊急性」は乏しいといえます。それにも関わらず、捜査官の強い働きかけによって犯意を生じさせることは、それによって法益侵害ないしその危険を招くものであり、捜査の公正さを害する程度もより強いものとなるでしょう。それに対して、機会提供型のおとり捜査の場合は、もともと相手方に犯罪実行の意図はあるのですから、放置すればその犯罪が行われる可能性が高いので、そのような犯人を摘発すべき必要性、緊急性は大きいのです。また、元々犯意を有していた者に対して機会を提供するにすぎないのですから、捜査官の働きかけの度合いも弱く、捜査の公正さを害する程度も低いものとなるでしょう。

　翻って考えてみると、従来、我が国において判例の二分説が主流であったのは、それらの事案のほとんどが組織的密売などの薬物事犯か銃器の密売事案であったからだといえます。これまで行われた薬物事犯のおとり捜査では、自己使用とか少量の所持のような軽微な事案はなく、多量の密売人摘発のためになされるのがほとんどでした。このような密売事犯は密かに実行され、組織防衛も強いため、定型的・類型的に、おとり捜査によるべき必要性、緊急性は肯定されます。

（2）　原審の大阪高判平成15・7・7刑集58巻5号351頁は、任意捜査許容性の判断枠組みにより、具体的・詳細な判示をしているので、原文に当たってみるとよい。

ですから、それは当然の前提ですので、あえてそれに触れなくとも犯意誘発型か機械的提供型かという点のみに着目すれば適法性の判断が導かれるものであったといってよいでしょう。しかし、おとり捜査は薬物事犯等に限定されるものではないので、より網羅的なおとり捜査の許容性の判断枠組みとしては、二分説の判断枠組みでは足りず、任意捜査の許容性判断の原則に従って必要性、緊急性、相当性についての利益衡量の枠組みで判断すべきこととなり、それを明らかにしたのが平成16年最決だったといえるでしょう。

なお、おとり捜査が任意捜査であるということは、論理必然的なものではありません。例えば、捜査官が相手方に対し、「捜査に協力しなければお前の愛人を逮捕してやるぞ」と脅迫し、相手方の意思を制圧しておとり捜査に協力させたような場合には、強制処分となってしまう余地もありますね。日本の警察はこんな荒っぽいことはしないので、我が国で通常想定されるおとり捜査には任意捜査の判断枠組みが該当するのだということは理解しておくべきでしょう。

【おとり捜査における非侵害利益は何か】

おとり捜査の適法性を任意捜査の許容性の判断枠組みで検討する場合、昭和51年最決の判断枠組みに従って、「必要性、緊急性なども考慮したうえ、具体的状況のもとで相当と認められる限度において許容されるものかどうか」つまり、おとり捜査によることの「必要性・緊急性」と「おとり捜査によって侵害される法益の性質・侵害の程度」を衡量して、社会通念上相当と認められる方法・態様・限度内にあるかどうかを判断することになります。したがって、おとり捜査がもたらす「被侵害法益」とは何か、ということが問題になります。一般的に指摘されるのは次の3点です。

① 司法の廉潔性、捜査の公正を害すること
② 国家により犯罪が惹起されることによる法益の侵害ないしその危険
③ 対象者の人格的自立権を侵害すること

これらのうち、①と②については異論なく肯定されています。なお、②については、この視点からは、おとり捜査によって実行されようとする犯罪が、第三者や一般公衆に直接的侵害結果(とりわけ生命身体の侵害など)をもたらすようなものであるか、いわゆる被害者のない犯罪(贈収賄、わいせつ図画等)ないし、被害者は特定個人よりも公衆・社会である犯罪(薬物)であるかにより、この危険性の評価は異なってきます。我が国では、おとり捜査が行われるのはほとんどが薬物か銃器の密売事案なのでこの問題は実務では浮上しませんが、仮に殺人とか強盗とかの犯罪についておとり捜査を行うようなことがあれば問題が具体化するでしょう。

③については議論があります。これを肯定する説は、「人には国家の干渉を受けることなく、独自に意思決定する自由があり、おとり捜査はこれを侵害する」とします。これに対しては、「そもそも『国家機関にだまされない利益、正確な情報に基づいて犯罪を実行する利益』など想定できないのではないか」などの批判もあります。しかし、犯意誘発型のようなおとり捜査では、相手方に強く働きかけて犯罪の実行に導こうとするものですから、それが対象者の人格的自律権を害することになると考えてもよいように思われます[3]。

---

(3) 拙稿「刑事訴訟法演習」法教420号(2015年)160頁参照。

【本事例の当てはめ】

本事例では、キロ単位の密売の重大事犯であり、しかも野田は摘発を逃れるために相手方と直接薬物のやりとりをしないなど巧妙な方法で密売をしていた事案ですから、おとり捜査によるべき必要性・緊急性は非常に高く、おとり捜査の手法にも特段の問題性はないので、その適法性は十分に認められるでしょう。

〔野田のマンションの捜索の実施〕

野田を直ちに逮捕・起訴できるだけの証拠はまだ十分でなかったので、警察は、野田方への捜索を先行させ、その際に野田の声を秘密録音することとした。12月2日、同マンションの野田の居室の捜索差押許可状により、捜索が開始された。

野田に対し、警察官が令状を示した際、野田は、捜索に対して盛んに抗議し、文句を言ったが、別の警察官がその声を秘密に録音することに成功した。

捜索の実施中、宅配便の荷物が届いたので、警察官がそれを開けようとしたが、野田は文句を言ってくってかかった。しかし警察官はその宛名が野田であることを確認した上、その場で荷物を開封したが、中身は食品類であり、違法な薬物等は入っていなかった。

設問4　この荷物の開封と見分は適法か。

まず、捜索時の野田の声の秘密録音については既にお話ししたとおり適法です。しかし、捜索中に配達された荷物について野田が抗議するにも関わらず警察官が開封したことの適法性が問題となります。結果的に違法薬物等は入っていなかったのですが、もし発見・差押えされたのなら、違法収集証拠として証拠排除の問題が生じますね。これについては、**最決平成19・2・8刑集61巻1号1頁、判時1980号161頁、判タ1250号85頁（弘前捜索中覚せい剤宅配事件〈百選20事件〉）**が指導的な判例であり、次の判示をして、捜索中に配達された宅配便荷物の開封を適法としました。

「原判決の認定によれば、警察官が、被告人に対する覚せい剤取締法違反被疑事件につき、捜索場所を被告人方居室等、差し押さえるべき物を覚せい剤等とする捜索差押許可状に基づき、被告人立会いの下に上記居室を捜索中、宅配便の配達員によって被告人あてに配達され、被告人が受領した荷物について、警察官において、これを開封したところ、中から覚せい剤が発見されたため、被告人を覚せい剤所持罪で現行犯逮捕し、逮捕の現場で上記覚せい剤を差し押さえたというのである。所論は、上記許可状の効力は、令状呈示後に搬入された物品には及ばない旨主張するが、警察官は、このような荷物についても上記許可状に基づき捜索できるものと解するのが相当であるから、この点に関する原判断は、結論において正当である」

※原審（仙台高秋田支判平成18・7・25刑集61巻1号5頁）が適法とした理由の骨子
① 捜索差押許可状に基づく捜索差押の範囲が、令状呈示時点で捜索場所に存在するものに限定されるとの明文上の根拠はないこと
② 令状に差し押さえるべき物、捜索すべき場所の記載が必要とされるのは、人の居住権・管理権を保護するためと解されるところ、執行の途中で捜索場所で所持管理されるに至った物について捜索差押を行ったとしても新たな居住権管理権の侵害が生じるわけではないこ

と
③　令状の有効期間内であればいつ執行するかは捜査機関の判断に委ねられ、令状執行開始時点に令状の効力が及ぶ範囲を限定する意味はないこと
④　本件荷物が配達されるまでに、注射器やビニール袋が押収され、本件荷物の受取人が被告人と記載されていたことから、本件荷物内に覚せい剤が入っている蓋然性が十分認められたこと

　原審判決や最高裁決定の理由と判断はいずれも妥当です。この問題点の基本は、捜索差押許可状を発付した裁判官は、一体、どの時間における捜索・差押えを令状によって許可したのか、ということにあります。これには、①令状審査時説、②令状呈示時説、③執行終了時説、がありました。前提として、捜索差押許可状には、有効期間及びその期間経過後は捜索に着手することができず令状を返還するべきことが記載されますが（法219条1項）、有効期間は原則として発付の日から7日間です（規則300条）。例えば、5月1日に令状が発付された翌日から7日間は令状は有効であり、捜査官はその期間の間の適当な日に捜索を執行します。捜索は1回限りであり、通常は半日程度で終了し、2日以上にわたることはめったにありません。令状審査時説というのは、裁判官が令状を発付した時に捜索すべき場所に存在した物が捜索・差押えの対象となる、という説ですが、この説だと、例えば5月5日に捜索が執行された場合、相手方が「令状はいつ発付されたのか？　これは昨日持ち込んだ物だから、令状発付の時にはなかったから差押えはできないはずだ」などの弁解を許すことになりますし、逆に、令状審査時に存在したものなら、執行時には持ち出されていてもそれを追跡・捜索できるということにならなければおかしいですね。ですから、令状審査時説は不合理です。令状呈示時説というのは、捜索の執行を開始した時点で存在した物のみが差押えの対象となるというもので、上記判例の事案で弁護人が上告理由で述べた説であり、したがって、令状呈示後、捜索終了時までの間に持ち込まれた物は差押えできないことになります。しかし、7日間の有効期間の間で、仮に翌日の5月6日に捜索が行われていたとすれば、当然その物は差押えられたはずですね。7日間の間のどの日に捜索を行うかは捜査官の裁量に委ねられている以上、令状呈示時に存在した物に限定する必要はないでしょう。したがって、③の執行終了時説が妥当であり、最高裁はこれによることを明らかにしたのです。ただ、令状は一回だけしか使えないのですから、いったん捜索が終了したのなら、その令状による再度の捜索が許されないことは当然です。

〔村川の任意同行と嚥下物の差押え・現行犯逮捕、毛髪の強制採取〕

　野田の居室には、野田の手下と思われる若い男村川もいた。警察官が村川に近づこうとすると、村川はあわてて小さなビニール袋のような物を口に入れ、飲み込んだ。警察官は、「君、今何を飲んだんだ。覚せい剤じゃあないのか。腹の中で袋が破れたら大変じゃないか。すぐに病院に行こう」と言って村川に同行を促したが、村川は行く必要がないと文句を言って応じようとしなかった。そのため、警察官は、いったん村川を警察署に任意同行し、裁判官から村川が嚥下した物を取り出して差し押さえるための令状を取得することとした。そして、警察官の中から、ただちに令状請求手続をする者を指名して指示し、他の警察官が、村川の両脇を抱えるようにしながら、警察車両に乗せ、警察署に同行した。村川は身体を揺すって抵抗はしたが、車両の側まで来るとあきらめたのか、素直に車両に乗り込み、まもなく警察に到着した。

約3時間後、裁判官から令状が発付されたので、警察官はこれに基づいて村川を病院に連行し、病院内で、医師により下剤が投与され、約3時間後に排泄された村川の便の中から破れていないビニール袋が発見された。洗浄した上開封して試薬で検査すると覚せい剤の反応が得られたので、村川を覚せい剤所持の現行犯として逮捕した。
　　村川は、嚥下した覚せい剤は、自分の物ではなく、床に落ちていたので野田の物だろうと思い、野田をかばうために飲み込んだだけだと弁解した。また、覚せい剤は自分では使用していないから、と言って尿の提出には素直に応じた。村川は覚せい剤自己使用の罪で保護観察付執行猶予中であり、近く保護司のところに出頭する予定があったため、最近10日間は覚せい剤の使用を断っていたのであった。尿からは覚せい剤が検出されなかったが、村川の腕には多数の注射痕もあったため、警察は、村川の毛髪を鑑定して覚せい剤使用を立証しようと考えた。

> **設問5**　村川の警察署への同行は適法か。

　警察官は、身体を揺すって抵抗する村川の両脇を抱えるようにしながら警察車両に乗せて警察に同行しました。これはかなり程度の強い有形力の行使であり、任意同行として許容されるかが問題です。もし、村川が最後まで強く抵抗するのに、無理矢理車内に押し込んだというのであれば、それはもはや実質的な逮捕というべきであり、違法であることは明らかでしょう。村川があくまで抵抗するのであれば、後述の令状の発付を受けた後で令状の効力として病院に連行すべきことになります。しかし、村川は当初は抵抗したものの、車両の側まで来るとあきらめたのか素直に車に乗り込んでいますので、実質的な逮捕とまではいえないように思います。だとすると任意同行としての許容性の問題になりますが、村川は所持していた覚せい剤が発見されるのを恐れてそれを飲み込んだ疑いが濃厚でした。放置すれば、村川の身体に不測の重大な影響が生じるおそれもあります。したがって、一刻も早くこれを排出させ、覚せい剤と確認できればそれを差し押さえるべき必要性・緊急性が高かったという事情があります。既に令状請求の手続を開始しており、令状が発付されれば令状の効力によって強制的な連行が可能になる状況にもありました。任意同行として必要性、緊急性、相当性の視点からぎりぎりですが適法だと考える余地もあるでしょう。仮に違法だとしてもその違法性は重大とまではいえないでしょう。

> **設問6**　これらの令状はどんな種類・形式のものであるか。

　まず、復習ですが、強制採尿については、最決昭和55・10・23刑集34巻5号300頁が、それまでは身体検査令状と鑑定処分許可状によっていた実務を改め、捜索差押許可状に「医師をして医学的に相当と認められる方法により行わせること」との条件を附すこととしました。しかし、強制採血については、実務は従来どおり、身体検査令状と鑑定処分許可状によっています。
　これを踏まえて、被疑者が体内に嚥下した法禁物と思われる物を排泄させて捜査官が取得するためにはどのような令状が必要となるかということを検討しましょう。人の身体内から証拠物を取得する必要がある場合には、それ以外にも体腔内（肛門や膣内など）に隠匿された物の取り出

しや、毛髪を切断して採取する場合などもあります。これらを相互に比較しながら考えることが理解を深めます。

　強制処分法定主義からは、それぞれの強制採取等を強制処分として法律で定め、「嚥下物採取令状」「毛髪採取令状」などの令状を裁判官が発付できるようにするのが理想ではあります。しかし、現実にはそれは極めて困難である一方、これらの強制採取等の必要性は実務では非常に大きいことが少なくありません。そのため、既に法律で定められている捜索差押許可状、身体検査令状、鑑定処分許可状を、それぞれの令状の基本的な性質・要件を損なわない範囲で併用したり、あるいは適当な条件を附することによってまかなう必要があります。

　ある採取行為についてそれらのいずれが適切であるかについては、いくつかの視点で考える必要があります。それは、①対象物が体内の「異物」か、身体生理機能の一部を構成するものか、②採取の主目的が、対象物の占有を確保することにあるのか、対象物の鑑定を行うことにあるのか、③採取行為が相手方の名誉・プライバシーに与える影響の程度とそれを保護する必要性の高さ、④採取行為が相手方の身体の健康等に与える影響、⑤警察官が通常人としての能力で対応できるか、医者などの専門家によるべきか、⑥相手方が応じない場合に直接強制が可能か、などです。

　これらの視点からは、まず捜索差押許可状は、本来の目的は物体としての対象物の占有を確保することにあり、専門家でない警察官の直接強制が可能ですが、相手方の名誉・プライバシーの保護については十分ではありません。身体検査令状は、相手方の名誉・プライバシーの保護には手厚く、警察官によって実施でき、また直接強制も可能ですが、対象物の占有確保とは無関係です。鑑定処分許可状は、目的は鑑定そのものであり、医師等の専門家のみによってなされますが、相手方が応じない場合、直接強制はできません[4]。また対象物の占有確保に関しては、鑑定の対象物等を一時的に手元に置く必要はありますが、その占有の継続維持が目的ではありません。つまりそれぞれ一長一短があるのです。

【嚥下物の取得】

　被疑者が飲み込んだ物は、胃腸などの消化器官内部にありますので、手作業では取り出せず、まずレントゲンで体内のどのあたりに異物が存在するかを確認した上、下剤を投与するなどして排泄させ、排泄された汚物の中から取り出して確保する必要があります。目的としては、対象物を証拠物として占有を確保することが主眼ですから、捜索差押許可状に最もなじみます。しかし、レントゲンの照射とか下剤の投与は、相手方の身体の健康に少なからぬ影響を与えるので、医師が専門的な技術・知見に基づいて行う必要があり、これは鑑定処分許可状に最もよくなじみます。鑑定処分許可状自体には直接強制の効力がありませんが、捜索差押許可状との併用によって

（4）　捜査官が身体検査令状により行う身体検査（刑訴法218条1項）については、刑訴法222条が、裁判所が行う身体検査についての直接強制（刑訴法139条）も含めた規定を準用しているので、強制な身体検査が可能である。刑訴法168条は、鑑定人が、裁判所の許可を受けて、鑑定のための身体検査、死体解剖、物の破壊などの必要な処分を行うことを認める。裁判所の命令による鑑定人が、鑑定のために身体検査が必要になる場合、相手方が応じなければ、刑訴法172条により、鑑定人は、裁判官に身体検査の請求が可能なので裁判所がその求めに応じて強制的な身体検査を行うことができる。ところが、刑訴法225条は、捜査官から鑑定の嘱託を受けた鑑定受託者が、裁判所の許可を受けて法168条の鑑定処分を行うことは認めるものの、同条は、それに当たって、鑑定人には認められる法172条の裁判官に対する強制的な身体検査の請求の規定を鑑定受託者には準用していない。したがって、鑑定受託者が鑑定処分許可状に基づいて人の身体検査等を行う場合に直接強制をすることができない。

これを実質的にまかなえると考えてよいでしょう。ですから、捜索差押許可状と鑑定処分許可状の併用によるのが妥当でしょう。強制採尿の場合には、尿の鑑定が主目的ですが、鑑定処分許可状によらず捜索差押許可状に条件を附すことにしたのは、カテーテル挿入による尿の抜き取りは、レントゲン照射などと違って身体の健康にはなんらの影響も与えないので、医師に行わせるとの条件を附す程度で許されると考えられるからです。ただ、レントゲン透視や下剤の服用は、身体への影響にかんがみ、例えば妊婦など、相手方によっては行い得ないとする説が有力であり、妥当です。

【体腔内に隠匿された物の取得】
　本事例の問題ではありませんが、関連問題として考えてみましょう。
　例えば、中南米などからのコカインの密輸入事案などでは、ゴムチューブにいれたコカインを肛門内に挿入したり、釣り糸とホックをつけたチューブを飲み込んで食道や胃に隠匿し、税関等のゲートを通過した後に、これらを抜き出すなどする手口が時々見られます。これらは消化管などの体腔内に隠匿する点では、嚥下物に類似しますが、これと異なるのは、嚥下したものは下剤等で排泄させなければならないのに対し、食道等に隠匿した物は、外部から手作業で抜き出したり引き出したりすればよく、それは医師によらなくても捜査官が可能な作業です。体内に隠匿された物は、いずれ排泄される尿以上に完全に身体の異物であり、その異物を物体として差し押さえることが目的ですから、捜索差押許可状に最もよくなじみます。ただ、肛門内などに隠匿したものを引き抜く作業は、相手の名誉やプライバシーを大きく損ないます。また、衣服を脱がせることなど、性質的にも身体検査と共通する面があります。ですから、捜索差押許可状に加え、名誉・プライバシーの保護に最も手厚い身体検査令状を併用して行うのが適切・妥当でしょう[5]。

【毛髪の切断・採取】
　違法薬物を摂取した場合、毛髪にその成分が残存・蓄積されます。体内に摂取された覚せい剤は、尿中からは1週間余りで成分が排出されてしまいますが、毛髪には、数カ月にわたって成分が残存するため、覚せい剤使用の疑いは強いのに尿からは顕出されない場合、毛髪鑑定を行うことも時々あります。本事例が、このような典型例です。また、毛髪により血液型鑑定やDNA鑑定を行うこともあります。さらに、毛髪については、例えば、成分鑑定のみではなく、長さ、太さ、ねじれ具合など、形態学的鑑定を行う場合も少なくありません。被疑者が毛髪の提出に応じない場合、毛髪を強制的に一部切断して採取するためにはどのような令状が必要になるでしょうか。
　毛髪の採取は、いわば強制採尿と強制採血の中間領域の問題だといえるでしょう。毛髪は、長く伸びればいずれは切り取られるのですし、切断は身体に対して何らの影響も与えません。その意味では、排出される尿と似ています。しかし、数時間後には必ず排出される尿とは異なり、毛髪は切断しないかぎり身体に付着して身体の一部を構成していますので、その点では血液に似ています。さらに、尿や血液のように鑑定目的を果たせば費消・廃棄されるのとは異なり、切断し

（5）　体内にあるとはいえ、隠匿物は本来、身体の一部ではない異物であることから、昭和55年最決を踏まえ、捜索差押令状に所要の条件を付したもので実施可能とする見解もある（渡辺咲子・大コンメ刑訴法［2版］(2)245頁等）。

た毛髪は、成分鑑定に使用した以外の物について形態学的鑑定を行い、それに使用した毛髪を証拠物として裁判段階まで保存しておく必要が生じることもあります。これらを総合すると、事案にもよりますが、毛髪の採取が、形態学的鑑定は目的でなく、尿や血液と同様に成分の鑑定のみが目的であり、用済み後の毛髪は廃棄するだけというのであれば、強制採血と同様、身体検査令状と鑑定処分許可状を併用するのが妥当であり、実務でもそのように運用されています。ただ、強制採尿と同様、捜索差押許可状に、「容ぼう・外見を損なわない部分について、約50本程度を切断採取すること」などの条件を附すことで足りるという考えもあるでしょう。なお、毛髪採取の目的が成分鑑定のみならず、物体としての毛髪を形態学的鑑定のために取得し、裁判にも備えて保存しておく必要がある場合には、捜索差押許可状と鑑定処分許可状を併用するのが妥当だろうと思います。その際、捜索差押許可状には、上記同様、条件として「容ぼう・外見を損なわない部分について、約50本程度を切断採取すること」などの条件を附すのがよいでしょう。鑑定処分許可状の直接強制ができない点については捜索差押許可状がカバーできるといってよいでしょう。

体液等の強制採取に必要な令状(6)

	尿	血液	毛髪	嚥下物	体腔内隠匿物
捜索差押許可状	○（条件付）		※注1	○	○※注2
身体検査令状		○	○		○
鑑定処分許可状		○	○	○	

注1　条件付の捜索差押許可状による説もある。
注2　条件付の捜索差押許可状で可能との説もある。
注3　（参考文献）伊丹俊彦編著『実例 捜索・差押えの実際（第2版）』(2013年、立花書房)
　　　恩田剛編著『令状審査の視点から見た ブロック式 刑事事件令状請求マニュアル』(2015年、立花書房)

〔野田方の捜索結果等〕

　この捜索は、警察署で薬物事犯を担当する生活安全課の警察官らが実施していた。しかしその実施前に、同警察署の暴力団犯罪捜査を担当する係から、「野田らは、野球賭博の胴元をやっているとの情報がある。捜索の際、これに関する証拠物等があるかないかもよく見ておいて欲しい」と依頼されていた。
　捜索差押許可状には、差押えの対象物として「本件に関係あると思料される覚せい剤、計量秤、ビニール袋等の小分け道具、携帯電話、覚せい剤の取引に関する記載・記録があると思料される携帯電話、手帳・日記、メモその他本件に関係すると思料される一切の書類・物品」と記載されていた。
　捜索を実施した際、室内から押収されたノートがあり、それには、隠語を使った多数の人の氏名（K/Nなど）が記載されており、「○月○日　10本」「○月○日、シ100・山田」などとのメモが多数記載されていた。これは、覚せい剤の取引に関する記載も含まれていると考えられた。また、記載の中には、野田らが行っていた野球賭博についての勝ち負け等の記録ではないかと窺われるものも含まれていた。警察官は、このノートは野田の覚せい剤密売解明の証拠ともなる「覚せい剤の取引に関する記載・記録がある手帳・日記、メモ」に該当す

〔事例講義2〕 覚せい剤の組織的密売事件

る上、野球賭博関係の証拠としても役立つのではないかと考えてこのノートを差し押さえた。

　また、書類ケースの中に、整然と編綴された、スポーツ新聞の野球記事の切り抜き、各野球チームの選手名簿等、プロ野球に関する書類多数が発見された。そこで、警察官は、これらは差押えの対象物ではないと考えたが、野球賭博事件解明のために役立つだろうと考え、これらの書類を畳の上に並べ、カメラでこれらを接写した。

　しかし、これら以外には、さしたる証拠物は発見押収されず、野田を逮捕することはできなかった。

設問7　上記のノートの差押えは適法か。

　警察官は野田方を捜索する際、覚せい剤密売に関する証拠物以外に野球賭博に関する証拠も見つからないか、という意図を有していました。そして発見されたノートには、覚せい剤の取引に関する記載以外に野球賭博に関する記載もあると考え、これを差し押さえました。
一般に、ある事件（別件）について捜索・差押えを行う際に、同時に他の事件（本件）の証拠物の発見をも目的としていることは少なくなく、それが許されるか否かはいわゆる別件捜索・差押えの適法性の問題です。もともと別件自体が軽微な事案で捜索・差押えを行う必要性はないのに、それを口実として、もっぱら本件の証拠物を獲得する目的で別件の被疑事実を理由に捜索・差押えを行うことは違法な別件捜索・差押えであり、とうてい許されません。しかし、別件自体について捜索・差押えを行う理由も必要性もあるときに、併せて他の本件の証拠物の発見の目的も併有している場合、そのような捜索・差押えが直ちに違法となる訳ではありません。発見された証拠物が、別件についての証拠物であると同時に、本件についての証拠物としても意味がある場合にはその差押えは適法です。ただ、その証拠物が令状に記載された対象物に該当するものでなければならないことは当然の前提です。アメリカでは、「プレインビューの法理」というものが判例法上確立しており、捜査官が捜索場所に適法に立ち入った際、本来の捜索・差押えの対象物ではない法禁物を発見した場合、無令状で差押えが許されるのですが、我が国にはこのような法理はないので、たとえ発見された物が法禁物であったとしても、それが令状の対象物に該当しない限り差押えは許されないのです（ただ、仮に被疑者がそこに現在すれば、当該法禁物の所持の現行犯として逮捕し、その逮捕に伴う無令状の差押えを行うことは可能です）。

　別件捜索・差押えの可否が問題となった判例を見てみましょう。

○最判昭和51・11・18裁判集刑202号379頁、判時837号104頁（大阪南署賭博開帳事件〈百選21事件〉）

　暴力団幹部による県会議員に対する恐喝事件についての捜索差押許可状に、差し押さえるべき物として「本件に関係ある　1　<u>暴力団を標章する状、バッチ、メモ等</u>、2　拳銃、ハトロン紙包みの現金、3　銃砲刀剣類等」と記載されていました。警察官は、被告人らが賭博場を開帳した際の賭博関係者の名前、寺銭等についての記載メモ等を押収し、その後被告人は、賭博開帳図利、賭博の罪で起訴されました。一審は有罪としましたが、被告人が控訴し、原審（大阪高判昭

（6）　拙稿「刑事訴訟法演習」法教418号（2015年）146頁以下参照。

和49・3・29高刑集27巻1号84頁）は、上記賭博関係の押収物は、令状の対象外であるとして証拠排除し、無罪としたため検察官が上告した事案です。最高裁は下記の判示をして、差押えは適法であったとし、破棄自判して被告人の控訴を棄却しました。

「本件メモ写しの現物であるメモには、甲組の組員らによる常習的な賭博場開帳の模様が克明に記載されており、これにより被疑者であるXと同組との関係を知りうるばかりでなく、甲組の組織内容と暴力団的性格を知ることができ、右被疑事件の証拠となるものであると認められる。してみれば、右メモは前記許可状記載の差押の目的物に当たると解するのが相当である。憲法35条1項及びこれを受けた刑訴法218条1項、219条1項は、差押は差し押さえるべき物を明示した令状によらなければすることができない旨を定めているが、その趣旨からすると、令状に明示されていない物の差押が禁止されるばかりでなく、捜査機関が専ら別罪の証拠に利用する目的で差押許可状に明示された物を差し押さえることも禁止されるものというべきである。そこで、さらにこの点から本件メモの差押の適法性を検討すると、それは、<u>別罪である賭博被疑事件の直接の証拠となるものではあるが、前記のとおり、同時に恐喝被疑事件の証拠となりうるものであり</u>、甲連合名入りの腕章、ハッピ、組員名簿等とともに差し押さえられているから、同被疑事件に関係のある『暴力団を標章する状、バッチ、メモ等』の一部として差し押えられたものと推認することができ、記録を調査しても、捜査機関が専ら別罪である賭博被疑事件の証拠に利用する目的でこれを差し押さえたとみるべき証跡は存在しない」

この事案は、一審、二審、上告審と判断が逆転、再逆転したようにまさに限界事例ですね。令状の被疑事実は恐喝事件であり、差し押さえたものは野球賭博のメモですから、両事件は関係がないのではないか、という被告人の主張も理解できます。ただ、令状には「暴力団を標章する状、バッチ、メモ等」と記載されていたので、いずれの事件も甲組組員らが組織的に犯した暴力団犯罪という共通性があり、野球賭博のメモもこの「メモ等」にぎりぎり読み込めると判断されたのでしょう。ただ、この判例を一般化して、「暴力団が組織的に犯したA罪についての捜索・差押えにおいて、その暴力団が組織的に犯したB罪の証拠物も当然に差押えが許される」と考えるべきではありません。

○広島高判昭和56・11・26判時1047号162頁、判タ468号148頁（呉給料紛失仮装事件〈百選30事件〉）

この事案は、被告人の業務上横領事件の嫌疑を得て捜査を進めていた警察が、別の者のモーターボート競争法違反事件の捜査の過程において、被告人も一口1000円の賭け客となっていたことを掴み、同法違反の嫌疑で被告人方を令状により捜索した際、幼児を抱いた被告人の不審な挙動から、所持品を任意で確認し、預金通帳3冊を任意提出させて押収したものです。結局、業務上横領事件については証拠が十分でなく、控訴審で無罪となったのですが、弁護人は、その事件の証拠とされた前記通帳について、違法な別件捜索・差押えであると主張して証拠能力を争いました。本判決は、

「<u>多数関係者のうち特に被告人方だけを捜索する必要性が果たしてあったものかどうか、～すこぶる疑問であるばかりでなく～右被告人方の捜索は警察当局において、本件業務上横領事件の証拠を発見するため、ことさら被告人方を捜索する必要性に乏しい別件の軽微なモーターボート競争法違反事件を利用して、捜索差押令状を得て右捜索をしたもので、違法の疑いが強い</u>」

としました。しかし、結論的にはこの預金通帳は令状によって差し押さえられたのではなく、任意提出されたものであることなどを理由に、押収手続に重大な違法があるとして証拠能力を否定

すべきものではないとしたのです。

　しかし、これは大阪南署賭博開帳事件よりももっと問題が大きい事案です。この事件はいわゆる呑み行為というものですが、呑み行為で儲けている胴元の側の被疑者に対し捜索・差押えや逮捕などの強制捜査をすることは珍しくありません。しかし客の側については、よほど多額を掛けて儲けたなどの悪質な者でない限り、強制捜査は行わず任意捜査で捜査処理をするのが通常です。ほかにも大勢の客がいたであろうのに、たった一口1000円の申込み客に対し自宅を捜索するなど、私は聞いたことがありません。またこの事案では、令状の対象物に「メモ、ノート類～預金通帳」などと記載されていましたので、預金通帳も差押えできるはずですが、それにもかかわらず任意提出させているところに、捜査官のうしろめたさのようなものも感じます。仮にこの事案が、直接の被疑事実は一口1,000円であっても、それが被告人が数十万円以上の多額の呑み行為の申し込みをしていた一端である疑いが強く、しかも任意の取調べでそれを否認しているような事情でもあれば、そのような呑み行為をしたことの立証のためには掛け金の資金の解明が必要となるので、そのために預金通帳を差し押さえることは考えられます。そのような事案であったのなら、令状には預金通帳が記載されていたのですから、任意提出などさせなくても堂々と令状によって差し押さえればいいのです。しかし、この事案からはそのような事情は窺えません。判決では「違法の疑いが強い」としていますが、私はむしろこれは違法な別件捜索であると言い切ってよいように思います。

　別件捜索・差押えの適法性の問題は、別件逮捕・勾留の問題にも通じます。それについては
① 別件に関する捜索・差押自体にその理由と必要性があり、適法であるか否か
② 別件捜索・差押時における捜査方針（本件捜査目的の有無と程度）
③ 押収物が、令状記載の対象物に該当し、別件の被疑事実の立証に意味を持つものか、もっぱら本件の立証にしか意味を持たないものか
④ 別件と本件の各被疑事実の関連性の有無と程度
⑤ 別件の処分結果（起訴されたか否か）

などの諸事情を総合的に考慮して判断すべきです[7]。

設問8　上記の書類のカメラでの撮影は適法か。

　捜査官は、現場で発見されたスポーツ新聞の野球記事の切り抜き、各野球チームの選手名簿等、プロ野球に関する書類多数について、これらは差押えの対象物ではないが野球賭博事件解明のために役立つだろうと考え、これらを畳の上に並べ、カメラでこれらを接写しました。

　一般に、捜索の現場での写真撮影は頻繁になされます。それが許されるのは、①対象物の発見場所、発見時の状態等を視覚的に記録することが差押物の証拠価値の保存に有効である場合、②当該証拠物の押収手続の適法性が争われる場合に備えて執行状況の適法性を担保する必要がある場合です。例えば捜索で覚せい剤と思われる物が引き出しの中から発見された場合、いきなり取り出さず、まず引出しを開けて見える状態で写真撮影し、それから取り出して予試験をしている状況を撮影します。覚せい剤事件では、被疑者自宅で覚せい剤が発見押収された場合でも、被疑

---

(7)　渡辺修・刑訴百選［9版］30事件解説参照。

者は「それは自分の物ではない、誰かが勝手に置いていったんだろう」などと否認・弁解することは珍しくありません。ですから証拠物がどのような状態で保管され、発見されたのかということを写真撮影で保存しておくことは覚せい剤の証拠価値の確保のために極めて重要です。②については、典型例は、捜索差押許可状を相手方に示している場面を写真撮影するもので、これは捜索が適法に執行されたということを記録するために重要です。写真撮影自体は検証の性質を有するのですが、これら捜索に伴って適法に行われる写真撮影は捜索・差押えに付随するものとして認められます。これらの写真は捜索差押調書に添付され、それと一体のものとして証拠能力が認められます。このような適法な写真撮影を行う過程で、必然的に背後の室内の光景とかそこに在所する人物の姿も写ってしまうことはありますが、それは捜索において相手方が甘受すべきものですので許容されます。

しかし、これらの適法な写真撮影ではなく、捜索・差押えの機会を利用して対象物以外の物をことさらに撮影することは基本的に許されません。次が指導的な判例です。

最決平成2・6・27刑集44巻4号385頁、判時1354号60頁、判タ732号196頁（百選32事件）

この事案は、被疑者Aに対する建造物侵入未遂被疑事件について、B方居室を捜索し、犯行計画メモやA名義の通帳等を差し押さえることを許可する令状を執行中、同室内にあった令状に記載のない印鑑・背広等を、床に並べあるいは接写の状態で写真撮影したところ、Bが、違法であり、これにより得られたネガや写真の廃棄又は返還を求めて準抗告したものです。準抗告審の**東京地決平成2・1・11刑集44巻4号392頁**は、

「本件写真撮影にかかる印鑑、ポケットティッシュペーパー、電動ひげ剃り機、洋服タンス内の背広は、本件捜索差押許可状記載の『差し押さえるべき物』のいずれにも該当せず、かつ、これらの物件の写真が、床面に並べられ、あるいは接写で撮影されており捜索差押手続の適法性の担保にも資するものではないことから、これらの写真撮影は、右の捜索差押に付随する写真撮影としては許容される範囲を逸脱し、違法であるといわなければならない」としました。しかし、準抗告は、逮捕・勾留の身柄についての処分や証拠物の押収については認められていますが、捜査官が行う検証については準抗告の対象とされていないことから(法430条2項)、準抗告の申立ては不適法として棄却したため特別抗告されました。

本最決は、適法な抗告理由に当たらないとして棄却しましたが、本最決では藤島裁判官が次のような示唆に富む補足意見を述べています。

「物の外形のみの写真撮影に止まらず……捜索差押許可状に明記された物件以外の日記帳の内容を逐一……撮影するなど、捜査の帰すうに重大な影響を及ぼす可能性のある、あるいは重大事件の捜査の端緒となるような文書の内容等について、検証許可状なくして写真撮影が行われたような場合を考えると、検証には刑訴法430条の規定の適用がないということでこのような行為を容認してしまうことは……問題があると思われる。……このような場合、実質的にみれば、捜査機関が日記帳……を差し押さえてその内容を自由に検討できる状態に置いているのと同じであるから、写真撮影という手段によって実質的に日記帳……が差し押さえられたものと観念し、これを『押収物に関する処分』として刑訴法430条の準抗告の対象とし、同法426条2項によりネガ及び写真の廃棄又は引渡を命ずることができるとする考え方もあり得よう」

本事例では、覚せい剤密売の嫌疑と野球賭博の嫌疑とは関連しませんので、令状の対象物でない野球賭博関係の書類多数を接写したことは違法であり、藤島裁判官の意見に照らせば、これに対する準抗告も可能だとの考え方もあり得るでしょう。

なお、写真撮影に関連しては、「差押対象物に該当するが、差押えはせずに写真撮影のみにとどめることが許されるか」という論点もあります。判例はなく、これを許さない消極説もあります。しかし、写真撮影にとどめることは、その物自体の占有を奪う差押えよりも相手方に与える不利益の程度が少ないことは明らかです。それに対する不服については、藤島裁判官の意見に沿って準抗告を認めることも可能かもしれませんし、それを認めないとしても、公判において撮影された写真について違法収集証拠として証拠能力を争うことも可能なことなどから、これを認める説が有力です[8]。

【発見された物が法禁物であったならどうか】

　スポーツ新聞の切り抜きなどの書類はそれ自体は法禁物ではありませんが、仮に差押え対象物以外の法禁物が発見されたのならどうでしょうか。例えば、捜索場所に明らかに大麻草と分かる植物の鉢多数が発見され、大麻取締法違反の強い嫌疑が認められたとします。このような場合、アメリカならプレインビューの法理で、そのまま無令状で差し押さえることが許されますが、日本にはそのような法理はありません。だからといって、捜査官は手をこまねき、差押えはできないどころか、写真撮影も許されないのでしょうか。捜査官が、せめて大麻草の写真を撮影し、すぐにそれを資料として裁判官に対し大麻取締法違反事件としての捜索差押許可状を請求し、それに基づいて大麻草を差し押さえることは許されないのでしょうか。なんらの手を打たず捜査官が捜索終了後引き揚げたとしたら、戻ってきた被疑者が大麻草の鉢を隠匿、破壊してしまうおそれもあるでしょう。

　私はこのような場合には、大麻草の写真撮影が任意処分の許容性の判断基準である、「必要性、緊急性などを考慮し、具体的状況の下で相当と認められる限度」内であるか、を判断して許容すべきだろうと思います。まず、捜索令状もなく、捜査官が室内に立ち入ってもいないのに、無令状で向かいのビルから望遠レンズで室内の写真撮影をすることは、プライバシーの重要な権利利益の実質的侵害・制約ですので、強制処分であり違法であることは当然です。

　しかし、捜査官が、いったん令状によって適法に室内に立ち入った場合であれば、捜索に伴って室内に存在するものが捜査官の眼にさらされるという不利益は、令状が当然に想定しているものであり、相手方はこれを甘受すべきです。捜索過程で大麻草などの法禁物が発見されればその段階で大麻取締法違反の強い嫌疑が生じるのであり、令状を請求するために写真撮影を行う必要性、緊急性は非常に高いといえます。また対象物は法禁物と思われる大麻草ですので、それを撮影される被侵害利益は大きいとはいえ、また写真撮影の方法も、適法に室内に立ち入った際に発見された法禁物について、令状請求の目的でそれに必要な限度でのみ撮影するものですので、相当性も認められるでしょう。捜査官は令状を請求するために写真撮影を行うのですから、令状主義を潜脱するどころか、それを遵守しようとしているのです。したがって、このような写真撮影は任意捜査として許されると考えてよいでしょう。ただ、それが許されるのは、あくまで、本来の捜索の執行の過程で自然に法禁物が見つかった場合です。例えば対象物はすでに発見押収されて捜索の目的は果たされているのに、この機会を利用してほかに何か法禁物が隠されていないかと家の中をくまなく探し回り、法禁物を発見して写真撮影するような行為は、必要性・緊急性もなく、本来の捜索が予定したものを超えた新たな利益の侵害をもたらすものであり、相当性を

---

(8)　西山卓爾・実例刑訴192頁。

欠くものとして許されません。上記最決は、対象物は印鑑・背広など、法禁物ではないので、それを殊更に撮影する必要性、緊急性はまったくなかった事案ですね。

〔野田の逮捕・勾留と起訴〕

　秘密録音していた、野田とEとの電話による覚せい剤取引の会話と、捜索現場での野田の声について、声紋鑑定を実施したところ、「同一人の声と判断される」との鑑定結果が得られた。
　そこで、警察は、野田について覚せい剤約1キログラムの営利目的所持の罪により逮捕状を請求し、発付を受けた。2月20日、この逮捕状により、野田を通常逮捕した。勾留の上、捜査を尽したが、野田は否認のままであったが、検察官は野田を逮捕事実と同一の事実により公判請求し、捜査を終結した。

〔事例講義３〕
連続強盗・同致傷事件

　本事例はひったくり強盗事件であり、事件が発生して緊急配備検問が開始され、犯人を準現行犯あるいは緊急逮捕し、逮捕に伴う無令状捜索・差押えを行った一連の捜査の適法性、さらに、犯人らが以前犯していた強盗致死事件について主犯格の犯人を検挙する過程で行った宿泊を伴う被疑者の取調べの適法性、弁護人の接見問題などの様々な問題が含まれています。

〔事案の経緯とひったくり強盗事件の発生〕

　私鉄山田駅周辺の道路上で、帰宅途中のサラリーマンやOL等に対し、背後から自動車が近づき、窓から腕が伸びてカバンやハンドバックをひったくって強奪する事件が頻発し、地元の不良グループで一部は暴力団ともつながりが深い若者達による犯行と疑われていた。その中には、２年前に発生し、被害者の男性が車で引きずられて転倒、頭を打って死亡し、重要未検挙事件となっていたものも含まれていた。

　３月３日夜、警察は、ひったくり強盗事件の予防・取締りのため、午後９時ころから、過去に事件が起きていた道路において、警戒検問を実施し、通りかかる自動車に対し、無差別に、警察官が赤色灯を回して誘導して停車させ、簡単な質問と、事件が頻発していることを伝えて、不審車があれば情報提供を願いたい旨、短時間のやりとりを行っていた。

　その夜11時ころ、警戒検問を行っている道路とは数キロ離れた別の道路で被害者Ｖ女に対するひったくり強盗事件が発生した。被害者は直ちに110番通報し、駆け付けた警察官に「財布などが入ったハンドバックをひったくられ、５メートルほど引きずられて転倒し、膝や肘を打ったりすりむいたりした。バックの中には財布もあり、現金は約３万円と銀行のキャッシュカードが入っている。犯人の車は、白いライトバンで、３人位乗っていた。ナンバーは、練馬ナンバーで、最後の２文字が「56」だったことだけ確認できた。」と申告した。

　警察は、上記の申告内容を無線連絡し、３か所を緊急配備検問の場所として確保した。午後11時30分頃、事件現場から約２キロメートル離れたところに設置された緊急配備検問の１か所で、通過する自動車を赤色灯を回して順次停止させる検問を実施していた。すると、白いライトバンで、ナンバーは「練馬33も1456」の車が通りかかった。警察官が赤色灯で停止を求めたが、その車は、停止せず、速度を一気に加速し、猛スピードで現場を走り去った。それでパトカーが発進して追尾を開始するとともに、無線連絡により、他のパトカーも動員され、逃走方向に向けた発見・追尾活動が開始された。

　数分後の午後11時35分頃、緊急配備検問場所から500メートルほど離れたところで、白いライトバンが袋小路に入ってしまい、バックして戻ろうとしたところに、追いついたパトカーが白いライトバンの後方道路に横向きに停止して進路を塞いだため、ライトバンは動けなくなった。

設問1　この警戒検問と緊急配備検問及び追尾行為の法的根拠は何か。

事例講義1で勉強したことの復習です。自動車検問には、大別して交通検問、警戒検問、緊急配備検問の3類型がありますが、ネーミングの問題ではなく、要は、それが、不審事由の有無を問わず無差別にすべての車両を停止させて行うものか、不審事由が認められ、職務質問や任意捜査の対象となる車両のみを特定して停止させるものか、の違いです。前者であれば、自動車検問の根拠は警察法に求められ、正当な目的の下に、純粋に相手の任意の協力を得て、短時間の停止・質問を行うことのみが許容されます。しかし、後者であれば、警職法上の職務質問や刑訴法等上の任意処分として、不審事由の内容や程度、相手方の対応ぶりなどに照らし、必要性、緊急性に応じて相当と認められる限度内の、より強い停止や質問行為が認められます。

本事例では、3月3日午後9時ころから行っていた警戒検問や、午後11時半ころから行った緊急配備検問も、対象車両を無差別に順次停止させていたものですから、前者の自動車検問として認められます。しかし、練馬ナンバーの白いライトバンが走行してきて一気に加速して走り去ったという不審事由が明確になった瞬間から、直ちに状況は変化し、職務質問ないし任意捜査の段階に移行したのです。

設問2　パトカーによる追尾行為は適法か。

不審事由のない車を理由もないのに追尾することは許されません。しかし、車の色や形態、ナンバーの一部符合、猛スピードで逃走しようとした挙動等から、この車両がさきほど発生した強盗事件の犯人が乗っている疑いは強まりました。したがって、追尾行為は許されます。アメリカの映画などでみられる激しいカーチェースをして、相手方車両にパトカーをぶち当てるような荒っぽいことは相当性を欠いて許されません。しかし、スピードを上げて追いつき、サイレンを鳴らし、場合によっては前方に回り込んで停車を促すなどの追尾行為は強盗という重大事件の犯人が乗っている疑いの強い状況の下では許されるでしょう。また、白いワゴン車が袋小路に入ってしまったので、警察車両がその出口付近に停止して進路を塞いだ行為も、直接的な有形力の行使ではないですし、停止を求める行為として許容限度内でしょう。

〔所持品検査と土井の逮捕〕

警察官はライトバンに近寄ると、運転席に若い男一人が乗っていた。警察官は「君はなぜ逃げたんだ。君は、30分くらい前、ひったくり強盗をやった男の仲間ではないのか。持っている物を見せなさい」と求めたが、男は何も答えず、下を向いたままであった。男の足元の膝の下あたりに、黒いナップサックが床に置かれているのが見えたので、警察官は、運転席横に立ち、「これは何が入っているのか。見せなさい。悪いことしてないんなら構わんだろう」と説得したが、男は一切口を開かずおどおどしているだけであった。警察官は、「ちょっと見せてもらうよ」と言うと、男は困った顔をしただけで、何も言わなかったので、警察官は、運転席の開いた窓から車内に手を入れ、ナップサックを取り出し、口の紐を緩め、中を覗き込んだら、女物のハンドバックが見えた。警察官は、「これは女物じゃないか。さっ

〔事例講義３〕連続強盗・同致傷事件

き奪った物だろう」と言いながら、バックを取り出し、蓋を開けると、被害申告に合致する形状の財布は入っていたが、中には現金もキャッシュカードも入っていなかった。しかし、名刺入れが残っており、被害女性の名刺であった。それで、警察官は、男がひったくり強盗犯人の一人と判断し、男を準現行犯逮捕した。

男は逮捕すると素直に名前は「土井」であると語った。

設問３　ナップサックの開披とハンドバックの発見手続は適法か。

これも事例講義１で勉強した職務質問に伴う所持品検査の許容性の問題の復習です。

米子銀行強盗事件の**最判昭和53・6・20刑集32巻4号670頁**は、「限定的な場合において、所持品検査の必要性、緊急性、これによって害される個人の法益と保護されるべき公共の利益との権衡などを考慮し、具体的状況のもとで相当と認められる限度においてのみ、許容されるものと解すべきである」とし、銀行強盗という重大事件の犯人である疑いが濃かった被告人に対し、その承諾なくボーリングバッグのチャックを開いて中に現金が入っているのを発見した行為を適法としました。他方、最高裁が初めて違法収集証拠の排除原則を認めた**最判昭和53・9・7刑集32巻6号1672頁、判時901号15頁、判タ369号125頁**は、覚せい剤所持等の疑いが認められた被告人に対する所持品検査のため、上着内ポケットに手を差し入れて物を取り出す行為について、それが捜索に類するものとして違法とはしましたが、違法性は重大ではないとしました。

【本事例の当てはめ】

警察官は、口を開かずおどおどしている土井から、承諾を得ることなく窓から車内に手を入れ、ナップサックを取り出し、口の紐を緩めて中を覗き込み、女物のハンドバックが見えたのでこれを取り出して蓋を開け、更に財布を取り出して中味を確認しました。これらの行為は捜索ないし捜索に類するものとして違法だと考える見方もあり得るでしょう。しかし、上記昭和53年最判のような上着の内ポケットに手を差し入れる行為であれば捜索に類するといわざるを得ないとしても、所持品の口を緩めて中を覗く程度の行為については、米子強盗銀行強盗事件で承諾のないボーリングバッグのチャックの開披を最高裁が適法としたように、それ自体が捜索に類するとまでは言えないでしょう。したがって同事件判決が示したように任意処分としての所持品検査の許容性の判断基準に沿って適法性を検討することになります。強盗事件という重大事件で、事件からわずか約30分後、約2キロメートルしか離れていない場所で、犯人車と特徴がかなり一致する練馬ナンバーの白いワゴンが、逃走を図ったこと、土井は停止後に質問されても何も答えない不自然さなど、土井が強盗事件の犯人だと強く疑われる状況にあったことから、奪った物が入っている可能性のある所持品を検査する必要性、緊急性は非常に大きかったといえます。そして、警察官は、まず口頭で提示を求め、困った顔はしたが、明確に拒絶まではしなかったのでナップサックを取り上げ、まず口を緩めて覗くと女物のハンドバックが見えました。男である土井がこんな物を持っていること自体が不審であり、ますます嫌疑が高まったのでこれを取り出し、中身を確認して、被害女性の名前の名刺を発見したのです。これらの一連の所持品検査は、必要性、緊急性が非常に高い具体的状況の下で相当と認められる限度内のものといえるでしょう。

ここで、大切なことは、警察官が手順を踏んでいる、ということです。いくら土井が犯人だと

疑われても、警察官が有無を言わさずドアを開け、土井を引きずり出し、いきなりナップサックをさかさまにして中身を全部取り出すようなことをすれば、それはもはや捜索そのものであり、違法な所持品検査となってしまうでしょう。相当性の判断は、静的にのみ考えるのでなく、時系列的に、捜査官が、まず口頭で説得、外から軽く叩いたり口から覗いたりする、それで不審が更に高まれば内容物を取り出す、など、手順をきちんと踏んでいるかどうか、という視点が大切です。事例では、もし口を緩めて覗いても不審な物が入っている疑いがなかったのであれば、警察官は、それ以上の所持品検査はやめるべきです。しかし、警察官がまず口頭で提示を求めた上で、口を緩めて覗くと女物のハンドバックが見えたので更に嫌疑が深まったということは重要な点です。このように、段階に応じて手順を踏んだ行動を採っているか否かということが警察官に令状主義潜脱の意図があったかどうか、を判断する上でも重要な視点となるのです。

> **設問4** 土井の準現行犯逮捕は適法か。

警察官は、事件から30数分後、現場から約2.5キロ離れたところで土井を準現行犯逮捕しました。準現行犯逮捕は、実務ではかなり頻繁に行われ、その適法性が問題となることが少なくありません。被疑者が現に犯罪を実行中であれば現行犯逮捕は問題なく、また、事件の発生と逮捕が時間的場所的に大幅に離れている場合には、通常逮捕か緊急逮捕しかできませんので問題は生じないのです。しかし、実際の捜査では、被疑者が犯罪の実行は終えたが、事件の発生と被疑者の逮捕とが、時間的・場所的に密着ないしかなり近接してなされる場合も少なくありません。その場合、「現に罪を行い終わった者」としての現行犯逮捕（法212条1項後段）と、「罪を行い終わってから間がないと明らかに認められるとき」としての準現行犯逮捕（同条2項）と、それらには該当しないので比較的重い罪について「罪を犯したことを疑うに足りる充分な理由」があるとして行われる緊急逮捕（法210条）について、そのいずれの逮捕が要件を充たして認められるかの問題が生じることが少なくないのです。

基本的な検討の思考過程としては、
① 「現に罪を行い終わった」現行犯人に当たるか
② 「罪を行い終わってから間がないと明らかに認められるとき」としての準現行犯逮捕の要件を充たすか
③ ①、②のいずれも認められない場合、緊急逮捕の要件は充たすか

ということになります。なお、事案によっては、より慎重を期して、例えば、①に該当すると考えられても②の準現行犯逮捕をしたり、準現行犯逮捕の要件は認められそうであっても緊急逮捕をする、というような対応はあり得ますし、より慎重で手堅い方法だともいえます。逆に、緊急逮捕しかできないのに現行犯や準現行犯逮捕をしてしまえば、それは許されず、その逮捕は重大な違法となる場合も生じます。各逮捕の要件等の基本的な問題を勉強しましょう。

【現行犯逮捕】
「現に罪を行い終わった者」の認定は、時間的接着性の要素が中心となりますが、それのみでなく、犯行の態様、現場の状況や犯人の挙動、犯行発覚の経緯、被害者や目撃者の接触・追跡状況等も判断要素となります。要は、誤認逮捕のおそれがないほど、犯罪が行われたことを示す状

況が生々しく現存し、犯罪と犯人の明白性が認められる状況にあることです。そのような判断を行うための資料にはどのようなものが認められるのかということと、時間的接着性とはどの程度のものが必要なのか、が問題の中心です。

ア　犯罪と犯人の明白性の判断資料

現行犯逮捕が無令状で認められるのは、現行犯では、犯罪と犯人が明白であり、誤認逮捕のおそれが乏しいからです。したがって、現行犯逮捕の要件としての犯罪と犯人の明白性の判断資料は、逮捕者自身が覚知し、認識した事情によるのが基本であり、他人から聞いた伝聞情報によることは原則として許されません。犯人が現に犯罪を実行中であれば問題は生じないのですが、「罪を行い終わった」現行犯であれば、逮捕者が犯罪行為自体を直接目撃していないために問題が生じる場合が少なくありません。京都決昭和44・11・5判時629号103頁（西ノ京恐喝未遂事件〈百選11事件〉）では、恐喝未遂の被害通報を受けて駆け付けた警察官が、事件の約20分後、事件現場から約20メートル離れた路上で被疑者を職務質問し、被疑者は否認したが、被害者と対面させたところ、犯人に間違いないとの供述を得たので現行犯逮捕しました。勾留請求が却下されたため検察官が準抗告をしましたが、準抗告審は

「被疑者が現に特定の犯罪を行い又は現にそれを行い終わった者であることが、逮捕の現場における客観的外部的状況から、逮捕者自身においても直接明白に覚知し得る場合であることが必要」「逮捕者である司法巡査とすれば犯行現場に居合わせて被疑者の本件犯行を目撃していたわけではなく、……被害者の供述に基づいてはじめて被疑者を本件被疑事実を犯した犯人と認めえたというのにすぎないのである」「司法巡査が被害者の供述に基づいて被疑者を「現行犯逮捕」した時点においては被疑者について緊急逮捕をなしうる実体的要件は具備されていたとは認められるけれども、現行犯逮捕……をなしうるまでの実体的要件が具備されていたとは認められないといわなければならない」

として、準抗告を棄却しました。

他方、密かに行われ、警察官が事前の内偵を続けた上で検挙に至ることが多いような事件など、犯罪の性質等によっては、判断資料のすべてについて逮捕者である警察官自らが直接覚知し得たことである必要はなく、警察官自身が覚知した事実や状況等に加えて、警察官が被害者目撃者等から伝えられた内容や、以前から把握していた情報・資料等をも判断資料に含めて犯罪及び犯人の明白性を認識した場合には現行犯逮捕が許容される場合もあります。

東京高判昭和41・6・28判タ195号125頁は、競馬の呑み行為が行われていたことを内偵していた警察が、内偵で得ていた情報や、被告人をその自宅内に入って逮捕する前に、被告人方の表路上で現行犯逮捕された者が被告人方で呑み行為の申込をしてきたことを認めたことなども、被告人の現行犯逮捕の判断資料に含めたことを適法としています[1]。

イ　時間的・場所的接着性

罪を行い終わった、とはその言葉自体では時間的接着性しか示していませんが、場所も近ければ近いほど明白性判断に役に立ちますし、時間的接着性と表裏一体のものとして考慮に含まれます。時間については、最大3〜40分程度などと指摘する向きもありますが、一応の目安に過ぎま

---

[1]　拙稿「刑事訴訟法演習」法教416号（2016年）136頁。

せん。事案によってはそれでも明白性が失われる場合もあれば、もっと時間が隔たっても認められる場合もあります。例えば、犯行後僅か10分しか経過していなくても、雑踏の中で事件が発生し、犯人が雑踏の中に紛れ込んでしまったような場合には明白性が否定されてしまう場合もあるでしょう。他方、犯人が犯行現場に残っていて場所を移動していない場合とか、追尾行為が途切れずに継続して犯人を見失わず他の者と人間違いをする可能性がない場合には、かなり長い時間の経過があっても現に罪を行い終わった者としての現行犯逮捕が許容された事例もあります。例えば、**最判昭和50・4・3刑集29巻4号132頁**は、あわびの密漁犯人を現行犯逮捕するため海上で約30分間密漁船を追跡した者の依頼により他の船の者が約3時間にわたり同船の追跡を継続して逮捕した行為を適法な現行犯逮捕と認めました。広い海原で途切れることなく追跡を続けていたのですから、他の船と間違うおそれがなかったからですね。

【準現行犯逮捕】
　時間的場所的接着性が少し弱くなり、「現に罪を行い終わった」はいえなくなる場合でも、刑訴法212条2項が掲げる
　　1号　犯人として追呼されているとき
　　2号　贓物又は明らかに犯罪の用に供したと思われる兇器その他の物を所持しているとき
　　3号　身体又は被服に犯罪の顕著な証跡があるとき
　　4号　誰何されて逃走しようとするとき
の少なくともいずれか一つに当たる者が「罪を行い終わってから間がないと明らかに認められるとき」には無令状逮捕が許されます。これが準現行犯逮捕です。準現行犯として逮捕される者は「現行犯人」と「みなす」のですから、上記の要件を充たす限り、法213条から217条までの現行犯逮捕の手続については、本来の現行犯と同様準現行犯の場合もそのまま適用されます。

　しかし、準現行犯逮捕は本来の現行犯逮捕よりも時間的場所的接着性が緩むので、犯罪と犯人の明白性の確保のために、これらの各号に該当することを要求することで判断の客観性を担保するのです。しかし、時間的場所的接着性が緩む準現行犯逮捕については、明白性の判断資料と接着性の程度について本来の現行犯逮捕とでは違いが生じます。

　ア　犯人と犯罪の明白性の判断資料
　まず、前提として、準現行犯人も現行犯人とみなされるのですから、犯罪と犯人の明白性が必要な点ではなんら変わりはありません。ただ、その判断資料については、違いがあります。
　まず、上記の4つの各号の該当性については、少なくともこれらの一つに該当することが必要ですが、複数の号に該当すれば、犯罪と犯人の明白性の認定はより強いものとなります。これら各号の該当性の判断については、逮捕者自身が自ら覚知した資料に基づかなければなりません。それは最低限の要請です。例えば誰かほかの者から「あの男は犯行に使った兇器を持っているよ」と教えられても、逮捕者自身がそれを直接確認できなければ2号には該当しません。また、各号の該当性が認められれば足りるのではなく、それを不可欠の前提とした上で「罪を行い終わってから間がないと明らかに認められる」ことが必要です。ただ、この判断の資料については、各号の該当性とは違って、逮捕者自身が自ら覚知した事情や資料には限られません[2]。自ら覚知

---

(2)　渡辺咲子・大コンメ刑訴法［2版］(4)509頁参照。

したものでなくとも十分な信用性のある情報・資料によりこの判断が可能な場合も少なくありません。例えば、準現行犯逮捕事案の指導的判例である**最決平成8・1・29刑集50巻1号1頁、判時1557号145頁、判タ901号145頁（和光大内ゲバ事件〈百選12事件〉）**は次のような事案でした。

《事案の概要と決定の要旨》

中核と革マルとの内ゲバ事件。現場から約4キロ離れた派出所で勤務していた警察官が、事件発生等の無線情報を受けて逃走犯人を警戒中、事件後約1時間を経過したところ、被告人Xが小雨の中を傘もささず着衣を濡らし、靴も泥で汚れている様子を見て職質停止を求めたところ、逃げ出したので約300メートル追跡して追い付き、その際Xが籠手を装着していたことなどから準現行犯逮捕。また被告人Y,Zについては、犯行後1時間40分経過後、現場から約4キロ離れた路上で、着衣等が汚れた被告人らを発見し質問しようとしたところ、小走りで逃げ出したので数十メートル追跡し、追い付いた際、被告人らの髪がべっとり濡れて靴は泥まみれであり、Zには顔面に新しい傷跡があり、血の混じった唾を吐いているなどの事情があったことから両名を準現行犯逮捕。これらについて各逮捕を適法とした。Xについては、4号及び2号、Y,Zについては、4号及び3号該当を認めた。

この事案では、各号の該当性は逮捕した警察官が現認した事実で判断したのですが、その警察官は、内ゲバ事件の発生を現認していたのではなく、無線情報によって事件を知ったのです。このように、犯罪と犯人の明白性判断をこの無線情報に基づいて行うことも許されているのです。

【時間的・場所的接着性】

準現行犯逮捕の場合には、現行犯逮捕よりはこの接着性は相当程度緩やかに認められます。本来は、この接着性とは時間的な概念ですが、場所的に離れれば離れるほど、犯人であることの明白性が疑われることになるので、準現行犯人の認定に当たっても、場所的な接着性も考慮に含まれます。時間的接着性については、せいぜい数時間と解されているとか、特別の事情のない限り1〜2時間が限度であるとの説もありますが、何時間以内、という明確な具体的基準がある訳ではありません。数値的に画一的に論じられるものではなく、具体的状況如何によるのです。また、この接着性の限界は、2項各号によっても異なり、犯人の明白性との兼ね合いにもよる相対的なものです。1号の追呼では、追跡が間断なく継続しているのであれば場所的にも時間的な限界はかなり大きく広がるでしょう。しかし、2号、3号では、1号よりも場所的時間的接着性が必要であり、4号では更に厳格に解すべきでしょう。いくら兇器や贓物を持っていたり、服に返り血が付いていたとしても、翌日、離れた場所での準現行犯逮捕が許されるはずはありません。まして事件の翌日に発見された犯人が逃げ出したからといって4号該当として準現行犯逮捕が認められるはずもありません。

なお、各号の該当性は、少なくとも一つは必要ですが、各号が重複していれば、それだけ、犯罪と犯人の明白性を強めることとなるので、それとの相関関係によっても接着性の限界が広く認められ得るといえるでしょう。

接着性を肯定した判例には次のようなものがあります。

①**福岡高判昭和29・5・29高集7巻6号866頁**

　　1時間半、現場から2百数十メートル

②**最決昭和42・9・13刑集21巻7号904頁**

　　4〜50分後、現場から1100メートル

③最判昭和30・12・16刑集９巻14号2791頁
　品川区で犯行、２時間半後に台東区で発見追跡され、４時間後に逮捕
④名古屋地決昭和50・９・11下刑集９巻７号872頁
　事務所に侵入した窃盗被疑者が現場で仮眠してしまい、４時間後の逮捕
　名古屋地決の事案は、４時間後と、かなり時間が隔たっていますが、被疑者が仮眠したため場所の移動がまったくなかったという事情が考慮されたのでしょう。③の事案も逮捕は４時間後ですが、２時間半後の発見から追跡が継続されていたことが考慮されたものと思われます。これらからも、時間的・場所的接着性は、具体的事案により諸要素の相対的な判断を行っていることが窺われます。

【土井の逮捕についての当てはめ】
　逮捕した警察官は、土井を停止させて所持品検査を行い、発見された女物ハンドバックの中に被害申告に合致する財布とその中の名刺入れに被害女性の名刺が入っているのを確認しました。これは２号に該当しますし、土井は逃走を図ったので４号にも該当します。逮捕した警察官は強盗事件自体を現認してはいませんが、無線通報によって、事件の発生と内容を知り、土井の車両が通報と一致する白いライトバンで練馬ナンバーで「56」という数字の一致も確認したことなどから犯罪と犯人の明白性は十分です。事件発生から約35分後、事件現場から約2.5キロ離れた場所ですが、判例等に照らし、罪を行い終わってから間がないと明らかに認められ、準現行犯逮捕は適法です。

〔井上の逮捕〕
　土井は観念したのか、逮捕直後から、素直に自供を始め、次の通り供述した。
「僕は地元で高校を卒業し、職がないので遊んでいたら、高校時代の先輩から『儲かる仕事があるから手伝え。お前は車を運転するだけでいい』と言われてひったくり強盗のグループに加わるようになりました。これまで私が加わったものだけでも５、６回は、やっています。仲間はリーダの「井上」と、その友達の「横井」です。さっきの事件もそうで、僕が車を運転して女の人に後ろから追いつき、井上が、追い越しざまハンドバックをひったくりました。井上が横井に、『金が３万円とキャッシュカードが入っている。カードはお前が持っておいていつものとおり、明日朝早く金を引き出せ』と言っているのが聞こえました。なにか特殊な技術で暗証番号を解読できる仲間がいるらしく、いつも、カードは翌朝すぐに使って現金を引きおろしていました。井上は、山田駅の近くのタバコ屋の息子で、横井は隣の川野駅の近くに住んでいます。事件直後、二人は、山田駅の近くで井上の家に近い赤垣屋という居酒屋で飲むというので、そこまで送りました。バックは、井上から『お前が捨てておけ』と言われ、１万円をもらいました。それで、バックを僕のナップサックに入れておいたのです。まだ、２人は店で酒を飲んでいるかもしれません。井上は身長180センチ位の長身で青いジャンパーを着ていました。横井は160センチ位の小柄で、茶髪に染めており、黒いトレーナーの上下を着ていました」
　警察は、この供述内容を直ちに無線連絡し、他のパトカーが駅前の赤垣屋まで急行した。午前０時ころ、警察官が店内に入ろうとしたところ２人の若い男が入口から出てきた。男達は、警察官を見ると、脱兎のごとく左右に分かれて走って逃げ始めた。一人の男は、100

〔事例講義３〕　連続強盗・同致傷事件

メートルほど走って、タバコ屋の前まで来て、玄関から中に入ろうとした。タバコ屋には「井上タバコ店」という看板が掲げられていた。追いついた警察官が、前を遮り、男の胸に両手を軽く当てて「待ちなさい。聞きたいことがある」というと、男は仕方なく立ち止まった。男の身長は180センチ位で青いジャンパーを着ていた。警察官が「君は井上という名前だね。このタバコ屋の息子じゃないのか」と聞くと、男は「それがどうした」と言ったので、「ここで話を聞くのは君もまずいだろうから、家の中で話を聞こうか」というと、井上は「別に構わんけど早くしてくれよ」と言った。

警察官は井上と共に家の中に入り、リビング内で井上と向き合うと、母親らしい女性も出てきた。警察官は、井上や母親に、「お宅の息子さんはこの人一人だけですか。兄や弟はいませんか」と聞くと、母親が「この息子だけですよ」と言ったので、警察官は、この井上という男が犯人の一人であると確信し、午前０時５分頃、その場で井上を準現行犯として逮捕した。そして井上の衣服のポケット内を捜索すると、１万円札１枚と千円札が６枚突っ込んであり、これが奪った金の残金だと思われたので差し押さえた。

母親に、「息子さんの部屋の中も調べさせてもらいますよ」というと、半狂乱になった母親が「あんたたちなんで息子を逮捕するの。訴えてやる」と叫ぶので、警察官は、やむなく、息子の部屋に入って捜索し、引出の中から、キャッシュカード10枚が入っていた。しかしそれらのキャッシュカードは、いずれも井上名義ではなく、他の様々な人の名前であった。警察官は、土井の話から、これらが以前から井上や土井らが常習的に犯していた強盗の被害品であると考え、差し押さえた。

設問５　井上の準現行犯逮捕は適法か

さきほど勉強した準現行犯逮捕の応用問題です。まず、212条２項各号の該当性ですが、井上らは、警察官を見るなり脱兎のごとく逃げ出したので、４号に該当します。誰何されて逃走とは、警察官が声をかけなくともその姿を見て逃げ出す場合も含みます（**最決昭和42・9・13刑集21巻７号904頁**）。警察官自身は強盗事件の犯行を現認していませんが、無線連絡で事件内容を知らされており、時間は事件発生から約１時間後、被害現場は山田駅周辺道路であり、井上らの発見は同駅近くの赤垣屋前の路上でしたので時間的場所的接着性は十分認められます。問題は犯人の明白性であり、警察官が逃げ出した男が犯人だと確信したのは、先に逮捕された土井から井上らが共犯者であることや、井上が身長180センチで青いジャンパー姿であることなど身体服装等の特徴を聞いており、これが赤垣屋から出てきて逃げ出した男と一致しており、またその男が「井上たばこ店」に逃げ込んだことによります。また、母親から息子は井上一人であり、他に男兄弟はいないことも確認しました。準現行犯逮捕の要件である犯罪と犯人の明白性については、逮捕警察官が自ら覚知した事情に限られませんが、共犯者の自白など、関係者の供述も含めてよいか、という問題はあります。しかし、被害者の供述とか共犯者の自白、また例えばその場で被疑者が犯行を認めた自白も、犯人性の認定の補助的な資料として用いることは許されると考えられます[3]。なお、留意すべきは、犯人の身体服装等の外見の特徴が通報内容と一致している

---

(3)　渡辺咲子・大コンメ刑訴法［２版］(4)506頁参照。

ということは、3号の「身体又は被服に犯罪の顕著な証跡があるとき」には当たりません。3号該当の典型は、犯人と思われる者の衣服が返り血で血だらけになっているとか、負傷している場合などです。ただ、3号該当性は認められなくとも、他の各号のいずれかに該当するのであれば、相手方の身体衣服等の外見が通報内容等と一致しているということを犯人の明白性の判断資料に含めることは許されます。

これらに照らせば、井上の準現行犯逮捕は限界事例ですが、ぎりぎり適法でしょう。ただ、警察官が準現行犯逮捕の適法性にやや自信がないと判断をすれば、慎重を期して緊急逮捕を行うことはできますしその方が妥当な場合もあるでしょう。しかし、緊急逮捕するのであれば、直ちに逮捕状の請求手続を行うべきことは当然です。

設問6　井上のポケット内と、その部屋の各捜索・差押は適法か。

事例講義1で勉強した逮捕に伴う無令状捜索の問題の復習です。これは現行犯逮捕、通常逮捕、緊急逮捕のいずれの場合でも許されます（刑訴法220条1項）。それが可能な時間的場所的範囲については、緊急処分説であればかなり限定されますが、通説・判例は相当説（合理説）に立っていますので、ある程度の幅をもって許されます。

まず、逮捕した井上の衣服ポケット内からの1万円札1枚と千円札6枚の差押えは、逮捕の現場であるリビングで行われ、その現金が被害者から奪ったものと強く疑われますのでまったく問題ありません。

その後、井上は既に逮捕されたのに、母親の抗議にも関わらず、井上の部屋に移動して捜索し、引出の中から、井上名義以外の様々なキャッシュカードを発見して差し押さえたことには問題があります。逮捕に伴う無令状捜索が許されるのは、あくまで当該逮捕に係る犯罪事実についての証拠物を発見して差し押さえるためです。井上は、事件後帰宅したのは初めてであり、逮捕される前に自分の部屋には入っていないのですから、逮捕事実であるV女に対する強盗事件の直接の証拠物が井上の部屋にあるとは考えられません。仮に、事件の翌日に警察官が井上宅に来て、井上が眠っていた部屋で通常逮捕ないし緊急逮捕したのであれば、その部屋に前日犯した強盗事件の証拠が存在する可能性があるのでその室内の捜索は許されるでしょう。しかし、相当説（合理説）では、無令状捜索が許される時間的場所的範囲はある程度広いのですが、この説に立っても、逮捕事実に関する証拠が存在する可能性がまったくない場所まで捜索することは許されないのです[4]。

しかし、警察官らは、頻発する同種手口のひったくり強盗事件を捜査していたのであり、また、土井から、井上や土井らが以前から同種の強盗のひったくり強盗を繰り返しており、土井が参加した分だけでも、5、6回はあると聞いていました。したがって、井上の逮捕事実はそれらの同種手口の犯行の一端であることは容易に推認できました。だとすると、逮捕事実のV女に対する強盗事件の直接の証拠のみならず、犯意や常習性の立証のために同種手口の犯行についての証拠物を確保することの必要性は認められ、それらが井上の部屋に隠されている可能性はあります。厳しく考える立場からは異論もあるでしょうが、相当説に立てば井上の部屋についても無令

---

(4)　拙稿「刑事訴訟法演習」法教417号（2015年）128頁以下参照。

状捜索ができると考えてもよいでしょう。

　もう一つの問題は、警察官が差し押さえた10枚のキャッシュカードは、いずれも本件強盗の被害品ではなかったことです。しかし、これらがすべて井上名義ではなく、他人名義のカードを多数持っていることは極めて異常なことですので、これらが同種の犯行によって奪った被害品であると容易に推認でき、逮捕事実についての犯意や常習性の立証に役立つものといえます。したがって、井上の部屋の無令状捜索が許されるとの立場に立てば、これらのカードの差押えも許されることになります。ただ、本来なら、慎重を期して、本人や母親の承諾を得て捜索し、発見されたカードを任意提出させることができれば、それに越したことはありません。

　仮に、井上の部屋の無令状捜索とカードの差押えは違法であると考えるとしても、後日捜査が発展し、これらのカードの被害者が判明するなどして、それらの事件も立件された場合、これらのカードの差押手続が「重大な違法」であったとしてカードの証拠能力が否定までされるかどうかは別問題です。母親は半狂乱になって警察に抗議などしていたのですから、部屋の捜索の承諾や任意提出を期待することはできなかったことや、警察官が翌日令状によって捜索をしようとした場合、母親が息子をかばってこれらの証拠物を隠匿してしまうおそれも否定できないので、少なくとも重大な違法があったとしてカードを証拠排除することにはならないでしょう。

〔横井の逮捕〕

　赤垣屋の外で、警察はもう一人の男を見失ったが、土井の話から横井は川野駅近くに住んでいるとのことだったので、無線連絡により、別のパトカーが川野駅に急行し、改札口の外で待ち構えていた。午前0時20分頃（事件は11時、1時間20分後）、山田駅方面から来る最終電車が到着し、降りた乗客の中に、身長160センチ位で、茶髪、黒いトレーナー姿の若い男が現れた。警察官は、直ちに職務質問を開始し、男に対し「君は、横井というんだろう。ひったくり強盗の仲間じゃないのか。後の二人はもう逮捕されたぞ。正直に話しなさい」と促すと、男は観念し「すみません。僕は横井といいます。僕もひったくりの仲間に加わりました」と自白したので、警察官は直ちに横井を緊急逮捕した。警察官が横井の着衣等を捜索したが、持っているはずの奪ったキャッシュカードは見当たらなかった。横井に尋ねると「見つかるとまずいと思ったので、山田駅の貸ロッカーに入れた」と供述したので、直ちに警察車両で山田駅に同行し、貸ロッカーを開けさせて中に入っていた被害品のキャッシュカードを差し押さえた。

　警察官は、直ちに横井を警察署に連行して逮捕状請求の手続を採ろうと考えたが、午前0時50分頃、上司の警察官からの無線連絡で、「署に連れていく前に、現場で簡単に実況見分をしておきたいから、現場に同行してくれ」との指示があった。そこで警察官は、その指示に従い、横井を犯行現場に同行し、約2時間をかけて実況見分を行った後、午前4時30分ころ、横井を警察署に引致した。弁解録取手続等の後、簡単な調書を作成し、その他の書類とともに、午前8時ころ、逮捕状請求手続が行われ、逮捕状が発付された。

設問7　横井の緊急逮捕手続に問題はないか。

【緊急逮捕制度の合憲性】

　緊急逮捕は、実務ではしばしば行われる極めて重要な捜査手段です。しかし、この制度については、憲法33条が「何人も、現行犯として逮捕される場合を除いては、権限を有する司法官憲が発し、且つ理由となっている犯罪を明示する令状によらなければ逮捕されない」と定めていることから、現行刑訴法制定の当初から、その合憲性について大きな議論があったのです。そもそも憲法改正の作業が行われていた当時、日本政府の立案担当者は、同条の「司法官憲」には検察官も含まれると考えていました。ですから、検察官であれば捜査の必要性に迅速に対応できるので実務的にはなんとか問題はないだろう、と考えていました。しかしGHQの当局が、この「司法官憲」とは裁判官のことであり、検察官は含まれないとの見解を示したのです。そのため、日本側の担当者は、現行犯・準現行犯逮捕の要件は満たさないが、通常逮捕の令状を請求できる時間的余裕がない事件は少なくないので、それではとうてい緊急を要する事件の被疑者の身柄確保ができなくなると大慌てしたのです。そこでいわば急きょ、やむなく考案されたのが法210条の緊急逮捕であり、一定以上の重い罪について、通常逮捕よりも厳しい要件のもとにこれを認めることとされたのです。

　しかし、憲法33条の文理からは問題があるといわざるをえず、戦後しばらくの間は、緊急逮捕については、そもそも制度自体が違憲であるとする説、適法とする説では、これも現行犯逮捕の類型に含まれるとする説、後から令状を請求するのだから令状逮捕の類型に含まれるとする説などの議論があったのです。これらの議論を踏まえて、**最大判昭30・12・14刑集9巻13号2760頁**が、

　「……かような厳格な制約の下に、<u>罪状の重い一定の犯罪のみについて、緊急已むを得ない場合に限り、逮捕後直ちに裁判官の審査を受けて逮捕状の発行を求めることを条件とし、被疑者の逮捕を認めることは、憲法33条の規定の趣旨に反するものではない。</u>」

とし、実務的には決着をみました。この考え方は憲法の認める合理的例外説と呼ばれています。

　ちなみに、本講義の後半で勉強しますが、イギリスやアメリカでは現行犯でなくとも無令状逮捕は広範に許されています。そもそもイギリスでは私人逮捕の伝統から、警察官が犯罪の嫌疑を認めれば自分の判断のみで逮捕でき、令状は不要です。日本国憲法の31条以下の規定の母国であるアメリカでも、重罪について公共の場での無令状逮捕は広範に許されています。逮捕についての法の規制は我が国が最も厳しいといってもよいでしょう。

【緊急逮捕の要件】

　死刑または無期若しくは長期3年以上の懲役・禁錮に当たる重い罪が対象であり、通常逮捕の場合の「相当な理由」よりも嫌疑の濃い「充分な理由」がある場合に、急速を要し裁判官の逮捕状を求めることができないときに許され、緊急逮捕した場合には「直ちに」裁判官に逮捕状の請求をしなければなりません。

　実務的にしばしば問題となるのは、<u>この「直ちに」というのが具体的にどのくらいの時間内でなければならないのか</u>、ということです。一般に被疑者を逮捕した場合に行われる手続は、司法

巡査等が逮捕した場合には司法警察員への引致、弁解録取手続、指紋採取・写真撮影、留置手続、逮捕手続書や捜査報告書の作成、決裁を経て令状請求準備などがあります。これだけでも数時間は要しますし、警察署と裁判所との距離の問題もありますし、逮捕が深夜の時間帯である場合の要員の確保の問題などもあります。したがって、「直ちに」とは言っても文字どおり即刻令状請求に走れるわけではありません。逮捕から令状請求までの時間が問題となった判例をいくつかみてみましょう[5]。

ア 適法とされたもの

① 京都地決昭52・5・24判時868号112頁

　約6時間半。ただし被害者が会議中で取調べが遅れた。

② 広島高判昭58・2・1判時1093号151頁

　約6時間。いわゆる内ゲバ事件で被告人・被害者の双方が捜査に非協力であった。

イ 違法とされたも

① 大阪地決昭35.12.5判時248号35頁

　約8時間。昼間市街地で逮捕し、被疑事実等の告知も4時間後であった。

② 浦和地決昭48・4・21刑裁月報5巻4号874頁

　約7時間40分。ただし時間超過に相当の合理的理由もあったことなどから、緊急逮捕の逮捕状は却下されたが、特別の事情変更なしで通常逮捕状による再逮捕は認められた。

③ 最決昭50・6・12判時779号124頁

　約7時間。午前11時45分に任意同行後3時間余に逮捕。実質逮捕から8時間半を経過し、違法とされた上、違法勾留として勾留中の被疑者調書の証拠能力も否定された。

④ 大阪高判昭50・11・19判時813号102頁、判タ335号353頁

　約6時間余。実況見分等を行っていた。逮捕中の被疑者調書の証拠能力は否定したが引き続く勾留は有効として勾留中の被疑者調書の証拠能力は肯定した。

これらをみると、6時間程度がある程度の目安であることが窺えますが、個別の具体的事情が考慮されていることが分かります。

【本事例のあてはめ】

本件では、午前0時20分ころ横井を逮捕し、逮捕状請求がなされたのは午前8時ですから約7時間40分後です。しかも、逮捕警察官はすぐに令状請求手続をしようとしたのに、先に2時間もかけて現場での実況見分をしたことが、手続の遅れの主な原因となっています。これは違法だといわざるをえないでしょう。裁判官によっては、重大な違法であるとして逮捕状の発付をしなかったり、勾留請求を却下することも考えられます。その場合には、一端横井を釈放し、改めて通常逮捕などの手続を採る必要が生じるでしょう。ただ、事件現場で、負傷した被害者を救助したり事故現場の交通妨害の除去等の緊急の用務に迫られ、警察官の要員も不足していたなどの特殊事情があれば、この遅れは許容されるかもしれませんね。

---

(5) 渡辺咲子・大コンメ刑訴法［2版］(4)470頁参照。

設問8　キャッシュカードの差押手続は適法か。

　警察官は、横井を連れて川野駅から山田駅に移動し、山田駅の貸ロッカーを土井に開けさせて中に入っていた被害品のキャッシュカードを差し押さえました。無令状ですから、これが横井の緊急逮捕に伴う差押えとして適法かという問題です。無令状の差押えが許されるのはあくまで逮捕の現場ですから、隣駅まで移動したのならもはや逮捕の現場とはいえず、これは違法とせざるを得ないでしょう。逮捕の現場から移動した後での無令状捜索・差押えの適法性が問題となったのは、前掲の和光大内ゲバ事件の**最決平成8・1・29（百選25事件）**です。この事案では、道路上で被疑者を準現行犯逮捕したのですが、そこが幅の狭い道路であり、車両等が通る危険性もあったことや、付近の駐在所で差押えをするなら被告人が抵抗するなどして混乱するおそれがあったことから、警察車両で約3キロメートル離れた警察署に連行し、逮捕から約1時間後に被疑者の身体から装着物や所持品を差し押さえたことの適法性が問題となりました。最高裁は

「<u>被告人3名に対する各差押えの手続は、いずれも、逮捕の場で直ちにその実施をすることが適当でなかったため、できる限り速やかに各被告人をその差押えを実施するのに適当な最寄りの場所まで連行した上で行われたものということができ、～『逮捕の現場』における差押えと同視することができる</u>」

として、これを適法としました。この判旨についてはその論理構成について議論がありますが、少なくともそれが許容されるのは被疑者の「身体・所持品」についての場合です。被疑者の身体所持品は、被疑者が場所を移動するのに伴って移動することは当然ですから、場所が移動しても逮捕の現場と同視することには合理性があります。

　しかし、本事例では、横井の身体所持品を捜索して発見されたのでなく、貸ロッカーという別の場所から発見されたのですから、これを逮捕の現場と同視することはできません。したがって、警察官は、差押えによらず、横井から任意提出をさせておくべきでした。ただ、この警察官の判断の誤りが差押え手続の重大な違法としてキャッシュカードの証拠能力が否定されるかどうかは別問題であり、このような問題については本講義の後半でしっかり勉強しましょう。

〔本件の捜査処理と余罪捜査の開始〕

　本件については、井上、横井、土井も全面的に自供して捜査は順調に進み、勾留延長満期の3月25日、3名は強盗致傷の罪により公判請求された。

　警察は、3名の起訴後、過去に発生した同種事件についても彼らの犯行であると見て3名の取調べを進めていた。3名は、3件の強盗ないし強盗致傷事件については、自分達の犯行であることを認めたものの、重要未検挙事件となっている2年前の被害者死亡事件を含めた他の3件については、記憶にない旨の弁解を続けた。3月28日、井上の取調べ中、その弁護人が、公判準備のため井上との接見を希望して警察署に来署した。

設問9　井上は現に取調べ中であったが、弁護人を接見させなければならないか。

　これは事例講義1の復習です。起訴されれば被疑者の身分は被告人となります。検察官は、軽

微な事件でなければ、通常、逮捕・勾留した被疑者を起訴する場合には起訴状に「勾留中」と表示して起訴します。すると勾留の効力は継続していますので、被疑者は被告人となっても、保釈がされない限り引き続き勾留されます。

検察官等が被疑者を取調べ中に、弁護人が接見を求めてきた場合、接見の日時を指定することが法39条3項によって許されますが、それは公訴の提起前に限られます。起訴された被告人は、もはや公判に備えて検察官とは当事者同士として対等な立場になりますので、検察官は、取調べ受忍義務を課した取調べを行うことは許されません。しかし、実務では、起訴後の被告人でも、余罪の取調べのために警察官や検察官が取調べを行うことはよくあります。しかし、それはあくまで被告人が任意に取調べに応じるときに限られます。

したがって、起訴された井上が、任意に取調べに応じ、現に取調べ中であっても、弁護人が井上との接見を希望した場合、検察官等は接見の指定はできず、直ちに取調べを中断して弁護人と接見させなければなりません。

〔主犯格の竹下の浮上と取調べの開始〕

3月29日、土井を取り調べていたところ、土井は「僕は2年前からこの仲間に運転手役で加わったが、そのころ、一度、井上・横井と一緒に、竹下という地元の暴力団員で、僕ら仲間から恐れられている男に会ったことがある。井上・横井は、竹下にペコペコしており、分かれた後で、井上は僕に『お前が加わる前までは、竹下が自分達を指揮して、事件をやらせていた。逆らうと何をされるか怖いので竹下と一緒にひったくり強盗を続けていた。当時は横井が運転していたが、今はお前が運転役なので、竹下は表には出ず、奪った金の3割を竹下に届けている』と話していた」旨供述した。被害者死亡事件は、土井が加わる以前の事件であり、警察は、被害者死亡事件を含む3件の余罪は、竹下が指揮して井上・横井との3人で犯していたものと推定した。竹下は、地元の暴力団の幹部で、山田町内に居住しており、かねてから地元の不良少年グループを使って様々な事件を起こしていると見られていたが、検挙される少年達は竹下を恐れて竹下のことは警察には一切供述していなかった。井上・横井は、警察官の追及に対し、言葉を濁し、「竹下のことは僕の口からは言えません」などと弁解した。

しかし、井上の携帯電話の過去のメールのやりとりを解析したところ、井上と横井らが事件を起こす前後に、あるアドレスとのメールのやりとりがあり、例えば井上が「今夜のやつは大きかったです。明日朝届けます」などとメールを送っていることが確認された。警察官は、この解析結果を井上に示して追及すると、井上は「間違いありません。これが竹下に送ったメールです。奪った金の一部を届けていました」とまでは自供したが、竹下との事前の共謀や竹下からの指示等についてはあいまいな供述に終始した。

メールアドレスの解析などから、携帯電話が特定され、その契約者は竹下であること、またその身上・住居等も判明した。また、竹下は、以前は暴力団の幹部であったが、組織内の抗争によって排斥され、住居には寄りつかず逃亡に近い生活を送っていることも判明した。警察は、被害者死亡事件も竹下が井上・横井らと敢行したものとみて、鋭意竹下の所在を探していたが、まだ逮捕状を得るだけの証拠は足りなかった。そこで、竹下を発見次第、任意同行をかけて取り調べた上、その供述次第で逮捕を行うかどうか判断することとした。

4月15日、竹下が自宅に戻っているとの情報が寄せられたので、午前7時ころ、警察官3

名が竹下宅に赴いた。竹下は布団に寝ていたが、警察官が声を掛けると目を覚まし、求めには素直に応じて、警察車両に乗車したので、両脇に警察官2名が座って警察署に午前7時40分頃到着した。

竹下を取調べ室に同行した後、直ちに警察官は、竹下の取調べを開始した。この間、竹下宅の捜索差押許可状を請求し、午前10時ころ発付されたので、直ちに警察官数名が竹下宅の捜索を開始したところ、竹下の携帯電話が発見され、それに井上の電話番号とメールアドレスが登録されていることが確認できたので、直ちに署の取調べ担当官に電話でそのことを連絡した。

そこで、取調官は、竹下を被疑者としての取調べに移行することとし、黙秘権を告知した上、厳しい追及を開始した。昼食と、若干の休憩をはさんだほか、厳しい追及が続けられたが、竹下は、あいまいな弁解に終始した。この間、取調べ室に施錠はされていなかったが、入口の外には警察官が待機しており、またトイレに行く時も警察官が付き添った。

午後7時ころに至り、竹下は「俺自身はひったくり強盗などしたことはないが、井上、横井らがやっていることは人から聞いていた。ときどき、井上が自分に『お世話になっているので』と言って1万円とか2万円の金を届けにくることはあった」などとの供述を始めた。午後10時ころ、取調べをいったん打ち切ったが、警察官が竹下に「今夜はどこに泊まるんだ。家には新聞記者が沢山来ているようだぞ」と聞くと「俺も組から追い込みをかけられているので、家には帰れんな」と言った。そこで、警察官が、「近くのビジネスホテルでもとってやろうか」と言うと、竹下は「そんなら頼みます」と言ったので、警察官はホテルを手配し、竹下をホテルまで送り、両隣の部屋に警察官も宿泊し、ホテル入口には他の警察官が待機して夜を過ごした。

翌朝8時から、また竹下を警察署に同行し、その日も午後9時ころまで、同様の取調べを継続し、その夜も同様に同じホテルに宿泊させた。

3日目の17日夕方、竹下は、「井上や横井は、事件のこと、刑事さんに話してるんですか」と尋ねたので、取調官は「二人とも全部正直にしゃべってるぞ」と言った。しかし、実際は、井上・横井は、依然曖昧な供述に終始しており、竹下の関与を明確に供述するには至っていなかった。

竹下は、刑事の話を聞いて「そんなら、もうじたばたしません。被害者が亡くなった事件のとき、俺も車に乗ってました」と自供するに至った。警察は、直ちに竹下の逮捕状を請求し、発付を受け、午後8時、被疑者を強盗致死の罪で通常逮捕した。

設問10 これらの宿泊を伴う一連の取調べは適法か。自白の証拠能力は認められるか。

【深夜の取調べ、宿泊を伴う取調べの適法性】

警察官は、竹下を早朝警察署に任意同行して強盗致死事件について取調べを開始しました。そして、ほとんど間断なく、トイレに行くときも警察官が付き添うなどして監視し、夜遅くまで取り調べた上、警察が手配したホテルに宿泊させ、合計2泊3日間の取調べを行いました。そして3日目に、井上や横井らがまだ竹下の関与を明白には供述していなかったにも関わらず、井上ら

が全面自供した旨、虚偽も伝えるなどして強盗致死事件について自分も車に乗っていた旨の自供を得ました。これらの宿泊を伴う取調べや偽計も用いた取調べの適法性と、それによって得られた自白の証拠能力が問題となります。重要事件については、まだ被疑者を逮捕できるだけの証拠がそろってはいないが、被疑者の嫌疑が強い場合に、深夜にわたる追及がなされたり、時には宿泊を伴う取調べに及ぶ場合も、実務ではときどきあります。アメリカなどのように覆面捜査やおとり捜査、広範な通信傍受、刑事免責、司法取引などの強力な捜査の武器が警察官にほとんど与えられていない我が国においては、重要悪質な事件でこのような連日の厳しい追及を行なって自白を得なければ、事件の突破口を切り開いて事案を解明することは極めて困難な場合が少なくありません。深夜や宿泊を伴う取調べは避けるに越したことはないのですが、昼間の短時間の取調べで被疑者が自白することは重大悪質事件ではむしろ稀とすらいえます。ですから、これらの取調べを許さず批判ばかりすべきではありません。しかし、それは無制限に許されるのではなく、もしそのような取調べが被疑者を実質逮捕したと同じ状況に至るのであればそれは強制処分となり、違法であることは当然ですし、そこまでは至らなくとも任意処分として許容される必要性、緊急性などを考慮して相当と認められる限度内でなければなりません。この問題が争われた重要判例を見ていきましょう。

ア　東京地決昭和55・8・13判時972号136頁（向島こんにゃく商殺人事件）

2泊3日の宿泊を伴う取調べが違法であったとして勾留すら認められなかった事案です。8月7日午前中の約2時間の調べで、被告人は犯行の一部を認めたが、細部についての供述は変遷を重ねました。被告人は借金の取立てに追われて公園等を寝泊りしている状況にあったため、捜査官が宿泊中のホテルへの同宿を勧め、「どこでもよいから泊まる場所をお願いする」旨のお願い書を提出させ、それから2泊させました。深夜に捜査官6名が同行し、二間続きの部屋の奥六畳間に被告人と捜査官2名、入口側に4名が宿泊し、朝から警察本部に行って午後10時ころまで取り調べるなどし、その夜も同様に宿泊させ、3日目の午前中からの取調べで、午後に自白に至り、午後9時ころ通常逮捕したというものです。送迎はすべて警察車両でした。勾留請求却下に対する検察官の準抗告に対し、本決定は、問題は宿泊の「態様」にあるとし、二間の部屋への雑魚寝状況、取調べ室への警察車両での往復、食事の提供、外出の機会なく終日の取調べ等からして「実質的には逮捕と同視すべき状況下にあったものと言ってよ……い。」として準抗告を棄却しました。

イ　最決昭和59・2・29刑集38巻3号479頁、判時1112号31頁、判タ524号93頁（高輪グリーンマンション殺人事件〈百選6事件〉）

最も指導的な最高裁の判例であり、4泊5日の宿泊を伴う取調べが違法とはされなかったものです。マンションでの殺害事件について、被害者と同棲したことのある被告人が自ら出頭しアリバイを主張し、その虚偽性が判明し嫌疑が強まったため、6月7日、被告人を早朝任意同行し、同日夜犯行を自白しました。午後11時過ぎ、一応の調べを終えたが、被告人が寮に帰りたくなく旅館に泊めてほしいと申し出たので、警察署近くの民間宿泊施設に、捜査員4～5名とともに宿泊させ、一名は被告人の隣室に泊まって挙動を監視し、以後4泊にわたり同所に宿泊させ、その間、警察で取調べを継続しました。8日以後の3泊は、捜査官がホテルの周辺に張り込んで動静を監視しました。決め手の証拠不十分のため、11日午後、逮捕せず帰宅させ、2か月後に逮捕

し、殺人罪で起訴され、被告人は公判では犯行を否認したが、一審二審は自白の信用性を肯定して懲役12年の有罪判決とされた事案です。最高裁は、最決51・3・16を引用の上、主に次の判示をして上告を棄却しました。

「任意捜査の一環としての被疑者に対する取調べは右のような強制手段によるということができないというだけでなく、さらに、事案の性質、被疑者に対する容疑の程度、被疑者の態度等諸般の事情を勘案して社会通念上相当と認められる方法ないし態様及び限度において、許容されるものと解すべきである」

「4夜にわたり捜査官の手配した宿泊施設に宿泊させた上、前後5日間にわたって被疑者としての取調べを続行した点については、……任意取調べの方法として必ずしも妥当なものであったとは言い難い」

「他面、被告人は、右初日の宿泊につき前記答申書を差出ており、また、記録上、右の間に被告人が取調べや宿泊を拒否し、調べ室、あるいは宿泊施設から退去し帰宅することを申し出たり、そのような行動に出た証跡はなく、捜査官らが、取調べを強行し、被告人の退去・帰宅を拒絶したり制止したというような事実も窺われないのであって、これらの諸事情を総合すると、右取調べにせよ宿泊にせよ、結局、被告人がその意思によりこれを容認し応じていたものと認められる」

本件取調べは、「宿泊の点など任意捜査の方法として必ずしも妥当とは言い難いところがあるものの、被告人が任意に応じていたものと認められるばかりでなく、事案の性質上、速やかに被告人から詳細な事情及び弁解を聴取する必要性があったものと認められることなどの本件における具体的事情を総合すると、結局、社会通念上やむを得なかったものというべく、任意捜査として許容される限界を越えた違法なものであったとまでは断じ難い」（なお、違法とする2裁判官の意見がある。）

ウ　東京高判平成14・9・4判時1808号144頁（松戸市殺人事件又はロザール事件）

フイリピン人女性である被告人に対し、警察官が、連続10日間にわたり、ビジネスホテル等に宿泊させて、連日長時間の取調べを行った事案について、任意捜査として許容される限界を越えた違法なものであるとして自白調書の証拠能力を否定した事案です（なお、他の証拠により有罪とされた。）。

11月10日の朝、被告人が、松戸市内で同棲中の自宅ベッドで被害者が血を流して死亡しているのを発見、娘が入院中の病院を介して救護を求めて事件が発覚しました。被告人は自分ではなく夫Bの犯行だと供述し、Bも併行して取調べられました。それから連日9泊10日間の取調べが継続されましたが、この間、最初の二日間は、娘の病院で宿泊して病室出入口付近に警察官が待機し、以後の7泊は、警察官宿舎の婦警用の空き室に2泊、ビジネスホテルに5泊し、婦警用空き室では、仕切り戸の外された隣室に婦警が同宿し、ホテルでは、室外のエレベータ附近のロビーに婦警が待機しました。この間連日午前9時か10時ころから夜8時ないし11時過ぎまで取調べが続きました。最後の日の午後、被告人は自白し、通常逮捕されました。一審の千葉地判平成11・9・8判時1713号143頁は、違法な任意捜査であったとしつつ、その違法性は重大とまではいえなかったとして自白調書を証拠排除しませんでした。しかし、本判決は、一度も解放されることなのない9泊もの宿泊、この間、警察官から厳重に監視され、ほぼ外界と隔絶された等事実上の身柄拘束状態にあったこと、そのための被告人の多大な心神の苦痛、上申書を書いた理由は精神

的に参り、朝から夜まで調べが続いて追及されたためであること、宿泊できる可能性のある友人もいた上、3日目以降は自ら望んだものではないこと、警察は宿泊可能場所についての真摯な検討を怠って宿泊先を用意したこと、などを指摘した上、事案の重大性、必要性、緊急性を考慮しても、

「本件の捜査方法は社会通念に照らしてあまりにも行き過ぎであり、任意捜査の方法としてやむを得なかったものとはいえず、任意捜査として許容される限界を超えた違法なものであるというべきである……事実上の身柄拘束にも近い9泊の宿泊を伴った連続10日間の取調べは明らかに行き過ぎであって、違法は重大であり、違法捜査抑制の見地からしても証拠能力を付与するのは相当ではない」

として、被告人の自白調書の証拠能力を否定しました。

エ 最決平成元・7・4刑集43巻7号581頁、判時1323号153頁、判タ708号71頁（平塚ウエイトレス殺害事件〈百選7事件〉）

この事件は、いわゆる宿泊ではなく一晩の徹夜の取調べの適法性が争われたものです。

被害者の妹からの連絡で2月1日午後8時48分ころ被害者の殺害を発見した警察官が、以前被害者と同棲していた被疑者を同日午後11時過ぎころ平塚警察署に任意同行し、若干の休憩等をはさんでおよそ22時間にわたって取調べ、自白を得て逮捕状により逮捕し、被疑者は勾留の上強盗致死の罪で起訴されました。夜を徹した取調べがなされ、ポリグラフ検査もされ、2日午前9時半過ぎ、被告人は殺害と金品の持ち出しを自白し、更に取調べを続けて午後2時ころ6枚半の上申書を作成させたが、殺害の方法や、殺害時点での強取の意思の有無等が曖昧で、虚偽が含まれており、警察官は、強盗殺人の容疑を抱いていたため取調べを継続しました。被疑者はその後強取の犯意を認めるに至り、午後4時ころから約1時間上申書を作成。午後7時30分ころ逮捕状を請求して午後9時25分に逮捕したというものです。最高裁は被告人の上告を棄却するに当たり、

「このような長時間にわたる被疑者に対する取調べは、たとえ任意捜査としてなされるものであっても、被疑者の心身に多大の苦痛、疲労を与えるものであるから、特段の事情がない限り、容易にこれを是認できるものではない。」

としつつも、①参考人として事情聴取が開始されたこと、②被告人から進んで取調べを願う承諾があったこと、③捜査官には逮捕の時間制限を潜脱する意図がなかったこと、④被告人の自白に客観的状況と合致せず虚偽があって真相追求の必要があったこと、⑤被告人が拒否・帰宅、休息などの意思表示をした形跡がないこと、⑥虚偽を含む自白があることから真相を強盗殺人とする容疑が浮かび上がったこと、⑦殺人と窃盗に及んだ旨の自白に対し、強盗殺人の疑いが濃厚となったことを、本件の特殊事情として認定し、高輪グリーンマンション事件の最決59.2.29を引用した上、

「社会通念上任意捜査として許容される限度を逸脱したものとまでは断ずることができず、その際になされた被告人の自白の任意性に疑いを生じさせるようなものであったとも認められない」としました。しかし、2名の裁判官は反対意見で自白の証拠能力は否定すべきとしています。

これらの判例を見ると、宿泊を伴ったり徹夜の取調べについては、原審と上訴審とで判断が分かれ、また同じ合議体の中でも裁判官の適法違法の意見が分かれることも珍しくありません。それほど、グレーゾーンにある事件では、どこまでが許容され、どこから先は違法になるかの判断

が容易ではなく、単に何泊以上なら違法でそれ以下なら適法、というような画一的・形式的判断にはなじまない問題だといえます。しかし、これらの判例を通して、適法違法の判断を行うために裁判所がどのような具体的事情を考慮しているかを考えてみるとおおむね次のようなことがいえるでしょう。

① 事案の重大性、嫌疑の程度、被疑者の取調べの必要性
② 宿泊場所(警察施設か、民間施設か)
③ 他に被疑者自身が帰宅・寄宿可能な場所の有無
④ 宿泊日数
⑤ 監視の態様・程度（外部との連絡の許容度も含む）
⑥ 取調べ時間の長短
⑦ 宿泊の承諾の真摯性・任意性、帰宅意思の強弱と表明態度、これに対する捜査官の対応
⑧ 往復の交通手段
⑨ 宿泊費用を誰が負担したか（警察か本人か）
⑩ 被疑者の自殺・逃亡のおそれ

これらの事情の有無や内容を具体的事案ごとに丁寧に判断し、もはや実質逮捕に至っているので違法な強制捜査と評価すべきか、そこまでには至らないが任意捜査として許容限度内であるか、と判断すべきです。

向島こんにゃく商殺人事件では、宿泊日数は2泊で比較的短いですが、被疑者と同じ部屋に多数の捜査官が雑魚寝した、ということは、人間が最も必要とし、誰からも邪魔されたくない睡眠についてプライバシーを極めて侵害するものであったことが大きく影響しているでしょう。ロザール事件では、9泊という日数の長さはもとよりですが、被告人が宿泊できる可能性のある友人もいたのに捜査官が真摯にそれを世話する努力をしなかった、ということが重要であり、高輪GM事件とは異なる面だといえるでしょう。警察官としては、まずは被疑者自身あるいは被疑者が頼れる宿泊場所があるのなら、その手配の努力をすべきであり、そのような当てがない場合に初めて宿泊所を世話するなどの配慮をすべきです。平塚ウエイトレス殺害事件も裁判官の意見が分かれました。この事件で問題なのは、朝いったん被疑者が殺人と金品の持ち出しを認めたのですから、その段階で簡単な調書を作成して直ちに逮捕状請求手続を開始するとともに、被疑者を仮眠させてやればよかったのです。そして逮捕状が出て逮捕し、被疑者が仮眠を終えたあとに、じっくり取調べを再開して、殺人・窃盗ではなく強盗殺人ではなかったか、という疑いの下に追及するのがよかったと思われます。

ところで、次の判例も参考になります。

オ 大阪高判昭和63・2・17高刑集41巻1号62頁

この事案は、午後9時30分ころ、公園内で職務質問を行った後、被疑者を派出所に任意同行し、所持品検査の結果発見された3,000円相当のウイスキーの窃盗の嫌疑につき、翌朝午前4時ころに至るまで、仮眠等の機会を与えず、ほぼ間断なく、被疑者の取調べや引き当たり捜査を行ったというものです。判決は昭和59年最決を引用した上、「被告人の前科との関係で常習累犯窃盗罪を構成する可能性があったことを考慮にいれても、重大な法益侵害を伴う事案ではな」く、かつ、被告人が取調べを拒否し退去する態度を表示しなかったとしても、「少なくとも、自ら徹夜の取調べを積極的に希望していたものでないことは明らかであり、結局、取調べを拒否して立

ち去ろうとすれば嫌疑をいっそう深める結果となることを懸念して、警察官の執拗な取調べに対しやむを得ず応じていたにすぎない」から「任意捜査として許容される社会通念上相当な限度を逸脱し違法であると認めざるを得ない」とし、自白の証拠能力を否定しました。

平塚ウエイトレス殺害事件では22時間もの徹夜の取調べが許容されたのに、この事案ではたった6時間半程度の取調べが違法とされました。その決定的違いは、この事案は殺人という重大事件ではなく、たった3,000円相当の窃盗事件だったことです。必要性、緊急性判断の考慮要素の中心は、まず事件の重大性、被疑者の嫌疑の強さ、取調べを必要とする事情などにあります。こんな軽微な窃盗事件なら、簡単な取調べをして自白を得れば、その段階で被疑者を仮眠させ、翌朝から引き当たり捜査などを行えば足りることでしょう。大阪高判が6時間の取調べでも違法としたのはそのような判断があったからだと思われます。ただ、3,000円程度の事件ならそれだけで直ちに深夜の取調べが違法になる、というような形式的判断をすべきではありません。被疑者の前科を確認したら常習累犯窃盗に当たることが確実になれば、それは懲役が最低3年以上の重い事案となります。被疑者が当初否認したり、逃走しようとする気配を示したというような事情があれば、場合によってはこのような深夜の取調べが適法とされる場合もあるでしょう。

応用刑事訴訟法を学ぶ皆さんは、捜査における適法違法の検討判断は、形式的、画一的、機械的な判断になじむのではなく、当該具体的事件の内容、捜査の具体的状況などをよく把握して行うことの重要性を理解してほしいと思います。

【本事例の当てはめ】

竹下の取調べは2泊3日の宿泊を伴っており、日数自体は必ずしも長いとまではいえず、竹下が組から追い込みをかけられて逃亡を続けており、他に泊まるあてもなく、新聞記者が家に押しかけるのを嫌がっていたことや、警察のホテル斡旋には素直に応じていることから宿泊を伴う取調べ自体には大きな問題はありません。宿泊は向島こんにゃく商殺人事件のような捜査官との雑魚寝でもありません。他方、連日朝から深夜まで厳しい追及がなされ、取調べ室の側には警察官が待機し、トイレに行くときも付き添っていますし、ホテルでは、両隣の部屋に警察官が宿泊し、入口には他の警察官が待機するなど監視の度合いはかなり強いものでした。ただ、竹下は取調べに対して、退去意思は表明していない上、土井の自供や井上の携帯メールの解析結果や供述により連続強盗で致死も生じるなど竹下が重大事件の背後の首謀者との強い嫌疑があったのに対し、竹下はあいまいな弁解に終始、取調継続の必要性は強いものでした。また、竹下は、午後7時頃の供述で強盗への関与をある程度供述し、ますます嫌疑の深まりによる取調継続の必要性は増していました。これらに照らせば、宿泊を伴う取調べは、ぎりぎり適法であるか、違法としても重大とまでは言えず、この点だけを見れば自白調書を証拠排除するまではない、とも考えられます。しかし、本件では、これに加えて、本件では、更に「二人（井上横井）とも全部正直にしゃべっとるぞ」と偽計が用いられたという事情があります。これらを総合すると、判断は分かれるかもしれませんが、自白は排除される可能性もあるように思われます。

〔井上・横井の取調べ等〕

翌4月18日、朝から井上・横井の取調べが行われ、各取調官は、両名に対し、竹下が自白し、昨晩逮捕されたことを告げると、両名は、それぞれ、「竹下が捕まったのならもう隠せません」などと言って、素直に全面自供を開始した。

> そこで、警察官は、同日午後、井上・横井両名の逮捕状を請求し、発付を受けたので、午後6時ころ、両名を被害者死亡事件について、強盗致死の罪で逮捕した。
> 翌4月19日、井上の取調べ中、その弁護人が、起訴済みの事件の公判の打ち合わせのためと言って接見を希望してきた。

設問11　弁護人に対し、接見を翌日20日の午前中に指定することができるか。

　これも事例講義1の復習です。井上は、起訴後の被告人でもありますが、再逮捕・勾留された被疑者となっていますので、水戸収賄事件の**最決昭和55・4・28刑集34巻3号178頁**に照らし、検察官等は、被告事件について防御権の不当な制限にわたらない限り、刑訴法39条3項の指定権を行使することができます。

> 〔捜査の進展と処理〕
> 　3名の取調べは順調に進展し、所要の捜査は終了したため、3名について、勾留満期の日に、それぞれ被害者死亡事件について、強盗致死の罪により公判請求に至り、更に余罪の2件についても、その後順次立件・捜査を遂げて一連の事件の捜査処理が終了した。

〔事例講義４〕
連続窃盗・強盗殺人事件

　本事例は、佐々木、野村、伊藤らの犯人が侵入窃盗を常習的に繰り返しており、その中には強盗殺人事件も含まれていたという重要悪質事案で、窃盗事件の捜査の進展によって強盗殺人事件の解明に至ったというものです。本事例では、事例講義３で勉強した逮捕手続についても復習しながら、逮捕手続が違法である場合の勾留の可否、証拠物の領置に関する問題、そして、捜査法上の重要問題である別件逮捕・勾留、一罪一逮捕一勾留の原則、また、それに関連する一事不再理効の問題などを勉強していきます。また、違法収集証拠の問題については、第３編の事例講義を中心に勉強しますが、本事例でも導入的に勉強することとします。

〔内偵捜査の経緯と野村の逮捕〕

　佐々木は、窃盗の前科前歴が多数あり、常習的に侵入盗を行っていた。甲県の乙市にある乙警察署は、同市内外で頻発していた住居侵入・窃盗事件について、佐々木が犯人であろうと目星をつけ、佐々木の行動状況の内偵を進めていた。

　他方、同市内では、１年前に、ある資産家Ｖの家に強盗が侵入し、Ｖを殺害して高級腕時計や指輪などの金品を強奪した事件が発生しており、警察は、この事件も佐々木が関わっていると疑いを強めていたが、具体的な証拠は得られていなかった。

　野村も常習的な侵入窃盗犯の一人であった。野村は、５月１日の深夜、乙市内のＷ宅に窃盗目的で侵入した。野村はＷの高級腕時計を盗んで上着ポケットに入れ、更にＷの妻のハンドバッグを手にして中を見ようとしていた。当日、Ｗは留守にする予定であったが、予定を変更して午後11時30分頃帰宅した。玄関から入ると、奥の間に電気がついており、不審に思ってその部屋に入ろうとすると、野村と鉢合わせになった。野村はＷを押しのけてハンドバッグを掴んだまま脱兎のごとく玄関から逃げ出したが、気丈なＷは直ちに野村を追いかけた。100メートルほど走ったあたりでＷはいったん野村に追いつきそうになったが、転んでしまった。

　Ｗは野村が逃げている近くに男ＡとＢの２人がいたため、「泥棒だ、捕まえてくれ」と大声で叫んだところ、ＡとＢは、その声を聞き、すぐさま野村を追いかけた。Ａらは、この町近辺で侵入窃盗が頻発しており、２年前には資産家のＶが殺されたことも知っていたので、野村がそのような窃盗犯の一人だろうと思い、野村に追いつきざま、タックルをして野村を引き倒した。野村は、相手が２人がかりであるため、抵抗をあきらめて立ち上がり、それ以上逃げようとはせず、「すみませんでした」と謝った。しかし、まだ興奮していたＡらは、野村に対し、「お前が連続の泥棒の一味だな」と怒号しながら顔面を手拳で５～６回殴りつけ、下腹部を数回足蹴にするなどの暴行を加えた。そこにＷも駆け付けた。そして、ＷとＡらは、「こいつが何か盗んでないか調べよう」と言いながら、野村の着衣のポケット等をくまなく探り、上着ポケットの中から、野村がＷ方で盗んできていた高級腕時計を発見し、取り上げた。しかし、野村は逃げる途中、とっさにハンドバッグを道路沿いのコンビニのゴミ

箱の裏に放り投げていたので、バッグは見つからなかった。
　それから、Wらは110番し、まもなく駆け付けた警察官に対し、野村と高級腕時計を引き渡した。警察官はWの話を聞いて、野村が逃げる途中でバッグを捨てたものと思って問い質したところ、野村はコンビニのゴミ箱裏に捨てたことを自供したので、警察官は野村に案内させ、100メートルほど離れたところにあるコンビニのゴミ箱の裏に捨てられていたバッグを発見したのでこれを領置した。

設問1　この逮捕の法的性質は何か。

　この逮捕は、刑訴法212条1項の「現に罪を行い終わった」現行犯逮捕と考えてよいでしょう。被害者のWが、自宅に侵入した野村を発見し、逃げる野村を直ちに追いかけたのですから、この時点で既にWは逮捕行為に着手しています。私人による現行犯逮捕です（法213条）。Wは自分では追いつけなかったため、AとBに「泥棒だ、捕まえてくれ」と助けを求め、AらはWの言葉や逃げる野村の様子などから野村が窃盗犯人だと思い、野村に追いついて捕まえました。ある者が逮捕行為に着手したが自らは逮捕を完遂できないため他の者の協力を得て逮捕を遂げることはしばしばあります。**事例講義3**で勉強した**あわび密漁事件**（最判昭和50・4・3刑集29巻4号132頁）はその典型ですね。本事例のような場合、逮捕者の交代、と構成することもあり得ますが、本事例の場合には、Aらが野村を取り押さえた直後にWはすぐに追いついて逮捕現場に駆けつけていますので、WとA、Bの3名による共同逮捕と構成するのが適切でしょう。ただ、逮捕者の交代であれ、共同逮捕であれ、その前提は、W自身が逮捕行為に着手したか、少なくとも逮捕を決意していることです。仮に、Wが逮捕を決意したのではなく、逮捕行為に着手してもいなかったとすれば、A、Bらが逃げてくる男が窃盗犯人だろうと思った場合でも、Aらは現行犯逮捕は許されず、準現行犯逮捕ができるかどうかの問題になります。犯人として追呼されているか、誰何されて逃走しようとしているという要件には該当しますが、準現行犯逮捕が許されるかどうかは、Aらが犯罪と犯人の明白性を判断できる根拠があったかどうかの問題となります。また、W自身が逮捕を決意し、着手したが、野村に追いつけないのでAらに「泥棒だ」とはいわず、単に「そいつ捕まえてくれ」とだけ叫び、Aらはなんだか訳は分からないがとにかく頼まれるまま捕まえてやろう、ととっさに判断したにすぎないのであれば、Aらには犯人を逮捕するという意思まではないのですから、共同逮捕等の構成はできません。その場合はAらは、Wの逮捕行為について単なる手足となった補助者であるという構成になるでしょう。

設問2　この逮捕は適法か。Aらによる暴行が、逮捕のための実力行使である場合と、逮捕した後の、腹いせのための暴行である場合とで違いがあるか。

　Aらは、野村を捕まえて顔面や腹部を殴打したり足蹴にしました。逮捕の際に相手方が抵抗して暴れるような場合には、逮捕のための実力行使は許されますが、それはあくまで相手方の抵抗を排除し、逮捕者の身の危険を防ぐために必要な限度内でなければなりません。

ただ、逮捕の際に必要な限度を超えて暴行がなされた場合、それは違法であるのは当然だとしても、そのために逮捕行為自体が違法となり、その後の勾留も認められなくなるかどうかは別の検討が必要になります。

これに関しては、**最決平成8・10・29刑集50巻9号683頁（和歌山西署捜索中暴行事件）**が参考になります。これは、警察官8名が、捜索差押許可状により被告人方を捜索中、覚せい剤を発見した際、被告人が「そんなあほな」と言ったので、警察官数名が被告人の襟首を掴んで後ろに引っ張り、左脇腹や背中等を蹴ったというものです。警察官らは予試験を行った上被告人を現行犯逮捕し、覚せい剤を差し押さえため、違法収集証拠だとして証拠能力が争われましたが、最高裁は

「警察官が捜索の過程において関係者に暴力を振るうことは許されないことであって、本件における右警察官らの行為は違法なものというほかはない。しかしながら、前記捜索の経緯に照らし本件覚せい剤の証拠能力について考えてみると、<u>右警察官の違法行為は、捜索の現場においてなされているが、その暴行の時点は証拠物発見の後であり、被告人の発言に触発されて行われたものであって、証拠物の発見を目的とし捜索に利用するために行われたものとは認められないから、右証拠物を警察官の違法行為の結果収集された証拠として証拠能力を否定することはできない</u>」

と判示しました。つまり、捜索の現場で警察官が暴行を振るったのが違法であることは当然だが、それは対象物を発見することが目的ではなかったため証拠能力には影響しないとされたのです。仮に、警察官が、捜索してもなかなか対象物が見つからないため、相手方に「どこに隠しとるんじゃ、はよう出さんかい」と怒鳴って顔を殴るなどし、恐れた相手方が覚せい剤の隠し場所を教えて警察官に発見させた、というのであれば、証拠能力はとうてい認められませんね。

【本事例の当てはめ】

本事例では、Aらは、タックルをして野村を引き倒しましたが、これ自体は、逃げる野村を逮捕するための実力行使として適法でしょう。しかし、抵抗をあきらめて立ち上がり、それ以上逃げようともしなかった野村に対し、更に殴打、足蹴にしたことは逮捕に必要な実力行使とはいえず違法であることは明らかです。ただ、本件で、野村が立ち上がった時点ですでに逮捕行為は終了していたと評価でき、Aらは逮捕を実現するための手段として過剰な暴行をしたというものではありません。したがって、上記最決に照らしても、Aらが暴行を行ったことが逮捕自体を違法とまではしないと考えてよいでしょう。

しかし、まだ逮捕していない相手方に対し、逮捕に必要な限度を超えて最初から暴行を働いたというのであれば、逮捕行為自体が違法と評価されるでしょう。仮に、逮捕したのが警察官であり、警察官が被疑者を逮捕するためにこのような暴行を行ったのであればそれは到底許されず、逮捕に重大な違法がある場合に、勾留が許されるかという次の問題が生じます。しかし、Aらのような私人には、警察官のような法的素養はなく、権限行使のための訓練は受けていませんので、とっさに生じた事態において、興奮や狼狽によって時には行き過ぎた対応をしてしまうことはやむを得ない面もあります。ですから、逮捕の際に限度を超えた暴行がなされた場合でも、私人による場合には違法とはいえないとされる場合もあるでしょう。また、仮に違法と判断せざるを得ないとしても、次に勉強する、逮捕が違法な場合にその後の勾留も許されなくなるかどうか、という問題においては、私人による場合は警察官による場合よりも、緩やかに判断されるで

しょう。

> **設問 3** 逮捕が違法である場合に勾留は認められるか。勾留が認められないとすればそれはどのような場合か。また、その論拠は何か。

　逮捕と勾留とは、それぞれ要件も異なる別の手続です。したがって、逮捕が違法である場合でも、論理必然的に勾留も違法であるということにはなりません。しかし、捜査段階の勾留においては、事例講義1で基本を勉強したとおり、逮捕前置主義が採られ、被疑者を勾留するためには逮捕が先行しなければなりません。そのため、先行する逮捕手続が違法である場合に、その逮捕の違法が勾留の可否にどのような影響を与えるか、ということは、実務でもしばしば発生する重要な問題です。

　逮捕手続が違法であった場合に勾留請求が認められなかった事例としては、既に事例講義3で勉強した西ノ京恐喝未遂事件の**京都決昭和44・11・5判時629号103頁**があります。この事案は、本来、現行犯逮捕が認められるためには、犯罪と犯人の明白性の判断資料は逮捕者自身が自ら覚知したものでなければならないのが原則なのに、駆けつけた警察官が被害者から聞いた伝聞情報のみを根拠に現行犯逮捕したことは重大な違法であったとして勾留請求が却下された事件でした。

　逮捕が違法である場合に勾留請求も違法として認められない場合があることの論拠については議論があります。その前提として、まず逮捕前置主義が採られている論拠が問題となります。一つは二重の司法審査説、というもので、逮捕段階と勾留段階とで二重に司法審査を経させることによって被疑者の身柄拘束の適法性判断の慎重を期すというものです。しかし、この説では、逮捕について司法審査を経ない現行犯逮捕の場合を説明できない難点があります。もう一つは、二段階拘束説と表現してよいと思いますが、逮捕前置主義の意義目的は、身柄拘束という被疑者の最も重大な権利自由の侵害をもたらす処分については、まず、逮捕という短期間の拘束を認め、その上で更に長期間の拘束である勾留の適否・要否を判断させるのが適切であるという考え方であり、これは現行犯逮捕の場合にも妥当しますので、逮捕前置主義の意義目的をよりよく説明できる説です。

　しかし、この二段階拘束説を前提としても、だからといって逮捕が違法であれば勾留も違法となって許されない場合があるということの説明は十分にはできません。なぜなら、逮捕手続が違法であったとしても、短期間の逮捕期間中に必要な捜査を行って更に勾留が必要かどうかを判断させる、という二段階拘束の意義は損なわれないのですから、逮捕の違法と勾留の可否の問題とは直結しないからです。

　そこで、勾留請求を受けた裁判官や準抗告審の裁判所が、勾留の可否の判断において逮捕手続の適法性の判断も求められ、逮捕手続が違法である場合に勾留を許さないとする事後の審査が可能である根拠については、次のように考えるべきでしょう。

　すなわち、身柄拘束という被疑者の最大の権利侵害に対する法の厳格性の要請、また、逮捕・勾留は連続性・一体性をもった手続であるので、逮捕の違法は勾留の適法性にも影響を及ぼすと考えるのが合理的であること、さらに、逮捕自体について被疑者に不服申立ての手段がないため、勾留の判断の際に逮捕の適法性の判断をも行うこととするのが合理的であることなどです。

しかし、このように、勾留審査の段階で逮捕手続の適法性の事後審査を行うことは合理的ですが、そのことは、逮捕が違法ならすべて例外なく勾留は違法であるとの結論が論理必然であるということにはなりません。逮捕手続にわずかな違法があるからといって勾留は一切認められないとすれば、重要困難事件の捜査による真実解明が困難となることも少なくないからです。そこで、逮捕の違法により勾留が許されないのは、逮捕の違法が重大であり、これに基づく勾留を認めることが、適正手続の理念、司法の廉潔性、違法捜査抑制の見地から適切でない場合に限られると考えるのが妥当です。違法収集証拠の排除法則にも通じるものがあります。その中でも、違法捜査抑制の見地からの判断が中核となるべきでしょう。**東京高判昭和54・8・14判時973号130頁、判タ402号147頁（飯山買い物袋置き引き事件〈百選14事件〉）**では、被疑者の任意同行や留置きが、ある時点から実質逮捕状態に至っていたとして違法としつつ、その時点で緊急逮捕の理由と必要性は認められたことや、実質逮捕の時点から起算して検察官送致や勾留請求は制限時間内に行われていたことなどから、「右実質逮捕の違法性の程度はその後になされた勾留を違法とならしめるほど重大なものではない」として勾留中に作成された被告人の自白調書の証拠能力を認めています。

【本事例のあてはめ】

本事例では、すでに指摘したとおり、Aらが野村に暴行を働いたのは逮捕行為を終えた後であり、逮捕を目的としたものではなかったことから、逮捕行為自体が違法とまではいえないので、勾留請求には影響を及ぼしません。仮に逮捕することを目的として過剰な暴行を働いたのなら、逮捕行為自体が違法となり、特にそれを警察官が行ったのであれば、重大な違法として勾留も認められないでしょう。ただ、同じような暴行を行ったのが私人であれば、私人は法的素養もなく訓練も受けていないので、警察官の違法の場合よりは、勾留が許容される余地があるでしょう。逮捕が違法である場合に勾留が許されない論拠の中心が違法捜査抑制の見地にあることも踏まえると、捜査に従事していない私人にはこの見地は働かないことも勾留を認めることにつながるでしょう。

設問4　Wらによる高級腕時計の探索と取り上げ行為は適法か。

WとAらは、逮捕直後に野村の着衣のポケット等をくまなく探り、W方で盗んできていた高級腕時計を発見して取り上げ、まもなく駆け付けた警察官に、野村と高級腕時計を引き渡しました。法220条1項2号の逮捕の現場における無令状捜索・差押えは、捜査官にしか認められていないので、厳密には、Wらには捜索・差押えを自ら行う権限はないのです。しかし、刑訴法の素養がない私人にそのような認識を求めることは酷なことですし、私人が窃盗犯人だと思って捕まえた男から、窃盗の被害品を回収しようと考えることはごく自然なことです。ですから、このような発見と取り上げ行為は違法な捜索・差押えと評価すべきではなく、逮捕に伴って私人が行った事実上の措置と位置付ければよいでしょう。警察官としては、Wらから、この被害品の任意提出を受け、領置することになります。なお、野村が逃げる途中にコンビニのゴミ箱の裏に捨てたハンドバッグは、犯人の遺留物に該当しますので、警察官はこれを領置することができます。

設問5　領置の法的性質はどのようなものか。

刑訴法221条は

> 検察官、検察事務官又は司法警察職員は、被疑者その他の者が遺留した物又は所有者、所持者若しくは保管者が任意に提出した物は、これを領置することができる。

と定めています。実務上、関係者から証拠物の任意提出を受けたり、犯行現場に犯人らが残したと思われる兇器とか毛髪などを発見してこれらを領置することは頻繁になされます。

令状に基づく捜索・差押えによる証拠物の確保よりも、領置による場合の方がむしろ多いというのが実情であり、同条が定める領置は一見地味な規定に見えますが実務上極めて重要な捜査手段です。ところが、同条の領置には任意提出された物の領置と、遺留物の領置という性質が大きく異なるものが含まれており、問題点も少なくありません。これらを順次勉強しましょう。

【任意提出ができる主体は誰か。】

所有者、所持者に限らず、「保管者」でも任意提出ができます。これらの者が、その物を占有する正当な権限があったかどうかは必ずしも問題ではありません。東京高判昭和28・11・25特報39号202頁は、被疑者と同居していた雇い主が、被疑者に麻薬所持の嫌疑がかかっていることを知り、被疑者の不在中にその居室に立ち入ってあへん散を発見し、「こんな危ないものは持って行ってくれ」と言って警察官に任意提出した事案です。判決では、雇い主の被疑者居室への無断の立入りは本来は違法ではあるが、「任意提出による領置においてはその提出者が所有者その他権限のある者であることを必ずしも必要としない」としています。

【任意提出され、領置した物について、「返してくれ」と求められた場合、返さなくてはならないか。】

いったん任意提出された物については、それが証拠物として保管継続が必要である限り、返す必要はありません。しかし、だからといって領置は強制処分ではなく、あくまで任意処分です。それは、強制処分であるか任意処分であるかは、捜査官が占有を確保する時点での強制性の問題だからです。いったん領置したものの返還義務がないのは、領置も「押収」の一種だからです。最決昭和29・10・26裁判集刑99号531頁も、「押収中には、強制処分としての差押の外任意処分たる領置も含まれる」としています。ただ、証拠物として保管を継続する必要性がなくなった物については速やかに還付されるべきことは当然です。

【「遺留物」の領置の問題点】

遺留物の領置にも問題点があります。まず、「遺留物」には、落としてしまった遺失物と、自己の意思によって捨てた物の双方が含まれます。遺失物であれば、それを落とした者は、権利を放棄したのではないので遺失物法に従って一定の要件のもとに落とした者に返還されます。しかし、捨てた物については、その者が権利を放棄しているのですから、両者の性質は大きく異なります。

遺失物であれば、落とした人が返してほしいと希望するのなら、遺失物法に従って返還するのが原則です。しかし、遺失物法は、遺失物が法禁物である場合や、犯罪の犯人が占有していたと

認められる物件については、これを警察署長に提出しなければならない旨を定めています（同法4条、13条1項）。提出された物がなんらかの犯罪の証拠物であると考えられば領置の手続がとられますが、そうなった場合には刑事手続の効力が優先し、その限りにおいて遺失物法の働く余地はありません（同法7条5項参照）。このように落とした者が返還を希望する場合でも領置ができる根拠は、所有者・所持者が占有を喪失したことにあり、所有権等を放棄したことにあるのではないからです。

【被疑者が捨てた物はどうか。被疑者がゴミ回収所に捨てたゴミの袋を警察官が回収して内容物を調べることは許されるか。その中に犯罪の証拠物が発見された場合、それを領置することは許されるか。】

事例とは離れますが、派生的な問題点として勉強しましょう。本事例のように、犯人が捨てた物が被害品であるような場合には領置することにはなんらの問題はありません。しかし、被疑者が捨てた物だからといって無条件に領置が許される訳ではありません。しばしば問題となるのは、被疑者がゴミ集積所などに捨てたゴミ袋を回収してその中から証拠物を発見して領置する事案です。遺失者が取戻しを求める場合ですら、遺失者が占有を失ったことを根拠として領置が認められるのであれば、ましてや本人が自ら捨てた物であれば領置が認められないはずはないと考えられそうです。

しかし、誰だって、自分が捨てたゴミの袋を、他人から覗かれ、漁られるのは嫌ですよね。ゴミを捨てたことによってそれに対する所有権等の権利は放棄したとしても、捨てたゴミを他人から勝手に覗かれたり漁られたりしないことのプライバシーの期待が法的に保護されるかどうかということがこの問題のポイントです。絶対に人に見られたくない物でも、袋に入れてゴミ収集所に捨てるのは、そこに捨てる以上、誰からも覗かれたり漁られたりすることなくそのまま焼却場に持って行かれると期待し、信頼しているからです。このような期待は、社会常識に照らせば、プライバシーの権利のひとつの内容として保護されるべきでしょう。そうだとすると、他人の承諾なしにその人が捨てたゴミを回収して中を調べることは、強制処分である重要な権利利益の侵害制約とまではいえないとしても、ある程度の権利利益の侵害制約はもたらすものといえます。そうすると、それを被侵害利益と捉えれば、任意処分の許容性判断基準に照らして、そのようなゴミを回収して内容物を調べ、発見された証拠物を領置することは、そのようなことを行う必要性、緊急性などを考慮して相当と認められる限度内のものであるかどうか、を検討すべきことになります。

この問題の指導的判例は、**最決平成20・4・15刑集62巻5号1398頁、判時2006号159頁、判タ1268号135頁（京都カード強盗殺人事件）**です。これは事例講義1で既に勉強した、被疑者の面割り特定の目的での無令状のビデオ撮影を適法とした判例ですが、ゴミの領置の適法性についても重要な判示をしています。警察は犯人の特定のために、被告人とその妻が公道上のゴミ集積所に捨てていたゴミ袋を回収し、その中からダウンベストを発見して領置したことの適法性が争われたのですが、最高裁は、

「ダウンベスト等の領置手続についてみると、被告人及びその妻は、これらを入れたごみ袋を不要物として公道上のごみ集積所に排出し、その占有を放棄していたものであって、<u>排出されたごみについては、通常、そのまま収集されて他人にその内容が見られることはないという期待</u>があるとしても、捜査の必要がある場合には、<u>刑訴法221条により、これを遺留物として領置する</u>

ことができるというべきである。また、市区町村がその処理のためにこれを収集することが予定されているからといっても、それは廃棄物の適正な処理のためのものであるから、これを遺留物として領置することが妨げられるものではない」
と判示してこれを適法としました。この事案は、強盗殺人という重要事件について、犯人の特定のために犯人が捨てたゴミの中に被疑者と犯行との結びつきを示すものや奪った物などが含まれることも想定されるなど、必要性や緊急性が大きかったことや回収方法が相当であったことなどが考慮されたものでしょう。

他方、例えば、ある女が覚せい剤を使用しているらしい、という程度の噂話を耳にした警察官が、その女が捨てるゴミの中に注射器など何か覚せい剤使用を疑わせる物が発見されるかもしれない、という程度の期待で、1カ月間、その女が捨てるゴミ袋を毎回回収して中を漁っていた、というような事案であれば、必要性、緊急性は乏しい上、そのような無限定の長期間のゴミの回収がその女性のプライバシーを侵害する程度は非常に大きくなるので、任意捜査としては到底許容できないでしょう。事案ごとの具体的な検討が必要です。

〔野村の勾留と取調べ、伊藤の自首と逮捕等〕

野村の取調べを行っていたところ、野村は比較的素直に自供し、甲県内を中心に、これまで約10件の窃盗を働いたこと、その中には窃盗仲間の佐々木と共に犯した事件も数件あったことを供述した。また、甲県内で頻発する窃盗事件は、佐々木と野村の外にもう一人伊藤という男がおり、お互い情報交換をしあいながら、単独で、あるいは2人ないし3人が共謀して窃盗を働いていたことも供述した。警察官は、野村に対し、資産家Vに対する強盗殺人事件についても追及したところ、野村は「自分は絶対やっていない。しかしあの事件は佐々木がやったんだと思う。というのは、その事件が発生して1か月位したころ、佐々木と会う機会があり、佐々木に『この前の事件はひどかったな、俺は盗みはしても、絶対人には手を出さんようにしてる』と言うと、佐々木がちょっと深刻な顔つきになり、『あれはやばい山だった』とつぶやいた。『あの事件、お前がやったのか』と聞くと、佐々木は否定せず、『しばらく身を隠して様子を見んといかん』と語っていたからだ」などと供述した。

野村の逮捕後から1週間後の5月8日午前8時ころ、伊藤が警察に出頭した。伊藤は窃盗の前科が多数あり、もう70歳になっていた。伊藤は、警察官に対し、「窃盗仲間の野村も逮捕されたし、自分ももう年であり、盗みから足を洗いたいと思って自首した。それと、資産家Vの強殺事件だが、あれは余りにやり過ぎだし、放っておいたら、自分が疑われるんじゃないか、と思った。あの事件の後、しばらくしたころ、野村と会ったとき、野村も『あの事件は佐々木がやったのに間違いない』と言っていた。佐々木は、以前から、盗んだ高級品などは、すぐには換金せず、ほとぼりが覚めるまで手提げ金庫に隠しておく癖がある。一度佐々木のアパートに遊びに行ったときに、佐々木が自慢気に、時計や貴金属が沢山入った手提げ金庫を自分に見せたことがあった。そのことを思い出したので、どうせ自首するなら刑事さんに協力したいと思い、昨晩佐々木のアパートに忍び込んで、佐々木の手提げ金庫から、高級腕時計とかネックレス等の貴金属類を持ってきた。この中に資産家の家から奪ったものもあるんじゃないか」といって時計や貴金属類を差し出した。ただ、この時計等が資産家の家から奪ったものであるかどうかは、遺族に示しても、亡くなった父親が使っていた時

計とよく似ているが、断定はできないとのことであり、これだけで佐々木を強盗殺人で逮捕するには不十分であった。

設問6 このような場合、時計等は、どのような手続で押収すべきか。

警察官は、驚いたでしょうが、伊藤が時計等を任意で提出した以上、領置することになります。任意提出を行う者は、その物の占有について必ずしも正当な権限を有していなくともよいことはすでにお話ししたとおりです。

設問7 これらの時計等が盗品であり、佐々木の犯行によることが確認された場合、佐々木の公判において証拠能力が認められるか。

これは本講義の後半で勉強する違法収集証拠の排除原則の問題です。伊藤が佐々木の自宅から高級腕時計等を佐々木に無断で持ち出してきたこと自体は窃盗罪に該当するので、私人によって収集された違法収集証拠についても排除原則が適用されるか、という問題と、本事例のような場合には、これらの物が証拠排除されるべきかという当てはめの問題です。

結論的には、違法収集証拠ではあるが、佐々木の公判において、その収集過程に重大な違法があるとまではいえず、排除も相当とはいえないでしょう。これらの問題については、改めてよく勉強することにしましょう。

〔伊藤の捜査処理と佐々木の逮捕、強盗殺人事件追及の開始〕

自首した伊藤が自供した自己の犯行10数件について、その中に警察に出されていた被害届と一致する事件が数件あった。警察官は、そのうちで事案が明確な民家への侵入窃盗事件について午後3時ころ逮捕状を請求し、その発付を受け、午後5時ころ、伊藤を通常逮捕した。伊藤については、勾留後、順調な取調べが進み、事案が明白になった事件について警察官は順次事件を立件し、追送致の上、検察官がこれらの事実を起訴した。

野村が自供していた窃盗事実の中に、佐々木との共犯による事案で、被害額が約60万円相当の住居侵入窃盗事件があった。それで、警察は、この事件で佐々木を逮捕し、それを突破口として、資産家のVに対する強盗殺人事件を解明しようと考えた。そこで、警察官は、その窃盗事件を立件し、逮捕状を請求して発付を受け、5月30日、佐々木を通常逮捕した。佐々木は、この事実については、逮捕当初から素直に自供した。佐々木は、既に逮捕されている野村や伊藤と共に犯した事件については自供するが、自分が単独で犯した事件については、一切話さない、という態度が窺われた。

警察は、タイミングを見ながら、窃盗罪での勾留中に、Vへの強盗殺人についても追及を行おうと考えていた。逮捕事実については、佐々木は素直に自供して裏付け捜査もほぼ終了したが、野村の供述とに侵入方法や盗品の分配について一部食い違いがあった。また、被害

品の内容について、被害者から確認すべき若干の事項があったが、被害者が旅行中で、勾留延長満期3日前ころに帰宅する予定であったため、これらを理由に10日間の勾留延長が認められていた。

勾留延長翌日から、警察官は、佐々木に対し、Ｖへの強盗殺人事件についての追及を開始した。その後、勾留満期まで、おおむね午前中は、窃盗事件の補充的な取調べ、午後から夜にかけては強盗殺人事件の取調べが行われていた。

佐々木は、当初犯行を否認していたが、厳しい追及に対し、勾留18日目の夜に至り、「Ｖ宅に盗みに入ったら、被害者が目を覚ましてつかみかかってきたので、夢中で突き倒し、馬乗りになって、ネクタイで首を絞めて殺してしまった。盗んだ物は高級腕時計などで、事件後怖くなって換金もできず、自宅アパートの手提げ金庫の中にしまっていたので、まだそこにあると思う」などと事件の概略を自供した。

警察官は、その調書を作成し、強盗殺人罪での逮捕状請求準備にかかった。

設問8 このような佐々木の逮捕・勾留は適法か。

【古い別件基準説と本件基準説との対立】

警察は、佐々木を、野村との共謀による被害額約60万円の住居侵入窃盗事件で逮捕する際、その勾留中に強盗殺人事件についても取り調べようと考えていました。このような捜査が許されるかどうかということが別件逮捕・勾留の問題です。

別件逮捕・勾留とは、最も広い意味では、「本件の取調に利用する目的で別件により逮捕・勾留すること」ですが、これでは抽象的すぎて問題点が曖昧となります。そこで、問題とされる別件逮捕・勾留の概念としては、「<u>いまだ逮捕・勾留の要件のない本件について取り調べる目的で、その要件のある別件で逮捕・勾留し、その期間を専らあるいは主として本件の取調に充てる捜査手法をいう</u>」というとするのが適切です。そして、多くの場合、その別件は比較的軽い犯罪であり、本件の方は殺人とか放火、強盗致死傷事件などの重大事件です。

このような別件逮捕・勾留の適法性については、かねてから別件基準説と本件基準説の対立がありました。別件基準説とは、別件の逮捕・勾留中に本件を取り調べる目的があっても別件について逮捕・勾留の要件が認められる以上、別件の逮捕・勾留自体は適法であり、本件の取調べの可否は、余罪取調べの可否の問題にすぎない、と考えるものです。これに対し、本件基準説とは、別件の逮捕・勾留中に本件について取り調べる目的がある以上、それ自体で別件の逮捕・勾留が違法となるとするものです。別件の逮捕・勾留中に本件を取り調べることは、本件について令状主義を潜脱するものであること、これを認めればその後に本件でも逮捕・勾留された場合に厳格な制限のある身柄拘束の期間を潜脱することになることなどが本件基準説の論拠です。一般に、判例は別件基準説であり、学説の多数説は本件基準説であるといわれてきました。学生諸君の中には、いまだに別件逮捕・勾留の問題をこのような両説の対立の問題として理解している人が多いようです。しかし、今日では以前のようなステレオタイプの本件基準説と別件基準説の対立は変化し、それぞれの説が「深化」しています。今日では、別件逮捕・勾留の問題はこのように単純なステレオタイプの対立ではなくなっていることを理解する必要があります。従来の両説

には、いずれも問題や限界があったため、相互の批判を踏まえ、それぞれが深化しているのです。

【本件基準説の深化】

　かつての本件基準説が違法不当な別件逮捕・勾留を抑止しようとする意義目的は少なくなかったのですが、この説は現実的な妥当性を欠いていました。なぜなら、逮捕・勾留を開始する時点で、本件の取調べも行うかどうかはあくまで予定に過ぎない上、令状の請求を受けた裁判官は、そのような捜査官の目的が分からない場合が多いのです。なによりもこの説の最大の問題点は、別件についてそれ自体に逮捕・勾留の必要があるにもかかわらず、本件の取調べ目的の存在が、別件の逮捕・勾留を違法としてしまうことです。これは、事件単位の原則の下で、逮捕・勾留の要件は当該事実ごとに判断すべき基本にも反します。そこで、今日では、別件の逮捕・勾留の開始段階での捜査官の本件取調べの意図の有無を問題とするのではなく、別件で逮捕・勾留され、その身柄拘束期間中に現実に行われた本件の取調べ状況を問題として検討する考え方が多くの支持を得るようになりました。つまり、現実の取調べ状況が、別件を差し置いて、専らまたは主として本件の取調べが行われたというのであれば、それは本件について令状主義を潜脱した状態となり、あるいは別件についての勾留がその実体を喪失した状態に至ったとして、別件の身柄拘束を違法とするという考え方です。

【判例の別件基準説の深化】

　他方、別件基準説に立つと言われる判例も深化しています。いったん別件の逮捕・勾留の令状が発付さえすれば、本件の取調べはすべて余罪の取調べの可否の問題にすぎない、というのではありません。近年の判例は、事案に応じて令状主義潜脱説や実体喪失説の考え方もしっかりと採り入れるようになっています。

　そのような別件基準説の前提は、たんに逮捕・勾留の令状が発付されさえすればよい、というのではなく、逮捕・勾留による身柄拘束の実質的必要性が逮捕の開始段階から存在すべきことはもちろん、それがその後も存続していなければならず、そのような状況にあるときに初めて本件の取調べが余罪取調べの可否の問題になるというものです。まだ認知されている言葉ではないのですが、私の講義では、このような意味での別件基準説を「実質的別件基準説」という言葉で表現しています。

　逮捕・勾留については、その理由である犯罪の嫌疑のみならず、その「必要性」についても要件となるということは、通常逮捕についての法199条や勾留の要件の60条の規定から明らかですし、明文のない現行犯逮捕の場合や緊急逮捕の場合も判例等で認められています[1]。

　このように、逮捕や勾留にはその必要性が求められ、裁判官も令状審査において身柄拘束の必要性を認めるからこそ逮捕状や勾留状を発付します。ですから、皆さんは、令状が発付された以上、逮捕や勾留の必要性があることは当然ではないか、それなのになぜ私があえて「実質的別件基準説」などという言葉を用いるのか、疑問に感じるでしょう。しかし、現実には、①本当は身柄拘束の実質的必要性がないか、あるいはそれが極めて乏しいのに裁判官が令状を発付してしま

（1）　通常逮捕について最判平成10・9・7裁判集民189号613頁、判時1661号70頁、判タ990号112頁、現行犯逮捕について大阪高判昭和60・12・18判時1201号93頁、判タ600号98頁（伏見タクシー踏切立入事件〈百選Ａ２事件〉）、東京高判平成20・5・15判時2050号103頁。

う事案や、②逮捕・勾留の当初はそれが認められたが、捜査が予定より早く終了して事件を処理できる状態になったため、勾留期間の途中から身柄拘束の必要性が消滅するという事案もときどき生じるのです。

①については、法199条2項は、裁判官の逮捕状発付について、「明らかに逮捕の必要がないと認めるとき」には発付しないと定めています。軽微な事案などで、裁判官は「こんな事件で本当に逮捕しなくてはならないのかな」と疑問に感じる場合でも「明らかに逮捕の必要がない」とまではいえないため、請求を却下することまでは躊躇され、結局逮捕状が発付されてしまうという事案もないとはいえません。その典型的事例が、**最判昭和58・7・12刑集37巻6号791頁、判時1092号127頁、判タ509号71頁（神戸ホステス宅放火事件）**です。これは、被告人が以前交際していた被害女性宅に放火した事件で、放火事件としてはまだ逮捕できる証拠が足りなかったのですが、被害女性から聞いた話のなかに、「前年末深夜に就寝中、被告人が無断で室内に入ってきたことがある」ということがありました。そこで、警察はこの事実について住居侵入罪で被告人を逮捕し、逮捕当日、約1時間、住居侵入事件の取調べを済ませた後は、放火事件についてポリグラフ検査を行い、午後から深夜11時まではもっぱら放火事件を追及し、自白を得るや、翌日、住居侵入については釈放し、放火事件で逮捕・勾留して捜査を遂げた、という事案です。交際関係にあった女性宅にかなり以前に立ち入ったという程度の軽微な事件で逮捕の実質的必要性があるとは到底考えられません。住居侵入については結局起訴もされていません。それでも裁判官は逮捕状を発付したのです。絵にかいたような違法な別件逮捕です。一審及び原審は、これを違法な別件逮捕とした上、違法な別件逮捕・勾留中に捜査官によって得られた自白調書を排除した上、捜査官とは独立の立場にある裁判官による勾留質問調書と消防職員による質問調書までは証拠排除せず、本最判もこの結論を指示しました。伊藤裁判官は、補足意見で、

「住居侵入罪を理由（とする被告人）の逮捕は、裁判官が適法に発付した逮捕状によって行われたものであったとはいえ、<u>その真の目的が、当時いまだ逮捕状を請求するに足りる資料のなかった本件現住建造物放火事件について被告人を取り調べることにあり、住居侵入事件については逮捕の必要性のなかったことが認められる</u>。したがって、右逮捕は、憲法の保障する令状主義を潜脱して強制捜査を行った、いわゆる違法な別件逮捕にあたるものというべき」

と述べています（この判例は、毒樹の果実論に関する重要な指導的判例であり、後半の講義でも勉強します。）。

また、**金沢地七尾支判昭和44・6・3刑月1巻6号657頁、判時563号14頁、判タ237号272頁（蛸島事件）**は、小学生に対する殺人事件の嫌疑のあった被告人を、レコード盤4枚の窃盗と遠縁の家への不法侵入の事実で逮捕し、逮捕事実の取調べは短時間行ったのみで、勾留期間のほとんどを殺人の追及にあてて自白を得、殺人事件で再逮捕した事案です。判決は、

「（第一次逮捕事実が）<u>軽微な事案であって第一次逮捕そのものの必要性に疑問があり、これに続く勾留も理由がなかったと認められること</u>、同勾留期間中のほとんどが本件殺人・死体遺棄事件の取調べに費やされていること等の事実に照らすと、第一次逮捕・勾留は、捜査当局から専ら本件殺人・死体遺棄事件について被告人を取調べ、被告人から証拠資料（自白）を得ることを意図して行ったものと認めざるを得ないのであって、これが前述した違法かつ不当な別件逮捕・勾留に該当することは明らかであるというべきである」

として第一次逮捕・勾留中の自白調書の証拠能力を否定しました。

私は、この両事件のように、令状は発付されてはいても実質的に逮捕・勾留の必要性がない場

合を、仮に「A類型」とします。そして、別件について、単に令状が発付されたというのみでなく、逮捕・勾留の実質的必要性が認められる事案を、仮に「B類型」とします。そして私のいう「実質的別件基準説」では、まず、A類型の場合は上記の両事件のように違法な別件逮捕・勾留であることは明らかです。B類型の場合であってはじめて別件逮捕・勾留自体は適法であって、その場合における本件の取調べが、余罪の取調べの可否の問題となる、と整理します。

さらに、事案によっては、逮捕・勾留の当初はその実質的必要性が存在し、B類型であったが、予定より早く捜査が終了していつでも起訴等の事件処理ができる状態になっているのに、すぐに起訴せず、残された勾留期間を利用してもっぱら本件の取調べを行うという事例も散見されます。その典型は、**福岡地判平成12・6・29判タ1085号308頁（太宰府市殺人事件）**です。この事案は、殺人の強い嫌疑がかけられていた被告人が任意出頭し、殺人についての事情聴取中に、任意提出させた尿から覚せい剤が検出されたので、翌日覚せい剤使用事件で逮捕して勾留し、その勾留延長期間中に殺人事件の追及がなされて自白を得、その後殺人事件で再逮捕・勾留されたという事案です。この事案は、当初から殺人事件追及の目的はあったのですから、かつての本件基準説であれば直ちに違法な別件逮捕・勾留だとされそうな事案でした。しかし、判決は

「当裁判所は、第一次逮捕・勾留自体は適法であったと考える」

とし、別件基準説に立っていることを明言しています。覚せい剤使用事件は公判請求されることが通常の悪質事件ですから、私のいうB類型に当たることは当然です。

しかし、この事件では、覚せい剤事件の勾留延長後、約1週間を残して覚せい剤事件の捜査は終了し、いつでも起訴できる状態になったのに検察官は起訴をせず、その間の5日間、警察は殺人事件の追及をして自白を得ました。判決は、このような取調べを、「少なくとも右の期間は、実質的な強制捜査として行われたものであって、その間の殺人事件の取調べは、令状主義を逸脱したもの」であるとしました。また、この判決は、余罪についてはそれが逮捕・勾留事実と密接な関係がある場合などを除いては受忍義務を課すことはできないとし、殺人事件の追及は覚せい剤事件との密接関連性がないにも関わらず取調受任義務を課した取調べとなっていたとして、本件は余罪取調べの許容範囲の逸脱あるいは、令状主義逸脱のいずれの観点からも違法としました。

このように、別件基準説に立つ判例も、当初はB類型の事案であっても、勾留事実について捜査が終了し身柄拘束の必要性がなくなった時点以降における本件の取調べは違法としているのです。そのような取調べをするのであれば、本件について逮捕・勾留すべきなのですから、それをせずに別件の残された勾留期間を流用することは本件について令状主義を潜脱したことになるからです。このような令状主義潜脱説に立った判例は少なくありません。

例えば、**浦和地判平成2・10・12判時1376号24頁（三郷市パキスタン人アパート放火事件）**は、放火の嫌疑のあった被告人を、不法残留の入管法違反事件で逮捕し、当初の3日間は逮捕事実について取調べてそれはほぼ終了したのに、その後、勾留延長も含めてほとんどを放火事件の追及的な取調べを行った事案です。判決は、それ自体で逮捕・勾留の理由も必要性も十分ある別件についての身柄拘束が、たまたま被疑者に重大な罪（本件）の嫌疑があるが故に許されなくなるというのも不当な結論であるとして本件基準説を批判しつつ、

「未だ逮捕・勾留の理由と必要性の認められない甲事実に対する取調べを目的として、かかる乙事実の嫌疑を持ち出して被疑者を逮捕・勾留することは、令状主義を実質的に潜脱し、一種の逮捕権の濫用にあたると解される」

として違法な別件逮捕・勾留に当たるとし、放火事件の自白調書を証拠排除して無罪としました（確定）。この事件では、不法残留の罪は軽微とはいえず公判請求されて有罪となっており、Ｂ類型に当たるので、太宰府市殺人事件と同様に、逮捕・勾留が当初から違法となるのではなく、不法残留事件の捜査が終了した勾留４日目以降が違法な身柄拘束状態になっているとの評価も可能なのですが、本判決は、逮捕・勾留期間全体を違法な別件逮捕・勾留としています。これには、被告人が放火犯人だとして警察に突き出した外国人の仲間たちにも同様の不法残留の疑いがあったのに、仲間たちは逮捕せず被告人だけを逮捕したことを判決は考慮したようです。

また、**大阪高判昭和59・4・19高刑集37巻１号98頁、判タ534号225頁（神戸祭り事件控訴審判決）**は、逮捕・勾留の必要性が欠けているとまではいえないがその必要性が高いとはいえないタクシーへの業務妨害の事実で逮捕・勾留したが、その取調べは最初の２日間だけで、その後は連日殺人の追及を行ったという事案です。判決は

「別件の逮捕・勾留についてその理由又は必要性が欠けているとまではいえないときでも……本件の取調べが具体的状況のもとにおいて実質的に令状主義を潜脱するものであるときは、本件の取調べは違法であって許容されないといわなければならない」

としました。そして、この判決は、本件の取調べが実質的に令状主義を潜脱するものであるかどうかについては、

「別件の逮捕・勾留に名を借りてその身柄拘束を利用して本件について取調べを行うものであって実質的に令状主義を潜脱するものであるか否かは、①甲事実と乙事実との罪質及び態様の相違、法定刑の軽重並びに捜査当局の両事実に対する捜査上の重点の置き方の違いの程度、②乙事実についての証拠特に客観的な証拠がどの程度揃っていたか、③甲事実についての身柄拘束の必要性の程度、④甲事実と乙事実との関連性の有無及び程度、殊に甲事実について取り調べることが他面において乙事実についての取調べることとなるような密接な関連性が両事実の間にあるか否か、⑤乙事実に関する捜査の重点が被疑者の供述（自白）を追求する点にあったか、客観的物的資料や被疑者以外の者の供述を得る点にあったか、⑥取調担当者の主観的意図がどうであったか等を含め、具体的状況を総合して判断するという方法をとるほかはない」、

とした上、タクシー事件は、犯罪事実自体からただちに逮捕・勾留の理由及び必要性がないと断定し得るほどに軽微な事件ではないとしつつ、

「本件殺人の事実に対する取調べは、具体的状況に照らし、実質的に憲法及び刑事訴訟法の保障する令状主義を潜脱するものであって、違法で許容されない」

として自白調書の証拠能力を否定し、一審の無罪判決に対する検察官控訴を棄却しました。

上記の浦和地判も大阪高判も、ともに、Ｂ類型の事案であっても、本件の取調べが令状主義を潜脱するようなものである場合には、違法とする点で共通しています。ただ、前者の場合には、別件の身柄拘束自体が違法だとしたのに対し、後者では、身柄拘束の違法ではなく余罪である本件の「取調べ」が違法であるとしたことに構成の違いがあります。

いずれにせよ、別件基準説に立つと言われる判例でも、Ａ類型の場合はもとより、Ｂ類型の場合であっても、本件について実質的に令状主義を潜脱した場合には違法となることを肯定しているのです。

さらに、判例の中には実体喪失説を採っているものもあります。**東京地決平成12・11・13判タ1067号283頁（千駄木強盗致傷事件）**は、当初から本件の強盗致傷事件解明の目的で、軽微な旅券不携帯事件で第一次逮捕・勾留し、次に偽造有印公文書事件で第二次逮捕・勾留し、最後

に本件の強盗致傷事件で第三次の逮捕・勾留をして起訴に至った、という事案です。
旅券不携帯事件は、A類型にも近い軽微な事件ですが、これについて勾留延長までしてほぼ連日長時間に及ぶ本件強盗致傷の取調べがなされ、被告人は本件の自白をし、また、第二次勾留期間中も反復自白をしました。決定は、

「旅券不携帯事件による勾留期間延長から偽造公文書行使事件による逮捕までの間の右のような捜査の在り方からすると、右期間中における（本件の）取調べは、旅券不携帯事件による逮捕・勾留期間中に許された限度を大きく超えているのに対し、本来主眼となるべき旅券不携帯事件ないし不法入国事件の捜査はほとんど行われない状況にあったというべきであるから、<u>右勾留期延長後は、旅券不携帯事件による勾留としての実体を失い、実質上（本件を）取り調べるための身柄拘束となったとみるほかない。</u>したがって、その間の身柄拘束は、令状によらない違法な身柄拘束となったものであり、その間の被告人に対する取調べも、違法な身柄拘束状態を利用して行われたものとして違法というべきである」

とした上、本件の自白調書を証拠排除し、また、第二次逮捕・勾留中の１通の反覆自白の調書も、違法性を承継したものとして排除しました。ただ、第三次の本件の逮捕・勾留については、他の客観証拠が収集されたことによるものだとして適法とし、自白獲得の違法性も希薄化し、違法性承継の程度は重大でなかったとして、その間に得られた自白調書は排除しませんでした。この決定は、判例が実体喪失説を採用した点でも、また本講義後半で勉強する違法収集証拠排除法則の問題である派生証拠の排除について違法性承継論を用いた点でも注目すべきものです。

【本件基準説と別件基準説の対立は、実際的には収斂しつつある】

これまで述べたように、近年の本件基準説は、別件での逮捕・勾留開始前の捜査官の主観的目的で判断するのではなく、別件での身柄拘束中に現実に行われた本件の具体的取調べ状況によって、それが令状主義を潜脱し、あるいは別件の身柄拘束が実体を喪失した場合に違法となるとし、別件基準説に立つ判例も、A類型はもとよりB類型であっても、本件の具体的取調べ状況によっては令状主義潜脱あるいは別件勾留の実体が喪失した状態になって違法とされることを肯定しています。したがって、今日では、少なくとも、具体的事案の判断の結論において、両説の対立は収斂しつつあるといえます。

【余罪である本件の取調べの可否】

本件基準説を踏まえた令状主義潜脱説や実体喪失説に立っても、別件について依然として身柄拘束の必要性が継続し、その捜査も終了せずに進められている状況にあれば、その勾留は実体を喪失してはいません。また、本件の取調べが、もっぱら又は主として行われるのではなく、別件の取調べの合間を利用して並行的に行われる程度であれば、令状主義を潜脱したとまでいえない場合が多いでしょう。したがって、実体喪失にも令状主義潜脱のいずれの状態にも至っていない場合であれば、本件の取調べは、あくまで余罪取調べの可否の問題に帰結します。

また、別件基準説についても、私の言う実質的別件基準説に立てば、別件は身柄拘束の実質的必要性のあるB類型であることが前提であり、またB類型であって当初は身柄拘束の実質的必要性があった事件であっても、その捜査が終了して起訴等の事件処理が可能な状態になれば、起訴等をせずに残った勾留期間を本件の取調べに流用することは許されません。したがって、別件の身柄拘束の実質的必要性が存在し、存続している限りにおいて、その間の本件の取調べは余罪の

取調べの可否の問題となるのです。

【余罪取調べの可否についての三説】

別件の身柄拘束がその実体を喪失したり、あるいは本件の取調べが令状主義を潜脱するまでの状況には至っていないことを前提として、余罪の取調べの可否については、取調べ受忍義務をどう考えるかによって大きく異なってきます。別件基準説と本件基準説は今日収斂しつつあるのですが、むしろ、より先鋭的な問題として残っているのは、取調べ受忍義務の有無とその範囲であり、これをどう考えるかによって具体的事案の結論が大きく異なってくる場合があるのです。

法198条1項但書は、逮捕されている被疑者の出頭・滞留義務を認めており、法223条2項は、参考人についてもこの但書を準用しています。

学説の多数説は逮捕・勾留事実自体についても取調べ受忍義務を否定し、判例・実務はこれを肯定します。しかし、肯定説でも、①逮捕されている以上、逮捕事実以外のいかなる余罪についても受忍義務を肯定する非限定説、②受忍義務が課されるのは逮捕事実についてのみであり、余罪については任意の取調べしか許されないとする限定説、③逮捕事実のほか、これと密接に関連する事実については受忍義務を課し得るとする中間説（折衷説）、に分かれています。

上記条文について、これを素直に読む限り、例えば覚せい剤事件で勾留中の者が、他人の殺人事件で参考人として取調べを受ける場合でも、出頭・滞留義務を認めているのですから、まして被疑者本人は、逮捕事実についてはもとより、自分の余罪についてもこの義務があると解するのが妥当であり、立法者は、上記①の非限定説に立っていたものと思われます。判例でも、古いものは、例えば、東京高判昭和53・3・29刑月10巻3号233頁、判時892号29頁（都立富士高校放火事件控訴審判決）

「刑事訴訟法198条1項但し書は、取調べを受ける被疑者が逮捕又は勾留されているという状態に着目して規定されたものであって、特定の犯罪事実ごとに取調べの限界を定めた規定と解するのは相当ではない。ちなみに、右但し書は、同法223条により、取調べを受ける第三者にも準用されているが、第三者については、当該被疑事実について逮捕又は勾留されている場合は考えられないのであって、これとの対比からも、被疑者について右但し書の規定を、ことさら狭く解しなければならないとするのは不合理である」

として、非限定説に立つことを明言しています。取調べ受忍義務を一切否定する学説は、これらの条文について様々な解釈論を用いていますが、それらは文理上は不自然で、この義務を否定するための目的的な解釈だとの感は否めません。むしろ、取調べ受忍義務問題の本質は、これら条文の文理的な解釈論にあるのではなく、我が国においては、アメリカのように様々な強力な捜査手法が多数存在し、取調べに依存する度合いは非常に低い国とは異なり、捜査機関に与えられる捜査の武器が乏しく、取調べによって真実を発見していくことが捜査の大きな柱となっているという捜査構造自体にあるといえます（これらについては本講義の後半で勉強します）。

しかし、取調べ受忍義務を肯定する判例・実務においても、近年は、非限定説ではなく、上記③の中間説に立つ判例が増えています。上記の都立富士高校放火事件でも、一審の東京地裁は、非限定説に立たず中間説に立ち、窃盗罪での勾留中にそれと密接に関連しない放火事件を連日追及したことは、受忍義務の範囲を超えた違法な取調べとして自白調書を排除しました（控訴審では、非限定説に立って取調べは適法としつつ自白調書の信用性を否定し、無罪の結論は維持した）。また、前記の、太宰府市殺人事件や三郷パキスタン放火事件でも、判決は、中間説に立っていま

す。条文の文理解釈では、非限定説がむしろ自然だと思われるのに中間説に立つ判例が増えたのは、事件単位の原則の確立・定着や、違法不当な別件逮捕・勾留を抑制すべきだという考え方の浸透の反映だろうと思います。私自身も中間説が妥当だと考えています。その場合、「密接に関連する」とはどのような場合を指すかというと、逮捕事実自体の事案の全容を解明するためには、それと関連する余罪についても併せて解明する必要がある場合だといえるでしょう。例えば死体遺棄事件で逮捕・勾留中に殺人を追及する、談合罪で、談合のために市長などから予定価格を漏洩していたことの解明が必要であり、その見返りとしての賄賂罪を追及する、脱税事件で、脱税した金の使途の解明の一環として贈賄罪を追及する、手口が極めて類似する同種余罪について取り調べる、などが実務的にも捜査の常道として行われています。

【本事例への当てはめ】

これらを踏まえて本事例を検討しましょう。警察は、佐々木について、タイミングを見ながら、窃盗罪での勾留中に、Ｖへの強盗殺人についても追及を行おうと考えており、まず窃盗罪で逮捕しました。この窃盗罪自体は悪質な事案であり、Ｂ類型ですから、太宰府市殺人事件の福岡地判などに照らしても、その逮捕・勾留は適法です。しかし、勾留延長後の強盗殺人事件の取調べについては問題があります。勾留延長は10日間認められましたが、それは、被害者が旅行中で、勾留延長満期3日前ころに帰宅する予定であったためですので、延長は適法です。したがって、窃盗事件の勾留の実体が喪失した状態にはありません。しかし、警察官は、勾留延長翌日から、佐々木に対し、強盗殺人事件についての追及を開始し、勾留満期まで、おおむね午前中は、窃盗事件の補充的な取調べ、午後から夜にかけては強盗殺人事件の取調べを行いました、佐々木は、当初犯行を否認していたが、厳しい追及に対し、勾留18日目の夜に至り、事件の概略を自供しました。このような追及は、受忍義務を課した取調べというべきです。窃盗事件も午前中に取調べを続けていますので、もっぱら強盗殺人を追及したとまでは言えないでしょうが、主として取り調べたとも評価でき、そうであれば、強盗殺人罪について令状主義を潜脱した違法な取調べであったとの評価も可能でしょう。また令状主義潜脱状態とまではいえないとした場合には、取調べ受忍義務の範囲の問題となります。非限定説であれば、違法とはいえないのですが、限定説であったら違法な取調べとなるのは当然です。中間説に立てば、窃盗罪と強盗殺人罪が密接に関連するか否かの問題となりますが、両事件が日時場所等もまったく異なり、手口に特異な類似性が認められないのであれば、密接に関連するとはいえないでしょう。だとすれば、窃盗の勾留中の強盗殺人の取調べにより得られた自白調書は排除される可能性が高いでしょう。

ただ、その後の強盗殺人の再逮捕・勾留については、排除される自白のみが根拠となったのではなく、他に捜査した資料も多いでしょうし、野村や伊藤の供述で、佐々木が犯人であることは強く疑われていたのですから、その再逮捕・勾留は適法であり、その後に得られた強盗殺人事件の自白調書までは排除されないと考えるのが妥当でしょう。

〔佐々木の強盗殺人事件の再逮捕・起訴と多数の窃盗余罪の捜査の進展〕

当初の窃盗罪については、住居侵入窃盗罪として、勾留延長満期の6月20日、公判請求された。同日、警察官は、佐々木を強盗殺人の被疑事実で再逮捕した。佐々木は、再逮捕後は当初から自白し、犯行を詳細に自供したので、捜査は順調に進み、勾留満期の7月10日、検

察官は、佐々木を強盗殺人罪により、公判請求した。その後、佐々木は、多数の窃盗の余罪についても、自供を始めた。佐々木は、若いときから窃盗の前科前歴が数件あり、約3年前に窃盗事件で単純窃盗として起訴され、執行猶予の判決が確定していた。佐々木の自供や被害届との照合などにより、判決確定後に佐々木が甲県内で犯した10件の住居侵入・窃盗罪が立件可能となった。これらは、いずれも常習性が認められ、二人以上の共犯で犯したり、夜間の住居侵入盗であるなど、常習特殊窃盗罪に該当すると判断された。6月20日に起訴していた事件は単純窃盗であったが、これも10件の余罪と併せて常習窃盗を構成すると判断された。そこで警察は、そのうち比較的最近の3件について、常習特殊窃盗罪として佐々木を再逮捕し、20日間の勾留を経て捜査を遂げた。検察官は、この3件について、6月20日に起訴していた単純窃盗の罪と常習一罪の関係にあると判断したので、起訴済みの事実とこれら3件について常習特殊窃盗として訴因の変更を行った。警察は、残る7件の余罪についても捜査を行うため、佐々木を常習特殊窃盗罪で再逮捕しようと考えた。

設問9　7件の余罪についての常習特殊窃盗罪による再逮捕・勾留は許されるか。

　盗犯等ノ防止及処分ニ関スル法律は、第2条が、兇器の携帯、二人以上の共同実行、夜間の住宅侵入等の手口による強盗・窃盗を常習特殊強窃盗罪とし、また、第3条が、過去10年間に窃盗罪等で3回以上懲役刑の執行を受けた者が再び窃盗等を犯した場合を常習累犯強窃盗罪とし、いずれも、窃盗罪の場合は3年以上の懲役とするなど重い刑を定めています。実務でもこのような事案は非常に多いです。これらをまとめて「常習窃盗」としてお話しします。例えば、僅か数百円程度の窃盗であっても、それが常習性の発露として犯され、これらの要件に該当するのであれば、最低でも懲役3年という非常に重い刑が科されます。その反面、常習窃盗に当たる事件は、それが何件あろうとも、実体法上は一罪とされますので、併合罪として加重されることはありません。実務では、窃盗罪で逮捕された者に数十件、時には100件を超える余罪が発覚する場合もあり、それらはすべて常習窃盗罪として一罪の関係にあります。その一部の事件について有罪判決が確定した場合、それ以前に犯された窃盗事件のすべてについて一事不再理効が及ぶため起訴はできません。起訴できるのは有罪判決が確定した後に犯された窃盗事件に限られます。このように、実体法上一罪の関係にある常習窃盗についてはすべて一事不再理効が及ぶとしても、犯罪捜査の段階の逮捕・勾留についても、1回しか許されないのかということが大きな問題です。
　刑訴法が逮捕・勾留の身柄期間について厳格に規定していることから、一つの事件については逮捕・勾留は1回しか許されないという一罪一逮捕一勾留の原則があります。これに照らせば、常習一罪として実体法上一罪の関係にある事実は、たとえそれが複数であっても逮捕・勾留は1回に限るのが原則だという考えが導かれます。これが実体法上一罪説といわれる考え方です。
　しかし、捜査の経験が長い私などからすると、たとえ1件の窃盗であっても被疑者が否認する事件では20日間の勾留期間をフルに使って捜査しなければならないことも珍しくなく、日時場所も離れた複数の事件を、警察が限られた態勢で同時並行で捜査することの困難さをよく知っていますので、常習窃盗であっても多数の事実がある場合、逮捕・勾留については複数回許されなければ事件の捜査処理はとうていできない、と実感しています。捜査段階における逮捕・勾留につ

いては、たとえ実体法上一罪の関係にあるとはいえ、個々の事実ごとに逮捕・勾留が許される、と考えるのが単位事実説、と呼ばれる考え方です。一罪一逮捕一勾留の原則にいう「一罪」とは、逮捕・勾留状に記載された個々の事実をいう、と考えるのです。

古い判例では、**福岡高決昭和42・3・24高刑集20巻2号114頁、判時483号79頁、判タ208号158頁**が、

「勾留の対象は逮捕とともに現実に犯された個々の犯罪事実を対象とするものと解するのが相当である。……それらの各事実が包括的に一罪を構成するにとどまる場合であっても、個々の事実自体の間に同一性が認められないときには、刑事訴訟法60条所定の理由がある限り各事実毎に勾留することも許されると解するのが相当である。けだし、勾留は主として被告人或いは被疑者の逃亡、罪証隠滅を防止するために行われるものであって、その理由の存否は現実に犯された個々の犯罪事実毎に検討することが必要であるからである」

と単位事実説に立っていました。

しかし、このような単位事実説だと、常習一罪を構成する多数の事実についても逮捕・勾留を繰り返すことを許すことになるのは妥当でないとして、近年は、実体法上一罪の関係にある複数の事実については原則として逮捕・勾留も1回に限るという実体法上一罪説が通説となっています。①実体法上の一罪については、1個の刑罰権が発生するのだから、その範囲内にある事実は訴訟上も1個のものとして扱うべきであること、②単位事実説は、不当な逮捕・勾留の蒸し返しを招くおそれが強く、その可能性をあらかじめ封じておくためには、被疑事実の単位を実体法上の一罪を基準とするのが妥当であること、などを理由とします。

ただ、実体法上一罪説に立っても、捜査官が複数の事実を同時に捜査処理することが不可能な場合にまで再度の逮捕・勾留を許さないとするのは行き過ぎであるため、同時処理が不可能あるいは極めて困難であった場合には、例外的に再度の逮捕・勾留を許すという考え方が大方の支持を得ています。判例でも、**仙台地決昭和49・5・16判タ319号300頁（百選17事件）**は、常習賭博罪で逮捕・勾留、起訴されて40日間身柄を拘束されていた被告人について、別の警察署がその後別の賭博の事実を常習賭博の罪で逮捕し、勾留されたので弁護人が勾留取消請求を行った事案であり、判決は、

「本件常習賭博は（前起訴にかかる）常習賭博と一罪をなすものであり、その逮捕勾留中に同時に捜査を遂げ得る可能性が存したのである。（本件は昭和49年1月4日に塩釜警察署に認知されており直ちに捜査を行えば本件被疑者を割り出すことは十分可能だったのであり、事件自体が全く認知されていなかった場合とは異なるのである。）従って本件勾留は、同時処理の可能性のある常習一罪の一部についての逮捕勾留であるから一罪一勾留の原則を適用すべきである」

として、勾留を取り消しました。この事件では、同じ県内の警察署が認知していた別の賭博事件は同時処理が可能であったとされたのですが、反面、どこの警察もその事件を認知できていなかったとか、他府県の警察でしか認知されていなかったなどの場合には、同時処理の可能性がないとして再度の逮捕・勾留が許される余地のあることを示唆しています。

この「同時処理の可能性」については、それを厳格に考えるか、実際に即してある程度柔軟に考えるかの説の違いがあります。厳格な考え方は、抽象的可能性説と呼ばれ、抽象的にでも同時処理の可能性があったのであれば再逮捕・勾留は許されないとします。この説では、常習罪で起訴されたが保釈された者が、保釈中にまた同種の事件を犯した場合、当初の起訴段階では事件は発生していなかったのだから、およそ同時処理は不可能なので、この場合再逮捕・勾留が許され

るとします。しかし、起訴前に発生していた事件なら、すべて警察・検察官は同時処理を行う抽象的な可能性はあったのだから、再逮捕・勾留は許されないとします。

　しかし、この説は、捜査の実情に対する理解が余りに乏しいといわざるを得ません。全国を股にかけて広域窃盗を繰り返すような事案において、北海道県警が、沖縄県警管轄下で被害届すら出されていなかったような事件を同時捜査処理することなど不可能です。同時処理可能性の程度は、例えば既に被害届が出て発覚していたのかどうか、それは同一県警内の事件か、他県の事件か、などによっても様々です。しかも、仮に、被害届が出ていてすべて発覚していたとしても、それが100件に及ぶ場合、それを23日間の1回の逮捕・勾留で処理することなど不可能です。一部の事件を起訴後に、起訴後の任意の余罪捜査を行う方法はありますが、被疑者が否認などしていればそれも困難ですし、被疑者の現場の引き当たり捜査の実施のためにも捜査のための身柄拘束が必要になります。

　ですから、実体法上一罪に立つとしても、再逮捕・勾留が許されるかどうかは、同時処理が不可能な場合はもちろん、極めて困難であった場合にまで認めるべきであり、それは具体的事件の状況に応じて適切かつ柔軟に判断されるべきです。

　常習一罪の一部について起訴し、その後、同時処理ができなかった他の一部について再逮捕・勾留が認められるとしても、それらの事実を訴追するためには、追起訴でなく訴因の変更手続によります。併合罪関係にある事実なら追起訴を行うのですが、実体法上一罪の関係にある事実については、追起訴はできず、訴因の追加または変更の手続きによります。訴因の追加の典型は、例えば公務執行妨害で起訴していた被告人について、その暴行により警察官に傷害を負わせたとして傷害罪も訴追する場合、これらは観念的競合の関係にあるため、公務執行妨害の訴因に傷害の訴因を追加することになります。常習一罪については、当初から常習特殊窃盗などとして起訴した場合、これに他の単位事実を加える場合には、厳密には訴因の追加ではなく変更なのですが、実務ではこの場合も訴因の追加と呼んだり、あるいは追加的変更などと呼んだりもしています。本事例では、6月20日の最初の起訴が単純窃盗としてなされているので、後の訴追は訴因の変更手続によることになります。

　なお、同じ実体法上一罪の関係にあるとはいえ、観念的競合（公務執行妨害と傷害など）、牽連犯（住居侵入と強盗など）の場合には、事実自体が一連一体のものであり、同時処理は可能ですから、常習一罪の場合とは異なり、これらを分けた再度の逮捕・勾留を許すべきではありません。

【本事例の検討】

　本事例では、常習窃盗を構成する余罪は10件ありました。それらは3年間に犯されたものです。それぞれの現場への引き当たり捜査も必要でしょうし、自供と現場の状況に不整合な点はないかどうかなど、それぞれについて緻密な捜査が必要ですので、10件を23日間で捜査処理するのは不可能に近いでしょう。その中に、被害届すら出ていなかった未発覚の事件があったのならなおさらのことです。そこで、まずそのうちの3件で逮捕・勾留して捜査処理を遂げた後、残る7件について再度の逮捕・勾留を行うのも認められてよいでしょう。あるいは、7件でも同時処理が困難なら、それが現実的に可能な3件程度で逮捕し、残る余罪は起訴後の任意の捜査で処理するなどの方法も妥当かもしれません。

[事例講義４] 連続窃盗・強盗殺人事件

〔確定判決前の余罪の発覚〕

　警察は、佐々木の上記10件の余罪について捜査処理を遂げ、検察官はこれらの事実について更に常習特殊窃盗罪の訴因の追加的変更を行った。ところが、警察が、過去の未検挙の窃盗事犯を洗い出しているうちに、その中に、佐々木が３年前に住居侵入窃盗罪で単純窃盗として起訴され、有罪判決が確定する前に、実は約50件もの住居侵入窃盗を犯していることが判明し、その被害総額は約8,000万円にも及んでいた。警察は、これらについても、佐々木を逮捕・勾留して訴追することができないかと検察官に相談してきた。

　設問10　検察官は、佐々木の再逮捕・勾留を了解してよいか。仮にこれらの事実も訴追すれば有罪判決を得ることができるか。

　結論からいうと、この再逮捕・勾留は許されず、もし検察官がこれらの事実も訴追すれば、裁判所は免訴の判決をすることになります。それは、検察官が、既に６月20日に住居侵入窃盗罪で起訴し、その後10件の事実を加えて常習特殊窃盗罪に訴因変更して訴追しているからです。仮に、これらの訴追を常習窃盗ではなく単純窃盗として起訴していた場合なら、過去の約50件の窃盗事件についても、単純窃盗罪として立件するのであれば、逮捕・勾留、起訴は許されます。これは常習一罪の一部について有罪判決が確定した場合の一事不再理効の問題です。実務的には極めて重要で、過去に大きな論争があり、重要な判例が出ています。

　古い判例では、**最判昭和43・３・29刑集22巻３号153頁、判時515号84頁、判タ221号176頁**があります。これは、前訴では単純窃盗として起訴されて有罪が確定していたが、後訴の訴因が常習窃盗として起訴された事案です。前訴では、大牟田市で犯した窃盗事件について、昭和41年６月に単純窃盗として懲役10月の判決が確定していました。ところが、後訴では、４件の窃盗罪が、常習累犯窃盗として提起されたのですが、そのうちの１件は、前訴の確定前に犯された昭和40年６月の柳川市での窃盗でした。

　判決では、

　「大牟田市における各窃盗も……常習累犯窃盗に該当するものとみるべきであり、（また柳川市の窃盗）も右確定判決前の犯行であるから、右大牟田市における各窃盗犯行と共に一個の常習累犯窃盗を構成すべきものであったといわなければならない。しかれば右一罪の一部について既に確定判決があった以上、（柳川市の窃盗については）、免訴されるべきであり」

としました。つまり後訴では４件の窃盗を常習窃盗として訴追した以上、単純窃盗として確定していた大牟田市での窃盗事件も常習窃盗の一部と見るべきであり、だとすればそれ以前に犯した柳川市の窃盗については、その確定判決の一事不再理効が及ぶという判断です。

　ところが、この判決は、前訴が単純窃盗として確定している場合、後訴を常習窃盗ではなく単純窃盗として起訴した場合にも、確定判決の一事不再理効がそれ以前に犯された窃盗についても及ぶのかどうかについては判示していません。

　極めて論議を呼んだのが、**高松高判昭和59・１・24判時1136号158頁**でした。この事案は、１件の単純窃盗について懲役１年８月の確定判決を受けた被告人が、同判決の言い渡し前に犯した34個の窃盗行為により単純窃盗で起訴された事案です。上記最判の事案と異なるのは、前訴も

後訴も単純窃盗であったことです。本判決は、

「被告人が20代及び30代前半の大半の期間を繰り返し行なった窃盗罪で服役しているという被告人の身上、経歴、前科関係、前刑終了後4年半が経過したとはいえ利欲的動機から再び窃盗をはじめるに至った犯行の経緯、約2年3か月の間に35回にわたり間断なく同種手口の大胆な方法で行なった犯行の内容、回数、期間等にかんがみると、本件起訴にかかる各窃盗及び被告人の確定判決の内容となっている窃盗は、いずれも被告人が常習として盗犯等防止法二条所定の方法で犯したもの、すなわち常習特殊窃盗であると認めるほかはない。……ところで、被告人には前記のとおり昭和56年10月22日言渡の確定判決が存し、右確定判決には本件起訴の窃盗行為とともに常習特殊窃盗の一罪を構成する窃盗行為が含まれており、しかも本件起訴の窃盗行為はいずれも確定判決前の行為である。そうすると、本件起訴事実については、一罪の一部につき既に確定判決を経ていることになるから、免訴さるべき筋合である」

として、後訴を免訴としたのです。つまり、検察官は前訴も後訴も単純窃盗として起訴したのに、裁判所自らが、職権探知的に、この事案は常習窃盗だという判断をしたのです。
確定していた前訴の事案は、被害額約1360万円の単純窃盗でした。しかし、後訴の事案は、約30件、総額4億円を超える窃盗であり、これらがすべて免訴とされる結果となったのです。そのため、この判決に対しては、特に検察関係者等から「大泥棒、法の網をくぐる」などと極めて強い批判がなされました。

　この論争に決着をつけたのが、**最判平成15・10・7刑集57巻9号1002頁、判時1843号3頁、判タ1139号57頁（百選97事件）**でした。この事案では、被告人が単独又は共犯により夜間侵入窃盗を繰り返し、一部犯行が建造物侵入、単純窃盗の訴因で起訴されて有罪が確定していましたが、その後、その余罪に当たる22件が、単純窃盗等の訴因により起訴されました。弁護人は、前記高松高判を引用して免訴を主張。一審は事実認定の問題として常習性を否定して有罪としましたが、弁護人が控訴・上告しました。最高裁は、

「常習特殊窃盗罪は、異なる機会に犯された別個の各窃盗行為を常習性の発露という面に着目して一罪ととらえた上、刑罰を加重する趣旨の罪であって、常習性の発露という面を除けば、その余の面においては、同罪を構成する各窃盗行為相互間に本来的な結びつきはない。したがって、実体的には常習特殊窃盗を構成するとみられる窃盗行為についても、検察官は、立証の難易度等諸般の事情を考慮し、常習性の発露という面を捨象した上、基本的な犯罪類型である単純窃盗として公訴を提起し得ることは当然である」「訴因制度を採用した現行刑訴法の下においては、少なくとも第一次的には訴因が審判の対象であると解されること、犯罪の証明なしとする無罪の確定判決も一事不再理効を有することに加え、前記のような常習特殊窃盗の性質や一罪を構成する行為の一部起訴も適法になし得ることなどにかんがみると、前訴の訴因と後訴の訴因の間の公訴事実の単一性についての判断は、基本的には、前訴及び後訴の各訴因のみを基準としてこれらを比較対照することにより行うのが相当である。本件においては、前訴及び後訴の訴因が共に単純窃盗であって、両訴因を通じて常習性の発露という面は全く訴因として訴訟手続に上程されておらず、両訴因の相互関係を検討するに当たり、常習性の発露という要素を考慮すべき契機は存在しないのであるから、ここに常習特殊窃盗罪による一罪という観点を持ち込むことは相当でないというべきである。そうすると、別個の機会に犯された単純窃盗罪に係る両訴因が公訴事実の単一性を欠くことは明らかであるから、前訴の確定判決による一事不再理効は、後訴には及ばないものといわざるを得ない」

として原判決維持を相当としたのです。つまり、基本的には、裁判所は検察官が設定した訴因を前提として判断すべきであり、前訴も後訴もともに単純窃盗として起訴されている場合には、裁判所は訴因外の事実に立ち入ってそれが常習窃盗に当たるか否かを自ら判断すべきではない、ということです。他方、前記昭和43年の最判の判旨は否定されたのでなく、前訴あるいは後訴のいずれかが常習窃盗として起訴されたのであれば、その常習窃盗の訴追を契機として、他の単純窃盗として起訴された事案であっても、それらも一体として常習窃盗を構成する犯罪であるか、を検討すべきことになります。

　この平成15年最判については、その後も学説の中に批判的見解も少なくありませんが、その判旨は妥当です。様々な議論はありますが、本質的なことは、単純窃盗として起訴するのと常習窃盗として起訴するのとでは、科刑に雲泥の差が生じることです。平成15年最判の事案でも単純窃盗として起訴された後訴の事案は、平成９年９月から同11年８月までの間、多数回にわたり、事務所、倉庫等に侵入するなどして、１名の被告人については総額約6,200万円、もう１名の被告人については総額約4,500万円以上の自動車、電気製品、現金等を窃取したというものです。これらについて、被告人両名はいずれも懲役２年とされました。確定していた前訴の事件は、数件の窃盗や建造物侵入の事件で、被告人両名について、わずか懲役１年と懲役１年２月に過ぎませんでした。ですから、前訴も後訴も単純窃盗として起訴されたため、被告人両名は、両訴の事件の懲役刑を通算しても、３年ないし３年２月にすぎません。しかし、もし、後訴の事件を常習窃盗として起訴していれば、おそらくそれだけで懲役４年とか５年の科刑がされてもおかしくなかったでしょう。常習累犯窃盗としてわずか100円のアイスモナカ１個で起訴された被告人が懲役３年に処せられたという事案もあるほど、常習窃盗の罪の刑は重いのです。ですから、前訴、後訴のいずれかが常習窃盗であれば、それ自体で非常に重い刑が科されるため、他の事実を単純窃盗として起訴する場合でも、それが実質的な二重処罰とならないよう、それも常習性の発露の窃盗事件ではないかと裁判所が探求することに実質的な合理性があるといえます。他方、いずれも単純窃盗であった場合には、前記の各事例のように、常習窃盗の場合よりもはるかに刑は軽いのが実情なので、裁判所は検察官の設定した訴因にしたがって犯罪を認定し、単純窃盗としての科刑をすることで足りるといえるでしょう。

〔事例講義5〕
振り込め詐欺事件

本事例では、捜査が終結して起訴する場合に極めて重要となる公訴時効の問題、公訴提起に伴う予断排除の問題、不起訴となった場合の関係者の不服申立てについて検察審査会や付審判請求手続きの問題などを勉強します。

〔振込詐欺事件の発生と捜査の開始〕

　元暴力団員加藤、武田、佐伯、の3名が、多数の被害者に対し、いわゆる振り込み詐欺を行っていた。

　その手口は、インターネットに出会い系サイトを設け、男女の交際相手を無料で紹介する、という触れ込みで、その申込み画面に、実在しない架空の紹介手続が行われるのみで、現実にはなんら紹介がなされず、しかも、紹介料として1件について20万円という多額の料金が請求されるという仕組みであった。多数の被害者は、現実に相手方の紹介がなされないのに料金だけが請求されるので、不満に思っても、このようなサイトにアクセスしたことが明るみに出ると、自己の社会的対面が損なわれ、あるいは家族に知られてまずいことになる、などの懸念から、警察に届けることもできず、泣く泣くこの紹介料を指定口座に振り込んで支払っていた。

　加藤ら3名は、この手口で約1年間の間に、約300人の被害者から総額約6,000万円もの金を騙し取っていた。それに加え、被害者の中には、支払について抗議をすると、加藤らは、話し合いをしようという触れ込み、被害者と面談し、その際に「俺たちは元は組関係の者だ。刑務所にも長い間入っていた。あんたが警察に届けるなら好きなようにするがいい。刑務所なんかこわくない。あんたが出会い系サイトに申し込んだことを、あんたの実名で、あんたの会社や家族・知人に沢山のビラを撒いてやる」などと脅し、紹介料に更に迷惑料を加えて一人100万円もの金を巻き上げられた者も数名いた。

　しかし、被害者V男が、このような脅しで100万円を請求されたため、意を決して警察に被害届を出したことから、一連の事件が公となり、加藤ら3名は、全員逃亡し、所在不明となった。一連の詐欺や恐喝事件で、V男の恐喝未遂事件が最後のものであり、その犯行日時は、平成15年4月5日のことであった（詐欺・恐喝罪の公訴時効は7年であるので、時効が停止されなければ、公訴時効の完成日は、平成22年4月5日である。）。

　3名のうち、加藤は、警察に発覚したため、海外逃亡を企て、同年4月20日、ハワイに逃亡し、3年の後、ほとぼりが覚めたと思って平成18年4月20日に帰国していたが警察はこの逃亡や帰国の事実を把握していなかった。

　翌平成19年4月5日、警察は加藤を発見し、逮捕・勾留の上捜査を遂げ、検察官は、同月27日、加藤を恐喝未遂の罪で公判請求した。その公判は、約1年後の平成20年4月20日、懲役3年の有罪判決が出て、加藤は控訴せず、5月5日、この判決が確定した。

武田と佐伯の所在はなお判明しなかったが、その後、平成23年2月、武田の所在が判明した。

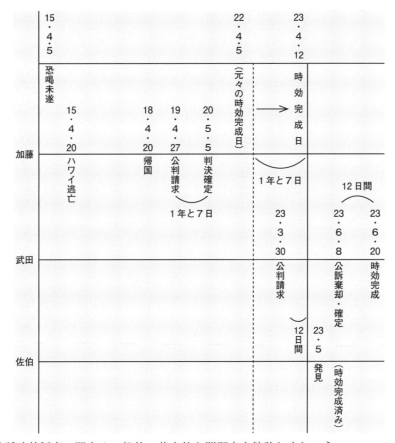

まず、公訴時効制度に関する一般的・基本的な問題点を勉強しましょう。

設問1　公訴時効制度の意義・目的は何か。

　刑訴法250条は、公訴時効期間を定めており、その期間が経過することによって時効が完成し、検察官は起訴することができなくなります。もし誤って起訴をすれば、法337条4号の「時効が完成したとき」として免訴の判決が言い渡されます。公訴時効の期間は、基本的に法定刑の長短による犯罪の重さに従って定められています。

　公訴時効制度が設けられている根拠には、①時の経過により被害感情・応報感情が薄れるなど犯罪の社会的影響が弱くなり、刑罰を加える必要性が時間とともに希薄化ないし消滅するためであるとする実体法説、②時の経過により証拠が散逸して真実の発見と適正な裁判が困難になるためであるとする訴訟法説、③時の経過による可罰性の減少と証拠が散逸することの双方のためであるとする競合説、など様々な考え方があります。

　しかし、結局、公訴時効の存在理由を何か一つで説明し尽せるものではなく、社会的影響の微弱化、証拠の散逸等を根拠の中心としつつ、長期間訴追権を行使できなかった国家の怠慢、その反面、永久的にその責任を負い続けなければならない国家の負担軽減等、多様な要因を考慮する

必要があります。また、国家側からの視点のみでなく、犯人が訴追を長い間受けなかった安定した状態の尊重、犯人の悔悟・自責等に基づく事実上の「受罰状態」にあったことなどの事情も含まれるでしょう。これらを総合して、個々の事件の具体的な事情の下では訴追の可能性が消えておらず被害者感情や社会の非難が強く存続している場合であっても、それでもなお法定の期間経過後には手続を打ち切ることもやむなしとするのが公訴時効の制度の意義目的であると考えるのが妥当でしょう[1]。

これまで、世間の注目を受け続けた重大事件が、捜査と時効の進行との競争となり、時効完成前日までの捜査官の懸命の捜査の努力にもかかわらず遂に時効を迎えた、というものもあります。府中刑務所近くで銀行の現金輸送車が白バイ警官に扮した男から3億円の現金を奪われた事件（昭和43年に発生し同50年時効完成）、阪神を舞台に食品会社を標的とし、「グリコ・森永事件、かい人21面相事件」とも呼ばれた一連の企業脅迫・殺人未遂事件（昭和59年から発生し平成12年にすべての時効が完成）などが著名な事件です。

他方、15年近く逃亡を続けていた殺人犯の女が、時効完成直前に間一髪で逮捕・起訴された松山ホステス殺害事件も有名な事件でした。昭和57年に松山市で同僚のホステスを殺害したＦ女は逃走し、整形手術をして北陸地方や名古屋などに潜伏し、一時は御菓子屋の内縁の妻になって店を切り盛りするなどしていました。しかし、警察の懸命の捜査で時効完成21日前に逮捕され、完成のわずか11時間前に起訴されました。無期懲役が確定しましたがＦ女は受刑中に病死。まさに天網恢恢疎にして漏らさずの事件でした。

> **設問2** 近年の時効制度についての刑訴法改正はどのようなものであったか。

近年、犯罪被害者の声の高まりを受けて様々な犯罪被害者保護の施策が発展してきました。その流れとも呼応し、特に殺人等の重大事件について時効期間の撤廃ないし延長を求める声も高まって来ました。私が法務省勤務当時に、気の毒な事件でご子息を亡くされた親御さんが、犯人が検挙されず刻々と時効完成が迫ることに危機感をもたれ、時効期間の延長を強く求めてこられ、私はその当時自分の力ではなすすべがなく、気の毒で残念な思いをしたことがあります。また、時効制度の根拠であった時間の経過による証拠の散逸という問題についても、DNA鑑定など科学的捜査手法の発達により情況が大きく変わってきました。

これらを背景として、近年、2度にわたり時効期間等の制度改正がありました。かつては、殺人罪の公訴時効は、松山ホステス殺害事件で捜査と時効の進行との競争になったように、15年でしたが、平成16年の刑訴法改正で25年とされました。さらに、平成22年には、人を死亡させた罪のうち、死刑に当たるもの（殺人、強盗殺人、強盗強姦致死、汽車転覆致死など）については、公訴時効の対象外とし、また、その他の人を死亡させた罪で禁錮以上の刑に当たるものは、無期の懲役・禁固に当たる罪は30年とされるなど、重い犯罪を中心に時効期間が延長されました。こうして、今日では、殺人罪などの凶悪事犯については時効が撤廃されたのです。

---

[1] 三井（Ⅱ）117頁以下参照。

設問3　時効の中断と時効の停止との違い、時効期間の起算点などの基本を理解できているか。

これらの基本の理解が、具体的事案の時効期間の算定等の前提となります。

【時効の中断と時効の停止】
　時効には、中断と停止の違いがあります。民法では、中断の制度と停止の制度の双方があります。時効の中断は、中断事由が生じることにより、そこから振り出しに戻って最初から時効期間が進行します。時効の停止は、停止された期間だけ時効の進行が停止するもので、停止の事由が消滅すると、残された時効期間が進行を再開します。刑訴法でも、旧刑訴法は時効の中断の制度を採っていましたが、現行刑訴法は、中断の制度は採用せず、時効の停止のみを認めています。被疑者にとっては時効の中断よりも有利な制度です。

【時効期間の起算点】
　刑訴法253条は、「時効は、犯罪行為が終わった時から進行する」と定めています。時効期間の計算は、法55条が
　「期間の計算については、時で計算するものは、即時からこれを起算し、日、月、又は年で計算するものは、初日を算入しない。但し、時効期間の初日は、時間を論じないで一日としてこれを計算する。」
と定め、一般には初日不算入ですが、時効期間については初日も参入されます。一日でも被疑者・被告人に有利となるよう算定するのです。
　この「犯罪行為が終わった時」が何を指すかについては、行為時説と結果時説があります。条文の文言からは、行為時説が妥当なように思われ、その説もあります。しかし、結果犯では結果発生によってはじめて処罰可能の状態に達することや、結果発生によって被害者の処罰感情も高まる上、証拠の収集も結果の発生によって可能性が高まることなどから、結果時説が通説・判例となっています。
　具体例としては、次のようなものが挙げられます。
　　ア　即成犯（殺人罪など）や状態犯（窃盗罪など）　　犯罪行為終了時から
　　イ　継続犯（監禁罪など）　　法益侵害の状態が解消した時点から
　　ウ　包括一罪・集合犯　　最終の犯罪行為終了時点から
　しかし、行為と結果発生との間に非常に長い時間の経過がある事案では単純ではありません。最決昭和63・2・29刑集42巻2号314頁（チッソ水俣病刑事事件）は、高度成長経済時代の公害問題が深刻なころの重大事件でした。チッソ水俣工場が、水銀に汚染された工場排水を長年水俣湾に垂れ流し続けたことから、それを摂取した魚が水銀に汚染され、その魚を日常的に食べていた人々が中枢神経を侵され、多くの人々が死亡したり重篤な障害を受けました。この事案では、行為は汚水の垂れ流しですが、結果は多数の被害者に対して発生した上、その時期は、一人の被害者だけを見ても、出生時から障害が生じていた人もおり、また、当初の障害の発生、悪化から死亡まで非常に長期間に及びました。しかも、同時期に汚染した魚を食べていても、障害が生じたり死亡する時期は被害者によって様々です。そのため、時効の完成の有無の判断について

非常に困難な問題が生じました。行為時説ならとっくに時効は完成していますし、結果時説を採るとしても、傷害致死や業務上過失致死罪の結果的加重犯の時効期間の起算点について、傷害の基本的結果発生時と考えるか、死亡の加重結果発生時と考えるかについて説が分かれていました。

本最決は、結果時説を採ることを明言した上、「死亡の時点から進行を開始するのであって、出生時に同人を被害者とする業務上過失傷害罪が成立したか否か、そして、その後同罪の公訴時効期間が経過したか否かは……業務上過失致死罪の公訴時効完成の有無を判定するに当たっては、格別の意義を有しない」と判示し、死亡時説を採ることを明言しました。

また、この事案では、同一の汚染水の投棄によってその後長期間にわたり受傷者や死亡者が複数生じた場合に、個々の者についての時効期間が他の者についてどのように影響するのか、ということも重要な争点となりました。本最決は「観念的競合の関係にある各罪の公訴時効完成の有無を判定するに当たっては、その全部を一体として観察すべきものと解するのが相当であるから、(ある1名)の死亡時から起算して業務上過失致死罪の公訴時効期間が経過していない以上、本件各業務上過失致死傷罪の全体について、その公訴時効はいまだ完成していないものというべきである。」という重要な判示をしています。

> **設問4** 本事例において、時効の起算日はいつか。仮に、平成15年4月5日に被告人らがV男を脅し、同月10日に100万円を受け取っていたとすれば、時効期間の起算日は何日からか。

それでは事例に含まれる時効に関する問題を検討していきましょう。まず、本件は恐喝罪ですので時効期間は7年です。なお、未遂の場合であっても、時効期間は既遂の法定刑が基準となります(刑訴法252条)。

本件では、犯罪行為と結果は共に4月5日ですので時効の起算日は4月5日です。しかし、仮に100万円を被告人らが受け取ったのが10日だったとすれば、結果時説が通説・判例ですから、時効の起算日が4月10日となります。

> **設問5** 加藤が海外に逃亡していたことは、本人及び他の共犯者の公訴時効期間にどのような影響を生じさせるか。

3名の共犯者がいる本件では、一部の共犯者が海外に逃亡したり、一部の共犯者が起訴されて公判が開かれたりしています。これらが、本人はもとより、他の共犯者との関係で時効期間にどのような影響が出てくるのか、ということが問題となり、実務でもこのような事案はしばしばあります。

3名のうち、加藤は、警察に発覚したため、平成15年4月の犯行後ハワイに逃亡し、3年後の平成18年4月20日に帰国しました。法255条は

「犯人が国外にいる場合又は犯人が逃げ隠れているため有効に起訴状の謄本の送達若しくは略式命令の告知ができなかった場合には、時効は、その国外にいる期間又は逃げ隠れている期間そ

の進行を停止する」

と定めています。ですから、加藤については、7年の時効期間が、海外に逃げていた3年間停止されます。しかし、同条の時効の停止の効力は一身専属的であり、加藤についてのみ生じるのであって、他の共犯者には及びません。たまたま共犯者の一人が国外にいたり逃げたりしたからといって、そのような行為をしていない共犯者の時効期間まで停止される不利益を与えるのは酷に失し、不合理だからです。

> **設問6** 加藤が起訴されたことは、他の共犯者の時効期間にどのような影響を与えるか。設例の場合、時効の完成日はいつか。上記の場合佐伯を逮捕し、起訴することができるか。

警察は平成19年4月5日、加藤を逮捕・勾留の上捜査を遂げ、検察官は、同月27日、加藤を恐喝未遂の罪で公判請求しました。その公判は、約1年後の平成20年4月20日、懲役3年の有罪判決が出て、加藤は控訴せず、5月5日、この判決が確定しました。

武田と佐伯の所在は当時判明していませんでしたが、その後、平成23年2月、武田の所在が判明しました。法254条2項は、共犯の一人に対してした公訴の提起は、他の共犯者についても時効を停止させ、その裁判が確定したときから再び時効が進行することを定めています。共犯者の誰かが逃げたというようなたまたまの事情によるのでなく、共犯者が起訴されて公判が進行し、当該事件が審理されていわば生きた状況になっている場合には、他の共犯者に対する関係でも時効を停止させてよいというのが法の趣旨です。

設例では、まず、加藤が約3年間海外に逃亡していたことは、既に述べたように他の共犯者の関係では時効を停止させませんので、本来の時効完成日は、平成22年4月5日です。

しかし、加藤については

　公判請求日は平成19年4月27日
　判決確定日は平成20年5月5日

ですので、共犯者についてもこの間の時効の進行が停止します。時効の進行については初日から起算しますが、時効の停止については原則どおり初日を参入しないので、他の共犯者の時効が停止されるのは、平成19年4月28日から翌年5月4日までであり、停止期間は1年と7日間です。

ですから、他の共犯者の時効完成日がその停止期間分延びて、平成23年4月12日となります。

武田の所在は、平成23年2月に判明したので、4月11日までなら起訴できます。

第1編　捜査法を中心に

> 〔武田の逮捕と起訴〕
>
> 　平成23年3月、警察は武田を逮捕・勾留の上捜査を行った。ところが、勾留中に父親が亡くなったため、勾留執行停止をして一時釈放したところ、武田はそのまま逃亡してしまった。検察官は、同月30日、やむなく武田に対し公判請求した上で、所在捜査に努めたが、武田は発見されず、起訴状は2か月間武田に送達されなかったため、公訴棄却の決定がなされ、その決定は、同年6月8日、確定した。ところが、その5日後の6月10日、武田の所在が発見された。

設問7　武田の時効完成日はいつか。武田を再び公判請求することはできるか。

　武田の本来の時効完成日は、前述のとおり平成23年4月12日だったのですが、逃げてしまって起訴状謄本が送達できないまま6月になってしまいました。この場合武田の時効は完成してしまうのでしょうか。

　刑訴法271条2項は

「公訴の提起があった日から2カ月以内に起訴状の謄本が送達されないときは、公訴の提起は、さかのぼって効力を失う」

としています。この条文だけをみると、起訴状の謄本が2カ月以内に送達されないため公訴の提起が無効とされるので、起訴による時効停止の効力も生じないかのようにも思われます。しかし、刑訴法339条1項は、

「第271条第2項の規定により公訴の提起がその効力を失ったとき」

には決定で公訴を棄却しなければならないとしています。そして、法254条1項は、公訴の提起によって時効が進行を停止し、

「管轄違い又は公訴棄却の裁判が確定した時からその進行を始める」

としていますので、少なくとも公訴の提起から公訴棄却の裁判確定までの期間は時効は停止されるのです。この規定は、犯人が逃げ隠れているため起訴状の謄本の送達が出来ない場合と、犯人が逃げ隠れていたわけではないが、単に検察官が犯人の所在場所を正確に把握できていなかったために送達ができなかった場合の双方を含むと解するのが通説・判例です(2)。

　本件では、武田の公判請求日は、平成23年3月30日でした。武田のそれまでの時効完成日は4月12日でしたので、時効完成まで、あと12日を残した状態で起訴したものです。起訴状謄本の不送達による公訴棄却の決定は6月5日になされました。公訴棄却の決定に対しては即時抗告ができ（339条2項）、即時抗告の提起期間は3日間で（422条）、裁判が告知された日から進行しますので（358条）、この決定が確定したのは6月8日でした。そこで、逃げ隠れしていたのではない通常の不送達の場合であれば、時効が再進行するのは、公訴棄却の決定が確定した6月8日からになります。そうすると、時効完成まで、あと12日を残しているので、時効の完成日は6月20日になり、その前日までは起訴することができます。武田は6月10日に発見されたので、まだ間に合いますね。

（2）　吉田博視・大コンメ刑訴法［2版］(5)131頁。

なお、前述（説問5）のように、法255条は、犯人が国外にいる場合のほか、逃げ隠れているため起訴状の謄本等が送達できなかった場合にその逃げ隠れている期間、時効は進行を停止するとしています。この規定による時効の停止は、公訴提起前を含み逃げ隠れていた全期間に及ぶとするのが通説・判例です。ですから、検察官が、起訴状の謄本の送達ができなかったのは犯人が逃げ隠れていたためであることを証明することができれば（法255条2項参照）、単純な不送達の場合よりも、時効の停止期間はさらに延びることとなります。

実務では、犯人が逃亡を続けているため起訴状の謄本の送達ができない場合も珍しくありません。ですから、犯人が長期間逃亡を続けている場合には、2カ月ごとの起訴、公訴棄却、再起訴、を繰り返すことで時効の完成を防いでいます。

> **設問8** 佐伯は平成23年5月に入ってから発見された。佐伯を逮捕の上、公判請求することはできるか。

これはできません。加藤の起訴と判決確定により、他の共犯者の時効完成日は、平成23年4月12日になったのですが、武田の逃走による公訴時効の停止は一身専属的であるので佐伯にまでは及びません。したがって、佐伯については、平成23年4月12日に時効が完成しました。

〔被告人らの公訴事実〕

被告人らについては、逮捕・勾留事実であるV男に対する恐喝未遂事件のほか、その直前に実行され、公訴時効が成立していなかった、もう1件の詐欺事件について公判請求がなされた。その主な公訴事実は以下のとおりである。

（被告人加藤について）

被告人加藤は、詐欺罪により既に二度処罰を受けたものであり、元暴力団甲組組員であったものであるが（①）、佐伯、武田と共謀の上、

第1　インターネットに出会い系サイトを開設した上、同サイトに掲載される男女は架空の人物であり、被告人らが、同サイト上で交際相手を探して申し込んでくる客に対して交際相手を紹介する意図はないのに、同サイトにアクセスすれば、あたかも無料で交際相手を紹介できるかのように装い、同サイトの画面に「無料で貴方の素敵な交際相手を紹介します。貴方が気に入ったお相手の欄の右側をクリックの上、表示される欄に、貴方の氏名・住所・電話番号・メールアドレスをご記入いただければ、お相手の方をご紹介いたします。貴方の身分やプライバシーは、お相手の方以外には絶対に漏れないシステムになっています。ワンクリックで素敵な世界にどうぞ」などとの虚偽の案内を表示した上、平成15年3月10日、同サイトにアクセスして○野○子という架空の人物の紹介を申し込んだW男に対し、同月25日、「今回のご紹介の手数料として30万円を、○○の指定口座にお振込みください。お問い合わせはお電話○○番まで」と記載された電子メールを送付し、不審に思ったW男が右電話番号に問い合わせの電話をかけた際、「無料というのは、相手が貴方を選んで紹介を頼んできた場合のことで、貴方が紹介を申し込んだ場合には、手数料をいただきます」などと申し向け、W男をその旨誤信させ、同月26日、上記指定口座に30万円を振り込ませてこれを騙取し

> 第2　同月20日、上記サイトにアクセスして架空の交際相手の紹介を申し込んだＶ男が、同サイトが虚偽のものと気づき、上記電話番号に電話をかけて抗議した際、同人から金員を喝取しようと企て、支払のことで相談したいとの口実で、同年4月5日午前10時ころ、Ｖ男を○○市○町○番地喫茶エメラルドに呼び出した上、同人に対し「こんなサイトにアクセスすること自体、騙されるつもりでないとできんことだ。当り前だろう。あんたの名前や住所も全部掴んだし、勤務先も調べ上げた。家族や会社に知られてもよいのか。**俺たちは、今は堅気のふりをしているが、去年ある組織を破門された。くさいメシも何度も喰っているから怖いもんなんかない**（②）。30万円位、授業料と思えば安いもんだ。今日俺たちを呼び出した迷惑料もあるから、全部で100万円綺麗に払えば、それですべて終わりにしてやる」などと語気鋭く申し向け、Ｖ男をして、この要求に応じなければ、自己や家族の身体、名誉、財産等にいかなる危害を加えられるかもしれないと畏怖させたが、同人が警察に被害を申告したため、その目的を遂げなかったものである。

設問9　上記の公訴事実の記載に問題はあるか。

問題はゴシック部分①と②の部分です。これは、起訴状一本主義と予断排除原則の問題です。

【起訴状一本主義】
刑訴法256条6項は
「起訴状には、裁判官に事件につき予断を生ぜしめる虞のある書類その他の物を添付し、又はその内容を引用してはならない。」
と定めています。これが、公判開始前に裁判所に与える予断排除のためであることはいうまでもありません。旧刑訴法の下では、捜査段階で蓄積された「一件記録」を起訴と同時に裁判所に提出し、裁判所は、第一回公判期日に先立ってこの記録を精査して事件内容を把握することに努めていました。これが訴訟指揮を可能にし、真実発見に役立つと考えられていたのです。ドイツでは今でもこうされており、起訴と共に事件の一件記録が裁判所に送付され、裁判官がこれを読んだ上で公判を開始するか否かの決定をする仕組みになっています。

しかし、現行刑訴法が当事者主義を採り入れ、訴因制度を導入したことともあいまって、裁判所はより中立的な立場におかれることとなり、起訴状一本主義による予断排除の原則が、今日では不動のものとなり、その運用は極めて厳格になされています。

したがって、検察官が公訴を提起する際に裁判所に提出するのは、起訴状のみに限るのが原則です。ただ、弁護人選任届が出されていればその差し出しが必要であり（規則165条）、また、公訴時効関係の資料（犯人が国外にいたこと等により、有効に起訴状等の謄本の送達ができなかったことを証明すべき資料など）が必要なときは、公訴の提起後、速やかにこれを裁判所に差し出さなければなりません（刑訴規則166条）。逮捕状・勾留状も差し出さなければなりませんが、これについては、受訴裁判所の裁判体を構成しない令状担当の裁判官を経由することとされ、第一回公判期日が開かれるまでは裁判所の目には触れないよう配慮されています（刑訴規則167条）。

【起訴状における引用・余事記載】

　起訴状自体であっても、公訴を提起する裁判所、検察官の署名押印、公訴提起の年月日、公訴事実、罪名及び罰条の、起訴状が有効であるために必要な記載事項以外に、裁判所に予断を与えるような引用や余事記載は許されません。

　ところが、往々にして、検察官が公訴事実として必要な範囲を超え、問題となる余事記載等をしてしまうこともあります。

　これまで、判例上問題とされてきた起訴状の余事記載（引用も含む）には、

　①　被告人の前科・余罪の記載
　②　脅迫・名誉毀損文書等の引用
　③　被告人の経歴・素行・性格・犯行動機等の記載

などです。これらが法256条6項に違反するとされた場合には、いったん生じた予断をその後の削除・訂正等の措置で取り除くことは難しいため、公訴棄却の判決が言い渡されることとなります。

　例えば、①の例として、**最大判昭和27・3・5刑集6巻4号351頁**は、詐欺罪の訴因に「**被告人は詐欺罪により既に二度処罰を受けたものであるが**」と同種の累犯前科を記載されていた事案について、

　「刑訴二五六条が、……と定めているのは、裁判官が、あらかじめ事件についてなんらの先入的心証を抱くことなく、白紙の状態において、第一回の公判期日に臨み、その後の審理の進行に従い、証拠によつて事案の真相を明らかにし、もつて公正な判決に到達するという手続の段階を示したものであつて、直接審理主義及び公判中心主義の精神を実現するとともに裁判官の公正を訴訟手続上より確保し、よつて公平な裁判所の性格を客観的にも保障しようとする重要な目的をもっているのである。すなわち、公訴犯罪事実について、裁判官に予断を生ぜしめるおそれのある事項は、起訴状に記載することは許されないのであつて、かかる事項を起訴状に記載したときは、これによつてすでに生じた違法性は、その性質上もはや治癒することができないものと解するを相当とする」

として、このような記載をした瑕疵ある起訴状は無効であるとして公訴棄却の判決を言い渡した原審の判断を是認しました。なお、常習累犯窃盗罪のように、過去10年間に3回以上窃盗罪で刑の執行を受けたことが構成要件となっている場合には、前科の記載は違法でないことはもちろん、この記載が不可欠であることは当然です。

　②については、脅迫や名誉棄損が、「お前を殺すぞ」とか「あいつは痴漢で去年逮捕された」などのストレートな告知ではなく、婉曲で回りくどい表現であり、よくよく読んだり聞いたりすれば、脅している、名誉を棄損している、と分かるような事案で問題となります。そのような場合、例えば長文の脅迫状の内容を起訴状に延々と引用するような場合もあるからです。

　判例では、**最判昭和33・5・20刑集12巻7号1398頁**が、恐喝事件について脅迫文書を詳細に引用したことが違法であると争われましたが、判決は

　「その趣旨は婉曲暗示的であつて、被告人の右書状郵送が財産的利得の意図からの加害の通告に当るか或は単に平穏な社交的質問書に過ぎないかは主としてその書翰の記載内容の解釈によつて判定されるという微妙な関係のあることを窺うことができる。かような関係があつて、起訴状に脅迫文書の内容を具体的に真実に適合するように要約摘示しても相当詳細にわたるのでなければその文書の趣旨が判明し難いような場合には、起訴状に脅迫文書の全文と殆んど同様の記載を

したとしても、それは要約摘示と大差なく、被告人の防禦に実質的な不利益を生ずる虞もなく、刑訴256条6項に従い『裁判官に事件につき予断を生ぜしめる虞のある書類その他の物の内容を引用し』たものとして起訴を無効ならしめるものと解すべきではない」

としました。その他にも、約3500字の引用を罪となるべき事実の特定のため不当ではないと是認したもの（**最決昭和44・10・2刑集23巻10号1199頁**）、脅迫事件の起訴状に脅迫文のほぼ全文を引用することが、起訴状一本主義、予断排除の原則に反しないとしたもの（**名古屋高判平成6・9・28判時1521号152頁**）などがあります。この名古屋高判の原審である名古屋地豊橋支判平成6・6・17は、①脅迫文言が婉曲暗示的ではなく要約することによって容易に公訴事実を特定できること、②本件起訴状は裁判官に対し、起訴状記載の内容の文書が存在することを強く印象づけるものであり、予断排除の原則に反するとして公訴棄却を言い渡したもので、ボーダーラインの事案でした。

しかし、長文の引用や記載をしなければならないような事案であっても、できる限り、必要な部分に絞り込んだり、可能な部分については証拠の直接の引用にわたらない要約的な記載をすることが求められます。

③については、暴力団員が被告人である事件で、被告人の暴力団の所属や地位などを記載することの可否がしばしば問題となります。**大阪高判昭和57・9・27判タ481号146頁（百選40事件）**は、暴力団幹部である被告人が、組員2名とともに被害者に共同暴行で10日間の傷害を負わせた事件につき、「被告人Xは暴力団松本会系安藤組の若頭補佐、被告人Y、同Zは同組の組員であるが」との記載について

「被告人と共犯者との関係を明らかにすることによって共謀の態様を明示し、公訴事実を特定するためのものであるとも解せられ、いまだ刑事訴訟法256条6項の規定に違反するものとはみられない」

としました。しかし、共同暴行という事件でなぜ被告人が暴力団員であることを記載する必要があるのか、やや疑問です。共同暴行の事実が明らかなら一般人でも暴力団員でも変わるところはありません。

反面、事案によっては被告人が暴力団員であることや過去に刑務所で服役した事実の記載が必要になる場合もあります。例えば、脅迫事件で、被告人の脅迫文言が「お前、俺が誰と分かっとるんやろうなあ、そこらへんの者とは違うで」というものだけだったとします。そのような事件の公訴事実では、その文言だけではそれが害悪の告知であることは明らかでないため、「被告人は暴力団〇〇組の幹部であったものであるが」などと記載することは許されます。「この前まで臭い飯を食っとったんや。また食いにいくことなんか怖くないで」という脅迫文言が害悪の告知であることを示すため「被告人は恐喝事件により刑務所に服役したことがあったものであるが」などと記載することも許されるでしょう。しかし告知された文言自体で害悪の告知であることが明らかな場合には、このような身分・経歴の記載はすべきではありません。**最判昭和26・12・18刑集5巻13号2527頁**は、

「一般人を恐れさせるような被告人の経歴、素行、性格等に関する事実を相手方が知っているのに乗じて恐喝の罪を犯した場合には、これら経歴等に関する事実を相手方が知っていたことは恐喝の手段方法を明らかならしめるに必要な事実である」

として、これらを記載した起訴状は違法ではないとしています（ただ、当該事案は、ややこれらを詳しく書きすぎており、現在では許されないように思われる）。

【本事例の検討】

「被告人加藤は、詐欺罪により既に二度処罰を受けたものであり、元暴力団甲組組員であったものであるが（①）」の記載は極めて問題です。第1事実の詐欺罪との関係では、詐欺の前科とか暴力団員であったことなどは、犯罪の成否には何ら関係がありません。違法な余事記載として公訴棄却とされる可能性もあるでしょう。第2事実の「俺たちは、今は堅気のふりをしているが、去年ある組織を破門された。くさいメシも何度も喰っているから怖いもんなんかない（②）」という記載は、これ自体が脅迫文言ですから、全く問題ありません。冒頭の「元暴力団甲組組員であった」との記載は、この第2事実との関係では、その脅迫文言の前提となる面もあるので、違法とまではいえないでしょう。しかし、この文言自体が相当程度具体的で、それ自体から被告人が暴力団員で服役歴があることが理解できるので、冒頭にあえてそれを書かなくても脅迫文言だということは理解できるので、書かずもがな、というべきでしょう。

〔逮捕時の警察官による暴行〕

ところで、警察が武田を再逮捕したときのことであるが、武田が勾留執行停止中に逃亡したことに激しく怒っていた警察官らは、発見された武田が走って逃げようとした際、追いついて武田に足払いをかけ、転倒した武田の腕を抱えて立ち上がらせた際、その腹部を数回足蹴にするなどの暴行を加えていた疑いが生じた。このことは、逮捕直後、武田が膝にすりむき傷を負い、ズボンの膝の部分も破れていた上、武田が弁護人に対してそのことを訴えたために発覚したものであった。検察官は、武田が逮捕されてから、接見した武田の弁護人からその旨を強く訴えられたので、警察にその旨を問い質したところ、警察側の説明は「武田が逃げようとするのでタックルして武田が転倒したことはあるが、それ以上の手荒なことはしていない。足蹴になどはしていない。武田はこれまで逮捕されるたびに警官から暴行を受けたと虚偽の訴えをして捜査をかく乱させようとするのが常套手段だ」などというものであった。

腹部には特段の負傷もしておらず、警察の説明に特段の不合理はないものと判断した検察官は、そのまま勾留請求をし、認められたので捜査を遂げて公判請求した。

ところが、武田とその弁護人は、逮捕に当たった警察官3名を、逮捕時に暴力を振るって負傷させたとして、特別公務員暴行陵虐罪により検察官に告訴してきた。

検察官は所要の捜査を遂げた上、警察官らの犯罪の嫌疑は不十分であるとして不起訴処分とした。

設問10　武田やその弁護人が、不起訴処分に対して不服がある場合、どのような方策を採ることができるか。

考えられるのは次の三つの方法です。
　ア　上級庁に対する監督権の発動請求
　イ　検察審査会への申し立て
　ウ　付不審判請求（準起訴手続）

アについては、地方検察庁の検察官が行った不起訴処分、その他事件捜査処理に関して、高等検察庁や最高検察庁に対して、関係者から抗議や是正の措置の要求がなされることが時々あります。上級庁としては、事案を検討した上、原庁に対して適宜の指導等の対応をすることとなります。

イとウは、検察官の起訴独占主義（247条「公訴は検察官がこれを行う」）、及び起訴便宜主義（248条「犯人の性格、年齢及び境遇、犯罪の軽重及び情状並びに犯罪後の情況により訴追を必要としないときは、公訴を提起しないことができる」）から来る公訴権の不行使に対するチェックやコントロールを行う制度です。

【検察審査会への申立て】

検察審査会法は、昭和23年7月、刑事訴訟法の制定とほぼ同じ時期に制定された法律で、その運用は活発で確固とした制度として確立しています。

検察審査会は、各地方裁判所の管轄区域内におかれ、くじで選定された11人の審査員が、申立てのなされた不起訴処分の適否を審査します。一般市民の意見を反映させることが目的なので法律関係者等は除外されています。審査員は、年間を通じて4グループに分けて選定され、グループは半数ごとに重なり合うように次の審査員と交代します。裁判員制度との大きな違いは、裁判員制度では、裁判員は1件の裁判ごとに任命され、その事件の判決によって任務が終了するのに対し、検察審査員は6カ月の任期制で、その間に行われる審査会に継続的に参加することです。

審査の申立て権者は、告訴又は告発をした者、被害者等ですが、過半数の議決があれば審査会自ら職権で審査を行うこともできます。

議決は①起訴相当、②不起訴不当、③不起訴相当の3種類です。従来は、議決に法的な拘束力はなかったのですが、司法制度改革審議会の意見を踏まえた法改正により、平成16年に、起訴を相当とする議決について拘束力を認める法改正がなされました。

起訴相当議決は11名中8名の多数を要することとし、これがなされた場合、検察官は3カ月以内に再度の処分を行わなければならず、検察官が再度の不起訴処分をした場合には検察審査会が再審査を行います。その再審査では検察官の出席と意見を述べる機会が付与されます。そして、8人以上の多数が起訴を相当と認めれば起訴議決がなされ、この起訴議決書の謄本が裁判所に送付されます。

裁判所において、公訴提起に当たる弁護士を指定され、その指定弁護士が速やかな公訴の提起を行うことになります。指定弁護士は、被疑者死亡等の例外を除いては公訴を提起すべきであり、起訴不起訴の裁量権はありません。

【検察審査会制度に対する審査委員経験者や検察官の受け止め方など】

検察審査会制度は昭和23年の発足後、50万人以上の審査員が関与し、その不起訴不当、起訴相当等の意見を踏まえて検察官が再検討・再捜査をして起訴を行った事件も、平成23年時点で1,400件余に及んでいます。

検察審査会委員の任務は重いものではありますが、これを経験された市民の皆さんの多くは貴重な経験だったと受け止めておられるようです。各地には、審査委員を経験された皆さんの有志による検察審査会協議会という組織が構成されており、検察審査会制度の普及発展のための活動をやっておられます。私も、検事正勤務当時など、この協議会の毎年の総会に来賓としてお招き

をいただき、御挨拶をしていました。平成11年からの司法制度改革審議会での審議において、国民の司法参加制度導入の是非が真剣に議論されましたが、その際、検察審査会が築いてきた実績が、国民の司法参加制度の導入のための基盤のひとつとして裁判員制度導入を推進する役割も果たしました。

　検察官にとっては、自分たちが行った不起訴処分を外部から審査されるのですから、検察審査会をなにか煙たがっているのではないかと思われるかもしれませんが、決してそうではありません。むしろ、検察官が行おうとする不起訴処分が検察審査会の審査に堪えうるであろうかという検討の必要性は、常に良い意味の緊張感をもって検察官に認識されています。特に、被害者の怒りが慰撫されていない事案や、社会に大きな衝撃をもたらした重大事故案件などでは、不起訴にしようとする場合、検察審査会に申立てが行われることを想定して、その審査に堪える捜査と処分を行うことは捜査の常道なのです。

　ただ、法改正によって導入された起訴強制制度については、その意義は少なくない反面、問題点をはらんでいることも否定できません。これまで起訴議決により指定弁護士により起訴された事件は多くはありませんが、その多くが公判で無罪となっています。これは、根本的に、これまで検察官は、少なくとも自らは有罪の判決が得られると確信できる場合にのみ公訴を提起し、それを反映して、99パーセント以上の有罪率が確保されてきたこととの関係に問題が根差しているといえるでしょう。後半で講義するイギリスやアメリカとの実情の違いも背景にあります。

　私が検察官の経験を踏まえて問題を感じるのは、起訴強制制度の意義や目的について「裁判において有罪無罪の判断が行われることが国民の知る権利のために重要だ」というような考え方もみられることです。刑事裁判が、起訴された事件が公開の法廷で審理・判決されることによって結果的に国民の知る権利のために大きな意味をもっていることは当然ですが、刑事裁判制度それ自体が直接的・本来的に国民の知る権利のために設けられているのではありません。起訴されることによる被告人の極めて大きな負担などを考えると、少なくとも、有罪が得られるかどうかは分からないが、国民の知る権利のために起訴して裁判で白黒をつけるべきだ、というような目的で起訴強制制度が運用されるのは適切でないだろうと私は考えています。もし起訴強制制度をそのような意義目的のためだとするのなら、更にこの制度の意義・目的について再検討するとともに、その内容（例えば在宅で起訴された被告人に対しても無罪となった場合の刑事補償制度の対象とすることや検察審査会の組織構成の見直しなど）についての改革が必要だろうと思います。

【付審判請求】
　刑訴法262条から269条は、付審判請求制度（準起訴手続）を規定しています。この制度は、公務員職権乱用、特別公務員職権乱用、特別公務員暴行陵虐等の犯罪について、不起訴処分がなされた場合に、告訴や告発をした者がそれに不服がある場合に地方裁判所に「事件を裁判所の審判に付することを請求」することができるというものです。

　実務でもこの申立てがなされることは少なくなく、その多くは、警察官や刑務官が捜査や受刑者の処遇の過程で被疑者や受刑者に暴行等を行ったと主張される案件です。

　この請求は、裁判所に対して直接行うのではなく、請求者は、不起訴処分の通知を受けた日から7日以内に、当該処分をした検察官に対して請求書を差し出して行います。

　検察官は、この請求を理由があるものと認めれば、自ら起訴しますが、請求が理由のないものと認めれば7日以内に、意見書を添えて裁判所に送付します。

裁判所では、請求についての審理と裁判は合議体で行います。関係記録の検討のほか、裁判所自ら強制処分や被疑者の取調べもできます。しかし口頭弁論を開く必要はなく、検察官や弁護人は当事者としての関与権限はありません。裁判所が、この審理により請求に理由があると認めたときは、事件を管轄地方裁判所の審判に付する決定をし、その決定があったときは、その事件について公訴の提起があったものとみなされます。そして裁判所は、その事件について公訴の維持にあたる者を弁護士の中から指定し、この指定を受けた弁護士が、公訴を維持し、裁判確定まで検察官の職務を行うことになります。事件を不起訴にした検察官に公訴を担当・維持させることでは公正性の信頼が確保できないからです。

　実務では、この請求自体はしばしばなされますが裁判所が付審判の決定をした事案は非常に少ないのが実情であり、更に公判でも有罪とされた事件は極めてまれだといえます。

　私の現職中、見聞した事案として、2003年に奈良県で警察官に対して自動車で危険が及ぶような逃走行動を図った男性に対し、警察官がやむをえず発砲した銃弾が被疑者に命中して死亡させてしまったことが特別公務員暴行陵虐事件として遺族により告訴された事件について奈良地裁が2010年に付審判決定をしました。しかし、地裁は裁判員裁判で被告人の警察官2名を無罪とし、控訴審も上告審も上訴を棄却して無罪判決が確定しました。

〔事例講義6〕
犯罪事実の一部起訴

　犯罪事実の一部起訴という問題は、現行刑事訴訟法の下で初めて生じた問題です。なぜなら、旧刑訴法の下では、裁判所は起訴状に記載された「犯罪事実」は真実発見の手がかりにすぎず、実体法上一罪の範囲内にある事実については自ら職権で探知し、認定していくことができたので、検察官が犯罪事実の一部のみを起訴してもそれに拘束はされなかったからです。しかし現行刑訴法は、当事者主義を採用し、訴因制度を導入したため、訴因の設定権限は検察官の専権に属し、原則的に裁判所は検察官が訴因に記載した事実のみを認定することしかできなくなりました。そのため、検察官が、実体法上一罪の関係にある犯罪事実の一部のみに限って起訴することが許されるか、その場合、裁判所はそのような検察官の起訴に拘束され、訴因記載の事実以外に立ち入って審理や判断を行うことは許されないのか、ということが問題となるのです。

　まず、常習一罪の場合など、例えば常習窃盗罪について、それを構成する窃盗の事実が10個あったとしても、検察官が訴訟経済などを考慮して、例えば、公訴事実にはそのうちの6個のみを含めて起訴することには問題がありません。その場合、裁判所は実体法上一罪の関係にある他の4個の窃盗の事実を職権で探知して認定することは許されません。このような場合、罪数的には一罪でもそれを構成する個々の事実の独立性は高いからです。

　しかし、事実のつながりがもっと強い場合には様々な問題があります。例えば、①観念的競合とか牽連犯の場合、その一部の罪のみの起訴が許されるか、②危険運転致死罪を致傷の限度で起訴できるか、③公務執行妨害罪や強姦罪についてその手段である暴行罪のみで起訴できるか、④先行行為に対して後行行為が不可罰的事後行為ないし共罰的事後行為となる場合に、後行行為のみの起訴が許されるか、⑤いわゆるかすがい外しの起訴は許されるかなどの問題です。また、犯罪事実の一部起訴という問題そのものではありませんが、⑥強盗致傷が証拠上明らかに認められる場合に、窃盗と傷害の併合罪として起訴することが許されるか、などの問題もあります。そしてこれらのような起訴がなされた場合、被告人は、起訴事実の犯罪の不成立等を主張するために起訴事実以外の事実の存在を主張することが許されるか、裁判所は訴因外の事実に立ち入って審理・判断を行わなければならないのか、という問題が生じます。

　犯罪事実の一部起訴については、基本的にはこれを肯定するのが通説です。当事者主義の下での訴因制度の意義目的を踏まえ、事実関係や情状を解明し尽くすために捜査を肥大化、糾問化させることは望ましくないこと、また、検察官は起訴便宜主義の下で事件を不起訴にする裁量権があるのだから、それは事件の一部に対しても可能と考えてよいことなどを論拠とします。

　ただ、肯定説に対しては、当事者主義や起訴便宜主義においても、検察官の訴追権限は市民の付託に基づくので、それらを根拠に検察官が自由な裁量をもつと理解するのは妥当でなく、訴追裁量権は検察官の恣意を許さず客観的なものであるべきであり、犯罪事実の一部起訴は市民の立場から正当と評価される範囲でのみ許されるべきであるとしたり、例えば、検察審査会の審査逃れのための名目的起訴、実体的真実に著しく反する起訴などは許されるべきではないとの批判もあります。以下に事例を通じて具体的に勉強しましょう。

〔危険運転致死を致傷罪での起訴〕

　Xは、自動車を運転し、前方不注視により、被害者Vに加療約6か月と診断された重傷を負わせたとして、危険運転致傷罪で公判請求された。しかし、起訴前の段階で、検察官は、被害者が、事故の翌日にこの傷害に起因する外傷性ショックにより死亡したことを把握していたが、検察官は、あえて危険運転致死罪による起訴は行わなかった。

設問1　検察官はこのような起訴を行うことが許されるか。また、裁判所は、公判において上記の事実を把握したので、検察官に対し、危険運転致死への訴因変更を促したが、検察官はこれに応じなかったとする。この場合、裁判所は、危険運転致傷罪としては認定できないとして、無罪判決を出すことができるか。

　このような起訴は許されます。また、裁判所としては、検察官が致死への訴因変更に応じないからといって無罪とすることは許されず、致傷の限度で有罪判決をすべきです。

　この問題の指導的な判例が、**名古屋高判昭和62・9・7判タ653号228頁**です。事案は、自動車運転中に前方不注視で被害者に加療約3か月の傷害を負わせた業務上過失傷害の訴因で起訴されたのですが、原審審理の過程で、被害者が事故の約11時間後にこの傷害に起因する外傷性ショックにより死亡したことが判明したため、原審は致死への訴因変更を促しました。しかし、検察官がこれに応じなかったところ、訴因記載の傷害は認めることはできないとして無罪としたため検察官が控訴しました。本判決は次の判示をして原判決を破棄差戻ししました。

　「専権的に訴追権限を有する検察官が、審判の直接的対象である訴因を構成・設定するにあたって、被告人の業務上の過失行為と被害者の死亡との間の因果関係の立証の難易や訴訟経済等の諸般の事情を総合的に考慮して、合理的裁量に基づき、現に生じた法益侵害のいわば部分的結果である傷害の事実のみを摘出して、これを構成要件要素として訴因を構成して訴追し、その限度において審判を求めることも、なんら法の禁ずるところではないし、審判を求められた裁判所としては、検察官が設定し提起した訴因に拘束され、その訴因についてのみ審判すべき権限と義務を有するにすぎない」「取り調べた証拠によって訴因の範囲を超える被害者が死亡した事実及び被告人の過失行為と被害者の死亡との間に因果関係の存することが判明するに至ったとしても、裁判所の訴因変更命令ないし勧告にもかかわらず、検察官において訴因変更の措置を講ぜず、なお従前からの業務上過失傷害の訴因を維持する以上、裁判所は、右訴因の範囲内において審判すべきは当然であって……右公訴事実（訴因）につき被告人にその刑責を問うべきは勿論である」

〔観念的競合の罪の一部の起訴〕

　Xは、夜間、警察官から職務質問を受け、酔余、警察官に対し、暴行を振るって加療3週間の傷害を負わせた。公務は適法であることは明らかであったが、検察官は、公務執行妨害罪は起訴せず、傷害罪のみで略式起訴した。

> **設問2** 検察官はこのような起訴をすることは許されるか。略式命令請求を担当する裁判官は、記録を検討したところ、公務執行妨害罪が成立することは明らかであると判断した。その場合裁判官はどのような対応をすべきか。

このような起訴も許されます。傷害と公務執行妨害とは、観念的競合の関係にあります。

検察官は訴追裁量権の行使として、そのうちの一部の罪のみを起訴することも許されます。裁判所は、略式不相当とはせず、そのまま罰金刑を科さなければなりません。

【（更問）公務執行妨害が成立する場合、その手段の暴行のみで起訴できるか。】

これも許されます。私が若いころは、公務執行妨害罪には懲役刑と禁錮刑しかありませんでした。そのため、例えば、サラリーマンが酔っ払い、お巡りさんから職務質問を受けていきなりその顔面を殴って公務執行妨害で逮捕されたが、前科前歴はなく、酔いがさめたら自分のしたことに後悔して頭を抱えてしまう、というような事件もちょくちょくありました。しかし、こんな事件を公判請求するのはあまりに酷です。ですから、暴行罪だけで略式命令を請求して即日命令を得て罰金を仮納付させて帰宅させるというような処理をしていました。ただ、平成18年の刑法改正で、公務執行妨害罪についても50万円以下の罰金刑が法定刑に加えられたため、今日では、あえて暴行罪の一部起訴をしなくても妥当な解決はできるようになっています。

【余　　談】

なお、略式命令とは、刑訴法6編461条以下に規定があり、公訴を提起すると同時に、簡易裁判所に対し書面で請求するものです。ただ、これには被疑者の同意が必要で「略式請書」という書面に署名押印をさせます。罰金又は科料の刑を科すことができますが自由刑を科すことはできません。私の若いころは上限は20万円でしたが、現在は100万円以下に引き上げられており、この活用の幅が広がりました。公訴提起・略式命令請求と同時に起訴状と事件記録を裁判所に送付し、簡易裁判所の裁判官が記録を検討して、通常は請求通りの略式命令を出してくれます。数時間ないし半日程度で出してもらえることが多いです。身柄事件でも在宅事件でも可能であり、身柄事件であれば「在庁待命」という表示を付して請求し、命令が出るまで被疑者を検察庁内で待たせておきます。まもなく命令がでれば、被疑者は罰金を仮納付し、帰宅することができます。裁判は確定してから執行するのが原則なのですが（刑訴法471条）、その例外として仮納付（刑訴法348条）という制度があり、略式命令請求では検察官は併せて仮納付命令も求めるのが通常で、裁判所もこれを出してくれるのが一般です。

なお、463条1項は、その事件が略式命令をすることができないものである場合や、相当でない場合には、「通常の規定に従い審判」をすることになり、「略式不相当」とされます。これは、よほど事件の内容や証拠関係に問題があって、裁判官が強い疑問を抱くような場合に限られ、めったにはありません。

このほかに、正式の公判手続でない簡易迅速な裁判を行う制度として、即決裁判手続と簡易公判手続があります。

前者は平成16年に創設されたもので、刑訴法第2編第4章350条の2以下に規定されています。これは略式命令とは異なって「公判」の一種ですが、事案が明白で軽微な事件について可能であ

り、即日の判決が原則です。懲役・禁固刑については必ず執行猶予の言渡しがなされなければなりません。被疑者の同意に加え、弁護人が選任されることが必要であり、その弁護人の同意も必要とされます

　後者は、昭和28年に設けられた制度で、刑訴法291条の2により、死刑又は無期若しくは短期1年以上の懲役・禁固に当たる事件以外の比較的軽い罪の事件について、被告人が起訴事実について有罪であると陳述した場合には、裁判所は簡易公判手続の決定をすることができます。この決定がなされた事件については、冒頭陳述や証拠調べの方式等の規定によらなくともよく、証拠調べは適当と認める方法で行うことができます（刑訴法307条の2）。また、伝聞法則は当事者に異議のない限り適用されません（刑訴法320条2項）。

〔事後強盗致傷を窃盗と傷害の訴因で起訴〕

　Xは、コンビニで万引きをしたのを店長から発見され、逃走しようとした際、Xを逮捕しようとした店長に対し、顔面を手拳で数回殴打し、足払いをかけて転倒させるなどの暴行を加えたため、店長は逮捕を断念させられ、X逃走した。店長は加療1週間の顔面挫傷の傷害を負った。後日逮捕されたXについて、検察官は、強盗致傷罪は十分成立するとは判断したものの、Xが若年で前科もなかったことなどを考慮し、窃盗と傷害の訴因で公判請求した。

設問3　検察官はこのような起訴をすることは許されるか。裁判所は、本件は強盗致傷罪が十分成立する事案だと判断した場合、どのような対応をすべきか。

　これは犯罪事実の一部起訴とは少し違う場面ですが検察官の訴因設定と訴追の裁量権の問題の一つです。このような起訴は許されますし、裁判所は、強盗致傷が成立すると判断しても、訴因どおり窃盗と傷害を認定しなければなりません。このような処理は以前はしばしばなされていました。というのは、以前は強盗致傷罪の法定刑の下限は懲役7年でした。そのため、酌量減軽しても下限は3年6月であり、執行猶予はできず実刑しか科せなかったのです。しかし、事例のように万引きをした後の成り行きで軽微な怪我をさせてしまったような事案まで若い被疑者が実刑しかないというのは酷に失するため、証拠上は強盗致傷が認定できても検察官が窃盗と傷害で起訴をするという運用もしばしばなされていました。

　ただ、この問題も、平成16年の刑法改正により強盗致傷罪の法定刑の下限が6年以上とされ、酌量減軽によって懲役3年として執行猶予を付けられるようになったので、実務的な解決が可能となりました。

〔不動産の抵当権設定横領後の売却横領〕

　宗教法人の役員であったXが、委託を受けて管理していた不動産について、○年○月に、ほしいままに抵当権を設定していたが、その1年後に、その不動産を他に売却処分して代金を領得した。検察官は、抵当権設定行為については起訴の対象とせず、不動産の売却処分のみを捉えて、業務上横領罪で起訴した。

> **設問4** 検察官はこのような起訴を行うことが許されるか。裁判所は、どのような認定をすべきか。

　このような起訴は許されますし、裁判所は、起訴事実である売却処分の横領の罪の成否だけを審理して判決をすれば足ります。ただ、それは、このような事案の場合、もともと、抵当権設定の横領も、売却処分の横領もそれぞれ犯罪として成立しているのであり、売却処分の横領だけを起訴することは検察官の訴追裁量の範囲内だからです。

　このような問題の前提に関する指導的な判例として、**最決昭和59・1・27刑集38巻1号136頁、判時1105号32頁、判タ519号76頁**があります。この事案は、選挙違反の現金買収事件で、選挙運動をしていた甲と乙の両名が、選挙権者にお金を供与して買収することを共謀し、その買収資金を甲が乙に交付した、というもので、甲は公職選挙法違反の「交付罪」で起訴されました。同法違反の罪には交付罪と供与罪があるのですが、買収を共謀した者同士の間での買収資金の受け渡しには交付罪が成立します。しかし、さらにその共謀した買収目的に従って、実際にそのお金を選挙権者らに供与した場合には、交付罪は供与罪に吸収されるのでその双方を起訴することは許されません。そこでこの事案は、交付罪として起訴されたので、仮に現実に交付されたお金が買収に使われたという事実が判明すれば交付罪では処罰できないことになってしまうのではないか、ということが争われたのです。しかしこの決定は、

　「選挙運動者たる乙に対し、甲が……金銭等を交付したと認められるときは、たとえ、甲乙間で右金銭等を第三者に供与することの共謀があり乙が右共謀の趣旨に従いこれを<u>第三者に供与した疑いがあったとしても、検察官は、立証の難易度等諸般の事情を考慮して、甲を交付罪のみで起訴することが許されるのであって、このような場合、裁判所としては、訴因の制約のもとにおいて、甲についての交付罪の成否を判断すれば足り、訴因として掲げられていない乙との共謀による供与罪の成否につき審理したり、検察官に対し、右供与罪の訴因の追加・変更を促したりする義務はない</u>というべきである。従って、これと同旨の見解のもとに、被告人に対し交付罪の成立を認めた原判断は、正当である」

　と判示し、このような場合裁判所は起訴された交付の罪のみの成否を判断すれば足りるとしたのです。これについては、供与罪と交付罪の関係を、犯罪吸収関係とするか、処罰吸収関係とするかという理論的問題があります。つまり、犯罪吸収関係だとすると供与罪が成立する以上交付罪の犯罪はそれに吸収され、成立していないということになります。他方、処罰吸収関係だとすると、交付罪も成立はしているのだが、供与罪が起訴されるのなら、その処罰だけが供与罪に吸収されることになります。したがって、供与罪を起訴しなければ、交付罪の処罰は吸収されないので、交付罪についてのみ有罪とすることができるわけです。この判旨は、交付罪と供与罪とは処罰吸収関係にあると考えているものと解されています。

　それを踏まえて事例の問ですが、これについては、**最大判平成15・4・23刑集57巻4号467頁、判時1829号32頁、判タ1127号89頁**があります。これは、宗教法人の役員である被告人が、業務上占有する法人の土地をほしいままに売却したことを業務上横領として起訴されたが、それに先行して、その土地についてほしいままに根抵当権を設定していたという事案でした。本判決は

　「<u>委託を受けて他人の不動産を占有する者が、これにほしいままに抵当権を設定してその旨の</u>

登記を了した後においても、その不動産は他人の物であり、受託者がこれを占有していることに変わりはなく、受託者が、その後、その不動産につき、ほしいままに売却等による所有権移転行為を行い、その旨の登記を了したときは、委託の任務に背いて、その物につき権限がないのに所有者でなければならないような処分をしたものにほかならない。したがって、売却等による所有権移転行為について、横領の成立自体は、これを肯定することができるというべきであり、先行の抵当権設定行為が存在することは、後行の所有権移転行為について犯罪の成立自体を妨げる事情にはならないと解するのが相当である。このように、所有権移転行為について横領罪が成立する以上、先行する抵当権設定行為について横領罪が成立する場合における同罪と後行の所有権移転による横領罪との罪数評価のいかんにかかわらず、検察官は、事案の軽重、立証の難易度等諸般の事情を考慮し、先行の抵当権設定行為でなく、後行の所有権移転行為をとらえて公訴を提起することができるものと解される。また、そのような公訴の提起を受けた裁判所は、所有権移転の点だけを審判の対象とすべきであり、犯罪の成否を決するに当たり、売却に先立って横領罪を構成する抵当権設定行為があったかどうかというような訴因外の事情に立ち入って審理判断すべきものではない。このような場合に、被告人に対し、訴因外の犯罪事実を主張立証することによって訴因とされている事実について犯罪の成否を争うことを許容することは、訴因外の犯罪事実をめぐって、被告人が犯罪成立の証明を、検察官が犯罪不成立の証明を志向するなど、当事者双方に不自然な訴訟活動を行わせることにもなりかねず、訴因制度を採る訴訟手続の本旨に沿わない」

と判示しました。このような事案において、抵当権の設定による横領は、いわゆる「部分横領」とも呼ばれます。つまり、無断で担保にいれることは本権者でしかできないことなので横領は成立するのですが、それは本件者の所有権の権利を完全に奪ってしまったのではなく、依然として本権者のために占有を継続している事実は残っているのです。したがって、抵当権設定による横領が行われた後の無断売却行為は、それ自体で新たに本権者の権利を侵害する犯罪として成立するわけです。ですから、検察官としてはこの売却行為だけを捉えて起訴することは訴追裁量権の範囲内のことなのです。

> （更問　バリエーション）Xは、○年○月に、その不動産をほしいままに売却処分していた。ところが、その所有権移転登記が未了であったため、Xは、その1年後に、更にその不動産を別の者に転売した。検察官は、この後者の転売行為について、宗教法人を被害者とする業務上横領で起訴した。このような検察官の起訴は許されるか。許されないとしたら、検察官はどのような捜査処理をすべきであったか。

こうなると、前の事例とは異なってきます。というのは最初の売却行為により、その所有権は売り渡した相手方に移転してしまいました。ですから宗教法人は、この横領行為によって本権を失ってしまいました。抵当権だけを設定したという「部分横領」ではなく完全な横領です。したがって、それを更に第三者に対して無断売却する行為は、宗教法人を被害者とする横領としては犯罪自体が成立しないことになります。このような場合には、その不動産は、最初に売却した相手方のために管理占有しているのですから、その相手方を被害者とする横領として訴因を構成するか、あるいは、その相手方に対し、誠実に移転登記等の事務を処理する任務に違背して財産上

の損害を与えたとする背任罪の構成を考える余地もあるでしょう。

〔持ち出し後の売却〕

　Xは、10月1日、勤務する店の商品を無断で自宅に持ち帰っていたが、11月15日、それを他に売却処分した。検察官は、自宅に持ち帰った時点での横領の犯意の立証には難点があると考えたので、売却処分をとらえて横領罪で公判請求した。ところが、公判において、弁護人は、「自宅に持ち帰った時点で被告人には横領の犯意があったので、訴因の横領とされる行為は不可罰的事後行為である」と主張した。

設問5 このような検察官の起訴は許されるか。裁判所は、自宅持ち帰りの時点での横領成立の可能性はある、と判断した場合、どうすべきか。

　この事例では、かなり状況が異なってきます。さきほどの、交付罪と供与罪、抵当権設定横領後の売却横領などの場合には、先行する行為も後行する行為もそれぞれ犯罪として成立しています。しかし、自宅持ち帰りの時点で横領がすでに成立しているのなら、その後に売却することは、いわゆる不可罰的事後行為ではないか、という問題があるからです。そして不可罰的事後行為は、先行行為との間で処罰吸収関係ではなく、犯罪吸収関係にあり、先行行為が犯罪として成立したのなら、後行行為はもはや犯罪そのものが成立しないとして、起訴はできず、起訴されても無罪とならざるを得ないのではないか、という問題です。

　これに関しては、例えば、自宅に保管していた他人の骨董品の壺を叩き壊してしまった、として器物損壊罪で起訴されたが、被告人が、「この壺は、8年前に被害者方から盗み出してきたものであり、壺を壊したことは窃盗罪の不可罰的事後行為であるから無罪だとの弁解を許してよいのか、という問題も生じます。8年前に盗んだのが真実なら既に時効も完成しています。しかし、いまさら8年前に本当に盗んできたものかどうかの解明は到底できないことであり、他方、その可能性があるのなら疑わしきは罰せずで、器物損壊も無罪とせざるを得ないということの妥当性には素朴な疑問がもたれるでしょう。いわば、<u>起訴された犯罪の不成立を主張するために、検察官が起訴していない別の犯罪を犯したことを被告人側に主張立証させるようないわばねじれた訴訟活動が許されるのか</u>という問題です。また、別の犯罪の成立が明確に認められる場合ならまだしも、「その疑いがある」程度にとどまる場合であっても、起訴事実には合理的疑いが生じて無罪とするほかないのか、という疑問も生じます。

　まず、不可罰的事後行為ではなく「共罰的事後行為」とされるものであれば、先行行為も後行行為も犯罪としてはそれぞれ成立し、先行行為と後行行為とは処罰吸収関係にあり、処罰は1回に限られるということですので、先行行為を起訴しないのであれば、後行行為のみを起訴し、有罪とすることが許されるでしょう。しかし、不可罰的事後行為の場合には、先行行為と不可罰的事後行為とは犯罪吸収関係にあり、後行行為はそもそも犯罪として成立しないので、後行行為のみの起訴・処罰は許されないとする考え方が多数説です。

　ただ私はこれには素朴な疑問を持っており、不可罰的事後行為とされる事案であっても、訴訟において、検察官が設定した訴因の事実について裁判所はその認定をすべきであり、被告人側からこのようなねじれた主張立証を許すことは妥当ではないのではないか、と考えています。この

ような考え方に立つならば、問の事例の場合、裁判所は売却行為自体について横領罪の成否を判断すればたり、自宅に持ち帰った時点での横領の成否を審理判断する必要はないことになります。なお学説の中には、先行行為が単なる事実行為に過ぎず、後行行為が法律行為による場合には横領として処罰ができる、というような考え方もあるようです。

この問題については、まだ学説・判例で深められた議論はなされていないようです。また、この問題の根本には、実体法と訴訟法との関係ないし役割という大きな問題があるように感じています。みなさんは興味があればよく勉強してみてください[1]。

〔住居侵入罪と強姦罪〕

Xは、V女のマンションに侵入し、V女に暴行を加えて強姦した。V女が直後に警察に通報し、駆け付けた警察官が、マンション近くの路上でXを職務質問し、Xが犯人であると認めて緊急逮捕した。勾留の上捜査が行われたが、V女は、自分が強姦の被害にあったことは絶対に表に出して欲しくない、として、強姦罪で告訴する意思はないとの姿勢を変えなかった。

設問6 この場合、検察官は、住居侵入罪のみで起訴することが許されるか。

これは許されます。住居侵入・強姦は牽連犯ですが、強姦罪の告訴がない場合でも、住居侵入のみを起訴することは許され、また、住居侵入のみについてなされた告訴は強姦罪には及ばない（告訴の客観的不可分の原則の例外）とするのが通説・判例です。大判昭和13・6・14大審院刑集17巻433頁は、

「例ヘバ親告罪タル強姦罪ト非親告罪タル住居侵入罪トガ牽連關係ヲ生ズル場合ニ於テ強姦罪ニ對スル告訴ナキカ又ハ告訴アルモ其ノ取消アリタルトキ非親告罪タル住居侵入罪ノミヲ分離シテ訴追科刑スルモ毫モ牽連犯ヲ認メタル立法精神ニ背馳スルモノト謂フベカラズ」

としています。被害者が、強姦罪が起訴されて自己の被害が明るみに出ることは避けたいが、犯人を無罪放免することは許せないのでせめて住居侵入だけでも起訴して欲しいという場合もあり得るでしょう。ただ、被害者が、一切そっとしておいて欲しく住居侵入での起訴も望まないという場合には、検察官は具体的状況を踏まえて起訴不起訴には慎重な判断をすべきでしょう。

設問7 V女に対する暴行の部分だけを捉えて、暴行罪で起訴することは許されるか。

これについては、積極消極の大きな議論があります。被害女性が、強姦の被害が公になることを恐れて告訴をしないのに、検察官が、犯人を一切不処罰にすることは許し難いので、せめて、強姦の手段である暴行のみを取り上げてそれを暴行罪として起訴することが許されるかという問

---

[1] 大澤裕＝今崎幸彦「検察官の訴因設定権と裁判所の審判範囲」法教336号（2008年）72頁、川出敏裕「訴因による裁判所の審理範囲の限定について」鈴木古稀（下）313頁など。

題です。

　消極説は、このような起訴を許せば、裁判において、暴行に至った経緯・動機・態様が争点となるなどして、強姦行為に触れる可能性のある事実にも審理を及ぼさざるを得なくなる場合もあるので、強姦罪を親告罪とした法の趣旨が損なわれることを主な理由とします。判例でも、**東京地判昭和38・12・21下刑集5巻11-12号1184頁（杉並区強姦事件）**は、

「強姦罪または強制わいせつ罪を構成する事実の一部分が非親告罪である暴行罪に該当するものとして、この暴行の事実について審理判決することになると、被告人の刑事責任の量と質を確定するため、その暴行の動機・目的・態様・結果など行為の個性を明らかにせざるを得ないこと（に）なる。そのために、暴行と不可分の関係にある被告人の強姦または強制わいせつの意思ないし行為を、したがって被害者のこれらの被害の事実をも、公判廷において究明し、これを判決において公表することになるのが通常である。そうなると強姦罪または強制わいせつ罪の被害者の意思、感情、名誉などを尊重してこれを非親告罪とした法の趣旨をほとんど没却することになって明らかに不当であるといわなければならない」

としています。

　多数説は消極説のようですが、近年、積極説も有力であり、私は以下の理由から積極説に立ちます。みなさんはどう考えるでしょうか[2]。もちろん、以下の理論を踏まえるとしても、被害者の意向や被害者のプライバシー侵害が起こり得る具体的な可能性や程度等を踏まえた上での慎重な判断が求められることは当然です。

　ア　被害者が強姦での起訴は望まないが、かといって犯人がまったく不処罰となるのも納得ができないという場合もあり、告訴がないことが、常に被害者の処罰意思がないことを意味しないこと。被害者が、せめて暴行罪の限度だけでも処罰して欲しいと望む場合も考えられること。

　イ　被害者が、羞恥心等により姦淫までされたことは隠して、暴行を受けたことのみを申告し、検察官がそれを知らずに起訴した場合、その起訴が違法となるのは不合理であること。

　ウ　強姦罪について、手段の暴行の行為のみの起訴が許されないとすれば、仮にその起訴をした場合、公判で被告人の方から「実は強姦したのは事実であるから、本件は告訴がないので公訴棄却すべきだ」との主張や反証を許すこととなり、それが被害者の被害を明るみに出すことになる上、そのようなねじれた反証を許すことは訴因制度の趣旨にも合致しないこと。

　エ　違法だとして公訴棄却判決をする場合には、違法であることの判断のため、事案が実質は強姦事件であった、と認定することとなるが、それによって被害者の名誉・プライバシー保護の目的は水泡に帰してしまうこと。

　オ　公判前整理手続が整備された今日では、その段階で、被告人側からの強姦事実の存在の反証等は争点と関係しないとしてこれを許さず、公判で被告人や弁護人がそのような主張や質問・尋問を始めた場合には、裁判所は法295条に基づいてこれを封じればよいこと。

　なお、平成29年6月に、性犯罪を非親告罪とする刑法改正が実現したため（7月13日施行）、設問7の問題が生じる場面は少なくなると思われます。

（2）　大澤＝今崎・前掲注(1)72頁参照。

第1編　捜査法を中心に

> 〔かすがい外しの起訴〕
>
> Xは、資産家のV夫婦宅に強盗目的で侵入し、Vと妻Wの2人を殺害して、金品を強奪した。住居侵入が成立することは明らかであるにも関わらず、検察官は、住居侵入は起訴せず、2名に対する殺人罪のみで起訴した。

設問8　住居侵入罪を起訴する場合と起訴しない場合で、科刑上の違いは生じるか。検察官がこのような明らかに成立する住居侵入をあえて起訴しないということが許されるか。

　これは、いわゆる「かすがい」外しの起訴の可否の問題です。住居侵入と殺人は牽連犯であるので、住居侵入を起訴すればそれがかすがいとなって、住居侵入と2件の殺人はそれ全体が科刑上一罪となります。しかし、住居侵入を起訴しなければ、かすがいの事実がないので、2件の殺人は併合罪となり、併合罪加重がなされて被告人に不利になるという問題があるからです。

　学説では否定説もありますが、実務では肯定されています。これらの場合には、強姦罪の手段である暴行のみを分離抽出して一部起訴するのとは異なり、もともとは、個別の犯罪であるものの一部を除外して起訴するに過ぎず、検察官の訴追裁量権の範囲ないだと考えられるからです。

　ただ、証拠上、住居侵入罪も認められれば、裁判所は、量刑判断において被告人に不利にならないようにするため、かすがい事実の存在を前提として、併合罪加重による重い刑とならないような刑を科すのが実務です。

　東京高判平成17・12・26、判時1928号122頁は、複数の児童淫行罪と児童ポルノ製造罪とが観念的競合ないし包括一罪の関係にあり、かすがい事実を起訴すればすべてが家庭裁判所の管轄となるべきところを、検察官がかすがい事実を外して一部を地方裁判所に起訴したことの適法性が問題となりました（複雑な事案なので判文にあたること）。判決は、

　「かすがい現象を承認すべきかどうかは大きな問題であるが、その当否はおくとして、かかる場合でも、検察官がかすがいに当たる児童淫行罪をあえて訴因に掲げないで、当該児童ポルノ製造罪を地方裁判所に、別件淫行罪を家庭裁判所に起訴する合理的な理由があれば、そのような措置も是認できるというべきである。……ただ、そうした場合には、児童ポルノ製造罪と別件淫行罪とが別々の裁判所に起訴されることになるから、所論も強調するように、併合の利益が失われたり、二重評価の危険性が生じて、被告人には必要以上に重罰になる可能性もある。そうすると、裁判所としては、かすがいになる児童淫行罪が起訴されないことにより、<u>必要以上に被告人が量刑上不利益になることは回避すべきである</u>。そこで、児童ポルノ製造罪の量刑に当たっては、別件淫行罪との併合の利益を考慮し、かつ、<u>量刑上の二重評価を防ぐような配慮をすべきである</u>。そう解するのであれば、<u>かすがいに当たる児童淫行罪を起訴しない検察官の措置も十分是認することができる</u>」

と判示しています。

第 2 編
私の事件帖

1 M市における連続保険金殺人事件

　私が高知地検の次席検事当時、県警と私たちが一丸となって取り組み、迷宮入りしかけていた連続保険金殺人事件を摘発した事案だ。
　台風が一過した夏の朝、高知市からM市に向かう国道上で、頭部を強打されて死亡していたV子の遺体が発見された。そこはスナック「R」の前の路上であり、「R」の経営者A子は元暴力団組長の妻で、地元で「女親分」と恐れられていた。V子は、A子宅に居候していた女性であったが、A子によって3,500万円の生命保険がかけられていた。事件は、A子がその妹B子と夫のC男夫婦と共謀して実行したことが強く疑われた。実は、6年前にも、A子宅に居候していたW男が不審死し、A子らは5,000万円の生命保険金を得ていた。しかし、当時A子らは警察の調べに対し、W男は酔って転んで頭を打った事故だと頑強に弁解したため、警察は手が出せず、行政検視にとどめ、司法解剖すら行われていなかった。また、C男は、失明したとして数口数千万円の重度障害保険金も得ていたが、失明は虚偽と疑われた。警察は、懸命の内偵捜査を続け、事件発生から約10カ月を経過したころ、検察庁に事件着手の事前協議を求めてきた。私たちは、まずこれまでの捜査の記録の写しの提供を受け、私以下5人の検事でこれらの記録を仔細に検討した。そして、県警に対し、気が付いたあらゆる事実認定上の問題点を指摘するとともに、失明が虚偽であることの立証のために、検証許可状を得てC男の路上行動を録画することや、これまでのA子らの保険金取得について、時効にかかっていると否とを問わずすべて調べ上げることを要請した。県警はこの要請に見事にこたえ、補充捜査を尽くした。その結果、A子らは過去18年間にわたって総額約2億円もの保険金を取得ないし請求していることが判明し、私たちは、これらはすべて保険金詐欺によるものとの確信を深めた。
　県警と私たちは、強制捜査の着手の方針を綿密に協議した。まず、A子を数百万円の交通事故を装った保険金詐欺、B子とC男を、失明を装った一口約1,000万円の保険金詐欺、またこれらの保険契約や請求の手続をすべて行っていた保険代理店のD男を、数十万円の保険料の業務上横領の各事件で逮捕することとした。しかし、その際、私たちは、県警に対し、これが違法不当な別件逮捕・勾留のそしりを受けることがないよう厳に留意し、①まずは、逮捕事実を確実に起訴することが目標であること、②V子殺しの嫌疑をどの段階から開始するかについては、捜査の進展状況を踏まえて協議の上判断することとし、それまでは被疑者にはその追及を一切行わないことを要請し、県警も異存なく意思を統一した。
　A子らは逮捕当初は詐欺を否認していたが、県警がここまで緻密な捜査をしていたことに驚き、まもなく各逮捕事実を全面自供するに至り、私たちはそれらを粛々と公判請求した。
　そして、起訴直後、今後の捜査をどのように展開すべきかについて、県警と協議を行った。取調べを担当していた刑事達から、被疑者らの自供状況などを詳細に報告してもらった。A子らは、逮捕前には、これまでの18年間一度も警察から捜査の手が入らなかったため、たかをくくっており、A子は、逮捕前、テレビの直撃インタビューで「わしはV子なんか殺しとらん。警察がわしを捕まえるんなら海に飛び込んで死んでやる」などと豪語していた。しかし、逮捕後、A子らは警察がここまで徹底的に捜査を尽くしていることに衝撃を受け、刑事が聞きもしないのに「どう

せあんたらV子のことを聞くつもりじゃろ」などと探りを入れてくるようになったが、刑事達はこれを一切相手にしていなかった。

　このような状況から、県警は、別の保険金詐欺等で再逮捕して並行的に殺人を追及するよりも、今、V子殺しを正面から取り調べれば自白が得られるとの自信を深めており、その方針を採りたいと希望し、私たちも了解した。ただ、その際、県警には、これは起訴後の被告人に対する任意の取調べなので、連日追及のような受忍義務を課した取調べは許されないことを注意喚起した。そして、一日目は、徹底的に弁解を聞き、相互の弁解の矛盾点等を整理すること、二日目にポリグラフ検査を実施すること、三日目に一気に追及すること、数日でも自白が得られなければ、別件で再逮捕して態勢を立て直すこと、という取調べ方針を意思統一した。

　三日目の朝、取調べが開始されてから1時間余りしか経過しない午前11時ころ、捜査一課長から私に電話が入った。

　「次席、A子が歌いよりますで！（歌う、とは自白することの刑事の俗語）」

　私は耳を疑った。正直なところ、私は、A子からは自白を得られないだろう、B子やC男、D男の誰かから一部でも自白を得て、後は情況証拠で固めていくしかないだろうな、と思っていたのだ。マスコミや世間も「警察はA子らを逮捕したってどうせ自白なんかとれない」という見方がもっぱらだった。しかも続く捜査一課長の言葉に更に驚いた。

　「A子は、わしがV子を殺したが、一緒にやったのは、B子やC男ではなく、保険屋のD男だと言うちょります」

という。私は一瞬、A子が肉親のB子らをかばうためD男に罪をなすりつけたいわゆる引っ張り込み供述ではないか、と思った。当時、私たち捜査関係者も、マスコミも、そのすべてがV子殺しはA子とB子とC男の3人の共犯事件だと思い込んでいたからだ。

　しかし、このA子の自白は真実だった。引き続いてD男を取り調べたところ、D男は

　「間違いありません。私が、A子から、700万円をやるから、と言われ、A子に指示されるまま、V子の頭を漬物石で殴って殺し、国道に放り出しました。実は、A子から殺しを誘われたとき『6年前のW男のときは、B子とC男と3人で殺した。保険金5000万円のうち、二人に2000万円をやった』と言われたのです」

と直ちに自供した。返す刀で、B子やC男を取り調べると、次々に自白。こうして、当初の起訴後、1週間足らずで、6年前のW男殺害も含めて被疑者らは全事件の自白に至った。県警と私たちは、時効にかかっていない事件を順次立件、送致、起訴して捜査を終了した。

　A子がどのようにして自供したのか、取調べ担当刑事に苦労話を聞いた。身柄拘束期間中、刑事達は万全の自信をもって取調べ、怒鳴り声をあげるなどの調べは一切していなかった。

　追及開始の際、刑事はA子に、じゅんじゅんと、「あんた、V子のことで話さんといかんことがあるじゃろう。仏さんに申し訳ない、と思わんのか」と諭すように取り調べたそうだ。A子は、30分ほど動揺しながら沈黙していたが、口を開き

　「刑事さん、おまんら、V子はわしがB子やC男と一緒に殺したと思うとるじゃろ。そんなことでB子らを起訴したら、刑事さん、おまんらの首飛ぶぜよ。V子はわしが保険屋のD男に殺させたんじゃ」

と自白したのだ。A子は、世間や警察はB子やC男が共犯だと思い込んでいることを知っていたので、自分が真実を自白しなければ肉親が巻き添えになると思ったのが自白の大きな動機だったのだ。4人の同時逮捕を決断したことが活きたのだ。

公判でも当初、A子らは自白。しかし、公判が進んでから中途半端な弁解で殺意などを否認し始めた。死刑をおそれる被告人の心情であったろう。しかし、一審、控訴審、上告審共に有罪、A子は死刑が確定した。各判決は、A子らの自白の任意性、信用性を完璧に認め、この間、取調官の証人尋問が請求されることもなかった。A子らが殺意を否認し始めたことを知った取調刑事は、「私を法廷に呼んでくれれば、そんなことはすぐに解決するんですけどね。A子からは、いまだに年賀状など便りが届いているんですよ」と語っていた。

　この事件の教訓は、予断を持った捜査の恐ろしさだ。捜査官は困難な事件では、事件の見通しを立てながら捜査を遂行する。しかし、事件の見通しを立てることと「予断を持つこと」とは異なる。かつて再審無罪となり、捜査が厳しい批判を受けた古い時代の事件などを見ると、軽微な事件で被疑者を逮捕し、その直後から本件について厳しい追及、誘導的な取調べがなされ、虚偽の自白が生まれたものが少なくない。この事件であっても、そのような昔流の思い込み捜査を行っていたとすれば、刑事は、当初の別件逮捕・勾留期間中に「お前たちは、V子を殺しただろう」と厳しい追及をしていたであろう。そうすると、A子らは反発し、また、捜査官が真実を把握していないことを知ってますます否認を固め、この事件捜査は失敗に帰していたであろう。後日談だが、A子は高齢であったため、死刑は執行されず、拘置中に死亡した。逆境の中で育ち、極悪非道な事件を犯してはいたが、最後に自己の罪を認め、刑事に便りをよこすなどしていたA子が死刑を執行されることなく畳の上で息を引き取ったことに、少し心が救われる思いがしたのが偽らざる気持ちだった。

　判例に現れる別件逮捕・勾留が違法とされた事件では、捜査官であった私の眼からみても、捜査の適法性・妥当性に大きな問題を感じざるをえない。しかし、A子らの事件捜査に限らず、全国の警察や後輩検事諸君の多くは、黙々と、正しい捜査をして困難な事件を解決している。そのような事件では捜査の適法性が裁判で争われず問題とならないため、判例として公の眼に止まることがないのだ。

　もう一つは、重要困難事件捜査における警察と検察との綿密な連携協力が事件の解決を導くことだ。警察は被疑者の逮捕状を請求する場合、検察官の了解を得る義務はない。私たちが行ったような、事件の立件送致前の警察の捜査記録の検討や、捜査方針確立のための協議などは、刑事訴訟法には一行も書かれていない。しかし、全国の重要困難事件では、ほとんど必ず警察等第一次捜査機関と検察官とが事件の捜査方針などを事前によく打ち合わせして強制捜査に着手している。これこそが日本の刑事事件捜査の要を支えているといっても過言ではない。刑事訴訟法の条文や、問題となった事件の判例を読むだけでは、日本の犯罪捜査の実情は見えてこないことが少なくないのだ。

　捜査は時の運、人の運でもある。捜査官はいくら努力を尽くしても事件が解明できない悔しさを味わうことも多い。しかし、思わぬ事件展開が、困難な事件を一挙に解決に導くこともある。しかし、そのような運は、転がり込んでくるのではない。それを引き出せるかどうかは、捜査官の日ごろの真摯で懸命な努力の積み重ねにかかっている。

2 独居V女殺人・死体遺棄事件

　これも私が高知地検次席検事勤務当時の事件だ。ある町で一人暮らしのV女の姿が最近見えないことを不審に思った隣家の住民からの連絡で警察が家に立ち入ったところ、室内や風呂場などにおびただしい流血があった。しかし遺体はない。犯人がV女を殺害し、風呂場で死体を切断して運び出したことが歴然としていた。V女の周辺を洗っていくと、V女が交際していたA男が、最近高知を立ち去り、奈良県の山間部にある宗教施設の寮に居住していることが判明した。聞込みでは、A男は、最近、古い自動車をやたら丹念に洗車していたという。A男がV女の死体をこの車に乗せてどこかに運んで遺棄した疑いが濃くなった。しかもこの車は、V女失踪のしばらく前、V女宅の近くの自動車解体屋から盗まれたことの裏付けも取れた。さらに、A男はそのころ、伊丹空港から飛行機で高知龍馬空港に降り立っていたことが搭乗者名簿から確認できた。しかし、帰りの便の搭乗記録はない。空路、高知に来て、V女を殺害し、盗んだ車に死体を乗せて陸路で関西に行き、どこかに遺棄したという嫌疑はますます深まった。しかし死体は発見されず、遺棄した場所はA男しか知らないことだ。県警はこの状況の下で、事前相談に来た。まずA男を車の窃盗罪で逮捕し、それを突破口に殺人を追及したいという。ほかに方法はない。地検はこれを了承した。しかし、捜査一課長には、これが違法不当な別件逮捕・勾留との批判を受けないよう、まずは窃盗罪についてやるべき捜査を遂げ、その過程で殺人について可能なあらゆる補充捜査を遂げ、外堀を埋めた上で、殺人の追及の開始については協議の上で決めることを要請し、県警は了承した。そしてA男を逮捕。車の窃盗についてその経緯などを取調べていくと日時場所の近接性など、次第に殺人事件との関連が浮かび上がってきた。押収した自動車のトランクからルミノール反応によりV女と同型の血液も検出された。尽くすべき捜査は尽くした。あとはA男を追及するしかない。こうして勾留10日目前後に初めてA男の追及を開始した。刑事の毅然とし、情理を尽くした取調べにより、1時間余りでA男はV女の殺害を自供した。痴情関係のもつれからV女を殺害し、死体を風呂場で切断し、ビニール袋に入れ、盗んだ車のトランクに積み込み、淡路島経由で明石海峡大橋を通って奈良県に行き、山中の林に死体を埋めた、という自供だ。死体を埋めた場所の手書きの地図も書いた。捜査一課長から電話が入り、この自供を踏まえて、A男を山中に同行して死体を発見、掘り出したいとの要請があった。しかし、被疑者を勾留した場合、勾留場所は指定されているので、奈良県に押送するためには裁判官から移監の同意を得なければならない。休日であったが私は裁判所に連絡をとり、部長判事にわざわざ登庁していただいた。そして、判事に、本件は殺人事件の解明を目的として窃盗罪で逮捕したもので別件逮捕であるが、本件の窃盗は殺人の被害者の死体を運搬遺棄することが目的であったのであり、窃盗と殺人・死体遺棄とは密接に関連するため、それらの全貌を解明する必要があること、本件の取調べは、節度をもっておこない、やるべき裏付け捜査を尽くした上、短時間の追及で自白を得たことなど本件捜査には違法不当のそしりを受けるものはなんらないことなど、捜査経過をありのまま報告した。部長判事はこれらを了解、即座に移監の同意をしてくれた。県警は直ちに被疑者を警察車両に乗せて出発した。しかし、これを察知したマスコミの多数の車両が競って警察車両を追尾し始めた。後日談の笑い話であるが、明石海峡大橋で、A男を乗せた自動車を猛スピー

ドで走らせ、その後方の全車線を他の警察車両が横一線に並んで制限速度で走り、後ろから警笛を鳴らして焦るマスコミ車両を被疑者の車両から引き離したというカーチェースまでしたそうだ。

　しかし、私はＡ男の自白に一抹の不安も覚えていた。被疑者は、厳しい追及を受け、取調官に事実は全部隠せないが、苦し紛れに嘘を交えた自白をすることがしばしばある。Ａ男逮捕のしばらく前に、大阪湾に切断された女性の大腿部が浮かんだという報道があった。Ａ男は、実はＶ女の死体を大阪湾に捨てたのだが、苦し紛れに山中に死体を埋めたと虚偽の供述をしているのではないかとも疑われた。しかし、身長の違いなどから、どうやらそれは別人のようだった。でも盤石の自信まではない。折から、昼のニュースで、山中の青テントで囲まれた現場で高知県警の捜査員が行っている掘り起こし作業をマスコミのヘリコプターが上空から撮影してリアルタイムで報じている。これで死体が出てこなかったらどうなるのか。私はハラハラしながら報道を見ていた。

　まもなく捜査一課長から一報が入った。Ａ男の指示する場所を掘り起こし、遺体を発見したと。幸い、冬季でもあり遺体は腐乱しておらず、後日、遺体の指の指紋もＶ女との一致が確認された。

　後日、捜査一課長から聞いた話。一課長はＡ男の自白の真実性に自信はもっていたが、それでも万一、という気持ちもあったそうだ。しかし、Ａ男の案内で山道を警察車両が上っていき、Ａ男が「ここで止めてください」という場所で停車して下車したとき、一課長は用意していた花束をＡ男に差し出し「どうや、仏さんにお供えするか」と聞いた。するとＡ男は「ありがとうございます」といって花束を受け取り、迷わず真っすぐに路肩から山の斜面を下っていった。一課長はその時「自供は本割れだ」と確信したという。

　粛々と捜査を尽くして公判請求し、Ａ男は公判でも争わず、有罪判決が確定した。

　別件逮捕・勾留といっても様々である。被疑者の逮捕・勾留の開始時点で、本件の取調べをどの段階からどのように開始するかは予定にすぎず、それも捜査の進展に応じて臨機応変、流動的なものだ。Ｍ市の連続保険金殺人事件のように、別件逮捕・勾留中に一度も本件の取調べを行わなかったことが捜査を成功させたものもある。しかし、Ｖ女殺人事件では、窃盗と殺人・死体遺棄は密接に関連するため、これらを合わせて全貌解明することが不可欠であった。旧来の本件基準説は、このような事案ですら、捜査官が別件逮捕・勾留中に本件を取り調べる目的があるというだけで逮捕・勾留を違法とするものであり、捜査の現実を理解しないものである。過去の本件基準説は今日では通用せず、本件基準説は深化を遂げざるを得なかったことが理解されるだろう。

3 公共工事をめぐる談合・贈収賄事件

　私が新任明け検事として赴任した熊本地検で取り組み、独自捜査により建設業者の談合事件を摘発し、市長から予定価格の漏洩を受けていたことの謝礼として数百万円の贈収賄事件の解明に至った事件だ。

　ある日、県下の離島にある市の建設業者A氏が地検に直接来訪し、同市の16の建設業者の組合では市の公共工事について恒常的に談合を行っていると告発してきた。A氏は、自分も談合に参加していたが、後発業者のため、小さな工事しかもらえないのでもっと大きな工事が欲しいと談合を拒否したら、組合長のXが激怒し、市長からも自宅に呼びつけられ、組合に逆らうのならこの町では生きていけないぞと恫喝されたという。A氏は地元の警察にも訴えたがとりあってくれない。このままでは一家夜逃げでもするしかない。もはや検察庁に頼るしかない、と飛び込んできたのだ。

　私たちは、若手検事3名と副検事1名、4人の立会事務官の「少年検察隊」でこの事件に取り組んだ。捜査経験豊富で太っ腹な検事正が、はらはらされたであろうが、若い私たちを暖かく支えてくれた。しかし、この組合の談合では「談合金」は動いていない。なぜなら、市の公共工事のすべてについて、毎月、恒常的に組合員が談合をしているので、お互い貸し借りの世界になる。だから、個々の工事について刑法96条の3の談合罪の「不正な利益」である「降り賃」としての談合金を支払う必要がない。悪質で恒常的な談合になるほど、談合金が動かなくなるという逆説だ。しかし同条の「公正な価格を害する目的」については、当時その立証は至難のこととされていた。これには、「必要経費に適正な利潤を加えたもの」とする適正価格説と、「競争によって形成されるべき価格」だとする競争価格説の対立があり、昭和43年に大津地裁が前者に立って無罪判決を出し、そのまま確定していた。しかし、なにが適正価格であるかなど算定はほとんど困難であり、結局、談合金が動かない談合は摘発できないという意識が捜査当局に共通のものとなっていた。しかしこんな悪質な談合は放置できない。何とか方法はないか。私たちは知恵を絞った。

　A氏が告発した具体的事実は、ある一日の3件の工事の入札についてのものだった。公共工事は年間80件近くもある。しかし、こんな僅かな工事に限れば、落札価格が予定価格近くの高値になっていたとしても、それは偶然だ、と弁解されれば水掛け論になってしまう。そこで、私たちは、過去7年間の市役所の5つの課の約500件近くの全公共工事の入札状況を解明し、それらを統計的手法によって、全工事が予定価格に近い高値で落札されていることを立証できれば、A氏の組合が恒常的に談合を行っていたことを客観的に裏付けることができるだろう、と考えた。また、特定の課の工事だけでなく、全課の工事がそうなっているのなら、市長が組合長のXに予定価格を漏洩しない限りそんな談合はできないことは明らかだ。全課の工事の予定価格を知っているのはただ一人、市長だけだからだ。その見返りの賄賂も動いているだろう。ターゲットは絞られた。

　ある日、地検の全職員の半数に近い64人の職員を動員し、前夜から、同市に近い別の市のホテルに「会社の旅行会」を仮装して泊まり込んで捜索の打ち合わせを行い、翌日早朝から市役所各

課、16業者の事務所等に一斉捜索をかけ、夜半までに11トン車一杯の数百箱の証拠物を押収した。翌日から1カ月間、私たちは会議室にこもってこれらの証拠物を検討した。結果は驚くべきものだった。予定価格5780万円の工事は、5,779万円、6,340万円の工事は6,338万円、など7年間の500件近い工事の入札のすべてが、秘密であるはずの予定価格から1万円から3万円程度の僅差の最高値で落札されている。予定価格を知らないと絶対にできない芸当だ。こうして外堀を埋めた上、まず12業者を3日間に分けて任意で呼び出した。彼らは『否認の談合』もしていたが、統計結果を突きつけるとぐうの音もでず、たちまち自白。こうして残る組合長X以下4人の組合幹部を逮捕し、談合事件の全容解明に至った。私が取調べをしたXは、苦労人で立派な人物だった。彼は私利のみを図ったのでなく、組合の全業者が仲良く繁栄できるよう工事を分配させるため、選挙で支援していた市長に相談して、全工事の予定価格を聞き出すようになったという。市長にその見返りの賄賂を渡していたことの厳しい追及に対し、Xは深く悩んだ末、結局全面自供してくれた。検事は法的正義を追及する。しかし、正義には社会的正義、歴史的正義、様々なものがある。検事が追及する正義はその一面にすぎない。たまたま法に触れて逮捕される被疑者であっても、法律しか知らない検事よりもはるかに豊かな経験をもち、社会に大きな貢献している人も少なくない。

　市長も逮捕したが、いさぎよく市長を辞任した。公判でも市長、業者ともに争わず、全員について早期に執行猶予判決が確定した。市長は後年、返り咲いて当選した。この捜査は、一つの時代に、一つの地域で、「禊ぎ」をしたようなものかな、と思う。

　県警は、地元に警察署がありながら摘発できず検察庁が独自捜査で市長を逮捕起訴したことに衝撃を受けた。独自捜査は、特捜部のある東京、大阪、名古屋以外の中小地検では、滅多にその機会がない。これも人の運、時の運である。しかし、私たちと県警の刑事達との信頼関係が崩れることはなかった。私たちは、日ごろから警察の送致事件で、刑事達と一丸となって困難な事件に取り組んでいたからだ。刑事達は、この事件後「検事さん、悔しかですばい。ばってん、わしらも負けんですよ」と語っていた。私が熊本を離れて数年後、県警が、三つの町長に係る談合・贈収賄事件を摘発したことを知り、嬉しく思ったものだった。

　当時、高度成長で公共工事予算が全国にばらまかれていた時代には、談合は全国のどこででも行われていた。「必要悪だ」と公言する向きもあったほどだ。市長などが予定価格を漏洩する、それによって業者らが談合し、最高値近くで落札して湯水のように儲ける、そして儲けた金から市長らに賄賂を渡したり選挙資金を提供する、それによって、選挙では多数・広範な買収や饗応が津々浦々で行われる、という不正の循環構造ができあがっていたのだ。

　しかし、今は公共工事ばらまきの時代ではなくなった。日米構造協議等により、日本でも独禁法強化や談合罪の摘発強化が叫ばれるようになり、談合しても予定価格高値ぎりぎりで落札できる、という状況も少なくなった。談合罪は、刑法犯であるが、その中で、時代の変化により犯罪形態が大きな変化を見せるものの一つだろう。

軽微な交通事故事件を端緒とする市長の贈収賄事件

　これは、高知地検勤務当時、小さな支部の副検事と事務官らが発見した小さな交通事故を装った保険金詐欺事件を端緒として、失明を装った高額保険金詐欺事件、建設業者の脱税事件、更には県警と連携して建設業者らによる談合事件、さらには市長の贈収賄事件の摘発に至ったものだ。

　次席検事は毎月1回支部に巡回決裁に行く。ある日、A支部で決裁を終えた後、その支部のトップであるB副検事が私に相談があるという。刑務官出身の副検事で愉快な芸達者の人気者だった。彼が、手書きの一覧表を見せ「どうもこのXら親子はおかしいです。偽の交通事故で保険金詐欺をしてるんじゃないでしょうか」と言う。土建業者のXの息子であるYや娘のZが、たびたび交通事故を起こしている。ある事故では、YとZの姉弟がT字路で衝突している。ある事故では、Yが友人のCと同乗して国道を走っているときに、目の前に猫が飛び出してきたので急ブレーキを踏んだため後続車から追突されたとしてCがむち打ち症になったという。また、Yの運転する自動車が対向車とすれ違う際、サイドミラー同士がぶつかったためYが「むち打ち症」になった、という変な事故もある。しかし、いずれも傷害は軽微なため、運転手は全員が起訴猶予となっている。B副検事らは、Xら親子が地元で札付きのワルであるとの情報を得て、わずか6人の支部の職員が手分けをして倉庫内に保管されている過去のすべての交通事故の記録を検討し、これらの不審な事故を洗い出してきたのだ。

　私は感心し、本庁に戻って、独自捜査経験が豊富だった三席検事に、これらの中に保険金詐欺等の事件が潜んでいるだろうから、若手職員に経験を積ませることにもなるので独自捜査で摘発したらどうか、と促しておいた。間もなく、三席は「次席、これはすごい事件になりますよ。Xは札付きの悪質業者で、息子が交通事故でむち打ち症になったと言って、相手方の女性の家に押しかけて机をひっくり返して恐喝しています。また、失明したといって数千万円の保険金を得ています。しかし眼は見えているはずです。公共工事で儲けていながら、税金はほとんど収めていません。恐喝、保険金詐欺、脱税、談合があるのは間違いないです」と報告してきた。

　そこで、三席以下、副検事や事務官による捜査チームを編成し内偵を進めた。猫の飛び出し事故でけがをしたという友人のCは、覚せい剤事件で服役していた。三席が取調べ、猫が飛び出したというのは嘘で、わざとブレーキをかけて後続車を追突させた偽の事故であり、CはXの会社で働いてもいないのに働いていたことにして保険の休業補償をだまし取っていたことを自供した。

　この数百万円の保険金詐欺の事実で、独自捜査により、X、Yらを検察官逮捕し、Xの会社から全経理帳簿を押収した。Xの失明を装った保険金詐欺についても状況証拠が固まった。

　この段階で、県警から捜査への参加の強い希望があった。私たちは、小地検の態勢の限界もあり、県警との連携協力を維持するためにも独自捜査にこだわる必要はなく、県警との合同捜査が最善だと判断してこれを快諾し、こうして強力な捜査態勢ができ上がった。捜索の際、Xの妻のバッグの中から「だいじなもの」と書いた封筒が見つかり、中に2億円の定期預金通帳が入っていた。脱税事件でいう「溜まり」の発見だ。直ちに高松国税局に通報し、10名近くの査察官が出

張・来訪し、検察事務官とともに当庁会議室をベースに脱税事件の解明を開始した。その間、県警は失明を装った保険金詐欺でXらを再逮捕し、これらと並行して捜査が進んだ。

　失明を装った保険金詐欺でXを起訴後、脱税事件の裏付け捜査は終了したので、Xを法人税法違反事件で検察官逮捕・勾留し、これらの捜査・起訴も順調に終了した。

　ところが、当時、県警は、Xらの地元の乙市長の贈収賄事件を内偵していた。嫌疑は、市の消防署の建設用地として、建設業者Mら数名が共有する土地を市に購入してもらうことを市長に依頼し、市長の尽力でそれが実現したことへの謝礼として、100万円を贈賄した、という疑惑であった。しかし、この金は市長の政治資金報告書に記載があり、裏金ではなく表金だ。これでは贈収賄の立件は難しいため捜査はそれ以上進んでいなかった。しかし、Xらの摘発によって状況が変わった。XとMらとはいずれも地元の建設業者である。当時、建設業者が公共工事で談合をしていることは常識だった。そのような観点から、押収していたXの会社の経理帳簿等を精査すると、指名を受けていた公共工事で恒常的に談合をしていたことを裏付ける資料も発見された。そこで、Mらを、公共工事を巡る談合事件で摘発し、逮捕して会社から経理帳簿等を押収することが、贈収賄事件の突破口になるのではないか、と考えた。高知県警では、これまで談合金の動かない談合事件の捜査の経験がなかった。それで私は、県警の捜査員を集めて、その捜査手法などの勉強会を行った。優秀な刑事達は熱心に勉強してそれらをよく理解した。これを踏まえて、県警は、Mらを含めた10に近い業者の談合事件を摘発し、Mも逮捕した。その対象工事は、まさに市が購入した消防署の建設用地の造成工事だった。逮捕されたMは、談合はもとより、その建設用地を市に買い取ってもらうため、100万円を市長に政治資金名目で渡した賄賂だったことを自白した。この100万円の原資は、4人の共有者がその持ち分に応じて負担したものであり、政治資金報告書に表金として記載したのは、賄賂であることのカモフラージュであったことも明らかとなった。

　こうして県警は、市長を収賄事件で逮捕。さらに逮捕事実以外の数件の収賄や政治資金法違反事件の余罪も発覚、立件し、一連の捜査を終了した。

　密かに実行される賄賂罪のような犯罪は、強行犯と違って外部にその端緒が現れることはほとんどない。脱税や談合、あるいは会社の横領・背任事件などの捜査の過程で、押収された証拠物を精査したり、関係者から事情を聞く中でこれらの端緒がつかめる場合がほとんどである。捜査官は、これらの事件で捜索等をかける場合、それが贈収賄事件の端緒となるのではないか、という視点を持つことが多い。いわゆる別件捜索・差押え、という刑訴法上の問題があり、捜索の被疑事実である別件自体が極めて軽微であり、捜索する必要はないのに、もっぱら本件の証拠物を発見押収するために行うことは許されない。しかし、捜索の被疑事実についての証拠物を発見押収する必要性がある場合、それが同時に他の事件の証拠物ともなり得るものをも発見しようとすること、あるいは適法に押収された証拠物を精査して他の事件の端緒を発見することは、それらが令状に記載された別件の捜索・差押えの対象物に該当する限り、違法ではなく、隠密裏に行われる知能犯捜査においてはむしろ捜査の常道のひとつだといえる。

　捜査官は、上司から与えられた事件だけを大過なく処理すればよい、という気持ちではだめだ。この事件は、私が指示したわけでもないのに、支部の職員らが自発的に探し出してきた小さな交通事故事件が、市長の贈収賄事件にまで発見したのだ。これこそが捜査の醍醐味であろう。

　高知県警はこの事件で談合事件捜査に習熟し、その後、3年連続で三つの市長に係る談合贈賄事件の摘発に至った。後世畏るべし、だ。

5 山奥の警察署が摘発した全国に10億円の被害を与えたアダルトサイト架空請求事件

　長野県と静岡県の県境の天竜川沿い、阿南署という長野県下25の警察署の中でも最小規模の30数名しか署員のいないミニ警察署が、警視庁や大阪・京都府警すら摘発できなかった全国に10億円の被害を与えたアダルトサイト架空請求詐欺を摘発したのだ。

　長野地検検事正だった私は、ある日、新聞で「飯田支部で全国に数億円の被害を与えたアダルトサイト架空請求事件の公判が近く結審予定」との記事を目にした。そんな話はまったく聞いていない。全国の地検では、本庁のほかにいくつかの支部があり、各支部には支部長検事や副検事がいて、その支部管轄区域の事件を捜査処理している。しかし、事件は多数なので、一定以上の重大事件以外の日常的な事件の捜査処理は支部長の決裁に委ねられており、その他の事件は問題がある場合のみ本庁に報告がある。私はすぐ次席検事を呼んで調べさせた。すると、この事件は飯田支部管内の阿南署が、アダルトサイト架空請求の詐欺で50万円程度の被害を受けた事件で犯人を逮捕、起訴したが、管内の被害者はこの1名だけで、上部組織の摘発もできないので、この1件のみを処理し、求刑は1年6月を予定しているとのことだった。詐欺事件としては最低に近い求刑だ。

　この犯人らは京都、大阪中心にアジトがあったという。犯行の手口は、アダルトサイトのHPを見た被害者が、無料というサイトをクリックして閲覧したのに、有料だとして多額の料金をふっかけられる、というものだ。しかし、被害者は、家族や勤務先への体面等から、支払いを断ったり警察に届ける勇気がでない。中にはいったん支払ったのに、二重に請求され、一人1000万円もの被害を受けた者もいたという。

　こんな事件をトカゲの尻尾切りで終わらせてよいのか。私は、直ちに次席と三席に指示して、捜査経過や事件の証拠関係を調べさせた。すると、驚いたことに、阿南署の僅か数人の刑事達は、何とかこの犯人らの組織を摘発できないか、と県警本部捜査2課の応援も受けて関西などに出張し、アジトから、100通を超える預金通帳を押収し、その入出金状況を克明に分析していたのだ。それらの預金通帳はすべて仮名であり、これらへの振込件数は6,000件に上り、入金されていた被害金と見られる総額は10億円近くに及んでいた。しかし、詐欺事件として立件するのであれば、個人を被害者とする財産犯であるため、被害者が取調べに応じて調書を作成し、公判にも出頭してくれるのでなければ立件できない。阿南署管内の被害者は1人の1件のみであり、他の被害者はすべて全国に散らばっている上、社会的体面から被害届も出してくれないだろう。県警は、悔しいがこれ以上の捜査は無理として、本部から地検本庁に対しても事件相談に来ていなかったのだ。

　私はそのとき、長野の前任地だった大阪地検の次席検事当時、刑事部が、この種の事件について、刑法の詐欺罪と並んで、組織犯罪処罰法10条の「犯罪収益等の取得若しくは処分につき事実を仮装し、又は犯罪収益等を隠匿した者」を5年以下の懲役若しくは300万円以下の罰金に処する」という「犯罪収益等隠匿罪」でも起訴していることを知って「ほう、こんな方法があるんだな」と思ったことが記憶に残っていた。つまり、詐欺罪としては起訴できなくとも、犯罪収益を仮名の預金に入金したこと自体が「犯罪収益の取得についての事実の仮装」に当たるのだ。これ

はいわゆるマネーローンダリングの処罰を可能とする法律として平成11年に制定されていた法律だ。

だとすれば、阿南署の事件でも、100通超の通帳がすべて仮名なのだから、全国の被害者を取り調べなくとも、情況証拠からこれらの入金が正当な収入ではなくアダルトサイト架空請求による被害者から得た金だということを立証できれば、組織犯罪処罰法違反として立件できるのではないか。

私はすぐに、大阪地検の刑事部長だった後輩の優秀な検事に電話し、大阪でそのような立件処理をした関係資料を送付してもらった。そして、三席検事はもとより、本庁で多少でも手の空いている優秀な検事たちを投入し、この資料やそれまでの捜査で得られた証拠を再検討し、事件の立て直しができないかどうか検討を指示した。

三席以下の検事たちは県警捜査2課とも綿密に協議しながら、私の期待を上回る捜査を進展させてくれた。そして、全国の被害者を取り調べることなく、組織犯罪処罰法違反を立件し、架空請求であることが確実に立証可能な約4,000万円以上の事件を訴因として共犯者らを次々と逮捕し、起訴に至った。主犯の男はハワイに逃亡していたが、帰国後逮捕した。犯行を否認したが、三席検事らの緻密な立証により有罪判決を得ることができ、主犯については懲役9年の求刑に対し、懲役8年の判決が下った。

捜査の終了後、このような困難な事件を摘発した阿南署の刑事達を慰労したいと、地検からは私や次席以下全検事、警察からは本部長らも参加して打ち上げを行った。長野市内から飯田支部まで高速で2時間近く、そこから一般道で天竜川沿いに山道をくねくねと1時間半も行ったところに阿南署がある。まさに秘境というにふさわしい。

打ち上げは警察署の大きなガレージに青シートを敷き、七輪なども並べたコップ酒の会だ。「ホームレスパーティだな」などと言いつつ、署員らが、「検事正、これは鹿の肉です、これはイノシシです、これはスズメバチの蜜漬けです」などと差し出してくれる山賊のような手料理を堪能した。

私が、本部長に「こんな小さな署の数人の刑事達がよくもこんなに執念の捜査を遂げましたね」というと、本部長はしみじみ「県警でも、たくさんの事件を抱えて忙しい大きな筆頭署辺りだったら、かえってやれなかったでしょうね」と述懐していた。というのは、全国の被害者の中には、大都市で警察に被害を申告した者もいたそうだ。しかし、犯人たちは狡猾だ。勇気を出して警察に届けられた事件については、「それは請求の手違いだった」としてさっさと返金していたのだ。すると被害者はもともと世間体は悪いし、金が返ってくればありがたい、ということで被害申告を取り下げる。犯人たちは、これは「コスト」と考えて織り込み済みだったのだ。

この事件は、小さな警察署の刑事魂溢れる警察官の懸命な努力の積み上げに、法律家である検事の「知恵」がわさびのように効いた事件だった。警察と検察がそれぞれの特性や経験を活かして連携協力することにより、1プラス1が、3にも4にもなっていく。

組織犯罪処罰法や麻薬特例法などの新規の法律は、古典的な刑法犯の捜査手法が通用しないような新たな犯罪の摘発に極めて大きな効果を発揮するのだ。

通信傍受により摘発した非対面方式の覚せい剤密売事件

　高知市内の暴力団甲組は、長い間、非対面方式の覚せい剤密売を続けていた。覚せい剤を買いたい客は、夜間、常習者らの間に知れわたっている84－○○○○に電話をかけ、名前を名乗らない組員に買いたい量の覚せい剤を注文する。組員は、「○時ころ、○○通りの喫茶△の前の路上」と電話で指示する。客がその場所に来ると、売り子の男がおり、代金と引き換えに覚せい剤を受け取る。しかし、この売り子は組員ではない。刑務所仲間から紹介を受けるなどした組織外の人間で、小遣い銭欲しさに売り子となる。しかし、密売担当の組員はこの売り子とすら顔をあわせない。組員は、売り子にその夜密売させる覚せい剤が入った缶を、路上などの見つかりにくい場所に隠しておき、売り子に電話でその場所を教える。売り子はこの缶を入手し、この中の覚せい剤を、電話で指示された時間・場所で客に密売する。一人の売り子が一晩で何人もの客に密売し、その夜の売り上げ代金の中から1割だけを報酬として差し引く。そして、夜明けがた、電話で指定する場所にいくと、組員の乗った車がすーっと近寄って来るので、すれ違いざま、残りの売上代金を窓から手渡す。しかし顔は合わせることはない。甲組はこの密売方式を長年続け、この窓口の電話番号はひろく知れわたり、岡山県や広島県あたりからもたくさんの客が買いにきていた。利益だけでも年間億をはるかに超えるといわれていた。

　覚せい剤を買った客とか、売り子については、しばしば路上での職務質問で覚せい剤の所持の現行犯として逮捕される。しかし、客はもちろんのこと、売り子でさえ、組員と対面していないので、誰から覚せい剤を入手したかを知りもしない。私が若いころ、麻薬係検事として覚せい剤事件捜査に没頭していたころは、末端の自己使用や少量の所持で検挙された被疑者らを、粘り強く追及して入手経路を自白させ、それによって、上位の密売人や組織を摘発していく「突き上げ捜査」を行っていた。しかし、非対面方式の密売では、売り子でさえ入手先を知らないのだから、突き上げ捜査というものがそもそも不可能だ。だから、検挙されるのは常に末端の売り子どまり。とかげの尻尾切りだ。

　このような悪質な密売を摘発するため、検証令状によって密売に関する電話を傍受する捜査手法が考案され、全国の先駆けとなったのは山梨県警と甲府地検が行った事件だった。

　高知地検の検事任官3年目の優秀な若手検事だったO君とY君が、私のところにきて、甲組の密売を通信傍受によって県警に摘発させたい、と申し出てきた。私は了承した。これを行わなければ、永遠にこの組織的密売を放置するしかない。O君とY君は、県警と綿密に協議し、県警は検証許可状を得て、甲組の上記電話の通信傍受を3日間行った。私も後からその記録を見たが、驚くべきものだった。夜8時ころから夜明けまで、ひっきりなしに覚せい剤購入の申し込みや受け渡し場所の連絡電話が続いている。この密売でいったいこれまでどれほどの不法収益を上げていたのか。

　O君とY君は、通信傍受を進めながら、夜間覆面パトカーに同乗し、購入した客や売り子を警察官が現場で検挙するところまで同行していた。これらに基づいて、一部組員らも含む9人を検挙することができ、相当な成果を上げることができた。

　当時、検証許可状による通信傍受には学説でも批判が多く、甲府の事件も適法性が争われてい

た。私たちは、当然、この事件も憲法論争にまでなると予定し、正面から戦うつもりだった。こんなことが許されないはずはない。それで、起訴された組員らについての請求証拠には冒頭に、本件の通信傍受を行った捜査経過の捜査報告書を含め、弁護人らに開示した。ところが、組員らの冒頭手続で、全員が罪を認め、書証はすべて同意され、通信傍受の違憲性、違法性についてはなんら争点とならず短期間で有罪は確定した。拍子抜けだ。

しかし、それには訳があった。84－○○○○の電話は、舌の根も乾かぬうちにまた密売窓口として利用され、以前同様の密売が再開されたのだ。もし、組員らが、通信傍受は違憲違法だとして公判で争えば、たちまちマスコミの注目を集め、大きく報道されるであろう。そうすると、それを知った客たちは、この電話に申し込めば警察から摘発されると恐れ、誰も購入申し込みの電話をかけてこなくなるだろう。長年築き上げて毎年億を超える稼ぎを生み出す「のれん」を壊すことになるのだ。密売組織とはそれほどまでに狡猾なのだ。

年も明けて摘発から1年近くたち、私はこの事件を忘れかけていた。ある日、某大手新聞の若手記者が私の部屋に飛び込んできた。「次席、高知県警が覚せい剤密売事件で『盗聴』をしたそうですね」という。私は、「君、盗聴なんて言葉をつかうもんじゃないよ。これは通信傍受だ」と言った上、甲組の密売の手口や通信傍受捜査を行った経緯などを詳しくレクしてあげた。彼はそれを聞いて納得し「よく分かりました。このような悪質な密売は、通信傍受をしないと摘発できないんですね。盗聴という言葉は使わず、ちゃんとした記事を書きます」と言って帰っていった。

ところが翌日。その新聞の社会面のトップに「高知県警、覚せい剤密売捜査で『盗聴』」という大見出しの記事が掲載され、識者の「明らかな人権侵害」とのコメントさえ載っている。夕方、彼がまた飛び込んできた。私の話に納得し、書いた記事の原稿が、本社で全面的に書き直されてしまったと、しきりに恐縮している。彼を責めても仕方がない。後日、地元紙が『盗聴か』という見出しで、犯罪組織や手口がますます巧妙化している時代に、このような捜査手法の必要性がもっと理解されるべきだ、という良い記事を書いてくれた。

被疑者の人権侵害のみを声高に主張する反面、悪質巧妙化する犯罪を摘発するための新たな捜査手法の立法化にはことごとく反対する論調が少なからずみられるのは残念なことだ。そのような思考は、「刑事事件につき、公共の福祉の維持と基本的人権の保障とを全うしつつ、事案の真相を明らかにし、刑罰法令を適正且つ迅速に適用実現することを目的とする」刑事訴訟法1条の精神にかなったものとはいえない。かつて、イザヤベンダサン（山本七平氏）が著わした名著「日本人とユダヤ人」の中で「日本人は水と安全はただで買えると思っている」と鋭く指摘したことは、刑事司法の世界にもよく当てはまるだろう。

7 轢逃げ交通事故の兄弟誤認逮捕事件

　私が若手検事で地方都市に勤務していたときの事件だ。Aという男が、轢逃げの道路交通法違反・業務上過失致傷事件（現在では「自動車の運転により人を死傷させる行為等の処罰に関する法律」による過失致傷事件）で逮捕されて送致された。容疑は、Aが自宅の近くの路上を自動車で走行中、路側に立っていた被害者の足首を轢いて骨折させたがそのまま逃げたというものだった。被害者は車種やナンバーを見ていたので直ちに110番通報し、所有者がBだと判明したので警察官がすぐさまB方に向かった。すると、Bは不在でAがいたが、二人は年も近い兄弟で、Aが兄、Bが弟だった。車のボンネットはまだ暖かく帰宅後間もないことが明らかだ。Bを取り調べたところ、事故があったとされる時間帯には近くの居酒屋で友人Cと酒を飲んでいたと弁解し、Cもそれに沿う供述をした。Bにはアリバイがある。Aのポリグラフ検査を行い、事故の状況について一定の記憶があることを示す陽性反応も得られた。警察は、Aが轢逃げ犯人だと確信してAを通常逮捕したのだった。私も嫌疑は極めて濃いと判断して勾留請求し、勾留が認められた。ところが、Aは、「事故の時間ころには、私は、近所の人Dと一緒に家の近くの路上で子供を抱いて祭りの神輿を見ていたので事故は起こしていない」と否認する。Dもそれに沿う供述をしていた。ただ、送致事実の轢逃げの犯行時間は午後1時15分ころとされており、祭りの神輿のその場所の通過時間は午後1時26分ころだと確認できたので、事故現場と自宅、神輿の通過場所の近接した距離関係に照らせば、アリバイは成立しない。しかし、Aの供述態度は、どこかしどろもどろで、詳しく聞こうとすると黙り込むなどして釈然としない。ひょっとしたら、真犯人はBであり、Aの不自然な態度は、真実を話すと弟が逮捕されてしまうし、だからといって自分が進んで身代わりのために嘘の自供をすることもできずに迷っているのではないか。白紙に戻って事実を調べ直さなければならないだろう。刑事たちも私と同様、どこかこの事件はおかしいようだ、と感じ始めていた。それで、刑事たちと協議して捜査を一からやり直そうと意思統一し、早速それに取り掛かった。すると、次々と新たな事実が浮かんできた。そもそもの事故の発生時刻について、110番通報した目撃者を調べ直し、110番通報記録と照らし合わせてみると、その時刻自体に誤りがあり、事故は、送致事実の1時15分ころではなく、その約9分後の1時24分ころであることが明らかになった。だとするとAが祭りの神輿を見ていたのは1時26分ころなので、事故を起こしてから帰宅し、子供を抱いて神輿を見に行くことがたった2分でできるはずはないだろう。私は立会事務官と一緒に、時計を片手に事故現場からAらの自宅、神輿が通過した現場まで歩くなどして時間を測ってみた。それには約10分かかり、とうてい2分では間に合わない。他方、Bの居酒屋での飲食のアリバイについても、Cを再度取り調べるなどして洗い直した。その結果、Bらの来店時間は、当初の供述よりもずっと遅く1時30分以降であることが判明した。そうであれば、Bが1時24分ころ事故を起こしてから帰宅した後、近くの居酒屋に飲みに出かけても十分に間に合う。Bのアリバイは崩れた。こうして兄と弟を取り違えた誤認逮捕であることの可能性が高まってきた。

　しかし、まだ真犯人はBだと断定できるだけの情況にはない。兄と弟のどちらが真犯人か断定できないのなら、どちらも起訴できないことは当然だ。刑事も私も、Aに対し、じゅんじゅんと

説得して真実を話すよう求めた。Aの態度は明らかにぐらついてきた。そこに、Aの弁護人が私に面会を求めてきた。日ごろから信頼のおける弁護士だった。Aとの接見で、私たちが、真犯人はBである可能性を前提に捜査をやり直していることを察知していた上、Bと相談し、このまま兄を無実の罪で起訴させるわけにはいかないと悩んだ上のようだった。私は、弁護人に、Bの嫌疑が高まってきたことを話し、誤った起訴をしないですむために、Aに本当の話をするよう勧めることはできないか、と話した。弁護人も私の意図を理解し、「分かりました。そうしましょう。ただBを警察に出頭させようと思うのですが、Bを逮捕せず、在宅で捜査していただけるでしょうか」と言う。弁護人の立場や気持ちとしては当然だろう。しかし、私の一存で決められることでもないし、そのような「約束」によってAの供述を得るわけにはいかない。それで私は弁護人に「Bを逮捕しないとの約束はできません。しかし、逮捕・勾留の理由は、罪証隠滅のおそれと逃亡のおそれです。私は、この原則に従って誠実に対応するので信頼してください」と言った。AもBも真実を供述し、Bが自ら出頭するのであれば、それらのおそれはないといえる。逮捕をしないことは警察も納得するであろうし、上司も了解してくれるだろう、との判断だった。

　翌日、弁護人に連れられてBが警察に出頭し、轢逃げは自分がやったことだ、と自供した。Aも、「弟が起こした事件だろうと思っていたが、弟が逮捕・起訴されることを恐れて真実を話せなかった」と供述したので、即日Aを釈放した。勾留6日目のことであった。Bについては在宅で捜査を進めた。しかし、自白したとはいえ、なお問題は残っている。Aのポリグラフ検査の結果だ。Aが事故を起こしたのではないのなら、なぜ事故の認識を示す陽性反応がでたのか。この謎を解いてAの嫌疑が完全に晴れなければ、Bが真犯人であることにはなお疑いが残る。そこで、事故の発生時点から逮捕・勾留期間中にAと言葉を交わしたことのある交通係警察官や取調べ担当刑事ら全員に検察庁に来てもらい、各人がAと交わした言葉の内容を思い出してもらった。追及的な取調べではなくとも、無意識にAに投げかけた言葉などの中に、Aに事故の内容等についての一定の認識や暗示を与えるものが含まれる場合もあるからだ。その結果、いくつかのやり取りの中にそのようなものがあり、それらがポリグラフの陽性反応をもたらしたものと推認され、疑問は払しょくされた。

　Bは、被害者の傍を通り抜けたが足首を轢過したことには気づかずに帰宅し、被害者の受傷は後から知ったと供述した。事故は、道路側端に立っていた被害者が不自然な姿勢をとっていたときに足首の甲付近を轢過されたもので、Bの供述に不自然な点はなく、轢逃げではなかったと認められたため、略式命令を請求して事件は終結した。Aは「嫌疑なし」の不起訴とし、被疑者補償の裁定も行って補償金が交付された。

　被疑者段階の弁護人の活動の意義・役割を実感させた事件でもあった。

　若いころの経験不足やずさんな捜査で手痛い失敗をしたことの悔しさや反省が検事を成長させていく。最初から「巨悪」を摘発できるような検事は誰もいない。名もない小さな事件をおろそかにせず、ち密な捜査で真実を追求していくことの積み重ねが、複雑困難な大事件にめぐりあったときにそれを解明できる力を養っていくのだ。

8 連続放火「ギョーザ（餃子）」のアリバイ潰し事件

　私が高知地検次席検事の時の事件だ。本庁から遠い支部管内で連続放火事件が発生した。ある中年の女性A女が、様々なストレスから近隣で数件の放火を犯したものだった。警察は、A女が犯人と目星をつけて行動確認をし、ある家に放火するためガソリンを持ってやって来たところを待ち構え、建造物侵入罪で現行犯逮捕した。連続放火事件というのは、犯人性の立証が容易でなく、ベテラン検事にとっても困難な事件の一つだ。しかし、高知地検は当時実働部隊の検事が三席検事以下4人しかなかったことや、若手検事に経験を積ませる意義もあるため、私はこの事件を任官3年目で新任明けの優秀な若手検事であったO君に配点した。A女は、逮捕事実以外のもう1件の放火を自白し、O君は問題ないと報告してきたので私は起訴の決裁をし、事件は公判請求された。

　ところが、その後しばらくして、O君が、真っ青な顔で次席室に飛び込んできた。O君が、余罪の別の放火事件についてA女の取調べをしたところ、A女は「私はそんな放火なんかしていない。起訴された事件も私は本当はやっていない」と否認し始めたという。私は、正直、「これは参ったな」と思った。連続放火という重大事件について、無実の者を起訴したとなれば由々しい問題だ。経験の浅い若手検事にこのような重要事件を配点したこと、また、決裁官として捜査の指導が至らなかったことの責任はすべて私にある。しかし、人違いの起訴であったならば公訴を取り消すか無罪を甘んじて受けるしかなく、被告人にはもとより、検事正や上級庁には私の指導が至らなかったとお詫びをするしかない。私はO君に「分かった。被疑者が犯人でなかったのならしゃあない。被疑者の否認を抑え込まず詳細に弁解させ、それが真実かどうか、徹底的に裏付け捜査をしなさい」と指示した。

　それからのO君の捜査は見事だった。放火はしていないというA女の弁解を詳細に聞くと、放火事件が発生したとされる時間帯には、自分は近所のスーパーに行って買い物をしていた、という。そこでO君は、どんな買い物をしたのかについてA女に詳しく思い出させた。すると、ギョーザを買ったことをよく覚えているという。そこでO君は、刑事と共にその店に赴いて、その前後の時間帯のレジの売上げ記録をO君自ら徹底的に調べ上げた。幸い、田舎の町のスーパーで、売上げ件数はそれほど膨大ではなかったことも幸いし、A女が弁解するギョーザを含む買い物に相当すると思われる売上げを特定することができた。O君は、刑事と共にA女の自宅にも行き、冷蔵庫の中を確認すると、同じギョーザがたくさん入っていた。また、O君自ら自転車に乗ってスーパーから放火の事件現場まで走ってみると、ぎりぎりではあるが時間的に放火を行うことは可能だということも確認できた。O君は、A女に高圧的な取調べで自白を迫ることはせず、否認のままそれらの余罪を起訴した。レジの記録なども弁護人にすべて開示した。公判では厳しく争われるであろうと予測された。しかし、弁護人は開示された全証拠を検討した結果、結局公判ではすべての起訴事実を争わないこととし、A女は、起訴された事件も、余罪の数件の放火事件も公判で自白し、すべて有罪が確定した。

　検事の醍醐味は、自ら困難な事件を捜査し、関係者を取り調べて真実の供述を得て事件を解決することにある。しかし、実働部隊を卒業し、決裁官となって若手検察官を指導育成することも

もう一つのやりがいだ。私は、厳しい決裁官だった。年配の副検事や事務官には、労をねぎらいつつその守備範囲を守ってもらうが、これから成長する若手検事には容赦なく徹底的に厳しく指導する、という方針だった。私の決裁の厳しさについて部下の間から恨み節が聞こえてくることも知っていた。しかし私は「俺の決裁の厳しさは、君たちが将来決裁官になってからその意味が分かるのだ」と思い、部下の不評は意に介さなかった。私自身を鍛えてくれた尊敬すべき上司は、物わかりのよい「優しい上司」ではなく、厳しい注文に弱音を吐きたくなるほどの人だったからだ。「そんな殺生な」と言いたくなるたびにそれをぐっと飲みこんで捜査を尽くしたことが自分を成長させてくれた。決裁の厳しさというのは大きな声で部下を怒鳴りつけることではない。部下に真実を発見させるために、どんなに多忙で大変であっても、労を厭わず徹底した捜査を尽くさせることと、自分自身の経験を踏まえた具体的で的確な指導を行うことにある。また、部下に対する厳しさには、その反面として、自分が指導決裁した以上、その事件の全責任は自分にある、という自覚が必要だ。万一無罪などの事態になった場合「私はちゃんと指導したんですが、彼の捜査に問題がありました」などと言い訳する者に決裁官の資格はない。「この結果は私の指導が至らなかったためで、私の責任です。申し訳ありません」と言えなくてはならない。私は多くの部下検察官の指導に当たったが、O君を始め、私の厳しい指導を乗り越えて捜査に取り組んだ彼や彼女たちは、みな立派な幹部検察官に成長してくれている。最初は難しい事件を担当してオロオロしていた若手検事が、それを解決すると顔つきが変わり、自信に満ちて来る。「男子（今は男女）三日会わざれば刮目して待つべし」ということわざがある。私が指導した検事たちが、私の若い頃よりももっとすごい検事になったな、と舌を巻く思いをさせられることも少なくなく、これが決裁官の醍醐味である。

　もう一つ、無罪について。検事にとって無罪判決を受けるのはショックだ。日本の検察官は、裁判で有罪がとれるだけの証拠があると確信しなければ起訴はしない。日本の無罪率がわずか0.02％というのがそれを示している。しかし神ならぬ身の捜査官は、時には消極証拠を発見できなかったり、証拠に対する評価の甘さによって無罪判決を受けるときも時々ある。私も自分の未熟さ故に無罪判決を受け、悔しい思いをしたこともある。また、無罪が極めて稀であることから、いったん無罪となると、マスコミや識者が警察検察の捜査を厳しく批判するのが常である。

　しかし、アメリカやイギリスなどでは大違いだ。陪審裁判の無罪率は4分の1程度もあるし、イギリスはいわゆる51％ルールといわれ、積極証拠がわずかでも優位であれば平気で起訴するので無罪率も極めて高く、そのこと自体について社会やマスコミが捜査機関を厳しく批判することもない。我が国における極めて低い無罪率は、無実の人が誤って起訴されることが英米よりもずっと少ない、という意味で被疑者被告人の権利保護に資している。しかしその反面、検事が無罪を恐れるあまり、この被疑者は本当は無実ではないのか、という視点で虚心に捜査を遂行する姿勢を損なうおそれというものも伏在させている。検事や検察組織はそのことを常に自戒しなければならない。

9 ある消費税法違反事件

　私が小地検の決裁官をしていたときの事件だ。国税局から消費税法違反事件を摘発したいとの相談を受けた。事案は、人材派遣業を営む会社の社長と顧問税理士が共謀し、架空のダミー会社を設立し、そこに人材派遣を依頼することによって消費税を免れたというものだ。ちょっと難しくなるが、事業者に課される消費税額は、売上げに係る消費税額から、仕入れ等に係る消費税額を控除した額となる。つまり、事業者自身が仕入先に支払った消費税額は控除される。例えば、消費税込みで1億800万円の売上げがあったとしても、自ら仕入れ時に消費税込みで5,400万円を支払っていたときには、消費税額は800万円マイナス400万円の400万円となる。しかし、従業員に対して給料を支払う場合には消費税分を上乗せしていないから控除はない。もっとも、従業員の派遣を外注していたならば、外注派遣費用には消費税分を上乗せすることになるから、仕入れ税額控除の対象となる。被疑者たちは、この仕組みを悪用し、実質は自己の従業員に対する給料であるものをダミー会社への外注派遣費用であるかのように装って控除税額を過大に申告して脱税した。ただ、ダミー会社を作ってまんまと自己の消費税を脱税したつもりでも、ダミー会社の方で課税されてしまっては元も子もない。しかし、当時、新設法人は、設立後の2年間は消費税を課されないという特典があった。そこで、その期間内に次々とダミー会社を設立してそこに外注するという巧妙な手口により、前後の全期間で3億円以上の消費税を脱税していたのだ。当時、所得税法違反や法人税法違反など伝統的に多数の実績がある事件と比べ、消費税法違反という事件自体が新しい分野であった。この手口の事件について全国で立件起訴した事例はまだ少なく、本件の脱税額は過去最大で、顧問税理士が共犯者というのも初めての例であった。脱税事件は、警察は通常関与せず、国税局の査察部門が調査を行い、手口が悪質で脱税額が大きい事件のみを検察官に告発する。脱税事件は膨大な数に及ぶが、大半の事件は行政上の税務調査によって脱税額に加算税を加えて納税させることで決着する。マル査とか国税Gメンと呼ばれる査察部門は、伝家の宝刀として、強制的な証拠収集の権限を付与され、特に悪質・多額の脱税事件について調査を行う。嫌疑が固まると検察との間で告発に関する勘案協議会を開催し、協議が整った事件を告発することで、刑事事件として検察の捜査に移行する。その件数は少なく、東京でさえ年間10〜20件、地方の小さな県では年間1〜2件という程度だし、被疑者を逮捕せず在宅事件として処理される例が多い。ところが、その中でも、被疑者が否認工作をするなど査察の力のみでは解明が困難な場合、告発前に検察と協議し、合同捜査態勢を組んで検事が被疑者を逮捕・勾留して強力な捜査を遂行することが稀にある。本件でも、被疑者らは外注先の会社はダミーではないと脱税を否認し、査察のみでの解明が行き詰っていたため合同捜査が必要になったのだ。

　しかし、私自身、脱税事件の捜査経験が乏しい上消費税法違反事件は初めてだ。まして、三席以下の全検事は、脱税事件はおろか、独自捜査の経験者もない。いわば素人集団だ。忙しい他庁から応援を貰う訳にもいかない。まず行ったのは、国税のベテラン査察官を講師とした消費税の勉強会。私も生徒の一人として参加した。そしてこれまでの調査内容を分析検討した。本件立証の鍵は、詰まるところ、外注した会社が実体のないダミー会社であるか否かだ。そこで私は三席以下共同捜査に加わる全検事に対し「被疑者を逮捕しても自白をとろうとして無理な取調べはし

てはいけないし、その必要もない。実体のないダミー会社であるかどうかは、事務所設置の状況や実態、従業員の実稼働状況、水道光熱費等の諸経費の支払い状況と負担者、経理帳簿の作成記載の状況・内容など、様々な間接事実の客観的な積み重ねによって明らかになる。だから、それらの間接事実を徹底的に洗い出し、その一つ一つについて被疑者から丁寧に弁解を聞け。必ず不合理な弁解になるはずだ。これらの間接事実を立証できれば、脱税の犯意は違法性の意識の問題に過ぎないから、脱税の犯意を調書にとろうと追及する必要はなく、本人の言うままの不合理な弁解を録取しておけばいい」と指示した。

　三席以下はこれによく従って取調べ事項などを入念に準備した。取調官は、三席は捜査の総括で多忙なので、社長については任官3年目の新任明け検事A君、税理士については優秀な特任検事だったB君に担当させた。A君は、温厚で気の優しい好人物だが、被疑者を厳しく追及するタイプではなく、これまで一般刑事事件の否認事件で自白を取った経験もあまりなかった。私は、ベテランの査察官の質問調査でも否認していたのだから、彼らに自白を取ることは期待できず、否認のままで起訴することになるだろうと思っていた。

　ところが、意外かつ嬉しいことに、A君とB君は、社長と税理士から自白を引き出した。その経過が面白い。A君は社長に、丁寧にひとつひとつの間接事実について穏やかに弁解を求めていった。ところがそうするうち、社長の方から「検事さん、私の言ってること、おかしいですかね」と言い出した。A君が「ええ、やっぱりおかしいと思いますよ」というと、社長は「私はこれまで脱税はしていないと否認していましたが、実は心配だったんです。国税の調査が始まりかけたとき、心配して税理士と相談したことがあるのです。その結果、『やばいかもしれないが査察までは入らず、追加納税すればなんとか収まるだろう』ということになりました。実はその時二人で相談した内容は録音し、そのテープを隠しています。それに、私は、顧問税理士はこう言ったものの心配が消えず、別の税理士に相談したら『私ならこんな恐ろしいことはようしません』と言われてしまいました」と供述したのだ。このテープはもちろん当初の捜索の対象にすらなっていなかったので、直ちに押収した。再生するとまさに社長の供述どおりであり、それ自体で脱税の未必の犯意が認定できるものだった。相談を受けたという別の税理士からも裏付け供述がとれた。

　こうして両名は自白し、公判請求したが、公判でも争わず事実を認め有罪判決が確定した。

　過去に自白の任意性や信用性が争われた事件の中には、検事が想定したストーリーに沿う強い誘導による「作文調書」だと争われたものが少なくない。残念ながらこれまでの検察捜査においてそのような例もあったことは否定できない。本件のような場合、もし上司が「こんな事件で被疑者を割れなけりゃ一人前の検事じゃないぞ」「こんな弱い犯意でどうする」などと検事達を叱咤すれば、若い検事は焦ってしまい、無理な調べによる誘導的な供述を引き出して調書化し、調書上は脱税の明確な犯意を認めるものができあがってしまいかねない。本件でそのような取調べをしていたとすれば、被疑者らは検事に反感を持つであろうし、隠してある録音テープの所在を打ち明けることもしなかったであろう。その場合、公判で請求された「自白調書」について任意性や信用性が争われる。録音テープは弁護側が証拠請求し、その内容はせいぜい未必的な犯意にとどまるのに自白調書には確定的な犯意が記載されているのは不合理だとされ、検事の調書全体の信用性について裁判所に疑いの目を持たせてしまうことになってしまう。

　後日談がある。裁判の確定前、庁舎1階の証拠品保管室に積み上げていた膨大な押収証拠書類の段ボール箱の山が崩れて水浸しになってしまうという事態が発生した。同じフロアにあった宿

直用の洗濯機の老朽化した給水パイプが外れてしまい、おびただしい水がフロア全体に広がってしまったのだ。私が登庁すると担当官が真っ青な顔で報告してきた。すぐ見に行くと、会議室のテーブルに、濡れてよれよれになった証拠書類がやまほど広げてある。私は直ちに三席に「真っ先に弁護士事務所に行ってこれを報告して謝ってきなさい」と指示し、彼は直行した。幸い弁護人は、当方に悪意がなかったことや、濡れた書類はすべて不提出証拠で格別重要なものでもなかったことから、寛大に了解して頂き、抗議などはされず円満に解決した。

しかし、もし、検事達が、被疑者らを厳しく追及し、納得のいかない調書を無理に作成し、被疑者から恨みをかっていたとすればこうはいかなかっただろう。

私が司法修習生時代、当時「ミスター検察」といわれた故伊藤栄樹元検事総長の講話を聞いたことがある。その話の中で、伊藤さんが「君達は、将来検事として被疑者を取り調べることになるだろう。しかし、どんなに厳しい取調べをしても、事件の後にその人と道でばったり顔を合わせたときに、なんのわだかまりなくお互い挨拶を交わせるようでなくてはならない」と言われたことが心に残っている。伊藤さんは、若い頃、ある事件に関係して経済界の重鎮土光敏夫氏を取り調べたことがある。その後、土光さんは「あの伊藤という検事は将来偉くなるよ」と語り、伊藤さんも「土光さんという人は実に立派な人だ」と語っていたそうだ。検事は真実を追及するため、時には厳しい取調べをすることは少なくない。しかし、どんなに厳しい取調べにおいても相手の人格を侮辱するような言動は決してしてはならない。まして「自白しなければいつまでも出られんぞ」「自白しないなら家族まで逮捕してやる」などは言語道断だ。被疑者は、厳しい調べであっても、それは検事が公益の代表として真実を追及するためであり、取調べの厳しさは自分がまだ嘘をついているからだということを感じれば、検事に対して恨みを残さないものだ。私もあまり偉そうなことは言えず、若手検事のころは、未熟さや若気の至りから、追及を焦るあまり後味の悪い取調べをしたこともあった。しかし経験を積むにつれて次第に伊藤さんの言葉が実感を持って感じられるようになった。私は特捜部の在籍は短かったが、地方の中小地検で独自捜査を含む多数の贈収賄、談合、選挙違反の買収事件等の捜査に取り組んだ。私が主任検事として、あるいは決裁官として直接捜査を指揮した事件においては、被疑者等の調書の任意性や信用性が争われて私や応援検察官が証人に呼ばれるようなことは皆無に近く、すべて有罪が確定したことには検事としての充実感がある。

厳しい取調べで自白を得て起訴した被告人が、判決のあった日、検事室に訪ねてきて「おかげさまで執行猶予になりました。お世話になりました」と挨拶をしてくれたり、「今回捜査を受けたことは私の人生で最大の貴重な教訓・経験でした。検事さんもどうぞお元気で世の中のために頑張ってください」などの手紙をくれることもある。それは検事冥利に尽きるものであり、検事にとって隠れた勲章だと言ってもよいであろう。

話は変わるが、戦後の重大事件である吉展ちゃん誘拐殺人事件で、被疑者の小原保を警視庁の名刑事平塚八兵衛が取り調べたときの録音テープを、ドキュメント番組で聴いたことがある。平塚刑事は、静かにさとすような声で「のう、保、どうなんだ、のう、」と粘り強く調べる。罵詈雑言など皆無だ。小原の「ハア、ハア」という自白直前の荒い息遣いが聞こえてくる。こうして小原は全面自供し、起訴されて死刑判決が確定した。小原が執行を待つ日々、短歌の世界に目覚め、味わいのある多くの歌を詠んだことはよく知られている。

踏みしめて　登り行くとき13の　きだはし（階段）軋まむ　罪の重さに

静かなる笑みをたたえて晴ればれと　いまわのみずに写るわが顔

明日の死を　前にひたすら打ちつづく　鼓動を胸に　聴きつつ眠る。

　小原は、絞首台に上がる前、看守に「今度生まれ変わるときは真人間になって戻ってきます、と平塚刑事さんに伝えてください」と言い残して絞首台の露と消えたそうだ。一部の心無い捜査官の不当な取調べは社会から厳しい批判を招く。しかし、多くの真面目な警察官や検事達は、社会から見えないところで、被疑者の人間としての悔悟と更生をも願いながら正しい取調べを日々行っているのだ。

エピローグ

　私はキムタクの「ヒーロー」が大好きだ。映画も観に行くし、テレビで再放送があると必ず観ている。しかし、それは実は最近のことだ。この映画が脚光を浴び始めた当時、私は、「ヒーロー」という題名を聞いただけで、鼻から「そんな映画なんてくだらない。検事の仕事は『ヒーロー』なんて華々しくかっこいいものじゃない。愚直で地味な、裏通りの掃除人のような仕事なんだ」と思い、食わず嫌いで、長い間まったく見向きもしていなかったのだ。しかし、この映画の製作については法務省もなんらかの協力をしていたらしい。ある時、たまたま、若手の優秀な女性検事との仕事の打ち合わせ中、この映画のこと話題に上り、私は「なんであんなくだらない映画に法務省が協力なんかするんだろう」と話した。すると彼女は「そんなこと言わないでください。あれはとってもいい映画ですよ。私は観に行くと感激して涙がウルウルします。是非観てください」と言う。それで、私は、騙されたつもりになって家内とヒーローを観に行った。結果は、私も涙ウルウル。以来、ヒーロー大好き人間になってしまった。

　この映画のドラマの検察捜査の展開は、プロの眼からは、実際の事件ではちょっとこれはないよな、と思うことも少なくない。「FACT」のベースでは、現実の検察捜査では生じないようなドラマ展開だ。しかし、キムタク演じる久利生検事の生き様と考え方は、プロである私にも心地よく響く。私は、久利生検事のようにかっこよくもなく、また政財界を揺るがすような事件の捜査経験にも乏しい、西日本の現場中心の無名の一捜査検事であった。しかし、ヒーローを観ると、私が若い時から、事件の大小にかかわりなく、ひたすら愚直に事件関係者と接し、捜査に取り組んでいたころの思いがよみがえって来る。これは私に限らず、全国の多くの人間味と正義感あふれる検事諸君にも共有されているのだろう。キムタクのヒーローには「FACT」を超えた、検事の「TRUTH」があるのだ。

　検察に対する批判として「警察の違法捜査のチェックが不十分だ」と言われることがある。確かに、これまで違法捜査が厳しく糾弾された事件では、そのような批判を甘んじて受けざるを得ないものもある。しかし、検察の警察に対する違法捜査のチェックということは、単に法的観点から問題点を指摘・指導するということではない。警察の行き過ぎた捜査について裁判官や弁護士、学者が批判するのと同じように検事が警察捜査を批判するだけであれば、警察は孤立無援となってしまう。検事は、警察の捜査の現場の困難さや苦労をよく理解し、熱意を持って適切な指導助言を行う姿勢が大切だ。検事が、やたらに警察捜査の不備や問題点をあげつらい、様々な補充捜査を要請した挙句、警察が懸命にそれに答えたのに、不起訴にして知らん顔、ということでは、その検事は二度と警察から信頼されない。イソップの狼と少年の話のようなものだ。

　警察から検察への事件の事前相談という実務は、刑訴法には1行も書かれていない。警察が被疑者を逮捕したいのなら、検察への事前相談も了承も必要なく、警察の判断でやれば足りる。しかし、警察も逮捕する以上は是非とも起訴してほしいという思いがあるから事前相談に来るのだ。そのときに検事は、警察をバックアップし、的確な指導助言を行うことが大切だ。ケチをつけるだけなら誰にでもできる。ケチをつけずに「知恵」を出すのだ。警察がこれを踏まえて困難

な事件を捜査し、起訴に漕ぎつければ、その検事は警察から信頼され、頼られ、警察は求めなくともどんどん事件の相談に来るようになる。警察の苦労を理解し、共に戦うという姿勢で、的確な指導助言を行い、困難な事件を解明して起訴できる検事は優秀な検事だ。しかし、更に優秀な検事とは、事件に真に問題があり、起訴すべき事件でないと判断された場合に、警察にそのことを理解させ、「あの検事さんがだめというなら、本当にだめなんだな」と納得させ、行き過ぎた捜査を踏みとどめさせる力がある者だ。つまり、検察における警察の違法捜査のチェックということは、「懇切的確な指導助言」と表裏一体なのだ。

第 3 編
公判・証拠法を中心に

警察や検察が、いかに積極的に捜査を行って様々な証拠を収集し、被疑者を起訴したとしても、それらの証拠によって認定できる事実を的確に判断し、適切な犯罪構成要件に当てはめて起訴状の公訴事実に記載し、それらの事実が認定できるために必要かつ十分な証拠を公判で明らかにしなければ、有罪判決を得ることはできません。また、せっかく収集した証拠であっても収集手続が違法であれば排除されてしまうおそれがあるので、収集手続の適法性を十分吟味しておく必要がある上、もし排除される可能性が高い証拠であれば、公判での立証をそれに頼ることはせずに他の証拠で立証できる方策を練らなければなりません。収集した証拠が公判で的確に顕出されるためには、例えば伝聞証拠であれば伝聞法則の例外要件を充たすような立証活動が必要になりますし、それが充たされない場合にはそのような伝聞証拠に頼らない立証の方策を考えなければなりません。さらに、公訴事実である訴因を的確に構成しておくことが必要なことはいうまでもありませんが、公判審理の過程で、当初期待したとおりの事実が認定できなくなるおそれが生じた場合、適切な訴因変更手続などが必要となる場合もあります。これらの問題については証拠法、公判手続、訴因と公訴事実などの諸問題を十分に理解しておくことによって、はじめて的確な対応が可能となります。また、そのことは捜査段階においても、将来の公判での的確な立証のために役立ち、証拠能力が認められる証拠を収集する姿勢を身に付けることにもつながります。

　他方、弁護人にとっては、被告人の権利利益を擁護するため、警察や検察の捜査や立証活動に問題がある場合にはそれを鋭く見抜いて、証拠能力や証拠の証明力などについて的確に争い、不当な有罪判決を阻止することはもとより、被告人の情状ができる限り有利になるような防御活動を行うことが当然の責務です。

　裁判官にとっては、公判審理で当事者双方から請求・主張される内容や、それらに対する異議申立てなどについて迅速的確な訴訟指揮を行って、効果的な証拠調べなどが行われるように努め、証拠能力が認められる証拠に基づいて積極消極の事実認定を的確に行うことが求められます。

　以下に、それらの重要な問題点について基本的なものを総論的に勉強した上で、具体的な事例講義を通じて勉強していくことにします。

第1章 証拠法総論

第1 証拠法の基本問題と証拠構造の理解の重要性

　事例講義に入る前に、証拠法の大原則としての基本問題と、証拠構造の理解の重要性についてお話ししておきます。これらをしっかりと理解しておくことが、事例講義の中に含まれる様々な具体的問題を検討する前提となります。

1 自由心証主義
【我が国における自由心証主義導入の経緯など】
刑訴法は
　　317条　事実の認定は証拠による。
　　318条　証拠の証明力は、裁判官の自由な判断に委ねる。
と証拠裁判主義と自由心証主義の原則を定めています。
　自由心証主義とは、法定証拠主義に対する概念であり、大陸法系のフランス・ドイツで発生・発達しました。ちなみに、英米には自由心証主義という概念はなく合理的推論による認定という原則が採られています。中世のヨーロッパは法定証拠主義であり、被告人の自白と二人の証人の証言が有罪のために必要だったため、自白を得るために様々な拷問や過酷な取調べが行われていました。フランス革命以降の近世における人権思想の発達とともに、拷問を排するために自由心証主義が採り入れられ、近代国家における刑事裁判上の原則となったのです。
　我が国でもこれに似たような経緯を辿っています。江戸時代や明治時代の初期までは、有罪とするためには自白が必要とされ、拷問も許されていました。しかし、日本の法制度の近代化のためにフランスから招聘されたボアソナードが拷問制度への批判をしたことから、ようやく1876年に至って、「証拠により罪を断ずるは、もっぱら裁判官の信認するところにあり」という司法省達が発せられ、自由心証主義が採り入れられました。これはその後の我が国の初の近代的刑事法典である治罪法に「証拠の証明力は判事の自由なる判断に任ず」と規定され、旧旧刑訴法（明治刑訴法）、旧刑訴法（大正刑訴法）に引き継がれたのです。

【自由心証主義の内容とその合理性の担保など】
　自由心証主義といっても、裁判官の恣意・直観に頼るのではなく、経験則・論理則にかなった合理的なものでなければなりません。「自由心証主義は、当然に合理心証主義であり、科学的心証主義であると言われます[1]。
　このような自由心証主義の合理性はいくつかの制度によって担保されています。「有罪の言い渡しをするには、罪となるべき事実、証拠の標目及び法令の適用を示さなければならない（刑訴法335条1項）」という有罪判決における証拠標目の呈示は、裁判官が恣意によらず証拠により判

---

(1) 団藤282頁。

断したことを明らかにする意味があります。また、判決に対して上級審による審査がなされるのも、裁判官個人の恣意的な判断を防ぎ、是正する意義があります。

　自由心証主義にはいくつかの例外もあります。憲法38条3項は、自己に不利益な唯一の証拠が本人の自白である場合には有罪とされないとしています。これは自白が完全であるため信用性に疑いはなくそれだけでも有罪の認定ができると裁判官が心証を得た場合ですら、補強証拠がなければ有罪にはできないというもので、自由心証主義の重要な例外です。また、上級審が原判決を破棄差戻した場合、差戻し審の裁判官は、上級審が破棄差戻しした理由に拘束されますが、これも自由心証主義の例外です。

【自由心証主義と立証趣旨の拘束力との関係】

　事例講義の中では、立証趣旨という言葉が頻繁に出てきます。立証趣旨とは、裁判において当事者が証拠の取調べを裁判所に請求する場合、その証拠によって何を立証しようとするのか、ということを裁判所に示すものです。

　立証趣旨という文言自体が刑訴法に初めて登場したのは、平成16年の改正で公判前整理手続が導入された際のことです。同手続の内容を規定する316条の5の5号が「請求に係る証拠について、その立証趣旨、尋問事項等を明らかにさせること」としました。しかし、この概念は従来から実務上も講学上も定着しており、規則189条が「証拠調べの請求は、証拠と証明すべき事実との関係を具体的に明示して、これをしなければならない」と定めているのも、立証趣旨の明示を意味しています。

　立証趣旨の明示が要求される理由は次のとおりです。

　ア　裁判所が請求される証拠の採否を決定する際の参考とすること
　イ　請求されて採用された証人尋問等を適切に行うこと
　　刑訴法295条1項は
　　　「裁判長は、訴訟関係人のする尋問又は陳述が既にした尋問もしくは陳述と重複するとき、又は事件に関係のない事項にわたるとき、その他相当でないときは、訴訟関係人の本質的な権利を害さない限り、これを制限することができる」
と定めていますが、その証人がどういう立証趣旨で請求されたかを前提としないとこのような的確な証人尋問の訴訟指揮ができません。
　ウ　当事者、特に被告人に不意打ちを与えず、効果的な防御を可能とすること
　　　例えば、「被告人を事件現場付近でみかけたこと」という立証趣旨で検察官が請求し採用された目撃証人が、公判で「実は、被告人が凶器の包丁を買うのを見た」「被告人から事件後『俺が殺した』と打ち明けられた」などと証言し始めた場合、被告人にとっては不意打ちになります。また、情状証人として請求、採用された被告人側の証人が公判で突然被告人のアリバイの証言を始めてしまえば検察官にとっては不意打ちになります。

　しかし、いったん採用されて適法に取調べられた証拠について、それをどう評価するかは、自由心証主義に基づいて裁判官の自由心証に委ねられるのが原則であり、請求者側の立証趣旨のとおりに認定しなければならないというわけではありません。例えば、弁護人が請求したアリバイ証人に対し、検察官が巧みな反対尋問を行い、裁判所がその証言内容から、かえってアリバイは成立しない、という心証を形成することも許されます。

　その意味で、「立証趣旨の拘束力は原則として否定される」というのが通説・実務です。当事

者はこういう立証趣旨で証拠請求したのだから、そのとおり認定するためだけにこの証拠を使ってほしい、ということは許されないということですね。

ただ、これも無制限ではなく、次のような限界・制約があります。

ア 共同被告人の一部に対する犯罪立証のために提出された証拠は、他の共同被告人のためには利用できない。

イ 訴訟法的事実を立証するための証拠（例えば親告罪の告訴状）や、自白の任意性立証のために尋問した警察官の証言から、犯罪事実の存否について心証を得ることはできない。

ウ 証拠の証明力を争うために提出された証拠（弾劾証拠）を、犯罪事実の認定に使用することはできない。

エ 量刑事情として証拠申請があった情状証拠を犯罪の認定に用いることはできない。

2 厳格な証明と自由な証明

証明には厳格な証明、自由な証明及び疎明の3種類があり、またこのほかに「適正な証明」という概念もあります。

【厳格な証明】

「刑訴法の規定により証拠能力が認められ、かつ、公判廷における適法な証拠調べを経た証拠による証明を意味する」とするのが一般です。

厳格な証明の対象事実として一般に挙げられるのは、

ア 公訴事実の存否

イ 構成要件該当性のほか、違法性・有責性の存否とこれに対する違法阻却事由、責任阻却事由の存否

ウ 処罰条件やその阻却事由
　刑法197条2項の事前収賄罪において、「公務員となった」事実や親族相盗等における一定の親族関係など

エ 刑の加重減免事由
　心神耗弱、未遂、従犯、過剰防衛など

オ 情状のうち犯罪事実の内容となる情状（動機、手段・方法、被害結果の大小など）

【自由な証明】

厳格な証明のような制約に服さない証明をいいます。

自由な証明の対象事実としては一般に次のようなものが挙げられています。

ア 一般情状
　被告人の経歴・性格、被害弁償・示談の成立、酌量減軽事由、執行猶予の情状事由

イ 訴訟法的事実
　自白の任意性、伝聞法則の例外要件（特信性など）や要証事実との関連性など証拠能力に関する事実、親告罪等の訴訟条件に関する事実、起訴状謄本の送達など手続上の事実など。
　ただ、証拠能力を基礎付ける事実であっても、特に自白の任意性の基礎となる事実については厳格な証明によるべきとの説が有力であり、また、実務では、任意性が争われ取調べの録音・録画の記録媒体や取調官の証人尋問による場合が多いです。

また、訴訟法的事実であっても、例えば逮捕手続の適法性など、それが事件の重要な争点となる場合にはまったくの自由な証明に委ねてよいとは考えられず、むしろ厳格な証明によるべきであるとの説も有力であり、実務でも事案に応じて厳格な証明によっています[2]。

(疎明)
訴訟手続上の事項に限られ、法文で特に明記されています。証拠能力の点については自由な証明とほぼ同様であり、証拠調べの方式については自由な証明よりさらに緩やかです。例えば法227条は、第一回公判前の証人尋問の要件である「公判期日においては前にした供述と異なる供述をするおそれ」などについて「証人尋問を必要とする理由及びそれが犯罪の証明に欠くことができないものであることを疎明しなければならない」と定めています。

【適正な証明】
厳格な証明と自由な証明の中間にある範疇で、当事者の異議により証拠能力の制限が復活し、証拠調べも公判廷で当事者に証拠を検討し、その証明力を争う機会を与えることが必要となるものです。簡易公判手続の決定があった事件については、307条の2が、296条以下の公判での証拠調べに関する規定を適用せず、証拠調べは公判期日において、適当と認める方法でこれを行うことができるとしており、また320条2項は、同手続の決定があった事件の証拠については、伝聞法則は適用されないことを定めています。しかしその但書で、「検察官、被告人又は弁護人が証拠とすることに異議を述べたものについては、この限りでない」としていますので、異議があれば原則どおり伝聞法則が適用されることになります。

【実務の運用など】
上記のように、厳格な証明と自由な証明の対象については、おおむねの整理がされているのですが、実際の公判においては、自由な証明で足りるとされる事実でも事案に応じて厳格な証明によるなど、この区分はそれほど明確ではありません。学説でも、「単に量刑の資料となる事実については、自由な証明で足りるとするのが通説であり、判例でもある。しかし、単に量刑の資料となる事実であっても、刑罰権の量や刑の執行猶予の適否を決定する重要な事実であるから、厳格な証明を要するとする説も実務上有力であり、少なくとも実務上は、厳格な証拠によって証明させようとする運用が多い。訴訟法上の事実は、自由な証明で足りるとするのが通説・判例であるが、訴訟条件、補助事実（証拠の証明力や証拠能力に関する事実とりわけ自白の任意性）の証明については、厳格な証明を要すると解する説もないわけではないし、実務上は、厳格な証拠によって証明させようとする扱いが多い」などという考え方が一般的です[3]。

したがって、実務では、自由な証明の対象と整理されている一般情状である被害弁償関係についても、それが量刑に大きく影響する場合であれば厳格な証明によるのが通常ですし、自白の任意性については前述のように取調べの録音・録画の記録媒体の取調べや、取調官の証人尋問によ

---

(2) 東京高判平成22・1・26判タ1326号280頁は、特殊開錠用具の所持の禁止等に関する法律違反による現行犯逮捕の適法性が強く争われたにもかかわらず、逮捕手続は訴訟法上の事実であるとして、不同意のまま採用して取り調べた原審の判断を違法とした。
(3) 石井・刑事実務証拠法108頁。

るのが通常です。要するに、前記の一応の整理を踏まえつつ、それが事件の事実認定や量刑判断の争点に影響を与えるような重要なものであれば、自由な証明では足りず厳格な証明によっているのが実務だといえます。

3 証拠の関連性など

上記のような証明に用いることができる証拠のうち、特に厳格な証明のために用いられる証拠については、刑訴法の規定による証拠能力を有するものでなければなりませんが、証拠として採用されるためには、次のように、証拠と事実との関連性が必要であり、また、証拠禁止に当たらないことが必要です。

【自然的関連性】

その証拠に、要証事実の存否を推認させる必要最小限度の証明力が伴っていることです。風評や噂の類では足りません。また、偽造された証拠であれば関連性は皆無であり、証拠として採用されることは許されないことはもちろん、いったん採用された証拠が偽造であることが判明すれば証拠排除決定をすべきことになるでしょう。

【法律的関連性】

自然的関連性が認められても、更にその証拠は、信用性について裁判所の心証形成に対して類型的に誤った影響をもたらす危険のないものでなければならず、これが法律的関連性であり、次がこれを否定されるものです。

ア 伝聞法則に反するもの
イ 任意性のない自白（証拠禁止に含める整理もある）
ウ 被告人の悪性格や同種前科による立証で許される範囲・程度を超えるもの

【証拠禁止にあたらないこと】

次のものは具体的事案によっては証拠禁止にあたります。

ア 違法収集証拠
イ 不公正手続排除法則に反する証拠
　例えば、形式的には321条1項2号に該当する検察官調書であっても、退去強制前に作成された場合、具体的状況によっては手続的正義の観点から公正さを欠くとして証拠能力が否定されるべき場合もあることを示した**最判平成7・6・20刑集49巻6号741頁**など。

4 要証事実と立証趣旨、主要事実・間接事実・補助事実、直接証拠・間接証拠・補助証拠などの基本的概念

証拠法に関する問題を検討する場合、これらの概念が頻繁に登場します。これらの概念を正確に理解しておかなければ土台がぐらつきます。ただ、これらの概念自体について、論者により様々な定義・整理の仕方があり、そのことが学生諸君を混乱させている場合もあります。以下は私による整理で、本講義ではこのような概念の定義に基づいて問題を検討していきます。

【要証事実と立証趣旨】

　要証事実とは、文字どおり、証明を要する事実です。例えば、「犯罪現場に被告人がいたこと」とか、「事件当時被告人は会議に参加していてアリバイがあったこと」などです。立証趣旨とは、ある証拠でどのような要証事実を証明しようとするのか、というその証拠を請求する当事者の主観的な意図・目的のことです。いわば請求する証拠と要証事実との関係概念です。例えば、犯行現場で被告人を目撃したＡの供述録取書を検察官が証拠請求する場合、要証事実は、「犯行現場に被告人がいたこと」ですが、立証趣旨についても、証拠請求書（実務では「証拠等関係カード」という書式を用いるのが一般）の立証趣旨の記載欄には「犯行現場に被告人がいたこと」などと記載するのが通常です。ただ、それは厳密にいえば「検察官は、Ａの供述録取書によって被告人が犯行現場にいたことを立証します」という意味です。野球に例えると、１塁ベースが守られるべきもので要証事実に相当し、一塁手がそのベースを守る証拠に当たり、その選手を一塁手に配置しようとする監督の意図が立証趣旨、といってよいでしょう。要証事実と立証趣旨は、このように通常は表裏一体のものです。ところが、ときどき、検察官の請求する証拠の立証趣旨が、伝聞法則を潜脱しようとするなど適切でない場合が生じ、この表裏一体性に反することも散見されますがこれは後の講義で勉強しましょう。

【主要事実・間接事実・補助事実とは何か】

　これは、論者によって整理の仕方が一様ではありません。主要事実を犯罪構成要件に該当する事実に狭く限定する考え方もあります。しかし、私は、主要事実とは、構成要件に該当する事実のみならず、犯罪の成立等についての責任能力、違法阻却事由がないこと、処罰条件、刑の加重減免事由など、犯罪の成立と刑罰権の発生の根拠となる事実を広く主要事実だと整理しています。これらの主要事実を直接証明することができない場合に、その一段階下のレベルの様々な事実を総合して主要事実を認定していく必要が生じます。これらを私は間接事実と整理します。補助事実とは証拠の証明力を補強ないし減殺する事実であり、例えば目撃証人の視力とか現場で視認できる明るさや、証人が賄賂を貰って嘘の証言をしたことなど、証人と証言の信用性に関わる事実を指します。

【直接証拠・間接証拠・補助証拠】

　論者によっては、主要事実を証明する証拠が直接証拠であり、間接事実を証明する証拠が間接証拠であり、補助事実を証明する証拠が補助証拠だと整理しており、むしろこれが多数説かもしれません。ただ、私としては、主要事実、間接事実、補助事実のいずれであれ、当該事実を直接証明できる証拠が直接証拠であり、そのような証拠がないため、一段下のレベルの事実で証明すべき場合に、その事実を証明する証拠を、一段上の事実に対する関係で間接証拠、と整理する方がベターだと考えています。当該間接事実を直接証明できる証拠は、当該間接事実に対しては直接証拠ですが、一段上のレベルの事実に対する関係では間接証拠である、と整理することになります。ただ、これらは、いずれが絶対的に正しいか、という問題ではなく、整理の仕方の問題にすぎません。

5　証拠構造を理解すること

　皆さんは、「証拠構造」という言葉はあまり聞いたことがないでしょう。しかし、実務ではこ

の概念はしばしば用いられ、その理解は極めて重要です。犯行の目撃者もおらず、被告人が犯行を否認しているような複雑困難事件では、犯罪や被告人の犯人性などを直接証明できる証拠がないため、さまざまな証拠を総合して立証することになります。これが皆さんも聞いたことがある「情況証拠による立証」です。この情況証拠による立証ということは「証拠構造」を的確に組み立てることによって可能となるのであり、両者の概念は表裏一体なのです。

証拠構造とは、この情況証拠による立証を可能とするために、様々な事実とそれらを立証できる証拠とを、的確かつ有機的に組み立てるための、いわば設計図のようなものだといえます。さまざまな証拠を整理もせずに「こんな証拠もあります」「こんな証拠もあります」と漫然と差し出すだけでは、裁判所は十分に理解してくれません。素人である裁判員ならなおさらのことです。

証拠構造とは、主要事実、それを直接証明できる証拠がない場合の第一次間接事実、その間接事実を直接証明できる証拠がない場合に、一段階下の様々な事実である第二次間接事実（論理的には更に広がる）と、これらの各事実を証明できる個々の証拠とを有機的に組み立てたツリー構造になるのが通常です。

ある殺人事件で、被告人が事件現場に行ったことすらない、と弁解して犯人性を否認している事件の公訴事実の要旨とそれを証明するための証拠構造の例を示しましょう。

〔公訴事実の要旨〕
　Aは、勤務していた甲会社を解雇されたことを恨み、5月3日午後10時ころ、○○町……△マンション202号室の甲会社社長Vの自宅応接間において、Vに対し、刺身包丁でその胸部腹部等を多数回突き刺し、よって、そのころ、同所において、Vを、胸部動脈切断による出血失血により死亡させて殺害した。

〔証拠構造の例〕（被告人は、V宅訪問の点も含め全面否認のため、自白調書なし）
1　Vは、5月3日午後10時ころ、自宅応接間において、鋭利な刃物で胸部腹部等を多数回突き刺され、出血失血により死亡したこと
　　　　　　　　　　　　　　　実況見分調書　死体解剖結果の鑑定書
2　その犯人は被告人Aであること
　(1)　Aは、5月2日、○○店において、刺身包丁を購入したこと
　　　　　　　　　　　　　　　店長のKS
　(2)　上記包丁と同型の刃体・長さは、Vの刺創と一致すること
　　　　　　　　　　　　　　　Aが購入したのと同型の包丁
　　　　　　　　　　　　　　　科学捜査研究所による鑑定書
　(3)　Aの自宅から、血痕の付着したAのジャンパーが押収されたこと
　　　　　　　　　　　　　　　捜索差押調書　写真撮影報告書
　(4)　上記付着血痕は、被害者の血痕とDNAが一致すること
　　　　　　　　　　　　　　　科学捜査研究所による鑑定書
　(5)　5月3日午後9時45分頃、V宅をAが訪れていること
　　ア　同日午後9時40分ころV宅に隣接した駐車場で住民WがAを目撃していること
　　　①　Wの視力は1.2であること

② 目撃距離は約10メートルで、駐車場には街灯が点灯していたこと
　　　　　　　　　　　　WのPS　W立会の実況見分調書
　イ　同日午後9時45分ころ、V宅マンション玄関の防犯カメラにAと身体服装が酷似した男が映っていること
　　　　　　　　　　　　防犯カメラ録画ビデオ
　ウ　Vが、5月2日、会社の幹部Yに「明日Aがうちに来ると言ってきかない。解雇されたことの文句をしつこく言いに来るんだろう」と電話で話していたこと
　　　　　　　　　　　　YのPS
(6)　Aには、V殺害の動機があったこと
　　　① Aは、4月10日、甲会社を解雇されていたこと
　　　② Aは、その後、Vや会社の幹部のYに対し、執拗に解雇の不当を訴え「この恨みは絶対晴らしてやる。覚えておけ」などと申し向けていたこと
　　　　　　　　　　　　YのPS

第2章
伝聞法則の基本問題

　刑訴法320条から328条までの規定がある伝聞法則については、刑訴法の中で学生諸君がもっとも難しいと感じる問題のようですね。「判例や学説は法律の規定の明文とはずいぶん異なる解釈をしているのはなぜだろうか」「基本書を読んだり講義を聞いて頭の中では分かったつもりになっても、具体的事案になるとさっぱりあてはめができない」「再伝聞や再々伝聞になるとますます分からなくなる」「精神状態の供述には伝聞法則が適用されない根拠に様々な説があるがなぜそんな諸説の違いがあるのか理解できない」などの声をしばしば聞きます。

　確かに、伝聞法則は刑訴法の中では比較的難しい問題だといえます。しかし、本当に難しいかというと、決してそうではなく、「難しそうに見える」というのが適切だろうと私は思っています。難しそうに見えるのは、その原因があります。その原因から理解していくと、難しそうにみえた問題が「なるほど、そういうことだったのか」ともつれた糸が解けるように疑問が氷解していくことになるでしょう。

　伝聞法則が難しそうに見える原因は、大別して二つあります。一つは、我が国の刑訴法に伝聞法則が導入された経緯がもたらす問題、もう一つは、伝聞法則の検討・理解の前提となる重要な概念の定義がいまだに論者によって一様でなく統一されていないこと、にあります。

1　伝聞法則導入の経緯がもたらす問題

　戦前の旧刑訴法には伝聞法則の規定はありませんでした。旧刑訴法は大陸法のドイツの刑訴法に倣って制定されたのですが、職権審理主義のドイツ刑訴法には伝聞法則という概念はなく、裁判官の直接審理主義という概念がありました。伝聞証拠とは「hearsay evidence」というアメリカ法の概念です。戦後、GHQの指導の下で現行刑訴法が制定されましたが、既にお話ししたように、大陸法の職権審理主義の刑訴法の骨格全体は変えずにほぼ維持しながら、アメリカ法の当事者主義や訴因制度、伝聞法則をその中に「接ぎ木」するように組み入れたのです。刑訴法320条以下に盛り込まれた伝聞法則の規定については、我が国の刑事裁判ではその運用の経験がなかったため、立派な条文はできたものの、実際に裁判での運用を始めてみると、実情に合わない様々な問題が生じてきました。そのため、明文の規定の文理解釈どおりでは現実の事案について合理性・妥当性を欠いてしまうことが少なくないため、判例や学説は、刑訴法320条以下の規定を、時には拡大的に、時には縮小的に運用する様々な解釈論を編み出してきたのです。これが、現在、皆さんが、しばしば疑問に思う、条文の規定と判例学説の「乖離」の最大の原因です。その乖離をもたらした解釈論には、①明文のままでは伝聞法則に抵触してしまうが、実際には伝聞の弊害がないために伝聞法則を非適用とする方向のもの、と、②明文では伝聞例外に該当するが実質的弊害があるため、解釈論でその適用を限定する方向のもの、とに大別されます。

【伝聞法則非適用を拡大する方向の解釈論】

　その最大のものが、「伝聞証拠」の定義です。刑訴法320条は、伝聞例外規定に該当する場合を除いては「公判期日における供述に代えて書面を証拠とし、又は公判期日外における他の者の供

述を内容とする証拠とすることはできない」としています。前者が供述代用書面、後者が伝聞供述とか又聞きの供述、と呼ばれます。しかし、現在通説となっている実質説による伝聞証拠の定義は、「公判期日における供述に代わる書面及び公判期日外における他の者の供述を内容とする供述で、原供述内容をなす事実の真実性の証明に用いられるもの」というものです。つまり、条文にはない「原供述内容をなす事実の真実性の証明に用いるもの」という要件を、いわば勝手に加えてしまったのです。これは供述代用書面や又聞き供述であっても、実質的には伝聞の弊害がないものも少なくないので、それらを伝聞法則適用の対象外とするための定義だといえます。このことによって、明文では本来伝聞証拠として許容されないはずのものが大幅に伝聞法則の対象から外れてしまいました。

　また、刑訴法321条以下の伝聞例外の個々の規定も、形式的にはその例外規定に該当せず、伝聞法則が適用されるべきものであっても、実質的に伝聞の弊害がないものについては、個々の規定の拡張的な解釈や準用によって、伝聞例外に該当するものを大幅に拡大してきました。例えば、形象321条4項の鑑定書は、明文では裁判所の命令による「鑑定人」が作成した鑑定書に限られるのですが、判例は、これを捜査官が嘱託した鑑定受託者による鑑定書に準用し、その後、弁護士等の私人が専門家に依頼して行った鑑定書にも準用を広げています。また、医師が作成した診断書は診断の結果のみで「鑑定の経過」は記載されないのですが、判例はこれにも同項の準用を認めています。

　また、伝聞例外規定は第一次の伝聞を前提としており、再伝聞や再々伝聞は明文では認められていないのですが、判例学説は、解釈論でこれらを肯定しています。更に、いわゆる精神状態の供述や、そのひとつの類型である犯行メモについても、それが知覚・記憶に頼らないため伝聞の弊害が少ないことから、非伝聞ないし明文のない伝聞例外等として伝聞法則を適用しない判例や学説が生まれたことも、これらの流れの一環だと位置付けることができるでしょう。

【伝聞例外規定の適用を限定する方向の解釈論】

　前記とは反対に、明文では伝聞例外規定に該当しそうなのに、この規定を更に限定的に解釈する方向の解釈論もいくつかあります。例えば、刑訴法328条の弾劾証拠については、以前から、内容の真実性を立証するのでなく、他の証拠の証明力を弾劾するためのものであれば、どんな証拠でも許容されるという非限定説と、弾劾証拠として認められるのは当の供述者本人の自己矛盾供述に限る、という限定説の争いがありました。明文ではなんの限定も付されておらず、古い判例は非限定説を採っていました。しかし**最判平成18・11・7刑集60巻9号561頁**は、限定説を採ることとしてこの争いに決着をつけました。

　また、前述した退去強制前に作成された検察官調書の証拠能力について321条1項2号の要件に形式的には該当しても不公正手続排除の観点から排除される場合があり得ることを示したのも、伝聞例外要件を明文以上に限定的に解釈するものです。

　これらの経緯を念頭に置くことが、なぜ明文の規定と判例学説の解釈論にはこんな食い違いがあるのか、という疑問に答える上で役に立つのです。

2　重要な基本的概念の不統一がもたらす問題など
【「供述証拠」の定義に諸説があること】

　伝聞法則は「供述証拠」についての法則です。しかし、そもそも「供述証拠とは何か」という

基本概念の定義についてすら、様々な考え方があります。大別すると次のようなものです。みなさんは、まず「供述証拠」とはなにか、ということを自分が決めなければ伝聞法則問題のスタートラインに立てません。

　ア　最も広く捉える説
　　「人の供述を内容とする証拠のことをいう」
　イ　最も狭く解する説
　　「供述証拠は、ある事実を知覚し、それを記憶し、それを叙述する、という過程を経て証拠化されたものをいう」
　ウ　中間的な説
　　「供述証拠とは、人の供述で、その供述内容の真実性の証明に用いるものをいう」

　伝聞法則の問題を議論しているとき、A君は供述証拠をア説のように広く考え、B君はイ説のように狭く考えているとした場合、お互いがそのことを認識せずに議論をしていれば、意見が噛み合うはずがありません。同床異夢の不毛な議論になってしまいます。みなさんは、自分自身で最も納得のいく説を決めなければいけません。それが決まっていなければいつまでも議論や検討の土台がぐらついてきます。いわば基礎工事ですね。

　私自身はウの中間的な説が妥当と考えており、本講義ではこれを前提にお話ししていきます[(1)]。

【人の供述が、「非供述証拠」となる場合】

　供述証拠以外の証拠が「非供述証拠」です。その典型は兇器や覚せい剤のような証拠物です。人の供述は、多くの場合供述証拠です。特にア説のように供述証拠を広く捉えれば人の供述で非供述証拠となる場合は極めて限定されることとなります。しかし、供述証拠を広く捉える立場にたっても、人の供述がすべて供述証拠になるとは限りません。

　その例外の典型はいわゆる犯行の「現場供述（現場録音）」です。例えば、犯人が、被害者を監禁し、激しい暴行を加えながら「お前の命を取ってやろう、金と命とどっちが大切か」などと怒号して脅迫し、被害者が「命だけは助けてください。お金はいくらでも出しますから」などと哀願しているのが、被害者がポケットに忍ばせていたＩＣレコーダーに録音されていたとします。この録音内容に含まれる犯人と被害者の文言は、それが「人の供述」であることは当然ですが、この録音内容は「供述証拠」ではありません。それは、そのような供述がなされたこと自体が犯罪を直接構成するものであり、その供述によって何らかの事実を証明しようとするものではないからです。これは、いわゆる「現場写真」が、非供述証拠とする判例が確立したのと軌を一にします（いわゆる新宿騒擾事件の**最決昭和59・12・21刑集38巻12号3071頁〈百選89事件〉**）。また、脅迫事件で、犯人が被害者に送った「お前をぶっ殺してやるぞ」と記載された「脅迫状」も犯人の「供述」が記載されてはいますが、これは「供述書」ではなく、供述証拠ではありません。その脅迫状自体が犯行の用に供されたものであり、証拠物たる書面として非供述証拠です。脅迫罪は、犯人の真意にかかわらず、害悪の告知をしたというだけで成立する犯罪であり、この脅迫状から「犯人が被害者を殺害する意図があったこと」という供述内容の真実性を立証しようとするものではないからです。

----

(1)　拙稿「刑事訴訟法演習」法教421号（2015年）153頁参照。

第2章　伝聞法則の基本問題

【非供述証拠か、供述証拠か、については、要証事実との関係で定まる】

たとえば、1000万円を受領したことが記載されている「領収書」があったとします。これが供述証拠となるのか、あるいは非供述証拠となるのかは、この領収書によってどんな要証事実の立証をしようとするのかによって異なります。「領収書は非述証拠か供述証拠か」という一般的な問題設定は不適切です。

領収書に記載されたとおりの日時にその金員が受領された、という記載内容の真実性の証明に用いるのであれば、それは領収した人が作成した「供述書」として供述証拠となり、伝聞法則が適用されます。しかし、この領収書からそこまで立証することは考えず、単に「領収書の存在、形状、記載事項」などの立証のみに用いるのであれば、それは「非供述証拠」であり、伝聞法則は適用されず、関連性が認められれば採用されます。その意味は「記載された金員が実際に領収されたかどうかは分からない（他の証拠で立証する）」が、とにかく、「そのような記載のある領収書が存在する」ということだけの立証に用いるのです。どうして、こんな程度の立証でも足りるか、というと、そこが本講義で強調する「証拠構造」による立証の意義です。他の様々な間接事実の証拠とあいまって、領収書の存在や形状・記載事項を立証するだけで、情況証拠による立証が可能となる場合があるからです。

東京地決昭和56・1・22判時992号3頁（ロッキード事件児玉・小佐野ルート証拠決定）は、当初検察官が児玉作成名義のロッキード社からのコンサルタント料の領収書を、その記載どおりの金員の受領があったことの立証のために証拠請求したところ、弁護人がそれが偽造だと争って採用に反対しました。裁判所は、偽造かどうかは後の審理で判断することとして、とりあえず、「立証趣旨を減縮」し、「領収金額、領収文言、作成日付等が記載され『児玉誉士夫』の記名ゴム印および『児玉』の丸印が押捺されている……書面の存在、形状、記載事項およびその保管状況という立証趣旨により、非供述証拠として採用することとする」とした著名な事案です。

【伝聞証拠の定義の両説】

伝聞証拠の定義には、次の両説があります。

ア　実　質　説

「裁判所の面前での反対尋問を経ない供述証拠」

伝聞証拠排除の理由の実質的で最も大きなものではあり、伝聞証拠の中核を捉えています。しかし、「定義規定」としては適切ではありません。320条の条文の規定ぶりにもそぐいません。また、例えば、ある公判期日に主尋問が行われ、次回公判期日に反対尋問が予定されたが、その間に証人が死亡してしまった場合など、反対尋問はなされていないので、この説によれば、主尋問による証言も伝聞証拠とされてしまいます。しかし、このような証言であっても、主尋問の際に、偽証の制裁の下に証人が宣誓をした上での証言であり、裁判所による証言態度の観察等が可能であることから、伝聞証拠として排除すべきではありません。反対尋問がなされなかったことは、証明力判断の上で考慮すれば足ります。

イ　形　式　説

「公判期日における供述に代わる書面及び公判期日外における他の者の供述を内容とする供述で、原供述内容をなす事実の真実性の証明に用いられるもの」と、刑訴法320条の条文の形式に沿った定義です。これが通説です。しかし、形式説とはいっても、実質的な要件を加えてしまっているのは前述のとおりです。

3 「供述書」と「供述録取書」の媒体には様々なものがあること

供述書と供述録取書の典型は、本人記載の上申書や、捜査官の取調べで作成された調書など、紙に言語で記載されたものが典型です。しかし、科学技術の発達により、人の供述が記載ないし記録された媒体には様々なものが生まれるようになりました。

(1) 供述書

「供述書」とは、供述者自らがその供述内容を記載した書面等を指します。「供述書」については作成者が明らかであれば、署名押印は不要です。次のようなものがあります。

ア　刑訴法321条1項本文の「被告人以外の者が作成した供述書」、としては、被害届、上申書、告訴状、告発状、任意提出書、帳簿、メモ、日記、手紙、領収書、家計簿、契約書、電子メール、ファックスなど、その形態はさまざまです。本人が自ら録音した供述録音テープやICレコーダー録音も供述書です。

イ　検証調書、実況見分調書、鑑定書、捜査報告書、逮捕手続書、捜索差押調書等も、広い意味では捜査官等が作成した「供述書」です（刑訴法321条3項・4項や1項3号該当書面）。

ウ　被疑者・被告人自身が作成した供述書は刑訴不322条1項該当書面です。いわゆる犯行メモもこれに該当する場合があります。

(2) 供述録取書

第三者が、供述者から聞き取った供述内容を記載したものが供述録取書です。次のようなものがあります。供述録取書の場合は原則として署名若しくは押印が必要です。

ア　刑訴法321条1項1号の裁判官面前調書、2号の検察官面前調書（PS）のほか、同項3号のうち、警察官作成の調書（KS）は「供述録取書」です。同条2項の公判調書も証人の供述録取書に当たりますが、当該証人が証言したことは明確なので署名押印は必要とされません。

イ　捜査官が、被疑者や被害者に対し、犯行や被害の状況を、言葉でなく動作で視覚的に説明させ、それらの動作等を写真撮影あるいはビデオ録画した、犯行・被害の再現写真や録画も供述録取書です。言語でなく動作による「視覚的」な供述が記録されているからです。本人以外の者（捜査官等）が本人に供述させて録音した供述録音も供述録取書です。

なお、犯行再現写真については、供述者の画像が写り、供述内容が機械的・正確に記録されるため、本来なら供述録取書に必要とされる本人の署名・押印は必要でないとするのが判例です（最決平成17・9・27刑集59巻7号753頁）。

4　伝聞法則適用例外規定の骨格

みなさんは、刑訴法321条から328条までの伝聞例外規定を条文の順番に沿って勉強している人が多いでしょう。実は、それがこれらの規定の理解を難しくしている一因でもあります。というのは、これらの伝聞例外規定は、例外とすることの必要性や要件の違いなどについて実質的な整理によるのではなく、単にその形式面のみの区別で並べられているからです。例えば、刑訴法321条1項3号は、警察官による供述録取書などが典型ですが、これは①供述不能、②犯罪証明のための不可欠性、③絶対的特信性、の3要件を充たさなければならない最も厳しい伝聞例外規定です。しかし、そのお隣の刑訴法321条2項は無条件で伝聞例外が認められる公判調書などです。また、同じ医師が作成する書面でも、カルテは刑訴法323条2号に該当して無条件で伝聞例外が認められますが、診断書は刑訴法321条4項の準用となって医師による作成名義と記載の真

正の公判供述が要件とされます。

　これらの伝聞例外規定について、伝聞例外の要件がどのような視点で定められているかを、形式面でなく実質面に着目して整理すると

　ア　伝聞証拠を許容せざるを得ない必要性の程度と、伝聞証拠の信用性の度合いの比較の視点

　イ　伝聞証拠が持つ弊害なり問題性がどの程度あるか、その信用性や証明力は直接の供述と比べていかなるものか、という視点

　ウ　当事者がその伝聞証拠に対してどのような対応をするか、という視点

などだといえるでしょう。これを踏まえて、通常の条文の順番をいったんガラガラポンし、上記の各視点から並べ直してみましょう。すると、伝聞証拠の弊害が少なく、信用性が類型的に高いために、適用例外の要件が無条件ないし緩やかなものから、だんだん、弊害もあり、信用性が類型的に高いとはいえなくなるが、その必要性があるために、それに連れて適用例外の要件が厳しくなっていくという、相関関係にあることが理解できるでしょう。ただ、同意書面・合意書面、弾劾証拠は、それぞれ異なる視点によるものです。

　以下に、このような視点から各種の伝聞例外規定を整理してみましょう。これらを理解することで、事例講義に出てくる様々な証拠の伝聞証拠の例外該当性の検討を実感をもってできるようになるでしょう。

　(1)　**類型的・定型的に極めて高度の信用性があるため、無条件に伝聞例外が認められるもの**

　ア　刑訴法321条2項・322条2項（被告人以外の者、あるいは被告人の、公判準備又は公判期日における供述を録取した書面、裁判所等による検証の結果を記載した書面）

　何らの要件がない無条件の伝聞例外です。いわば伝聞例外の東の正横綱です。刑訴法322条2項については供述の任意性が要件とされてはいますが、公判期日等での被告人供述については、不任意になされることはあり得ないため、任意性は実際上問題となりません。これらは公判期日等における供述が記載され、あるいは裁判所自身による検証の結果が記載された書面であり、実質的に伝聞証拠の弊害がないことや、当事者の立会ないし反対尋問権が保障されていることによります。

　イ　刑訴法323条各号該当書面

　これも一切の要件がない無条件の伝聞例外です。いわば西の正横綱です。本当はもっと威張って伝聞例外の筆頭に規定してもよさそうなものです。類型的・定型的にその書面自体に高度の信用性があるからです。

【1号の例】

　市長による住民登録票や戸籍証明等などが典型です。類型的に極めて高度の信用性がある書面です。

【2号の例】

　会社の経理帳簿等が典型です。日々、主観を交えずその都度記載するものであり、正確に記載しなければ経理管理ができないのですから、これも類型的に極めて高度の信用性がある書面です。

　なお、1号や2号の書面は、高度の信用性のみならず、このような性質の書面については、作成名義者の記憶に頼る公判証言よりも、書面による方がかえって正確で信用性が高いという面もあります。市長さんが、自分作成名義の住民票について、法廷に呼ばれて聞かれても何万人の市民の住民登録など覚えているはずもなく立ち往生するだけでしょう。経理帳簿だって、経理担当

者が何年も何カ月も前に記載した膨大な経理内容を個々に覚えていて証言できるはずがありません。伝聞法則の基本的な理念としては、供述者が公判において自己の記憶に基づいて証言し、反対尋問によって正確性が吟味された証拠が最良の証拠であるという考えがあるのですが、これにはやや観念論的な面があります。作成名義者のあやふやな記憶に頼るよりも、本人が正確に記載した書面による方がよほど裁判での真実発見に役立つものは少なくないのです。

なお、医師の作成するカルテは、診療の都度、主観を交えず、医師が観察した患者の状況や治療の内容を客観的に記載するものなので、類型的に高度の信用性があります。みなさんが病院に行くと、診療してくれる医師が病状などを尋ね、処方した内容をその場でリアルタイムでカルテに記載していきますね。次回に行ったときは医師は必ず前回のカルテを見て、その後の病状を尋ねたり、新たな処方などを指示してくれます。毎日たくさんの患者を診療する医師は、一人一人の病状や処方の内容をすべて記憶することは困難であり、カルテに正確に記載しなければなりません。いわばカルテの記載の正確性は医師が正しい診療をするための生命線だとすらいえます。だから、2号に該当するのです。他方、診断書は、診療の後で患者の求めに応じて作成するもので、「加療1カ月を要する頸椎捻挫」という程度の診断の結果を記載するだけです。ときには、患者から強く要請され、圧力をかけられたりして虚偽の診断書を作成することも皆無とはいえません。カルテとはその信用性において大きな違いがあります。だから診断書はせいぜい321条4項の準用が認められるだけなのです。

【3号について】

3号は、「前二号に掲げるものの外特に信用すべき情況の下に作成された書面」としています。いわゆる「バスケットクローズ」です。しかし、1、2号について理解できれば、3号書面該当性の判断は、1、2号に匹敵するほど、類型的に高度の信用性がある書面かどうか、を社会常識に従って判断すればよいのです。例えば「領収書」などはとうていこれには該当しません。経理帳簿などと違って、領収書は一枚の紙きれであり、時には架空経費ねん出のためのカラ領収書が作成されることも珍しくないからです。その記載内容どおりに作成者が金銭を領収したのかどうかについては、本人を法廷に呼んで尋問し、細かく確認しなければなりません。したがって、領収書は、321条1項3号等の厳しい要件を充たさないかぎりその内容の証明に用いることはできず、あるいは非供述証拠として立証に用いるしかありません。

(2) **一定の要件はあるが、類型的に信用性が高いことなどから、その要件がかなり緩やかなもの**

ア　刑訴法321条1項1号書面（裁判官面前調書）

類型的に信用性は高く、任意性にも問題がないため、供述不能又は相反性のみの要件を充たせば認められます。いわば伝聞例外の大関ですね。

イ　刑訴法321条3項、4項（検察官等による検証調書、鑑定人による鑑定書）

検証は、訓練された捜査官が主観を交えず客観的に覚知した状況を記載したもの、鑑定書は、専門家が中立的な立場から専門的・客観的な判断を行ったものであり、いずれも類型的に信用性はかなり高いです。また、これらの内容は、詳細で技術的な事項にも及ぶため、検証者や鑑定者が記憶に頼って口頭で説明するよりも、それらの作業を行った時点で客観的・正確に記載して作成した書面によるほうが、裁判においてその内容を正確に理解できるという面もあります。捜査官が数か月前に行った検証結果について裁判段階では細かな位置や距離など正確に覚えているはずはありません。そのため、作成名義と記載の真正（検証等の結果を正確に記載したこと）につい

て法廷で作成者が証言すれば、伝聞例外として認められます。いわば伝聞例外の関脇クラスでしょう。

　　ウ　刑訴法322条1項　被告人の供述書ないし供述録取書

　被疑者・被告人が、あえて自己に不利益なことを認めるのには一般的に信用性が高い上、被告人は自ら公判で反論する機会があるからです。そのため、供述内容が不利益事実の承認であれば、それが任意にされたものでない疑いがない限り、伝聞例外として認められます。これも関脇クラスですね。なお、不利益事実の承認でない場合には、特信性が要求されて要件が厳しくなり、小結に落ちてしまいます。被告人は自分に有利になるために嘘をつく場合もあるからです。学生諸君の中には、①不利益事実の承認＋任意性と、②特信性の要件を混同している人がときどき見られるので注意しましょう。

　(3)　(2)ほど類型的に信用性が高いとまでは言えないが、更にある程度要件を厳しくすることにより、伝聞例外として認められるもの

　刑訴法321条1項2号書面（検察官面前調書）

　実務ではPSと略称されます。裁判官面前調書よりは類型的な信用性が落ちるため、供述不能（これについては裁判官面前調書と同様）又は「前の供述と相反するか、実質的に異なる供述」をしたことと、公判供述よりも「前の供述を信用すべき特別の情況が存する」ことが要件です。伝聞例外としては小結クラスですね。検察官の場合は、裁判所のように中立的な立場ではなく当事者として被疑者を追及する立場にあるので、伝聞例外の要件は厳しくなっています。前の供述というのがPSのことです。裁判官面前調書の場合には、単なる相反性で足りるのですが、PSの場合には、供述の食い違いの程度が事実認定に影響を生じさせる程度のものであることが要求され、実務では「実質的相反性」と呼んでいます。また、特信性も、前の供述であるPSと公判供述との比較による判断ですので「相対的特信性」と呼ばれます。

　(4)　類型的な信用性は(3)よりも更に低いため、その必要性が極めて高く、特信性が個別に認められる場合に限り、伝聞例外として認められるもの

　刑訴法321条1項3号が「前二号に掲げる書面以外の書面」としており、裁判官面前調書にもPSにも該当せず、322条以下にも該当しないその他すべての伝聞証拠についての規定です。警察官調書（実務ではKSと呼ばれる）その他の様々な供述書面のほとんどがこれに該当します。これらの様々な書面については、類型的な信用性が低いため、「供述不能」「犯罪証明のための不可欠性」「絶対的特信性」の極めて厳しい三つの要件を課し、これらすべてを満たさない限り伝聞例外は認められません。伝聞例外のいわば平幕ですね。

　(5)　刑訴法324条の伝聞供述（典型的な口頭の又聞き）

　上記の(1)ないし(4)については、いずれも供述が記載された書面ですが、刑訴法324条は書面ではなく、いわゆる「又聞き」の供述です。供述が「書面」に記載された供述代用書面の場合には、書面であることによる伝聞過程が1回入ってきます（供述録取書の場合は、録取者の聞き取りと、聞き取り内容の書面化という伝聞過程が2回含まれますが、前者については、供述者の署名押印を求めることで伝聞過程が解消され、供述書と同様伝聞過程が1回となります）。刑訴法324条の又聞きの場合も、又聞きという1回の伝聞過程が入ります。

　刑訴法324条は、1項と2項とで要件が異なります。1項は、原供述者が被告人である場合で、この場合には、刑訴法322条が準用され、関脇クラスになります。しかし2項は、原供述者も、又聞きをした公判供述者も共に被告人以外の者ですので、原供述者について、321条1項3号が

準用され、最も厳しい供述不能等の3要件を充たすことが必要であり、平幕クラスですね。

(6) 当事者が同意・合意することにより、証拠能力が付与される場合

(1)ないし(5)の伝聞例外が、必要性と信用性の高さ等の相関関係を踏まえて一定の要件の下に（あるいは無条件で）伝聞例外とされるのに対し、これは、それらの内容や状況に関わりなく、当事者の訴訟行為によって伝聞証拠に証拠能力が付与されるものです。刑訴法326条が同意書面、刑訴法327条が合意書面です。これらについては、伝聞例外としての問題点はありませんが、同意の法的性質やその効力・範囲等について、固有の問題があります。例えば、同意の法的性質を、反対尋問権の放棄と見るか、証拠能力を付与する当事者の訴訟行為と見るか、ある立証趣旨に限定して同意した場合の同意の効力の範囲、違法収集証拠についても同意によって証拠能力が付与されるか、同意の当事者（弁護人による同意と被告人による同意との関係等）などの問題です。

(7) 弾劾証拠（刑訴法328条）

本来は、伝聞証拠であり、伝聞例外にも当たらないため証拠能力が認められない供述証拠であっても、被告人、証人その他の者の供述の証明力を争う弾劾目的のためには証拠能力が認められます。これについては、弾劾証拠として認められる証拠には制限がないと考えるか、当人の「自己矛盾供述」に限るか、という大きな問題がありましたが、前述のように、現在では、自己矛盾供述に限るという判例学説が定着しています。

5 再伝聞、再々伝聞等について

【再伝聞、再々伝聞とは具体的にどのようなものか】

前述したように、刑訴法321条以下の伝聞例外規定は、本来、伝聞過程が1回だけの第一次伝聞について定めたものです。また、前述したように、伝聞過程は供述の書面化でも、又聞きの場合でもそれぞれ1回ずつあります。しかし、具体的事件で問題となる供述証拠には、これらの伝聞過程が2回あるいは3回も含まれる場合も稀ではありません。例えば、

① Aが被告人の犯行を目撃した旨の目撃供述（原供述）
② BがAからそれを聞いた旨の又聞き供述（伝聞過程が1回）
③ BがAからの又聞き供述を記載してCに送ったメール（伝聞過程が2回）
④ 警察官がこのメールを判読して結果を記載した捜査報告書（伝聞過程が3回）

などです。

この②が第一次伝聞、③が再伝聞、④が再々伝聞となります。

また、

① Aが被告人の犯行を目撃した旨の目撃供述（原供述）
② BがAからその目撃状況を聞いた旨の又聞き供述
③ CがBから更にその旨聞いた又聞き供述
④ DがCから更にその旨聞いた又聞き供述

というように伝聞過程がすべて口頭での又聞きであるということも論理的にはあり得ます。

実務では、供述の書面化や又聞き供述が複数重なる再伝聞はときどきあり、また稀には再々伝聞の例もあります。学説の中には、再伝聞や再々伝聞は、伝聞の弊害が一層大きくなるのでこれを認めない、という厳しい考え方もありますが、実務や通説では、各伝聞過程が解消されることによってこれらの再伝聞等も基本的に許容しています。その条文上の根拠は、刑訴法320条が、同法321条以下の伝聞例外規定に該当する場合を除いては「公判期日における供述に代えて」伝

聞証拠を許容することはできないとしていることにあります。その反対解釈として、伝聞例外の要件を充たす場合には、その伝聞証拠が、原供述に「代わる」ものとなるので、その代えられた供述について更に伝聞例外の該当性を判断していけばよい、と考えるのです。

　しかし、再伝聞等が、書面による場合には、例えばメールや報告書の場合、それに記載された供述が存在したことは明らかですが、口頭の又聞きによる再伝聞等の場合には、他人から聞いた話の存在自体が、それを聞いた者の記憶のみに頼らざるをえないため、伝聞過程が書面である場合に比べると、伝聞の弊害が一層大きくなることは明らかです。「伝言ゲーム」という遊びがあり、左右に並んだ列の端からある話をこっそり耳打ちしてリレーしていくと、最後に聞き取った人の話が最初に伝えられた話とまるで変わってしまうということがありますね。

　ですから、再伝聞等を認めることに批判的な学説では、このような口頭での又聞きによる再伝聞等の場合には、前の供述者が、少なくとも「自分はそのような供述をした」という「肯定確認」が必要だ、という考え方も有力です。しかし、実際的にはこのような肯定確認を得ることは不可能ないし極めて困難であるため、このような説は再伝聞等を否定するに近い考え方だといえます。確かに、特に口頭での又聞きの再伝聞等には危険が伴いますが、実務では口頭での複数回の又聞きによる再伝聞や再々伝聞の事例は、少なくとも私は聞いたことがありません。そのようなあやふやな複数回の又聞き供述に頼ることは実際上はほとんど考えられません。また、これらの複数の伝聞過程の解消のためには、例えば介在する複数人の全員について、それぞれ刑訴法321条1項3号の「供述不能」である死亡等が必要になるので、複数回の伝聞過程がすべて解消されるということも実際には想定できないように思います。伝聞例外とは、あくまで証拠能力の問題であり、証拠能力の要件である「関連性」とは、要証事実に対する最小限の証明力を有することであることにも照らせば、再伝聞等は、書面による場合も口頭による場合も含めて、肯定した上で、個々の事案においてその信用性を適切に判断していけばよいと私は考えています。

【再伝聞等の過程の解消】

　前述のように、複数の伝聞過程は、原供述から始まって時系列的に累積的に進行していきます。したがって、公判で目の前に提示される伝聞証拠は、これらの複数の伝聞過程が累積した最後の段階のものとなります。そこで、これらの複数の伝聞過程解消の作業は、伝聞過程が重ねられていくのと逆方向のいわば遡及的作業となります。つまり再々伝聞の3回の伝聞過程があるとすれば、目の前にある、原供述から最も遠い3回目の再々伝聞過程を、伝聞例外規定の適用によってまず解消します。それによって、再伝聞の第二次伝聞過程にたどり着ければ、次に第二次伝聞過程の解消作業を同様に行います。これが認められれば、第一次伝聞過程にたどり着きます。それについても伝聞例外規定を適用できれば、原供述について全ての伝聞過程が解消され、原供述内容の真実性を証明するための証拠能力が認められることとなります。この各伝聞過程を解消するためのいわば「ツール」が、刑訴法321条以下の各伝聞例外規定なのです。

　前掲の例でいうと、まず、目の前にあるのは警察官の捜査報告書である再々伝聞の証拠です。これは、警察官が五感の作用によってメール内容を判読した結果を記載したものですから、検証調書の性質を有し、刑訴法321条3項によって、捜査報告書を作成した警察官が、報告書の作成名義の真正と、判読したメール内容を正確に記載した記載の真正を公判で供述することにより、この報告書の伝聞例外が認められて伝聞性が解除され、この内容がBのメールの内容に「代わる」ものとなります。

次に、Bのメールは B作成の供述書であり、再伝聞の証拠です。本来はB自身が公判で、そのメール内容どおり、Aから聞いた話を供述し、反対尋問を受けなければなりません。しかし、もしBが死亡するなどして供述不能となれば、刑訴法321条1項3号により、その内容について犯罪証明のための不可欠性や絶対的特信性の要件をも充たせば、同項の伝聞例外が認められ、このメールの記載内容が、公判でのBの供述に「代わる」ものとなります。

しかし、そのBの供述はAからの又聞きですのでここに第一次の伝聞過程が残っています。本来ならA自身が公判で自らの目撃状況を供述して反対尋問を受けなければなりません。そこで最後にAについて刑訴法321条1項3号が準用され、Aの供述不能等の3要件が充たされて、初めて3回のすべての伝聞過程が解消され、Aが目撃した殺害情況の真実性の立証に用いることが可能となるのです。

しかし、実際の事件では、これらの各伝聞過程がすべて解消できず、どこかで解消作業がストップしてしまうことがあります。例えば、Bが供述不能ではなく公判での出頭・供述が可能なら、そこで早くもBについて321条1項3号の要件は充たされなくなるので、それ以上の伝聞過程の解消はできなくなります。その場合、せめてもの使い道としては、仮にBが公判で、Aから聞いた目撃状況について否定する供述をすれば、Bの供述書であるメールを、328条の自己矛盾の弾劾証拠として用いるということは可能でしょう。

事例講義で、これらの様々な再伝聞、再々伝聞の問題を実践的に勉強していきましょう[2]。

6 「精神状態に関する供述」の問題点
【精神状態に関する供述とは具体的にどのようなものか】

供述証拠の多くは、被告人や第三者が、過去の事実について、それを知覚し、記憶し、表現・叙述するものです。しかし、その中には、過去の事実についてではなく、例えば、犯人がこれから実行しようとする犯行の決意であったり、共犯者との間での共謀やその役割分担についての合意などの供述である場合もあります。これらの精神状態は、それを供述する者本人の内心の精神状態ですから、それを一番よく知っている本人が供述するのであれば、過去の事実について生じるような知覚や記憶の正確性の危うさなどの問題がありません。

そこで、判例や学説には、精神状態の供述は、それが真摯になされたものである限り、伝聞法則を適用しないという考え方が生まれ、今日これはほぼ学説でも実務でも支持されています。真摯性とは、簡単にいえば冗談やたわごとではなく、本人が本気でそのような犯行の決意などを有していたかどうか、ということです。例えばAが「Vの野郎ぶっ殺してやる」と叫んだとしても、それが大勢の客がいる居酒屋で大声で笑いながら言った言葉にすぎないなら、誰もそれが本気だと信用しませんね。しかし、Aが、親しい友人Bとこっそり会い、悲壮な顔をして「Vの野郎、明日ぶっ殺してやる」と押し殺した声で打ち明け、翌日Vが殺される事件が発生したのなら、Aの供述は犯行の決意の精神状態の供述であって真摯性が認められ、Aからこの供述を聞いたBの供述には伝聞法則が非適用となります。

また、精神状態の供述は、口頭による又聞きの場合もあれば、書面に記載される場合もあります。例えば、犯人がつけていた日記に、殺人事件を起こす前の日に「明日いよいよ決行。Vの奴、生かしておかない。後戻りはできない」と記載したり、過激派や暴力団による襲撃事件の捜

---
(1) 拙稿「刑事訴訟法演習」法教424号(2016年)158頁参照。

査の際に、アジトや組事務所で発見押収されたメモに、犯行計画や共犯者の役割分担などが記載されている場合などです。これらが、いわゆる「犯行メモ」です。犯行メモも、真摯に作成されたと認められれば、精神状態の供述のひとつの類型として、それに記載された犯行の決意や共謀の成立や内容を立証するために伝聞法則は適用されず証拠能力が認められます。この場合、真摯性とは、そのメモに記載された内容が実際に発生した事件とどれだけ一致しているかどうかや、メモがどんな状態でどのような場所に保管され、発見されたか、などによって判断されます。

【精神状態の供述について伝聞法則が適用されない論拠にはどのようなものがあるか】

現在、判例も、学説の大半もこの結論は肯定していますが、その理由付けの論拠については、いくつかの説が対立しています。

　ア　非伝聞説

　　この説は、精神状態の供述については伝聞証拠が有する知覚・記憶の弊害の問題がないため、伝聞証拠として取り扱う必要がないので非伝聞であるとします。

　イ　明文のない伝聞例外説

　　精神状態の供述も伝聞証拠だといわざるを得ないが、伝聞の弊害がないため、明文にはないが伝聞の例外として認めてよい、とします。

　ウ　非供述証拠説

　　精神状態の供述は、そもそも非供述証拠なので、伝聞法則の対象ではないとします。また、精神状態の供述は、その供述自体から供述内容の真実性を立証するのではなく、そのような供述がなされたこと自体を立証することにより、そのような供述の存在から犯意などを「推認」する、という考え方もあり、これも精神状態の供述を非供述証拠と考える説でしょう。

多数説は非伝聞説です。しかし、私はこの説には疑問を感じます。なぜなら、伝聞証拠の定義について確立した形式説は、供述代用書面や又聞き供述であって、「原供述内容をなす事実の真実性の証明に用いられるもの」というものです。しかし、精神状態の供述も、過去の事実ではないが、供述者の現在及び将来に向けての犯行の決意等を有することの真実性の証明のために用いるものですから、伝聞証拠のこの定義に照らせば、当然に伝聞証拠となってしまうはずです。そこで、この説は「理論的には伝聞証拠であるが、伝聞の弊害がないので政策的に非伝聞とされる」とか「伝聞の弊害がないので実質的法解釈により非伝聞とする」などと説明します。しかし、これは苦しい説明といわざるをえず、法解釈の問題をこのようなマジックワードで説明することには私は強い疑問を持ちます。非伝聞とするのなら、そもそもの伝聞証拠の定義を更に肉付けし「原供述者の知覚・記憶に基づいてその供述内容の真実性の証明に用いられるもの」としなければおかしいでしょう。

ですから、私は、精神状態の供述は、伝聞証拠といわざるを得ないが、明文ない伝聞例外として認めてよい、と考えるのです。この説に対する最も大きな批判は、「厳格であるべき伝聞例外について明文のないものを認めるべきでない」というものです。しかし、既にお話ししたように、伝聞法則の導入以来、判例や学説はその定義から始まって伝聞法則の適用範囲を縮小し、明文の伝聞例外規定をあるときは拡張し、あるときは限定することにより、事案の合理的な解決が可能な様々な解釈論を積み重ねてきています。刑事訴訟法の世界は、厳格な罪刑法定主義が貫かれる刑法の世界と異なって、真実発見の必要性とそれに伴う弊害とを利益衡量によって判断し、合理的で妥当な事案の解決を目指す手続法の世界です。ですから、明文のない伝聞例外を認める

べきでない、という発想はやや教条的だといわざるを得ず、必ずしも妥当とはいえないと私は考えています。

最後の非供述証拠説ですが、皆さんの中にはもう気づいた人もいるかもしれませんが、これは前述した「供述証拠」の定義をどう考えるか、と関係します。供述証拠の定義を「人の知覚・記憶を経たもの」と最も狭く解する説に立てば、精神状態の供述はこれらの過程を欠くのですから、そもそも供述証拠ですらない、と考えるのが論理的ということになりますね。しかし、私は、証拠物のように存在形状には変化がない物を中心とする非供述証拠の範疇に、もともと知覚・記憶はもとより表現や叙述等にも危うさが潜みがちな供述をも含めることは基本的に妥当でないだろうと考えています。

また、非供述証拠説のもうひとつの考え方として、その供述内容自体が真実であることを直接証明するためではなく、「そのような供述がなされたこと」自体を立証することにより、そのような供述の「存在」から、供述者の犯意などを推認する、というものもありますが、これについては、なぜそのような「推認」が許されるのか、という理論的な問題があるように思います。

しかし、いずれにせよ、どの説が絶対的に正しい、というものではないのですから、みなさんは、自分自身で、精神状態の供述についての伝聞法則が適用されない論拠について、いずれの説に立つのか、納得のいく考え方を決めなければなりません。

【判例はどのように考えているか】

最判昭和38・10・17刑集17巻10号1795頁は、昭和27年、札幌市内において白鳥警部という警察官が射殺された事件です。この事件では、Mという被告人が「白鳥はもう殺してもいいやつだな」と言ったことを他の共犯者のSが聞いて供述した又聞き供述の証拠能力が問題となりました。本決定は、この点について

「被告人Mが、電産社宅で行われた幹部教育の席上『白鳥はもう殺してもいいやつだな』と言った旨のSの検察官に対する供述調書における供述記載……は、被告人Mが右のような発言をしたこと自体を要証事実としているものと解せられるが、被告人Mが右のような内容の発言をしたことは、Sの自ら知覚したところであり、伝聞供述とは言えず、同証拠は、刑訴321条1項2号によって証拠能力がある旨の原判示は是認できる」

と判示しました。この判旨は、「被告人Mが右のような発言をしたこと自体を要証事実としている」としていますので、前記の非供述証拠説で紹介した考え方に通じるものがあります。ただ、私としては、そのような供述自体の存在から、なぜ供述者の犯意などの推認が許されるのか、という論拠について問題があると考えており、この判旨には賛同できません。

もう一つの参考判例は、**大阪高判昭和57・3・16判時1046号146頁、判タ467号172頁**です。これは、中核派の被告人が十数名と共謀の上、被害者を襲撃して重傷を負わせた事件で、本件襲撃メモは、犯行二日後に中核派拠点の前進社関西支社から押収されました。そのメモには犯行現場の詳細な図面に犯行手順や逃走方法等が図示される形で記載され、典型的な犯行メモの事案でした。本判決は

「（本件メモは）その要証事実も、右の記載に相応する事前共謀の存在さらには原判決が右メモ紙は事前の計画書として証拠価値を有する……被告人が右メモ紙にAとして与えられた役割を実行したものと認めていることに照らし、被告人の本件への関与の事実も含むものと解される……そうすると、本件……記載部分は、右の要証事実との関連から、伝聞証拠（伝聞供述）というべ

きであると思料されるのであるが、およそ供述とは心理的過程を経た特定の事項に関する言語的表現であり、それには表意者の知覚、記憶の心理的過程を経た過去の体験的事実の場合と、右のような知覚、記憶の過程を伴わない、表現、叙述のみが問題となるところの、表意者の表現時における精神的状態に関する供述（計画意図、動機等）の場合とがあって、本件の事前共謀に関するメモは、その時点における本件犯行に関する計画という形で有していた一定の意図を具体化した精神的状態に関する供述と考えられる。そして、右の精神的状態に関する供述については、その伝聞証拠としての正確性のテストとして、その性質上必ずしも反対尋問の方法による必要はなく、その表現、叙述に関し真し性が認められる限り、伝聞法則の適用例外として、その証拠能力を認めるのが相当であると解される」

と判示しました。この犯行メモは、犯行の事前共謀を立証するためのものであることを正面から認め、そうであれば伝聞証拠というべきであるとした上で、明文はないが伝聞例外として許容できるとしたのです。私は、前記の白鳥事件の最高裁決定よりもこの大阪高判の判旨の方が、問題を正面から捉えた的確なものと考えています。

なお、比較的最近ですが、いわゆる迎賓館事件について、東京高判平成20・3・27東高刑事判決時報59巻1～12号22頁が注目すべき判示をしました。これは中核派構成員らのアジトから発見された、事件の極めて詳細な準備や謀議が行われたことが記載された犯行メモについて、

「その公判供述よりは、メモの記載内容の方がはるかに高い証拠価値を有するのであり、少なくともメモを併せて証拠とする必要性は決してなくならないのである。……すなわち、本件各メモは、その記載内容を含めて、同項の制限を受けない非伝聞証拠である、と解するのが相当である。」

として、包括的に刑訴法320条1項の制限を受けない非伝聞証拠である、としたものです。この判旨については、批判も含め様々な議論があります。しかし、私は、伝聞法則とは、供述者の知覚・記憶に基づいた公判供述がベストの証拠であるという、いわばドグマ的ともいえる伝統的な考え方に対して一石を投じる興味深い判例だと考えています。

第3章
事例講義1 集団強姦事件

　証拠法の総論と伝聞法則総論とで勉強したことを踏まえて、実践的に具体的事例の中で証拠法の諸問題を考えていきましょう。

　この事例には、捜査法の分野にも一部またがりますが、実務上極めて重要な告訴や告訴調書の証拠能力、公知の事実等の証明、実況見分調書の目的や証拠能力、324条の伝聞供述の証拠能力、321条1項2号書面の証拠能力、いわゆる悪性立証など様々な証拠法の問題が含まれています。

〔事件の発生と被害者の告訴〕

　大森と高田は高校時代から暴走族グループの仲間であったが、二人は、海岸などでナンパした女性をモーテルに連れ込み、強姦するという手口の犯行を重ね、少年時代から、大森は3回、高田は2回検挙されて少年院送致等の前歴がある上、成人になってからも、両名は同様の犯行を行い、公判請求されて有罪となり、それぞれ5年前に執行猶予判決を受けた前科があった（執行猶予期間は満了していた）。大森らの手口は、女性をカラオケで遊ぼうと言ってモーテルに連れ込んだ上、酒をたくさん飲ませ、その中にハルシオンという睡眠効果のある薬物を入れておいて女性を朦朧とさせた上で強姦するという手口であった。

　平成13年（2001年）9月11日は、アメリカで同時多発テロが起きてワールドトレードセンターにハイジャックされた飛行機が突入してビルを崩壊させる大事件が起きた日であったが、その日の夜、V女が湘南地方の海岸を一人で歩いているところに、大森・高田両名が車に乗って近づき、V女が宿泊していたホテルまで送ってやると言って車に乗せた上、ためらうV女を巧みにモーテルに連れ込んだ。最初のうちはカラオケでしばらく遊んだが、大森らは、V女にビールをしつこく勧めて飲ませ、その中にハルシオンを入れていたため、まもなくV女は意識が朦朧状態となった。そして、大森らは同女を姦淫しようとし、同女は抵抗しようとしたが、力もなく意識も混濁していたため、そのまま二人から姦淫されてしまった。大森らは、その後同女をホテルに送り届けた。

　翌朝、意識が回復した同女は、おぼろげながらも、抵抗したのに姦淫された記憶は残っており、ホテルに同宿していた女友達に泣き崩れて打ち明けた。友達は、警察に届けるよう強く勧めたが、V女は、強姦されたことが公になると、自分の勤務先や彼氏に知られることになり、それは絶対に困るという気持ちから、告訴するのをためらったまま、長い時間が経過した。しかし、日に日に、大森らを許せない、という気持ちが高まったため、交際していた彼氏に打ち明けたところ、告訴することを強く勧められ、事件から約8か月を経過した、平成14年5月10日、同女は、ようやく、警察に対し、告訴の相談をし、同日告訴した。

第3章 事例講義1 集団強姦事件

> **設問1** 本件では起訴を行う場合、告訴が必要か。告訴に関する問題点にはどのようなものがあるか（告訴権者、告訴期間、「犯人を知った」ことの意義、告訴不可分の原則など）。

　本件は心神喪失、抗拒不能に乗じた準強姦事件（刑法178条2項）ですが、二人以上の者が現場で共同実行しているので、刑法178条の2の集団強姦罪に該当します。

　単独犯による単独強姦罪は以前は親告罪（刑法180条1項）でしたので[1]、有効な告訴のあることが訴訟条件であり、これを欠いたまま起訴すれば、刑訴法338条4号の「公訴提起の手続がその規定に違反したため無効であるとき」として公訴棄却の判決を受けることになっていました。

　刑法180条の親告罪規定は集団強姦罪を含んでいないので集団強姦罪は非親告罪です。したがって本事例では告訴がなくとも公訴提起は有効です。

　しかし、告訴自体は、親告罪の場合に限らず、非親告罪についても行うことができますので、実務では非親告罪についても被害者から告訴が出されることは多いです。また、事案によっては、非親告罪として起訴したが、審理の過程で非親告罪としては認められず親告罪の罪しか成立しないことが判明するようなことも稀にはありますので、そのようなボーダーラインの事案では、あらかじめ告訴を得ていた方がベターです。例えば、物を盗んだあとでそれを壊した被告人が窃盗罪で起訴されたが、公判では窃取の犯意は認められず、器物損壊しか成立しないことが判明した場合、窃盗なら非親告罪ですが器物損壊なら親告罪です。そのような可能性が考えられればあらかじめ告訴を得ておくに越したことはありません。

　このように、親告罪については有効な告訴のあることが訴訟条件であるため、実務では告訴の問題は極めて重要です。ここでは本事例を少し離れて告訴に関する一般論として重要な問題を勉強しておきましょう。

【告訴権者の問題】

　刑訴法230条は「犯罪により害を被った者は、告訴をすることができる」と定め、告訴権は犯罪の被害者に認められます。告発（刑訴法239条）が、何人でも犯罪があると思料するときに認められるのと大きな違いです。したがって、例えばある物が壊されたという事件では、その所有者に告訴権があることは当然ですが、所有権留保付で売買された自動車であったり、賃借しているアパートの窓ガラスであったりする場合、所有者でない使用者に告訴権が認められるかどうか、十分確認しておく必要があります。一般に所有者でなくとも正当な権限に基づいて使用している者には告訴権が認められます。ただ、例えば会社のビルのドアが損壊された場合、会社の社長が法人を代表して告訴できるのは当然ですが、社長以外の管理職名義で告訴がなされた場合、その管理職が会社を代表ないし代理して告訴をできる権限を有しているかどうかについてよく検討しなければなりません。

【告訴期間の問題】

　刑訴法235条1項は、「親告罪の告訴は、犯人を知った日から6カ月を経過したときは、これを

---

[1] 平成29年6月16日の刑法改正により強姦罪等の親告罪の規定が削除され、非親告罪とされた。

することができない」と定めています。犯人をいつまでも不安定な立場におくことは適切でないことなどによります。実務ではこの告訴期間の経過について「犯人を知った」というのが一体どの程度の認識を意味するのかが実務ではしばしば重要な問題となります。**最決昭和39・11・10刑集18巻9号547頁**は、「犯人が誰であるか知ることをいい、告訴権者において、犯人の住所氏名などの詳細を知る必要はないけれども、少なくとも犯人の何人かを特定し得る程度に認識することを要する」としています。事件直後に、人相風体等を警察に話しており、その後、被疑者が逮捕された際、面割りをして「間違いない」と言ってその時点で告訴をすることはしばしばあります。人相風体等を事件当時知っていただけでは「犯人を知ったとき」とはいえず、面割りで確認した時点がそのときであるとする判例が主流だといえます。

　この告訴期間については平成12年に重要な法改正がなされました。強姦・強制わいせつ、わいせつ目的略取等の罪について告訴期間が撤廃されたのです。これらの性犯罪等では、被害者がこのような被害を受けたことが公になることを恐れ、告訴しようかどうかと悩んでいるうちに6カ月が経過してしまう、ということも少なくありません。そのため、これらの犯罪の被害者保護を図るために告訴期間が撤廃されたのです。

　なお、犯人を知っていなくとも告訴はできます。犯人が誰であろうと許せない、ということであれば、被害者は「被疑者不詳」として告訴をすればよいのです。

【告訴不可分の原則：「主観的不可分の原則」と「客観的不可分の原則」】

　告訴は特定の「犯罪事実」に対して行うものであり、特定の「犯人」に対して行うものではありません。そのため、告訴不可分の原則があり、それには「主観的不可分の原則」と「客観的不可分」の原則があります。前者については、法238条が

　　「親告罪について、共犯の一人又は数人に対してした告訴又はその取消しは、他の共犯に対してもその効力を生ずる。」

と定めています。従って、ABC共犯による名誉毀損罪については、Aのみを告訴してもBCにも及ぶし、3名を告訴後に、Aについてのみ取り消せば、全員について取消したこととなります。

　ただ、これには例外があります。刑法244条は、いわゆる親族相盗について、配偶者、直系血族又は同居の親族との間で犯された窃盗については刑を免除し、それ以外の親族との間で犯された場合を親告罪としています。そこで、ABC3名が共犯で犯した窃盗罪について、Aのみが被告人のこの親族に当たる場合が問題となります。被害者が、親族であるAの処罰を求めず、BCのみを指定して告訴をした場合、Aには告訴の効力は及びません。特定の犯人を明示することなく告訴がなされた場合には、その告訴の趣旨が、Aについても告訴するという意思であるかどうかによります。なお窃盗罪はもともと非親告罪なので告訴は不要なのですが、告訴がない場合には、BCに対してのみは起訴ができるということになります。

　次に、客観的不可分の原則とは、1個の犯罪事実の一部について告訴やその取消しがあった場合には、犯罪事実の全部について効力が及ぶという原則です。包括一罪の一部に対する告訴、観念的競合の一部に対する告訴などは、実体法上一罪の関係にあるすべての事実にその効力が及びます。ただ、これにも例外があります。それは、一罪として合一的に処断することにより、親告罪を設けて告訴を訴訟条件とした趣旨が没却されるような場合です。例えば、強姦の被害者が、強姦されたことは公にしたくないが、せめて犯人を住居侵入の罪だけでも処罰して欲しいとして

住居侵入罪のみに限って告訴した場合、両罪は牽連犯の関係にありますが、この場合は告訴の効力は住居侵入罪にのみにしか及びません。

また、同一文書によりＡＢ複数の被害者に対する名誉棄損がなされたとします。この場合、Ａのみが告訴したが、Ｂは公の裁判までにしたくないと考えて告訴しない場合、告訴はＡに対する部分についてのみ及びます。そうでなければ、ＢはＡによる告訴のいわば巻き添えになって公判に巻き込まれてしまうことになり、名誉棄損罪を親告罪とした趣旨が損なわれるからです。

〔大森・高田の逮捕と起訴〕

　ところで、大森・高田は、Ｖ女以外にも、近接した時期に、別の女性Ｗ女に対し、同様の手口で強姦した事件で告訴がなされており、警察は、既に大森・高田を逮捕し、勾留の上、捜査を遂げ、検察官は、両名を共謀による強姦の罪で公判請求していた。この事件では起訴されたのは１件だけだったため、被告人・弁護人は罪を認めて執行猶予判決を得ることを狙った公判対策をとっていたので、被害者の調書その他の証拠はいずれも同意され、被告人質問が近々始まる段階に至っていた。

　警察が、Ｖ女に大森・高田の写真をＶ女に示したところ、犯人に間違いない、と供述したので、警察は直ちに両名の逮捕状を請求し、Ｗ女事件で保釈されていた大森・高田を逮捕した。

　大森らは、１年以上前の事件で逮捕されたことに驚き、このままではＷ女の事件と合わせて実刑は免れない、と恐れ、Ｖ女事件については、あくまで和姦であった旨徹底否認するという対応に出た。検察官は、大森・高田両名を勾留請求し、認められた。

　時間が経過していたので、モーテルやホテルでは宿泊等の記録は残存しておらず、Ｖ女が明白に記憶していた同時多発テロの当日であったことから９月11日夜の事件であると特定された。

　警察が、大森・高田両名の各自宅アパートを捜索したところ、大量のハルシオンが発見されたので差し押さえた。

　被疑者両名は、あくまでＶ女との合意による和姦であり、ハルシオンは使っていないと弁解したが、事件翌日朝、Ｖ女が泣き崩れて打ち明けられたという友人女性の供述や彼氏が告白を受けた経緯等の供述から、本件は強姦であり、告訴が遅れたのは被害が明るみに出ることを恐れたＶ女が悩んだ末のことであったという合理性が十分に認められる上、大森・高田の前科前歴、Ｗ女に対する事件もすべてハルシオンを用いた同種の手口の犯行であることから、強姦の立証は十分可能だと判断し、勾留延長満期の日に、大森・高田両名を公判請求し、この事件は、Ｗ女に対する強姦事件と併合審理されることとなった。

　検察官は、Ｖ女の告訴調書を「Ｖ女から告訴がなされたこと及び同女が強姦の被害を受けた事実」という立証趣旨で証拠請求をした。この告訴調書には、Ｖ女の告訴の意思と、強姦の被害を受けた具体的内容・状況が記載されていた。弁護人は、これを不同意とした。そこで、検察官は、「立証趣旨を、Ｖ女から告訴がなされた事実」に縮減して請求する、と申し立てた。

> **設問2** この告訴調書を証拠採用することは許されるか。採用された告訴調書の記載内容を強姦罪の認定の資料とすることは許されるか。

　これは既に勉強した厳格な証明と自由な証明、立証趣旨の拘束力の問題や同意の効力の問題です。立証趣旨の拘束力については、これを否定するのが通説・実務です。

　告訴調書には、通常、告訴をするという意思以外に、その事件の具体的被害状況が記載されていることが多いです。したがって、弁護人としては、強姦の成立を争っているのにこの告訴調書が採用されれば、その記載内容から裁判所が強姦罪の心証を形成してしまうおそれがあるので当然不同意とすることになります。検察官は、立証趣旨を「告訴がなされた事実」に縮減しましたが、これ自体は告訴の存在という訴訟法的事実です。訴訟法的事実は一般に自由な証明で足りるので、伝聞法則は適用されず、裁判所としては、弁護人が不同意としてもこれを採用することは可能です。しかし、他方では、立証趣旨の拘束力はないとされるので、告訴調書がいったん採用されてしまえば、告訴がなされた事実に限るとする検察官の立証趣旨を超えて、強姦の犯罪事実の認定にまで用いられてしまうのではないか、というおそれが生じます。

　そこで、実務では、一般にこのような事案では、立証趣旨が明確に限定され、裁判所がその限度で採用することを明らかにした場合であれば、裁判所は告訴がなされた事実ということを超えて強姦罪の認定に用いることはできないとされています。また、このような事案では、弁護人が「告訴がなされた事実という立証趣旨の限度でなら同意する」とする場合もあります。このように、弁護人の同意の趣旨が明確に訴訟法的事実に限定してなされた場合には、同意の効力の問題としても、その範囲に限られるということになります。

　また、実務では、このような場合、事前に告訴調書が弁護人に証拠開示された段階で、検察官に対し「告訴の事実に限定して抄本を作成してくれれば同意する」というような意向が示されることもあります。そのような場合、検察官は、告訴調書の中で、強姦の認定に用いられるような被害状況の記載部分をマスキングして告訴調書の抄本を作成して請求するという方法もあります。こうすれば、公判では弁護人が最初から同意をすることになり、なんらの疑義は生じなくなります。

　ただ、事案によっては、検察官が、「告訴の事実等」などの立証趣旨で請求し、被告人が漫然と同意した場合、もし、当該事件で被告人が強姦の事実を争っていないのであれば、本来は立証趣旨に拘束力はないのですから、この告訴調書を強姦の認定に用いることも許容されるでしょう。

> **設問3** V女の事件について、その日時を平成13年9月11日であったという点については、V女の記憶以外に特段の証拠はないが、裁判所はこれを認定することができるか。

　厳格な証明や自由な証明の対象については既に勉強しましたが、事実の中にはそもそも証拠による証明を要しない事実もあります。次のようなものです。

【公知の事実】

世間に広く知れわたり、その存在について一般人が疑いを差し挟まない事実。例えば、
「1995年1月17日に阪神大震災が発生した」
「札幌市では毎年2月初めに雪祭りが開催される」
などです。

【明白な事実】

公知とはいえなくとも、手近にある確実な資料・公刊物（地図、年表、暦など）に基づいて直ちに確認でき、その事実につき当事者に異論がでない事実です。例えば
「1992年4月1日は水曜日である」
などです。

【裁判所にとって顕著な事実】

例えば、その裁判官が、前に同じ被告人に対して言い渡した判決内容などです。

本事例では、V女は、アメリカでの同時多発テロ事件が起きた日の夜に被害を受けたと記憶していました。同時多発テロの日が平成13年（2001年）9月11日であったことは公知の事実ですので、これに基づいて被害の日はその日であったと認定することは許されます。

しかし、実際の運用では、公知の事実などであっても、なんらかの資料を裁判所に提出して自由な証明によるのが妥当である場合も多いでしょう。

〔被害再現の実況見分調書の証拠能力〕

被害者立会のモーテル内での実況見分調書には、V女が被害を受けた部屋の内部の写真数枚と、部屋の大きさや広さ、ベッドの位置などを捜査官が計測して作成した図面が添付されていた。また、V女が被害を受けた状況について、警察官が犯人役となり、V女が被害を受けた状況について10枚の写真が撮影・添付され、各写真の下に「このベッドの上で、このような格好で横にさせられました」「大森がこのように私に馬乗りになり、高田が横から私の腕を押さえ付けていました」などとの説明が記載されていた。その説明部分にはV女の署名押印はなかった。検察官は「本件犯行現場の状況及び本件の被害状況」との立証趣旨で請求したが、被告人・弁護人は不同意とした。

設問4 この実況見分調書は、どのような立証趣旨で、どのような要件の下に証拠能力が認められるか。

実況見分は、捜査法や証拠法上の重要な問題の一つですので、まずその基本を勉強しましょう。

【実況見分の法的性質など】

実況見分は、犯罪捜査で極めて頻繁に行われます。交通事故が発生すれば、警察官は急行し、深夜、嵐の中でも事故現場の実況見分を行います。殺人事件が発生すれば真っ先に行う捜査の一つも犯行現場の実況見分です。実況見分とは捜査官が、五感の作用によって、その対象の存在、

形状、外観、大きさや広さなどを覚知する作業であり、その法的性質は「検証」にほかなりません。実況見分を行う場所などの管理者の同意が得られたり、公共の場所で行うのであれば、令状は不要ですので実況見分を行い、それができない場合には裁判官の検証許可状を得て行うことになりますが、いずれの場合でも行う内容に変わりはありません。法321条3項は、捜査官による検証調書についての伝聞例外規定であり、不同意とされても、検証を行った捜査官が、検証調書の作成名義の真正と、検証の結果を調書に正確に記載した記載の真正を公判で供述すれば、その検証調書が伝聞例外として証拠能力を認められます。実況見分も検証と行う内容は同じなので、実況見分調書もこの伝聞例外規定に含まれます。実務では、令状による検証よりも、実況見分を行う場合の方がむしろずっと多いという感じです。

【実況見分調書の類型】
　実況見分を行う目的はいくつかあり、大別して次の三つです。これらの目的が複合している場合もあります。

　ア　事件現場の客観的状況を確認し、記録するための実況見分
　これが最も基本的で通常行われるものです。例えば交通事故の自動車運転致傷事件では、事故発生後に警察官が臨場し、衝突して横転した車やその傷の状況、路面に残されたタイヤのスリップ痕などの写真撮影をします。そして現場に事故の当事者や目撃者がいればそれらの者を立ち会わせ、様々な「現場指示」を行わせます。例えば、運転者Aについては、「自分が最初に相手車を発見した地点」「ブレーキを踏んだ地点」「相手車と衝突した地点」などを指し示させて、その位置や距離を測定します。また、運転者Bについても同様の立会い・指示などをさせます。そしてそれらの指示等を元に、現場の詳細な図面を作成し、これらを記載・添付した実況見分調書を後日作成します。しかし、往々にして、AとBの指示内容が異なる場合があります。それぞれが自己の過失ではないと主張するために、事実と異なる指示をする場合もあるからです。しかし、実況見分の際には、警察官はたとえそれらの指示がおかしい、と感じてもその場で相手方を追及するようなことはしません。内心おかしい、と思っても淡々と相手方の指示を正確に記録していきます。これが「現場指示」といわれるものです。双方の当事者の言い分の食い違いを追及し、真実を解明していく作業は、後日改めて行う「取調べ」においてなされるべきものです。そして、このような本来の実況見分調書の目的に沿って作成された実況見分調書については、「現場指示」部分も含めて、刑訴法321条3項により、捜査官が作成名義と記載の真正を供述するだけで証拠能力を与えられるのです。
　ところが、往々にして、作成された実況見分調書に、「現場指示」を超えた「現場説明ないし供述」が記載されてしまうことがあります。例えば、相手車を発見した、としてAが指示した地点についての指示情況の写真や図面の中に「そのとき、私は危ないと思ってライトを点滅させました。相手車はそれでもスピードを落とさず私の車線に入り込んできました」などとの「供述」まで記載されてしまうことがあります。警察官が張り切りすぎてこのような記載をしてしまうこともあるようです。このような「供述」の記載部分は、もはや本来の実況見分の現場指示を超え、現場で警察官が相手を取り調べてその供述を記載した「供述録取書」になってしまいます。
　そのような供述録取書の性質を有する記載までされた部分については、刑訴法321条3項の伝聞例外の対象からは外れてしまうのです。

そこで、犯罪捜査規範は、105条１項で、
「実況見分調書は、客観的に記載するように努め、被疑者、被害者その他の関係者に対し説明を求めた場合においても、その指示説明の範囲を超えて記載することのないように注意しなければならない」
と定めています。つまり実況見分の本来の目的を超えて余計なことは書くな、ということですね。しかし、場合により、このようなことも記載する必要があるのなら、同条２項が、
「刑訴法第198条３項から５項までおよび同法第223条２項の規定によらなければならない」
とし、それが被疑者である場合には供述拒否権の告知も必要だと規定しています。また、取調べによる供述録取書の要件である閲覧や読み聞かせ、本人の署名押印なども必要とされるのです。この手当てがきちんとなされていれば、その部分は、供述録取書となりますので供述録取書としての伝聞例外が認められるかどうか、という問題になります。これらのことが後で勉強する最高裁の平成17年判例の理解の前提となります。

イ　被告人の自白や被害者の供述どおりの方法で犯行が実行可能であるかどうかを確認するための実況見分

　これはやや特殊な類型です。犯行の手口の中には、それが特殊であるため、被疑者や被害者の供述するとおりの方法で、果たしてそのような犯行自体が実行できるのかどうか、に疑問が生じる場合があります。
　例えば、深夜、あるレストランに犯人が侵入し、事務所から売上金を盗んだ事件が発生し、被疑者が逮捕されたとします。被疑者は自白し、侵入方法について「店の裏側の通りに面した壁に換気口があり、そこの換気扇を取り外して換気口から侵入した」と自白したとします。捜査官は、まずこの自白に疑問を感じなければなりません。本当にそんな方法で侵入できるのかと。そして、被疑者を立ち会わせて現場で実況見分をすべきです。本当にそんな換気口があるのか、外部からの手作業で取り外せるのか、換気口の高さまでよじ登れるのか、届かないなら近くに何か踏み台になるものがあったのか、狭い換気口から被疑者の体形の男が入り込めるのか、などを被疑者に再現させて、犯行の実行可能性を見分しなければなりません。もしその結果、被疑者がその換気口から侵入することが物理的に不可能だったことが判明すれば被疑者の自白は嘘だったことになります。本当は、レストランの従業員に仲間がいて、手引きをして深夜鍵を開けてくれたのであり、仲間をかばうためにて侵入方法について嘘をついていたのかもしれませんね。
　このような実況見分は、自白等による方法で犯行が物理的に実行可能であったかどうかということを確認すること自体に独自の意義目的があります。したがってこのような実況見分調書は、「被告人の自白する方法で侵入が可能であったこと」を立証趣旨とすれば、刑訴法321条３項により証拠能力が認められます。
　しかし、注意すべきは、この実況見分調書を、このような立証趣旨で請求するのであれば「被告人が実際にそのような犯行を行ったこと」の立証を目的とはしていません。それは別の証拠によって認定されるべきことになります。もし、このような実況見分調書について、「被告人自身がこのような犯行を行ったこと」という立証趣旨も加えて証拠請求するのであれば、その点については、同意がなされないかぎり、当然には証拠能力が認められません。そのためには、本来の実況見分調書の伝聞例外要件を充たすことはもとより、後述のように、被告人の犯行自白の供述録取書としての伝聞例外の要件をも充たすことが必要になります。

ウ　犯行や被害の再現の実況見分

　これも重要事件などではしばしば行われます。犯行の手口が特殊な場合には限られません。もちろん、被疑者による犯行の再現は、被疑者が自白していないと行えません。

　被疑者が行う再現の実況見分は、例えばどのように犯行をしたかについて、最初から終わりまで10枚程度の連続写真を撮影します。「相手を発見した位置と情況」「相手に追いついた情況「後ろから羽交い絞めにして横倒しにした情況」「馬乗りになって顔面等を殴打した状況」などのコマ送りのような連続写真です。そしてそれらを添付した実況見分調書を作成します。被害者の場合はその裏返しのように、被害を受けた状況の連続写真になります。そして、これらの連続写真の下に、それぞれ「このように被害者を押さえつけ、顔面を5、6回殴りました」などの説明の供述が記載される場合もあります。

　このような再現実況見分は、それが同時に事件現場の客観的状況の立証目的も含んでいる場合には、その限度では本来の実況見分調書としての証拠能力を検討することになります。しかし、その目的を超えて、「被疑者がそのとおり犯行を行ったこと」「被害者がそのとおり被害を受けたこと」の立証に用いるためであれば、これは本来の実況見分調書ではなくなり、被疑者の自白や被害者の被害供述の記載・記録の部分は「供述録取書」になってしまい、供述録取書としての証拠能力の問題が生じます。ただ、通常の供述録取書と違って、供述を録取した日時場所や録取者の警察官の署名押印などは写真自体には書き入れず実況見分調書の冒頭に記載されているので、まずこの実況見分調書自体が刑訴法321条3項で証拠能力を認められることが前提となり、次にその中の供述録取書部分の証拠能力を判断することになるでしょう。

　そこで、このような場合には、それが被疑者によるものか、被害者によるものか、写真部分か、説明書き部分か、を区別して検討が必要になります。この問題について、最も指導的な判例が**最決平成17・9・27刑集59巻7号753頁、判時1910号154頁、判タ1192号182頁**です。

　この事案は、痴漢事件であり、警察署内の廊下で、被害者が犯人役の女性警察官と被害状況を再現した①実況見分調書（被害状況説明と写真8葉）、及び取調室で、被告人が被害者役の男性警察官と犯行状況を再現した②写真撮影報告書（犯行状況説明と写真10葉）が作成されました。一審公判での検察官の立証趣旨は①「被害再現状況」②「犯行再現状況」であり、作成した警察官は作成の真正等を証言したので、検察官は刑訴法321条3項により証拠請求したという事案です。一審や控訴審では、これら両書証の全体の採用を認めました。しかし、本最決は

　「立証趣旨が『被害再現状況』、『犯行再現状況』とされていても、実質においては、再現されたとおりの犯罪事実の存在が要証事実になるものと解される。このような内容の実況見分調書や写真撮影報告書等の証拠能力については、刑訴法326条の同意が得られない場合には、321条3項所定の要件を満たす必要があることはもとより、再現者の供述の録取部分及び写真については、再現者が被告人以外の者である場合には、321条1項2号ないし3号所定の、被告人である場合には同法322条1項所定の要件を満たす必要があるというべきである。もっとも写真については、撮影、現像等の記録の過程が機械的操作によってなされることから前記各要件のうち再現者の署名押印は不要であると解される。本件両書証は、いずれも刑訴法321条3項所定の要件は満たしているものの、各再現者の供述録取部分については、いずれも再現者の署名押印を欠くため、その余の要件を検討するまでもなく証拠能力を有しない。また、本件写真撮影報告書中の写真は、記録上被告人が任意に犯行再現を行ったと認められるから証拠能力を有するが、本件実況見分調書中の写真は、署名押印を除く刑訴法321条1項3号所定の要件を満たしていないから、証拠能

力を有しない」

として第一審や控訴審の判断は違法であったとしました。

　この事案では、検察官の立証趣旨は「被害再現状況」「犯行再現状況」という文言であり、あたかも、「実際に犯行や被害があったかはさておき、被害者や被疑者はそのように『再現』したという事実だけを立証するのだ」、という意味のようにみえます。しかし、本件は、痴漢という単純な犯行手口であり、手が届きさえすれば犯行は可能なのですから、そのようなことを「再現」すること自体に独自の意味はないわけです。つまり最高裁は、検察官が伝聞法則を潜脱するためにこのような不適切な立証趣旨をたてた、と判断したのです。もしこの事案が前述のような特殊な手口の犯行であれば、そのような再現をすることによって犯行が物理的に実行可能であったかどうかを確認することに独自の意義があったのですが、本件はそのような事案ではありませんでした。だとすると、上記の各再現の実況見分調書（写真撮影報告書というのも性質は同じ）は、結局はそれに記載されているのは、被疑者や被害者による連続写真による犯行・被害状況の「供述録取書」にほかならないわけです。

　そこで、供述録取書は供述者の署名押印が必要なので、説明部分は被疑者も被害者もこれがない以上証拠能力は認められないとしたのです。ただ写真については、本人がそこに写っているのですから、そのような動作によって視覚的な供述をして警察官がそれを撮影したことは明らかなので、例外的に署名押印は不要としたのです。

　ここで被疑者の再現と、被害者の再現の違いがでてきます。被疑者によるものは、不利益事実の承認であり、自ら行った動作の写真なので任意になされたことに疑いはなく、刑訴法322条1項により証拠能力が認められました。被害者の場合は、刑訴法321条1項3号の平幕の伝聞証拠であり、供述不能、不可欠性、絶対的特信性の3要件の充足が必要なので、被害者が死亡でもしない限り、証拠能力は認められないわけです。

【本事例の検討】

　事例では、被害者立会のモーテル内での実況見分調書には、V女が被害を受けた部屋の内部の写真数枚と、部屋の大きさや広さ、ベッドの位置などを捜査官が計測して作成した図面が添付されていました。また、V女が被害を受けた状況について、警察官が犯人役となり、V女が被害を受けた状況について10枚の写真が撮影・添付され、各写真の下に「このベッドの上で、このような格好で横にさせられました」「大森がこのように私に馬乗りになり、高田が横から私の腕を押さえ付けていました」などとの説明が記載されていました。

　この実況見分調書の前段の部分は、本来の実況見分内容の記載ですから、刑訴法321条3項に基づいて証拠能力が認められます。しかし、連続写真とその各説明書については、上記の最決にしたがって判断すれば、説明書部分はV女の署名押印がないのですから証拠能力が認められる余地はありません。連続写真部分は、署名押印は不要なので、供述録取書とはなりますが、V女については、321条1項3号の供述不能等の3要件を充たさない限り証拠能力は認められません。仮にこれが大森ら被疑者による犯行再現写真であったとすれば、322条1項により証拠能力が認められることになりますね。

〔友人Aの供述〕

　捜査段階では、大森・高田の友人Aが、事件の半年後ころ、大森から「去年の9月、湘南のモーテルで薬を飲ませて女をやってやったが、もう半年もたつのになにもないから、女は警察には届けなかったんだろう」ということを聞いたという検察官調書（PS）が作成されていた。検察官がこのPSを証拠請求したところ、不同意となったので、Aを証人尋問したところ、AはPSどおり、大森から聞いた内容を供述した。

設問5　裁判所は、Aの供述を大森・高田らの強姦罪の認定の証拠資料とすることはできるか。

　まず大森との関係ですが、このAの公判供述は、「被告人以外の者であるAの供述で、被告人大森の供述を内容とするもの」であり、刑訴法324条1項に該当する伝聞供述です。同項は、刑訴法322条を準用しています。322条は被告人の不利益事実の承認で任意になされたものの証拠能力を認めていますが、この大森の供述は強姦を認める不利益事実の承認であり、友人のAに対するものなので任意になされたことに疑いはなく、大森の強姦の立証のために証拠能力が認められます。

　しかし、高田との関係では、直ちには高田も強姦に加わっていたことの立証のための証拠能力は認められません。伝聞例外規定では「被告人」と「被告人以外の者」とを厳密に区別して定められています。たとえ共犯事件であり、併合されて共同被告人となっている場合でも、証拠法上の法律関係はあくまで被告人ごとに別のものです。ですから、大森自身については被告人としての不利益事実の承認であっても、共犯者の高田については大森のその供述はあくまで被告人以外の者の供述です。ですから、高田に対する関係では、大森の供述の証拠能力は、被告人以外の者の供述として刑訴法321条1項3号の厳しい3要件を充足しなければ認められません。この点は、証拠法上の極めて重要な基本ですのでしっかり理解しておいてください。

（更設問）　Aが公判でPSどおり供述せず「そんな話は大森から聞いたことがなく、検事が勝手にPSに書いてしまった」と供述した場合はどうか。

　これは、伝聞例外の小結である検察官面前調書（PS）の証拠能力と再伝聞の問題です。PSの伝聞例外の要件は、刑訴法321条1項2号により、供述不能の場合は同項1号の裁判官面前調書と同様にそれだけで認められますが、供述不能でない場合には、

　「公判準備又は公判期日において、前の供述と相反するか若しくは実質的に異なった供述をしたとき。但し、公判準備又は公判期日における供述よりも前の供述を信用すべき特別の情況の存するときに限る」

とされています。この2要件は「実質的相反性」と「相対的特信性」と呼ばれ、この双方が必要です。

　前者について、1号書面の場合には、わずかな供述の食い違いでも相反性が認められるのですが、PSの場合には、その食い違いが、異なる事実認定を導くような場合に限られるため、実務では実質的相反性と呼ばれるのです。後者については、「前の供述」というのがPSのことであり、そ

れと公判供述とを比較してどちらの方がより信用できるかというもので相対的特信性と呼ばれます。その判断は、事案の性質や、証人と被告人との関係などの「外部的付随事情」を中心とし、併せて、PSの内容の合理性や自然さなどについても、公判供述との比較において補充的に考慮に含めることも可能です。例えば、暴力団犯罪で、被告人である組長や傍聴席に並んでいる組員の前で、組員が組長に不利なことを供述するのが極めて困難な場合や、会社の社長の脱税事件で、経理担当者が社長の面前では真実を話しにくい、などの事情が外部的付随事情の典型です。

　本事例では、公判供述で検事に勝手にPSに書かれてしまった、というAの供述はPSとの実質的相反性があることは当然ですし、友人大森の面前ではなかなか本当のことを話しにくい情況にありますので、その公判供述がよほど合理的で信用できるというような場合でなければ、相対的特信性も肯定できるでしょう。そうすると、AのPSは伝聞例外の要件を充たして証拠能力が認められ、このPSの内容が、Aの公判供述に「代わる」ものとなります。そうすると、先ほど話した、Aが公判で正直に供述したことと同じ状態となり、大森の原供述の伝聞性が解除されて、証拠能力が認められるのです。これが再伝聞の問題であることは理解できましたね[(2)]。

〔V女の大森らに対する嘘の電話番号〕

　事件の時、大森・高田は、まだカラオケで歌っているころ、V女から、同女の携帯電話の番号を聞き出そうとした。V女は、まだ大森らに警戒心が解けていなかったので、番号の最後の数字を意識的に間違えて違う数字を教え、大森がその携帯電話番号を自分の携帯電話に登録していた。大森の弁護人は、このことを「V女が大森に好意を寄せていた事実」という立証趣旨で携帯電話の番号登録記録を証拠請求し、採用された。しかし、検察官は、V女の証人尋問の中で、大森に警戒心があったために意識的に違う番号を教えた、との供述を引き出した。

設問6　裁判所は、上記の立証趣旨に関わらず、この電話番号の登録を検察官が主張する意味のものとして有罪認定の間接事実として評価することが許される

　これが既に勉強した「立証趣旨の拘束力」の問題であることは理解できますね。この拘束力は基本的に認めないのが通説・実務です。ですから、裁判所は、このような弁護人の立証趣旨に拘束されることなく、検察官が反対尋問で引き出したV女の供述を信用して、この番号登録記録をそのような意味のものであったと認定に用いることは許されます。

〔大森らによる「迷惑料」支払いの用意〕

　弁護人は、審理状況に照らせば、V女の事件も有罪とされる恐れが強い、と判断し、大森・高田らの両親とも相談の上、「迷惑料」の名目で、300万円を用意し、V女に対し、送金する用意がある旨の文書を作成し、裁判所に証拠請求した。

（2）　ただ、近年は、裁判員制度の導入の影響もあって審理における直接主義の要請が高まっており、従来のようなPSに依存した立証は、抑制的な運用がなされる傾向にある。またPSの特信性の立証についても、録音録画媒体の活用による場合が増加している。

> **設問7** 裁判所は、この文書を、大森・高田らの強姦の事実の認定の判断資料に含めることは許されるか。

　大森らは、強姦を否認して争っているのに、その一方でこのような「迷惑料」の支払いの意思を表明してその文書を証拠請求しました。罪を犯していない人間なら、迷惑料など支払おうとはしないはずではないか、と思われるかもしれませんが、実務では時々このようなことも生じます。というのは、犯罪までは成立しないが、相手方にさまざまな迷惑をかけたことは否定できないので、なんらかのお金を支払う、という場合もあります。また、弁護人の訴訟戦術上、争って無罪を獲得することは目指しても、形勢は不利なため裁判所が有罪にする場合に備えて、少しでも刑が軽くなるよう、このようなお金の支払い意思を示しておこう、という場合もあります。

　しかし、裁判所としては、「被告人がこんな迷惑料を支払おうというのだから、被告人は犯罪をやったんだろう」というように、この支払い意思を間接事実として、被告人の犯罪を推認するために用いてよいのか、ということが問題となります。立証趣旨の拘束力が認められないのなら、このような認定も許されそうです。しかし、このようにあくまで一般情状に過ぎないものとして請求、採用された証拠を、犯罪事実の認定のためには用いることはできないというのが実務では一般的な理解だといえます。

〔同種前科による立証〕

　検察官は、大森・高田らの前科に係る判決謄本を証拠請求した。また、論告において、その前科の事実、またW女に対する事件もすべてハルシオンを用いるなどの同種の手口の犯行であるとして、V女に対する事件も同種の手口による強姦であることが強く推定されると主張した。

> **設問8** 裁判所は、このような検察官の主張を容れて、他事件の同種手口をV女に対する強姦の事実の認定の資料とすることができるか。

　同種前科を公訴事実の認定のために用いることが許されるか、ということは、いわゆる悪性立証の問題であり、証拠法上の重要で困難な問題の一つです。まず、この問題の基本をしっかり勉強しましょう。

【悪性立証についての基本原則】

　犯罪事実を証明するために、被告人の悪性格を証拠とすることは許されないというのは証拠法上の基本原則です。例えば、暴行罪について、被告人が日頃粗暴であり激情傾向があること、詐欺罪について日頃から大言壮語癖や虚言癖があることなどから、それを暴行罪や詐欺罪の認定のための証拠とすることは許されないという原則です。あいつは普段から乱暴ばかりしているから、今度の暴行事件もあいつがやったんだろう、という推認は許されないのです。しかし、一般の感覚としてはそのようなことは往々にして当っている場合もあるので、自然的関連性はあるのですが、それが偏見に過ぎないなどのおそれもあるのでそのような推認は許さないこととし、

つまり法律的関連性が欠けるとされるのです。
　これは英米法では確立した法理であり、「性格証拠排斥の法理」とも呼ばれます。被告人の悪性格の証拠を「犯罪行為の証明」に用いることはできないとするものです。その理由は
　　ア　不当な偏見の危険
　　イ　不公正な不意打ちの危険
　　ウ　争点混乱の危険
にあります。しかし、アメリカでは、連邦証拠法規則が、この原則と、それが例外的に許される場合を明文で規定しています。例えば、性格証拠であっても、動機、機会、故意、準備、計画、知識などの主観面の立証に用いる場合や、被告人が自己の善性格の証拠を提出した場合には、検察官が、これに反駁するために被告人の悪性格の証拠の提出を認めるなどのルールが定められています。
　我が国でも、被告人の行為の客観的事実は認められる場合に、犯意の立証に同種前科を用いることを認めたものとして、著名な**最決昭和41・11・22刑集20巻9号1035頁、判時467号65頁、判タ200号135頁〔百選［9版］66事件〕**があります。これは社会福祉のための募金名下で、多数回にわたり合計20万円を詐取したとして起訴され、被告人は、詐欺の犯意を争いましたが、募金の事実自体は客観的に明らかな事案でした。被告人は同様の手口の詐欺事件で有罪判決を受けてその執行猶予中であったことから、第一審・控訴審は被告人の詐欺の故意の認定のためにこの前科を証拠とすることを許容し、本最決も
　<u>「犯罪の客観的要素が他の証拠によって認められる本件事案の下において、被告人の詐欺の故意の如き犯罪の主観的要素を、被告人の同種前科の内容によって認定した原判決に所論の違法は認められない」</u>
と判示しました。

【悪性立証が問題となる証拠の性質や場面】
　悪性立証の問題は、①立証に用いようとする証拠にはどんなものがあるか、という問題と、②何の立証のために用いようとするのか、ということを整理して考える必要があります。
①の問題としては、
　　ア　単なる生活上のエピソードの類
　　イ　同種前科
　　ウ　同種余罪
に大別されます。ウの同種余罪も、起訴されて同時に審理されているものと、起訴はされていないが、証拠上認められる余罪にはある程度の違いがあります。
　②の問題としては、
　　ア　被告人の犯人性や実行行為などは他の証拠で認定できる場合に犯意などの主観面の立証に
　　　用いる場合、
　　イ　被告人が犯人性や実行行為を否認している場合に、その立証に用いる場合
とに大別されます。
　①については、アのような単なるエピソードの類を立証に用いることは基本的に許されません。イの同種前科は、裁判所が認定して確定した事実ですからそのような同種手口の犯行を被告人が行ったことがある、ということは確実です。他方、前科の場合にはかなり古いものもあるた

め、時の経過の中でそのような被告人の犯罪傾向がずっと継続・固着しているのか、という疑問が生じることがあります。ウの同種余罪については、前科に比べると、時の経過は短い場合が多いでしょうが、まだ裁判所によってその事実が認定されて確定していないのですから、そのような証拠を用いてよいのか、という問題があり、特に起訴されていればともかく、起訴もされていない同種余罪等を用いることには危険が大きいのではないか、という問題があります。

②については、既にお話ししたように、犯意などの主観面の立証のためであれば、比較的広く許容されるでしょうが、被告人の犯人性や実行行為の立証のためであれば、危険が大きいという問題があります。

【主な判例を通じた検討】
ア　静岡地判昭和40・4・22下刑集7巻4号623頁
走行中の列車の7号車と9号車とで連続して発生した2件の集団スリ事件の事案です。判決は、2件の窃盗と同未遂の事実とは

「時間的にも場所的にも共に接着し、その犯行の方法と態様も同類であって、両罪事実は互いに密接かつ一連の関係にあるものと見られるから……（後者が証明された場合には、前者）の存在を必然的に推理する蓋然性があり、……（前者も）被告人の犯行であるとする関連性が認められるし、またそれは情況証拠として、高い証明価値があるものとして許容することができる」

としました。これは確定した前科ではなく、同時に審理されている余罪による立証ですが、走行中の列車内で立て続けに発生した同種手口の犯行という特殊性が、このような認定を許容したものといえます。

イ　和歌山地決平成13・10・10判タ1122号132頁
これは、女性の被告人が自治会の夏祭りのイベントでカレーの鍋にヒ素を混入させて多数の被害者を死傷させたという著名な和歌山カレー事件の一審での証拠決定です。検察官が、被告人の激高性や非常識な性格を立証するために、「本件証人が、被告人から『気に入らない同僚に夜にいたずら電話をする』旨聞いたことがあること本件証人にも夜中に無言のいたずら電話がかかってきたことがあり、それが被告人からであろうと思っていること、同僚のIDカードを捨てたことがあると被告人から聞いたことがあること……」などを立証するために証人を請求しました。しかし本決定は、

「上記事実関係は、被告人の性格的側面や常識に欠ける面の立証として意味がないわけではないが、本件殺人事件の特異性を考えれば、上記で立証される非常識さ等が、本件殺人事件を引き起こした内心的原因と有意的に結びつくかははなはだ疑問であり、検察官がこれまで立証しようとしてきた他の動機関係の事実に比し、有意的な関連性が乏しいといわざるを得ない」「上記事実関係は、被告人が甲社に勤務していた時代の同僚に対する嫌がらせという一定の時期に限定された極めてエピソード的なものである上……～必ずしもその性格の実像を反映しない危険性のあるつまみ食い的な立証となるおそれが大であり、このような立証を許すことは、事実認定に供する意味合いが低いばかりか、不当な証拠評価をするのではないかとの疑念を生むだけといわざるを得ない」

として、この請求を認めませんでした。このような単なる変なエピソードの類を悪性立証の証拠として許容すべきでないことは当然です。

【特殊な手口による犯行】

　判例の中でも、特殊な手口等による犯行について同種前科や余罪を犯人性等の立証に用いようとする事案では、その許容性が極めて大きな争点となります。

ア　大阪高判平成17・6・28判タ1192号186頁

　これは前記和歌山カレー事件の控訴審判決です。これは、カレー毒物混入による殺人等事件立証のための情況証拠の一環として、検察官は、被告人が保険金取得目的でヒ素を人に使用したとするヒ素使用事案7件、および同目的で人に睡眠薬を飲ませたという事案12件についても立証活動を行いました。しかし、これらの計19件の事件は、起訴はされていませんでした。検察官は、カレー毒物混入による殺人等事件のみを公訴事実として絞り込み、これらの19件は起訴せず、情況証拠としてそれらの事実を立証しようとしたのです。詳しくは判文に当たって欲しいですが、本判決は、

　「被告人の周辺において複数の者が繰り返し急性ヒ素中毒を発症させたという事実は、それらが被告人の犯罪行為によるものであると否とにかかわらず、それ自体、被告人と凶器であるヒ素との結びつきやその殺傷力に対する知情性を推認させるものということができる。また、被告人が、過去において亜ヒ酸等を飲食物に混入させて人に摂取させた事実が認められる場合には、その手段及び方法の類似性から、前記殺人、同未遂事件における被告人の犯人性をも推認することが可能となる。さらに被告人がヒ素等を混入させた飲食物を人に摂取させることを繰り返していたという事実からは、規範意識が鈍磨していたことや、人にヒ素等を摂取させて殺傷することに対する罪障感、抵抗感が薄れていたことも推認でき、殊に、明確な犯行動機の見出しがたいカレー毒物混入事件にあっては、その犯人性を見極める上で検討に値する事実ということができる」

などとして、このような起訴されていない余罪を、被告人の犯人性等の立証に用いることを許容しました。この事案は、「ヒ素」という特殊な薬品を用いたということが極めて大きな意味を持ったのです。住宅地で、自宅にこのような危険な薬品を保管している家など普通は考えられないでしょうし、ましてやその家庭内で頻繁にヒ素などの毒物を用いた事件が発生するということは極めて特殊で顕著な事実である、ということがこの判断を導いたものといえるでしょう。

イ　最判平成24・9・7刑集66巻9号907頁、判時2164号45頁、判タ1382号85頁

　これは、最近出された同種前科による犯人性の立証の許容性についての極めて重要な最高裁判例です。この事案は、平成21年9月に被告人が東京都内で侵入窃盗をしてその家に放火したとして起訴されました。放火の手口は、窃盗目的で侵入した室内で石油ストーブの灯油をカーペットに散布したというものでした。被告人は犯人性を争いました。被告人には、平成3年から4年にかけて犯した15件の窃盗と11件の放火事件で懲役15年の判決を受けて長期間服役したことがあり、本件はその出所後の事件でした。今回起訴された事件の犯行の手口は、窃盗に入ったが金目のものがなかったために腹いせにその家に放火したというものであり、前科の放火も7件がストーブの灯油を散布するもので、本件の手口と類似していました。一審は、この同種前科による立証は許されないとし、控訴審は逆転してこれは許容されるとしたのですが、本件最判は、再逆転させて次の判示をし、このような同種前科による立証は許されないとしたのです。

　「本件のように、前科証拠を被告人と犯人の同一性の証明に用いる場合についていうならば、前科に罪事実が顕著な特徴を有し、かつその特徴が証明の対象である犯罪事実と相当程度類似す

ることから、それ自体で両者の犯人が同一であることを合理的に推認させるようなものであって初めて証拠として採用できるものというべきである」

「被告人は、本件放火に近接した時点に、その現場で窃盗に及び、充分な金品を得るに至らなかったという点において、前刑放火の際と類似した状況にあり、また、放火の態様に類似性もあるが、本件前科証拠を本件放火の犯人が被告人であることの立証に用いることは、帰するところ、前刑放火の事実から被告人に対して放火を行う犯罪性向があるという人格的評価を加え、これをもとに被告人が本件放火に及んだという合理性に乏しい推論をすることに等しく、このような立証は許されないものというほかはない」

この最高裁の判断を導いた前提としては、
① 窃盗目的で侵入し、期待したほどの財物が窃取できなかったために放火に及ぶことは放火の動機として特に際立った特徴を有するとはいえない。
② 放火の態様もさほど特殊なものとはいえない。
③ 単に反復継続しているからといって、「行動傾向が固着化」とはいえない。
④ 前刑放火は、服役期間を挟んで17年前の犯行である。
⑤ 本件放火の前後1か月間に31件の窃盗に及んだと上申しているが、これらは起訴されておらず、その中に充分な金品を得ていないものも多数あるのに、それらで放火がなされたことは窺われない。

ということが挙げられています。これらの指摘はいずれも妥当であり、特に、前科の古さや、本件放火の前後の31件の窃盗では、放火がなされていなかった、ということは決定的な事情だろうと思います。

ウ 最決平成25・2・20刑集67巻2号1頁、判時2180号142頁、判タ1387号104頁

最高裁は、前記イの最判事案のあと、再び類似の事件で同種前科による立証を否定しました。これは、約4か月間に、20件の窃盗と、その半数における放火が起訴された事件です。犯行の手口態様は、いわゆる色情盗という下着泥棒の事案で、盗んだ際に独特の感情を抱いて放火する、というものでした。被告人は、以前、同様の手口態様で、昭和50年に現住建造物等放火、窃盗で6年、平成4年に住居侵入窃盗、現住建造物等放火で9年の刑に処せられていました。本最決は、24年最判の示した同種前科による立証についての規範を踏襲した上で、本件についても同種前科による立証は認められない、としました。

しかし、私は、この判決の結論には強い疑問を持ちます。手口も24年最判の事案よりはやや特殊性が強いこと、前科も同種のものが2回あることで24年最判とは事情がかなり異なります。最も疑問なのは、24年最判の場合は、出所後、起訴事実に前後してなされたという31件の窃盗のうち、窃盗後に放火したのはたった1件だけだったのですが、本最決の事案では、20件の窃盗のうち、その半数で放火がなされています。これら多数の放火事件について、被告人は、2件については窃盗と放火の両方の犯行を認め、2件については、侵入・窃盗のみ認めて放火を否認し、6件については、双方について全面否認しました。これらのうち、少なくとも侵入・窃盗については、否認したものでも被告人がその窃盗等を犯したことは証拠により立証されているという事案です。もし、被告人は、侵入・窃盗だけはしたが放火まではしていなかったとすれば、被告人が窃盗に入った後にその家が火事になった多数の事件は、いずれも被告人が家から出た直後に、ミスターXがこっそり入れ替わりにその家に忍び込んで放火だけして逃げた、ということになって

しまいます。こんなことは考えられるでしょうか。ちなみにこの決定では、金築裁判官が、補足意見としてではありますが、この事案は24年最判の事案とはかなり異なるということを論じておられます。皆さん、両判例を比べることは大変勉強になりますので、自ら判文に当たってみてください。

【本事例の検討】

　以上、勉強したことを踏まえて本事例を検討しましょう。大森と高田は、海岸などでナンパした女性をモーテルに連れ込み、強姦するという手口の犯行を重ね、少年時代から、大森は3回、高田は2回検挙されて少年院送致等の前歴がある上、成人になってからも、両名は同様の犯行を行い、公判請求されて有罪となり、それぞれ5年前に執行猶予判決を受けた前科がありました。その手口は、いずれも、女性をカラオケで遊ぼうと言ってモーテルに連れ込んだ上、酒をたくさん飲ませ、その中にハルシオンという睡眠効果のある薬物を入れておいて女性を朦朧とさせた上で強姦するという手口でした。

　本件のⅤ女に対する強姦の手口も同様にハルシオンを用いたものでした。これらの犯行の手口の特殊性はかなり顕著であるといえるでしょう。また、本件では、大森らは、Ⅴ女と公訴事実の日時場所で姦淫行為を行ったことは争わず、それが強姦ではなく和姦であったと弁解しています。したがって、立証の目的は、大森らの犯人性ではなく、強姦の犯意と手口の立証にあります。したがって、かなり顕著な特徴のあるハルシオンを用いて朦朧とさせて強姦したという前科前歴がそれぞれ複数回ある大森とについて、それらの前科前歴を、そのような立証に用いることは許容されると考えていいでしょう。ただ、大森らが、現場に行ったこともなく、Ⅴ女と性行為したこと自体まったくない、と完全否認している場合には、ハルシオンを使うなどの手口による犯行が、前記24年最判のいう「前科に係る犯罪事実が顕著な特徴を有し、かつその特徴が証明の対象である犯罪事実と相当程度類似することから、それ自体で両者の犯人が同一であることを合理的に推認させるようなもの」に当たるかどうかの問題となり、やや微妙なところがあるでしょう。ヒ素などと違って、ハルシオンが入手容易で多くの若者が使っている、というようなものであれば、これを否定する考え方もあり得るかもしれませんね。

第3章
事例講義2　轢き逃げ殺人事件

すでに基本を勉強した伝聞証拠の問題がたくさん盛り込まれている事例問題です。極めて長文の事例ですが、頭では理解できているはずの伝聞法則等の問題を、このような事例の中で発見・検討していくことによって、「応用力」が身に付きます。

〔事件の発生から捜査処理、公判の開始まで〕

　Ｖ男は、若いのにファッションデザイナーとして頭角を現し、ファンタジアという屋号で会社を設立し、急激に業績を伸ばしてファッション界の寵児としてもてはやされるようになっていた。Ｖ男は女性関係も派手であったが、会社にアルバイトに来ていた〇本恵子（以下「恵子」という。）がタレント志望であることを知り、応援すると称して自分の愛人とし、実際には恵子が会社でモデルとしての仕事は全くしていないのに、モデル料を払うと称して毎月50万円を会社の経費から愛人手当として恵子に支払い、恵子から毎回領収書を書かせ、会社の経費で落としていた。当初、Ｖ男は恵子を溺愛し、頻繁に熱海の別荘に連れて行くなどしていたが、次第に、恵子が疎ましくなり、他の女性に心を寄せるようになった。

　恵子は気性が激しく、Ｖ男が他の女性と交際を始めたことを知って罵り、激しい口論をするようになった。Ｖ男は恵子に愛想をつかして交際をやめると言渡し、恵子からの接触を一切拒むようになり、それまで2年近くの間、月々払っていた愛人手当も渡さないようになった。恵子は一方では、高校時代からの友人であった暴走族のリーダー梅田ともグループで交際していた。恵子が、梅田に、Ｖ男への怒りをぶちまけ、相談したところ、梅田は、「俺がお前の従兄だということにして、Ｖ男を脅し、落とし前をつけさせよう。1,000万円くらいふんだくってやろう」と言い出した。

　そして、数日後、梅田は、Ｖ男の会社近くの路地で待ち伏せ、Ｖ男に対し「おれの従妹になんていうことをしてくれた。落とし前をつけろ」とすごんだ。しかし、その場をはぐらかしたＶ男は、梅田といったん別れた後、知人の元暴力団員のＡに相談した。Ｖ男から謝礼をもらうことにしたＡは、翌日、手下の者と共に梅田を呼び出し、袋叩きの暴行を加えたため、梅田の計画は頓挫してしまった。

　この話を梅田から聞いた恵子はますます激怒し、梅田も自分のメンツを潰された上、暴行まで受けたことで、両名は、Ｖ男への復讐心を募らせた。

　10月3日の夜、梅田のマンションに恵子と、暴走族仲間で子分の桜井の2人が集まって酒を飲んでいたが、その時、恵子は、梅田に「Ｖ男は殺してやりたいくらいだ。梅田、あんたなんとかしてよ。あいつの熱海の別荘の前の道路で車で跳ね飛ばしてやれないかな。私は何度も行ってるからよく知ってるけど、別荘の玄関の階段を下りてきたらすぐ目の前が海岸沿いの道路になっていて、すぐ近くに車が見えないように隠しておける道路脇の空き地がある。私が、Ｖ男に、別荘に残していた荷物を取りに来たといってＶ男を連れだして、降りてきたところを合図するから、車で跳ね飛ばしてやって」と言った。梅田も、「Ｖ男は調子に乗り過ぎてる。殺すまではしたくないけど、大怪我くらいさせてやろう」などと話した。

第 3 章　事例講義 2　轢き逃げ殺人事件

　その 1 週間後の10月10日の夜10時ころ、熱海のＶ男の別荘下の海岸沿い道路で、Ｖ男が、何者かに車でひき逃げされ、重傷を負って倒れているのが発見された。その事故を届けたのは附近住民のＢで、Ｂは「事故直後に車を運転して現場にさしかかったところ、黒っぽい車が反対車線に停車しており、その左前方に、人が倒れていました。私は事故かと思って急停止し、すぐに車を降りると、その車は、すぐに発進し、スピードを上げて走り去りました。私は、とっさに、携帯電話のカメラで車の後部を撮影しましたが、画像はぼやけていました。黒っぽい車が走り去った直後、倒れている人に近寄ると、被害者は男の人で、地面から首を上げながら『恵子、逃げるな』と叫びました。でも、被害者はまもなくぐったりして意識をなくしてしまったので、すぐに110番と119番に連絡しました」などと供述した。警察官と検察官は、Ｂからこれらの内容についてKS、PSを作成した。

　Ｖ男が搬送された病院で、翌日、Ｖ男は、いったん意識を回復し、見舞いに駆け付けた会社の副社長Ｃに対し「恵子にやられてしまった。誰かほかの男が車を運転していた。恵子は、荷物を取りに来たといって俺を騙した」などと話したが、その数時間後に、容態が急変し、死亡するに至った。警察は、Ｃ副社長からこれらの内容の供述調書を作成し、検察官もPSを作成した。

　警察は、Ｃ副社長の供述を基に内偵を進めたところ、恵子と梅田との関係も浮かび上がり、本件は、恵子と梅田の共謀による殺人事件であるとの嫌疑を深めた。10月20日、警察は、恵子の自宅アパートと、梅田の自宅アパートを令状により捜索した。恵子のアパートから恵子の日記が発見され、その10月 9 日の欄に「いよいよ明日だ。明日こそ恨みを晴らせる。梅田はきっとやってくれるはずだ。後戻りはしない」と恵子の筆跡で記載されていたので、これを差し押さえた。

　警察は、梅田の子分であった桜井が覚せい剤事件で勾留されていたので、取調べたところ、桜井は、梅田のアパートで、恵子が「Ｖ男は殺してやりたいくらいだ。梅田、あんたなんとかしてよ。あいつの熱海の別荘の前の道路で車で跳ね飛ばしてやれないかな。私は何度も行ってるからよく知ってるけど、別荘の玄関の階段を下りてきたらすぐ目の前が海岸沿いの道路になっていて、すぐ近くに車が見えないように隠しておける道路脇の空き地がある。私が、Ｖ男に、別荘に残していた荷物を取りに来たといってＶ男を連れだして、降りてきたところを合図するから、車で跳ね飛ばしてやって」と言ったこと、梅田も、「Ｖ男は調子に乗り過ぎてる。殺すまではしたくないけど、大怪我くらいさせてやろう」と言ったことを聞いたと正直に話したので、KSとPSが作成された

　警察は、10月25日、恵子と梅田を、共謀によるＶ男の殺人の罪で逮捕し、勾留の上捜査を進めた。

　しかし、恵子と梅田は否認した。その弁解の骨子は、ひき逃げなど絶対にしていないというものであり、恵子は「自分はＶ男の愛人でもなんでもない。熱海に別荘があることは知っていたが、一度も行ったことはない。毎月50万円の愛人手当など実際には貰っていない。Ｖ男から、ときどき食事をおごってもらったり、服を買ってもらったりした程度だ。領収書は、Ｖ男が、会社の裏金の交際費を捻出するために空領収書が欲しいというので協力してやっていただけだ」などと弁解し、梅田も知らぬ存ぜぬに終始した。しかし、経理担当者Ｄ課長は、「社長の指示で、毎月恵子にモデル料との名目で現金50万円を渡していました。最後に渡したのは 3 か月前で、そのときも恵子はお金を渡すと「ありがとうございます」と言っ

て受け取っていました」と供述したので、検察官はD課長のPSを作成した。

　また、警察は、梅田の母親E女を取り調べた。E女は、事件当時のことについて、「10月上旬か中旬頃、息子が『これから友達と熱海にドライブに行ってくる。明日の昼までに帰るから』と言って、夕方出かけていったことがある。翌々日の新聞に『熱海の海岸道路で轢き逃げ』という記事が出ており、まさか息子のことではないか、偶然だとは思ったが、息子は以前から暴走族だったので、何か心にひっかかるものがあったので、よく覚えている」と供述し、PSも作成された。

　住民Bは、轢き逃げした車が逃走する瞬間、携帯電話のカメラで、車の後方から写真を撮影していた。附近には街灯があって、車の後部はぼんやりとではあるが、写っていた。肉眼ではよく分からなかったが、警察がその画像を写真解析の専門家に鑑定嘱託したところ、「黒ないし紺色で、車種はスカイライン、改造を施して車高は低い」との鑑定結果が得られ、その報告書が作成された。

　恵子はV男の別荘には行ったことがないと否認したため、警察は、V男の遺族の承諾を得て、V男のアルバムや日記帳等を詳細に調べたところ、海を背景にしたベランダで、V男と恵子が肩を抱き合って写っている写真があり、そのベランダの形状や背後の景色から、明らかにV男の別荘のベランダで写したものであると考えられた。

　恵子がV男から毎月50万円の愛人手当をもらっていたことを強く争った点については、検察官は、当該領収書に対応する会社の経理からの出金状況について、関係経理帳簿を精査した。それによれば、数年前から毎月仮払金で現金50万円の出金があり、それは後日、恵子に対するモデル料の支払いとして清算されていたことが確認できた。更に、恵子の自宅から押収された銀行支店の預金通帳には長い間記帳がされてなかったので、警察は、その銀行支店に照会し、恵子の預金者としての取引状況に関する回答書の送付を受けた。それによると、不定期にではあるが、ほぼ毎月20～30万円の入金があり、恵子の収入や生活上からは多額すぎるため、これが愛人手当としてV男から受け取った金の残金を貯金していたものと強く疑われた。

　恵子や梅田は、犯人性自体を否認していたが、仮にこれを立証できても、殺意や事故と死亡との因果関係が争われることも予想された。そのため、警察は、V男が入院した病院の担当医師による診断書に加えて、入院した際の治療状況や死亡時の状況について、カルテの写しの提供を受けた。

　梅田のアパートを捜索した際、引出の中から、一枚の紙が発見されていた。その紙には「10.10 PM5、恵子を渋谷で拾うこと。道玄坂の○○店の前。熱海の現場まで3時間か？熱海市○○町○番地」とボールペンで記載されていた。その番地はV男の別荘の住所地であり、このメモは、梅田が恵子と相談して、犯行前に落ち合うことなどの計画を記載していたことが強く推認された。また、この紙から指紋を検出したので、梅田の指紋との一致性について警視庁本部に照会したところ、梅田の指紋と一致する旨の指紋対照結果報告書の作成・送付を受けた。

　検察官はこれらの捜査を遂げて、勾留延長満期の11月17日、両名を公判請求した。

　公判では、検察官が請求した書証のうち、死体解剖結果の報告書、事故現場の実況見分調書などは同意の上取調べられたが、次の各書証については不同意とするなどして争ったためその証拠能力等が問題となった。

(1) 恵子名義の毎月の50万円の領収書
(2) 経理担当者D課長のPS
(3) 事故直後の目撃者である住民BのKSとPS。
(4) C副社長のPS
(5) 恵子の日記
(6) 梅田の子分の桜井のPS
(7) 梅田の母親E女のPS
(8) 住民Bが撮影した逃走車両の写真の鑑定報告書
(9) V男の別荘で撮影されたV男と恵子の写真
(10) 恵子に対する仮払金の支払いと清算に関する経理帳簿の該当部分の抄本
(11) 銀行支店からの恵子の預金取引状況の回答書
(12) 診断書及びカルテの写し
(13) 梅田のアパートから押収されたメモと梅田の指紋との一致の指紋対象結果報告書

> **設問1** 検察官は、(1)の恵子名義の領収書について「恵子が、V男の愛人として毎月50万円の金をもらっていた事実」として証拠請求した。弁護人は不同意とするとともに、これは偽造されたものなので関連性が認められないとして採用に反対した。裁判所はどのように対応すべきか。

「領収書」というのは、その作成名義者が「私はこのとおり、このお金を領収しました」という供述書です。ですから、その記載どおりの金銭の受領があったことを立証するためであれば供述代用書面となります。恵子は被告人ですので、これが刑訴法322条1項の「不利益な事実の承認」に当たるかどうかが問題になります。不利益な事実の承認には、自白だけでなく、公訴事実の一部を認める供述や、公訴事実の全部又は一部に関する間接事実なども含むとされます[1]。「愛人手当」の受領の有無は、公訴事実自体ではなく、犯行の動機の有無に関する間接事実の一つにすぎませんので、ここまでを不利益事実の承認に当たるとして、322条1項該当性を認めるのは難しいように思われます。

そう考えると、不同意になれば証拠能力は認められません。

ただ、伝聞証拠に当たるかどうかは、要証事実との関係で決まります。もし、領収書記載の金銭の受領の事実を立証するためでなく、領収書の「存在、形状、記載事項」という限度で、非供述証拠として証拠請求するのであれば、採用される余地はあります。それであっても、他の間接事実とあいまって、毎月50万円の支払いが愛人手当であったことの立証に役立てることはできます。

弁護人は偽造されたものだと主張していますが、審理の冒頭の証拠の採否の段階で、偽造されたものかどうかを裁判所が判断することは困難です。そこで、裁判所としては、とりあえず検察官に対し、立証趣旨を領収書の「存在、形状、記載事項」に縮減させた上で、非供述証拠として採用しておけばよいでしょう。そして、偽造されたものかどうかは後日の審理で判断し、もし偽

---

(1) 白木功・大コンメ刑訴法［2版］(7)664頁。

造であったことが判明すれば、証拠排除決定をするか判決の中でその旨を明らかにして心証形成には用いないこととするでしょう。伝聞法則の総論で勉強した、**東京地決昭和56・1・22判時992号3頁（ロッキード事件小佐野ルート事件）**が、まさにそのような事案でした。

> **設問2** (2)の経理担当者D課長のPS中の、恵子の金銭の受領や、「いつもありがとうございます」という発言について、検察官は、「恵子が愛人手当を受け取って感謝していたこと」を立証趣旨とした。この発言部分には伝聞法則は適用されるか。

　PSは不同意とされたので、D課長が公判で証人としてこの事実を供述したことを前提として考えましょう。
　精神状態の供述については、過去の事実についての知覚・記憶の過程を経ず、伝聞の弊害が少ないため、判例・学説が伝聞法則を適用しないことを認めてきたことは既に勉強しました。判例学説は、精神状態の供述のほかにも、実質的に伝聞の弊害が少ないことなどから伝聞法則が適用されないいくつかの類型を認めています。
　よく挙げられる例の一つは、Aが「俺はXがVを殺すのを見た」と言うのを聞いたという供述をXの殺人のための立証でなく、AのXに対する名誉棄損の立証のために用いる場合です。ただ、この場合は、伝聞証拠の定義は「原供述の内容をなす事実の証明に用いるもの」が定説ですので、この定義からはAの原供述内容であるXの殺人の証明に用いるためではないので、そもそも伝聞証拠でない、ということになります。
　このほかの類型としていわゆる「とっさになされた供述」や「行為の言語的部分」などがあります。
　設問のD課長の供述に含まれる恵子の発言はいわゆる「行為の言語的部分」です。その典型例としては、例えば、XがYにお金を渡したことの趣旨が、贈与なのか返済なのかが争われている場合に、お金を渡す現場で「XがYに『長い間ありがとう。助かったよ』というのを聞いた」というAの証言は、XのYに対するお金を渡す行為に「返済」という意味を与え、行為の一部となっているので伝聞法則は適用されないことが認められています（これを非伝聞だとするのか、伝聞ではあるが明文のない伝聞例外とするのか、は精神状態の供述で論じたことに通じます。）。
　本事例では、恵子が、領収書を届けに来てお金を受け取るときの言葉をD課長が聞いたものです。もし、恵子の弁解どおり、愛人手当など貰っておらず、逆に会社の裏金作りに協力していたのが事実であったとすれば、感謝されるのは恵子の方であり、恵子のほうから「ありがとうございます」とお礼を言うはずはなく、むしろ、D課長の方が「いつもすみませんね」と言うはずでしょう。そこで、この恵子の言葉は、領収書をD課長に手渡す行為の言語的部分として、それがお金の受領へのお礼であったことという意味を与え、恵子の弁解のように、裏金作りの協力のためではなかったことを示すものとして伝聞法則は適用されないことになります。

> **設問3** (3)の事故直後の目撃者の住民Bの調書中、V男が、「恵子、逃げるな」と叫んだ部分については、どのような立証趣旨で証拠能力が認められるか。

　供述内容の真実性を立証するのでなく、単にBがそのようなVの言葉を聞いた、ということだけを立証することにも最低限の意味はあり、それであればBが自ら知覚したことですから伝聞の問題は生じません。しかし、もっと踏み込んで、その言葉の内容の真実性を立証するためであれば伝聞の問題が生じます。これが「とっさになされた供述」の問題です。
　典型的な例としては、例えばXのVに対する傷害事件で、「隣の部屋でVが『あっ、痛い』と叫ぶのを聞いた」というAの証言がそれです。このVの声は、Vが過去の事実について知覚・記憶したものでなく、痛みを感じたことをとっさにリアルタイムで発言したものであり、伝聞の弊害が少ないので、伝聞法則が適用されず、「Vがなんらかの原因により、痛みを感じたこと」を立証趣旨としてとして証拠能力が認められます。ただ、これから直ちに、XがVを暴行したことまでは立証できません。何か上から物が落ちてきて頭に当たったからかもしれませんね。しかし、Xの犯人性や暴行の事実を直接には立証できなくとも、Vがなんらかの原因により、痛みを感じたことを一つの間接事実として、他の事実とあいまってXの暴行を立証することができます。仮にAが「事件の翌日、Vから『俺はXに殴られた』と聞いた」というのであれば、これは典型的な伝聞供述になるのは当然です。
　福岡高判昭和28・8・21高刑集6巻8号1070頁、判時13号24頁は、小森という名の被告人が自動車事故を起こし、Aを死亡させたという業務上過失致死事件において、
「公判準備……における（証人の）供述中、被害者Aがやられたやられた小森小森と言ったとの部分は、伝聞証言ではあるが事故により死に瀕している者の該事故に関する発言を内容とするものであるから、右伝聞に証拠能力を認むべきものと解するのを相当とする」
としています。ただ、この事例では、刑訴法324条2項が準用する被害者Aについての同法321条1項3号の該当、という説明も可能な事案だといえるかもしれません。
　そこで本事例のあてはめですが、「恵子逃げるな」と叫んだV男の言葉は、とっさになされた供述です。「被害者が恵子が犯人だと認識し、呼び止めようとしていたこと」の立証趣旨で証拠能力が認められます。ただ、車に乗っていたのは真に恵子であったのかどうかは、V男の知覚の正確性が問題となるので、このV男の文言のみでは完全な立証はできず、他の間接事実とあいまって立証することになるでしょう。
　また、本事例ではその後V男が死亡したので、V男の供述は刑訴法321条1項3号書面に該当するものとしても伝聞例外として証拠能力が認められるでしょう。

> **設問4** (4)の、事件翌日にC副社長がV男から聞き取った発言等には証拠能力が認められるか。

　C副社長のPSは、被告人らが不同意とすれば原則として証拠能力は認められませんが、CはV男の部下ですので亡くなったV男のために公判でも真実を述べることになるでしょう。
　V男は、翌日、病院で、会社のC副社長に対し、「恵子にやられてしまった。誰かほかの男が

車を運転していた。恵子は、荷物を取りに来たといって俺を騙した」と話した後死亡してしまいました。これは、被告人以外の者であるC副社長の供述で被告人以外の者であるV男の供述を内容とするものですので、刑訴法324条2項の問題です。同項は刑訴法321条1項3号を準用しています。V男は死亡したので供述不能であり、被害者自身の事故後の供述であって犯行を否認している恵子らの犯罪の証明のために不可欠であり、死に瀕した者が自ら受けた被害状況を身内の部下に話したもので絶対的特信性も高いのでC副社長のV男からの伝聞供述は、V男が話した内容の真実性の証明のために伝聞例外が認められるでしょう。

設問5　(5)の恵子の日記の記載部分はどのような根拠で証拠能力が認められるか。

「いよいよ明日だ。明日こそ恨みを晴らせる。梅田はきっとやってくれるはずだ。後戻りはしない」との記載部分は、典型的な精神状態の供述です。発生した事故と日時も状況も一致し、真摯性は十分に認められます。したがって、伝聞法則は適用されず、「恵子が梅田と共に本件犯行を行おうと決意していたこと」の立証趣旨で証拠能力が認められます。また、恵子について刑訴法322条1項の適用も可能です。ただ、注意すべきは、この日記の記載自体から、梅田自身もこのとおりの犯行の決意をしていたことを直接に立証することはできません。なぜなら、精神状態の供述が伝聞法則を適用されないのは、自分自身の精神状態を一番よく知っているのは本人自身であり、その本人が真摯に語ったり書いたりしたことには伝聞の弊害がないからです。しかし、人の心の中の思いは、他人に対して語る言葉とはうらはらなことは珍しくありません。ですから、そのような心の中の真の思いを他人が知ることは難しいのであり、「他人の精神状態までは代弁できない」のです。ただ、この記載部分が、梅田の犯意の立証のためにまったく役に立たないのかというとそうではありません。「恵子においては、梅田と共に犯行を行う決意をしていた」という限度でなら、恵子のそのような精神状態として立証できます。梅田については、これをひとつの間接事実とした上で、梅田の犯行の決意や恵子との共謀については他の情況証拠とあいまって立証することになります。

設問6―1　(6)の桜井のPSの中の恵子の発言部分と梅田の発言部分は、どのような要件が満たされれば証拠能力を認められるか。

桜井は、梅田や恵子の仲間ですので、調書が不同意とされて公判に呼ばれた場合、真実を供述するかどうかは分かりません。

もし、桜井が調書に記載されたとおりの真実を証言したとします。すると、桜井の公判供述に含まれる恵子や梅田の発言は、被告人以外の者である桜井の供述で、被告人の供述を内容とするものとして本来なら324条1項の問題となります。ただ、恵子が「V男は殺してやりたいくらいだ。梅田、あんたなんとかしてよ。あいつの熱海の別荘の前の道路で車で跳ね飛ばしてやれないかな」とか「私が、V男に、別荘に残していた荷物を取りに来たといってV男を連れだして、降りてきたところを合図するから、車で跳ね飛ばしてやって」などの供述や、梅田の「V男は調子に乗り過ぎてる。殺すまではしたくないけど、大怪我くらいさせてやろう」という供述は、過去

の事実ではなく、これからやろうとしている犯行についての恵子と梅田の決意や共謀についてのものなので精神状態の供述です。ですから、伝聞法則は適用されず、恵子と梅田の犯行の決意や共謀の立証に用いることができます。また、各人との関係では、それが不利益事実の承認であり任意になされたことも疑いはないので、刑訴法322条1項の準用としても証拠能力が認められるでしょう。ただ、恵子の発言中の「私は何度も行ってるからよく知ってる」などの部分は、過去に恵子がここに何度も行ったことがあるという過去の事実の立証に用いるのなら、恵子自身について刑訴法322条1項の準用のみが許されることになります。

　桜井が公判で、梅田や恵子に気兼ねをして供述を拒んだり、あるいはPS内容と実質的に異なる供述をした場合には、PSについて、2号書面の要件が認められれば採用され、前述と同様のことになります。この問題は後述します。

設問6—2　桜井の証人尋問が行われたが、桜井は、恵子や梅田の面前では、彼らをかばって、あいまいな供述に終始し、梅田のアパート宅で聞いたという恵子と梅田の会話についても、記憶はなく警察官が誘導するまま適当に想像を交えて話したにすぎない旨供述したとする。その場合、桜井のPSが証拠として採用されるためには、どのような要件が必要か。仮に桜井が、証人尋問の際、一切供述を拒否した場合にはどうか。

　刑訴法321条1項2号書面であるPSについては、既に伝聞法則総論でも**事例講義1**でも基本を勉強しました。供述不能であればそれだけで証拠能力が認められますが、そうでない場合には、実質的相反性と相対的特信性の2要件を充たさなければなりません。1号書面と違ってPSの場合は、供述の相反性の程度が、異なる事実認定を導くような程度のものであることが必要なので、公判供述がPS内容よりも単にあいまいだ、という程度ではこの要件を充たしません。本事例では、桜井の公判供述はPSよりもあいまいであるだけでなく、恵子と梅田の会話についても記憶がなく警察官が誘導するまま想像を交えて話したにすぎないというのですから、実質的相反性は認められ、また、梅田や恵子の仲間だったという人的関係などから、公判で梅田らの目の前で真実を語りにくいという事情もあるので、相対的特信性は認められるでしょう。

　これに対し、桜井が公判で供述を拒否した場合、それが「供述不能」に当たるかというがあります。同号は、明文ではそれを掲げていませんが、**最大判昭和27・4・9刑集6巻4号584頁**は、検察官面前調書の事案について、

　「『供述者が……供述することができないとき』としてその事由を掲記しているのは、もとよりその供述者を裁判所において証人として尋問することを妨ぐべき障碍事由を示したものに外ならないのであるから、これと同様又はそれ以上の事由の存する場合において同条所定の書面に証拠能力を認めることを妨ぐるものではない。されば本件におけるがごとく、○○○子が第一審裁判所に証人として喚問されながらその証言を拒絶した場合にあっては、検察官の面前における同人の供述につき被告人に反対尋問の機会を与え得ないことは、右規定にいわゆる供述者の死亡した場合と何等選ぶところはないのであるから、原審が所論の○○○子の検察官に対する供述調書の記載を事実認定の資料に供した第一審判決を是認したからといって、これを目して所論の如き違法があると即断することはできない」

と、供述拒否の場合にも供述不能に当たることを肯定しています。ただ、裁判所や検察官は、安易にこれによるのでなく、証人が供述ができるように粘り強く説得したり、あるいは事案によってはビデオリンクなどの証人保護の措置を採るなどの努力を行うべきです。

> **設問6—3（バリエーション）** 恵子と梅田は、公判で、10月3日の夜に、梅田のアパートで自分達が桜井と3人で一緒にいたこと自体を否定した。ところが、桜井の覚せい剤事件は、10月3日の夜、梅田のアパートで、梅田が帰る恵子を車で送るため外に出てからしばらくして覚せい剤を注射したというものであり、桜井は自分の公判での被告人質問の際、その経緯について供述し、公判調書が作成されていた。この場合、この公判調書の当該部分の証拠能力は恵子や梅田の公判において認められるか。

　これは認められます。他の事件での公判での証言を録取した公判調書は大関である裁判官面前調書の刑訴法321条1項1号書面です。供述不能のほか、多少でも相反する供述であればそれだけで証拠能力が認められます。同号に該当するほかの書面としては、刑訴法226条、227条の第一回公判前の証人尋問調書がありますし、民事事件等で裁判官の前で供述した調書も含まれます。

> **設問6—4（バリエーション）** 仮に検察官が、恵子と梅田の公判前に、より証拠能力が認められやすい桜井の供述を確保しようとする場合、どのような方策があるか。

　今述べた、刑訴法226条と227条に基づく第一回公判前の証人尋問を行うことが考えられます。226条は、「犯罪の捜査に欠くことのできない知識を有すると明らかに認められる者」が捜査官の求めにより出頭して任意に供述をしてくれない場合に、裁判官にその者の証人尋問を請求できるというものです。227条は、いったんは捜査官に対して任意の供述をした者が、「公判期日においては前にした供述と異なる供述をするおそれがあり、かつ、その者の供述が犯罪の証明に欠くことができないと認められる場合」に同様の証人尋問を請求できるものです。227条は、以前は「公判期日においては圧迫を受け」という要件だったのですが、この制度をより使いやすいものとするために、平成16年の法改正で、この「圧迫を受け」という要件は削除されました。227条は、いったんは調書が作成されている場合でも、重要証人については、より証拠能力の高い供述録取書をこの証人尋問によって確保できるというメリットがあります。これらの証人尋問によって作成された供述録取書が、刑訴法321条1項1号の裁判官面前調書となるのです。本事例では桜井は取調べに応じてPSが作成されていますので、227条の問題となります。

　実務では、この証人尋問はときどき活用されますが、その実施件数はそれほど多くはありません。しかし、ドイツにおいては、裁判所が主体的に真実を発見する職権審理主義の影響もあってか、捜査段階で、検察官が裁判官に証人尋問請求を行うことは非常に多いそうです。裁判官も、時には夜になっても積極的に証人尋問をしてくれるそうです。検察官だった私から見れば、重要な参考人の取調べのために協力を求めてもなかなか出頭してくれないことも多く、かといって226条などで捜査段階での証人尋問請求をすることも実際には容易でないので、ドイツの実情は

うらやましく感じます。

> **設問6－5（バリエーション）** 弁護人は、桜井のPS採用を争うに際し、そもそも論として、「憲法37条2項は、刑事被告人にすべての証人に対して審問する機会を充分に与える」としているのだから、証人尋問に代えて調書を証拠とするような制度は憲法違反である」と主張した。この主張は妥当か。

　このような主張は、現行刑訴法の制定後日が浅い時期には、しばしば弁護人からなされていました。憲法は「すべての証人」といっているのだから、そもそも刑訴法321条1項2号が公判供述に代えてPSの証拠能力を認めること自体が憲法違反だ、とする主張でした。しかし、この問題については、<u>最判昭和30・11・29刑集9巻12号2524頁</u>が、
「憲法37条2項が、刑事被告人は、すべての証人に対して審問する機会を充分に与えられると規定しているのは、<u>裁判所の職権により又は当事者の請求により喚問した証人につき、反対尋問の機会を充分に与えなければならないという趣旨</u>であつて、被告人に反対尋問の機会を与えない証人その他の者の供述を録取した書類を絶対に証拠とすることを許さない意味をふくむものでなく、従つて、法律においてこれらの書類はその供述者を公判期日において尋問する機会を被告人に与えれば、これを証拠とすることができる旨を規定したからといつて、憲法37条2項に反するものでない」
と判示し、この論争に決着をつけました。

> **設問7** 検察官は、梅田の母親E女のPSを請求したが不同意となったので、E女の証人尋問が行われた。しかしE女は、証言席に座って被告人梅田の顔を見るなり泣き崩れ、半狂乱になって、検察官の尋問にも弁護人の尋問にもまともに答えることができなかった。E女のPSの証拠能力は認められるか。

　これもPSの伝聞例外要件の発展問題です。号泣して証言不能となった場合でも「精神若しくは身体の故障」に該当する供述不能だとしてPSの証拠能力を認めてよいのかどうかです。
　<u>札幌高函館支判昭和26・7・30高刑集4巻7号936頁</u>は、
「<u>強姦事件に関し被害者の婦人が激しく泣いて供述しない場合、公開を停止し、泣き止むのを待って再三尋問するなど諸種の手段を尽しても結局供述を得られないときは、321条1項2号の精神もしくは身体の故障のため公判期日において供述することができない場合に該当する</u>」
としています。ただ、安易にこれを認めるべきではなく、この判決も述べているように、諸種の手段を尽くすべきです。特に現在は、ビデオリンク、証人遮蔽措置などの制度が整備されていますので、それらの制度の利用が可能な犯罪の場合には、事案に応じてこれらの制度の活用を図るべきであり、なかなか泣きやまないからといって安易に供述不能とすることは妥当ではありません。

設問8　(8)の住民Bが撮影した逃走車両の写真の鑑定報告書は、証拠能力が認められるか。その根拠と要件は何か。

　この鑑定報告書には、「黒ないし紺色で、車種はスカイライン、改造を施して車高は低い」との鑑定結果が記載されていました。刑訴法321条4項は、「鑑定の経過及び結果を記載した書面で鑑定人の作成したもの」について、同条3項と同様に、作成者が作成の真正を供述することによって証拠能力を認めています。

　しかし、「鑑定人」とは、165条により裁判所が鑑定を命令した者をいい、鑑定人には宣誓義務があり、刑法171条は、「法律により宣誓した鑑定人」の虚偽鑑定に3月以上10年以下の懲役という重い刑を定めています。このように裁判所が命じる鑑定人は極めて格が高いのです。他方、捜査官は、刑訴法223条に基づいて鑑定を嘱託することができ、その嘱託を受けた者は鑑定受託者として、鑑定人の権限のうちかなりのものを行うことができます（刑訴法224条及び225条）。実務では、鑑定人による鑑定よりも、捜査段階で行われる鑑定受託者による鑑定の方が圧倒的に多いのが実情です。死体解剖の法医学鑑定をはじめとして、尿や血液、薬物、ＤＮＡ鑑定などもこの鑑定嘱託によって行われるのがほとんどです。判例は、早くからこのような鑑定受託者による鑑定についても、刑訴法321条4項の準用を認めてきました。その根拠は、①鑑定受託者は、あくまでその専門的な科学的な知識経験に基づいて客観的な鑑定を行うものであること、②複雑で詳細な鑑定の結果は、記憶に頼る証言よりも鑑定をした時点で作成した鑑定書による方が裁判所が的確に理解できること、③弁護人には証拠保全としての鑑定が刑訴法179条により認められることとのバランス、などにあります。

　また、捜査官の嘱託によらないものでも、例えば、消防職員が火災原因を調査して判定した報告書や、行政の事故調査委員会などが事故原因等について分析調査を行った報告書についても同項の準用が認められます。更に、近年は、これらに限らず、弁護人などの私人が専門家に依頼して行われた鑑定書についても、同項の準用を認める見解が支配的になっています。これらも、伝聞法則総論の冒頭でお話しした、伝聞例外規定について判例学説が柔軟に拡張的な解釈をしてきたことの一環でもあります。

　最決平成20・8・27刑集62巻7号2702頁、判時2020号160頁、判タ1279号119頁（百選84事件）は、捜査機関そのものではないが、福岡県消防学校の依頼を受けて、民間会社A社に勤務するBが、たんすの燃焼実験を行って作成した「燃焼実験報告書」について、刑訴法321条4項の準用を認めました。A社は、火災原因の調査を多数行っていた会社であり、実験を担当したBは、消防士として15年の経験があり通算20年にわたり火災原因の調査・判定に携わってきたという十分な専門的知識経験があったことから、その報告書は鑑定書としての証拠能力が認められたのです。

　ただ、この判例で注意すべきは、一審及び原審は、この燃焼実験報告書を、刑訴法321条3項の検証調書の規定を準用して証拠能力を認めたのですが、本最決は、

　「しかしながら、<u>同項（※3項）所定の書面の作成主体は『検察官、検察事務官又は司法警察職員』</u>とされているのであり、かかる規定の文言及びその趣旨に照らすならば、本件報告書抄本のような私人作成の書面に同項を準用することはできないと解するのが相当である」

としています。4項の鑑定書については、後述の医師の診断書も含めてその準用の範囲は広いの

ですが、3項の検証調書については、任意で行う実況見分調書までは含まれますが、私人が行った検証については準用は認められていません。

> **設問9—1** (9)のV男の別荘で撮影されたV男と恵子の写真の証拠能力は認められるか。認められるとすれば、その根拠と要件は何か。

　捜査や公判で用いられる写真には様々なものがあります。これは、科学技術の発達によりビデオ録画が簡便に行えるようになったのでこれについても同様です。

　実況見分調書に添付される写真は、それが本来の実況見分調書の目的に沿って撮影・添付されたものであれば、その写真も実況見分調書の不可分の内容をなすのですから、実況見分調書の証拠能力が認められれば足り、写真自体の証拠能力を論じる必要はありません。また、犯行や被害再現の実況見分調書の連続写真については、供述録取書としての証拠能力を検討すべきであることは既に述べたとおりです。

　設問の写真は、これらとは異なり、当該写真自体の証拠能力が問題となるものです。

　このような写真の証拠能力については、かつては、それが非供述証拠であるのか、供述証拠であるのか、の争いがありました。非供述証拠説は、写真は対象が客観的に撮影されるのだから人の供述ではない、とするのに対し、供述証拠説は、写真撮影といえども、撮影のやりかたなどに撮影者の主観や操作が介入するおそれがあるので供述証拠として取り扱うべきだとするものでした。

　これに決着をつけたのが、**最決昭和59・12・21刑集38巻12号3071頁、判時1141号62頁、判タ546号107頁（百選89事件〈いわゆる新宿騒擾事件上告審決定〉）** であり、

「<u>犯行等の状況等を撮影したいわゆる現場写真は、非供述証拠に属し、当該写真自体又はその他の証拠により事件との関連性を認め得る限り証拠能力を具備するものである</u>って、これを証拠として採用するためには、必ずしも撮影者らに現場写真の作成過程ないし事件との関連性を証言させることを要するものではない」

と、非供述証拠説をとることを明言したのです。

　供述証拠説であれば、カメラ自体を証人尋問するわけにはいかないので、証拠能力が認められるためには、撮影者が誰であるかが判明しなければなりません。そうでなければ、その者について供述不能かどうかなどの伝聞例外要件該当性の判断ができないからです。非供述証拠であれば、それらは不要で、当該写真と事件との関連性が認められれば足ります。その関連性は、写真自体の画像からでも判断可能な場合があります。例えば、本事例の写真では、V男と恵子とはっきり識別できる鮮明な画像で、背景に熱海城が写っておりV男の別荘のベランダからの撮影であることが明らかなら関連性は問題なく認められます。ただ、実務では、関連性に争いの余地があるような場合で、撮影者が判明しているときには、撮影者に公判で撮影の日時場所や状況などを供述させることも少なくありません。

設問9—2　無令状での写真撮影が許容されるのはどのような場合か。

　これは、本事例を離れた捜査法の重要問題ですが、この機会に復習しておきましょう。捜査官が行う写真撮影は検証の性質を有しますので、相手方の意思を制圧したり、重要な権利利益を侵害・制約するような方法で行う写真撮影は強制処分であり、検証許可状によらなければ行えません。望遠レンズで、遠くから住居の室内の写真を撮影したり録画することもプライバシーの重要な権利を侵害しますので強制処分となります。それに至らない程度の写真撮影については、任意処分として、必要性、緊急性などを考慮して具体的な状況の下で相当と認められる限度内のものであるかが問題となります。

　判例では、**最大判昭和44・12・24刑集23巻12号1625頁（京都府学連事件）**が、学生の違法な街頭デモの状況を警察官が無令状で撮影したことの適法性が争われた事案について、

　「憲法13条は、……そして個人の私生活上の自由の一つとして、何人も、その承諾なしにみだりにその容ぼう、姿態……を撮影されない自由を有するものというべきである。……少なくとも、警察官が、正当な理由もないのに、個人の容ぼう等を撮影することは、憲法13条の趣旨に反し、許されないものといわなければならない……現に犯罪が行われもしくは行われたのち間がないと認められる場合であって、証拠保全の必要性及び緊急性があり、かつその撮影が一般的に許容される限度をこえない相当な方法をもって行われるときには、同意のない容ぼうの撮影も適法である」

などと判示しました。この判旨の「現に犯罪が行われもしくは行われたのち間がない」という「現行犯的状況」は無令状の写真撮影において常に必要とされるのか（限定説）、あるいは当該判示は、当該事件が現行犯状況であったため適法性判断の考慮に含めたにすぎず、すべての場合まで現行犯的状況が必要とされるのではないのか（非限定説）の争いがありました。

　しかし、判例は、その後**東京高判昭和63・4・1判時1278号152頁、判タ681号228頁（山谷争議団事件〈百選［9版］10事件〉）**で、

　「当該現場において犯罪が発生する高度の蓋然性が認められる場合であり、あらかじめ証拠保全の手段、方法をとっておく必要性及び緊急性があり、かつ、その撮影、録画が社会通念に照らして相当と認められる方法でもって行われるときには、現に犯罪が行われる時点以前から犯罪の発生が予測される場所を継続的、自動的に撮影、録画することも許されると解すべき……」

として、現行犯的状況のない場合の無令状撮影・録画も適法としました（なお、**板橋区自動車放火事件の東京地判平成17・6・2判時1930号174頁**も参照）。

　さらに、**最決平成20・4・15刑集62巻5号1308頁、判時2006号159頁、判タ1268号135頁（京都カード強盗殺人事件）**は、被害者を殺害してキャッシュカード等を強取した事件の被疑者が、カードを使用して現金を引き出そうとした際に撮影された防犯ビデオに写っていた像と被疑者との同一性を確認するべく、被疑者宅近辺の公道上を歩いている被疑者を、捜査車両や付近に借りたマンション部屋からビデオ撮影し、また、防犯ビデオに写っている人物がはめていた腕時計と被疑者の腕時計との同一性を確認するため、パチンコ店の店長に依頼して、店内の防犯カメラにより、あるいは警察官が小型カメラにより、遊戯中の被疑者の姿をビデオ撮影したという事案です。本最決は、

　「捜査機関において被告人が犯人である疑いを持つ合理的理由が存在していたものと認められ、

かつ、前記各ビデオ撮影は強盗殺人等事件の捜査に関し、防犯ビデオに写っていた人物の容ぼう、体型等と被告人の容ぼう、体型等との同一性の有無という犯人特定のための重要な判断に必要な証拠資料を入手するため、これに必要な限度において、公道上を歩いている被告人の容ぼう等を撮影し、あるいは不特定多数が集まるパチンコ店内において被告人の容ぼうを撮影したものであり、いずれも、通常、人が他人から容ぼうを観察されること自体は受忍せざるを得ない場所におけるものである。以上からすれば、これらのビデオ撮影は、捜査目的を達成するため、必要な範囲において、かつ、相当な方法によって行われたものといえ、捜査活動として適法なものというべきである。」
と判示しており、非限定説は確立しています。

> **設問10** (10)の恵子に対する仮払金とその清算に関する経理帳簿の該当部分の抄本は、証拠能力は認められるか。その根拠と要件は何か。

　これは、伝聞法則総論でお話しした、伝聞例外の横綱である、刑訴法323条2号該当性の問題です。この機会に同条についての具体的問題をマスターしておきましょう。

【1号書面】

　法文では、「戸籍謄本、公正証書謄本その他公務員（外国の公務員を含む。）がその職務上証明することができる事実についてその公務員の作成した書面」とされています。これに該当するその他のものとしては、不動産登記事項証明書（不動産登記法119条）、商業登記事項証明書（商業登記法10条）、印鑑証明書、郵便局の配達証明、居住証明書、前科調書、身上紹介回答書、気象関係職員の作成した一定日時場所における気象状況に関する報告書などが挙げられます。これらは、個々の公務員に対する信頼ではなく、公機関の客観義務に対する信頼に基づくものです。

　しかし、行政庁が作成したものであっても、特定の事項に関し個別的に資料を収集して調査した上で認定した事実を内容とする報告書等の類は含まれないことに注意すべきです。

　例えば、捜査官作成の捜査報告書、捜索差押調書、現行犯人逮捕手続書等は、捜査により判明した事実や捜索差押や逮捕の事実を捜査官が証明するための書面のようにも思えますが、これらは、捜査官の主観も交えて個別具体的な様々な事情が記載されたものであり、前記の各書面のように定型的・類型的な高度の信用性はないので、同号には該当しません。

【2号書面】

　法文では「商業帳簿、航海日誌その他業務の通常の過程において作成された書面とされています。これに該当するその他のものとして、医師のカルテ、小切手帳の耳、タクシーの運転日報、工事現場の作業日報などが挙げられます。これらは客観的、継続的に作成され、定型的・類型的に高度の信用性があるため無条件で証拠能力が認められます。いわゆる裏帳簿もこれに当たるとされます（ただ、3号に当たるとの整理もある）。**最決昭和32・11・2刑集11巻12号3047頁**は、米販売業者が、嫌疑を受ける前にこれと関係なく自から販売未金を備忘のため闇米と配給米とを問わずその都度記入していた未収金控帳を同号に該当するとしています。裏帳簿というのは脱税などのために作成されますが、正規の帳簿には虚偽の記載をし、裏帳簿の方に真実の経理状況を

記載するため、かえって信用性が高いのです。商業帳簿等が無条件で証拠能力を認められるのは、これらの書面は長期間継続的に多数の事実を詳細に記載するものであり、作成者の記憶に頼って証明するよりもこれらの書面による方が裁判所により正確に事実を把握できるということもあります。

業務の通常の過程で作成されるものでも、医師の診断書や、領収書・契約書の類は同号に含まれません。これらは個別に作成される比較的単純な書類であり、時には虚偽の診断が記載されたり、カラ領収書の類もあって、定型的・類型的な高度の信用性は認められないからです。

【3号書面】

法文では、「前二号に掲げるものの外特に信用すべき状況の下に作成された書面」とされます。いわゆるバスケットクローズですが、要は、1号や2号に匹敵するような高度の信用性があるものかどうかということを常識で判断すればよいのです。

該当するとされるものとして、信用ある金融機関の職員の作成した預金者との取引状況に関する回答書（預金元帳の写しであれば、2号該当となる）、預貯金通帳、金銭登録機により発行されたレシート、信用ある定期刊行物に記載された取引所における株式等の相場、法令に根拠を有する統計の統計表、などがあります。

古い判例としては、最判昭和31・3・27刑集10巻3号387頁、判時75号23頁、判タ59号63頁があります。

被告人が密造タバコを買い受けたというたばこ専売法違反事件で、タバコの密売人が作成していた

杉山

7月10日	3,500本	4,200円
7月16日	3,700本	4,400円
8月13日	591コ	杉山へ

と記載されたメモについて、原審は刑訴法323条3号該当として証拠能力を認めました。しかし、本最判は

「同号の書面は、前二号の書面すなわち戸籍謄本、商業帳簿等に準ずる書面を意味するのであるから、これらの書面と同程度にその作成並びに内容の正確性について信頼できる書面であることは疑いない。しかるに、本件メモはその形体からみても単に心覚えのため書き留めた手帳であること明らかであるから、右の趣旨によるも刑訴323条3号の書面と認めることはできない」

と、同号の該当を否定しました。これはあまりにも当然のことであり、こんな断片的なメモの類が無条件で伝聞例外として証拠能力を認められるはずがありません。原審がその該当性を認めたのは、当時まだ伝聞法則の運用がまだ十分に実務に定着していなかったことを窺わせます。

東京地決昭和53・6・29判時893号3頁（百選85事件）では、次の三つの書証の証拠能力が問題となりました。

① 銀行支店次長Aが、自身の業務資料とする目的で作成していたものの一部であり、ほぼ毎日終業後に、当日の業務の要点を、本人の主観を抜きにして箇条書きの形式で記載していた日誌

② 同支店長Bが、私生活に関する事項や、主観的な所感・意見等を、業務上ではなく個人的な心覚えのために記載していた3年当用日記

③ 護岸用六脚ブロックの特許を持つ会社の設計部所属のCが、私人の依頼に基づいて、護岸工事に必要な右ブロックの重量・個数を算出した検討書

本決定は、刑訴法323条の法意について

「法321条以下に（伝聞法則の）例外となるべき場合が規定されている。そして、その例外的場合の最も基本的な形態として法321条第1項第3号所定の書面があり、その特則に該る場合として同項第1、2号、同条第2項ないし第4項、第323条各号所定の書面については、その作成時の情況及び書面自体の性質に応じ、その証拠能力を認めるための要件が漸次（必ずしも条項排列の順序と一致するものではないが）緩和されている。法323条各号所定の書面は、かかる伝聞証拠禁止の例外の重層的構造の頂点に位するものとして、反対尋問を経ることなく無条件にその証拠能力が肯認されているのであって、かかる事情に鑑み、同条3号所定の『前二号に掲げるものの外特に信用すべき情況の下に作成された書面』とは、その作成時の情況及び書面自体の性質において、前二号に掲げる書面と同程度の高度の信用性の情況的保障を有する書面を指称するものと解すべきである」

と極めて的確な判示をしています。その上で、本決定は、①について刑訴法323条3号に該当するとして証拠能力を認め、②③については同条の該当を否定しました。

最近の興味深い事例として**東京地判平成15・1・22判タ1129号265頁**があります。これは、被告人がストーカー行為をし、嫌がらせ電話を頻繁にかけたストーカー規制法違反及び業務妨害事件において、被害者の勤務先に頻繁にかかってくる嫌がらせ電話を、被害者が同僚の協力も得て、表計算ソフトを用い、日付、時刻、電話番号、電話の内容の欄を設け、「状態」の欄に「無言・○○宛て」等を記載。被害者が出た場合、同僚が出た場合等について、明確にしていたものでした。判決は、

「本件ノート及び本件一覧表は、（被害者が）被告人からと思われる（嫌がらせの）電話に限って、受信日時や内容等を、直後かその後遅滞ない時期に、かつ、正確に記録したものであると認められ、その過程に恣意が入り込んだと疑うべき事情はない。そうすると、本件ノート及び一覧表は、（刑訴法323条3号に該当する）」

としました。業務の過程で通常作成される書面とは異なる特異な事案ですが、被害者らが捜査に備えて正確性を最大の旨として客観的に事実を記載していたものなので信用性に疑いがないことが考慮されたものでしょう[2]。

【本事例の検討】

結論は明確ですね。刑訴法323条3号該当書面として証拠能力が認められます。経理帳簿自体なら1号ですが、関連部分のみの抄本なので3号とする方が妥当でしょう。

設問11 (11)の銀行支店からの恵子の預金取引状況の回答書の証拠能力は認められるか。

これも結論は明確です。信用ある金融機関の職員の作成した預金者との取引状況に関する回答書であり、刑訴法323条3号に該当します。預金元帳自体の写しであれば、2号該当としてよい

---

(2) 拙稿「刑事訴訟法演習」法教422号（2015年）146頁参照。

でしょう。

> **設問12** ⑿の診断書及びカルテの写し証拠能力は認められるか。

　診断書は、「加療約1カ月を要する頸椎捻挫」など、長くてもせいぜい数行程度の記載しかされず、しかも鑑定の結果のみであって「鑑定の経過」は記載されません。しかし、判例では早くから、この診断書についても刑訴法321条4項の準用を認めています（**最判昭和32・7・25刑集11巻7号2025頁**）。

　カルテについては、伝聞法則総論で既にお話ししたように、その定型的・類型的な信用性は極めて高く、刑訴法323条2号書面として証拠能力が認められます。

> **設問13** ⒀の梅田のアパートから押収されたメモと梅田の指紋との一致の指紋対象結果報告書の証拠能力は認められるか。認められるとすればその根拠と要件は何か。

　まず、指紋対象結果報告書は、科学捜査研究所の担当者が専門的技術知見を用いて指紋を照合した結果を記載したもので、刑訴法321条4項の準用により証拠能力が認められます。その他、ポリグラフ検査書、声紋鑑定書等にも本項が準用されるのが実務です。梅田のアパートから発見され、梅田の指紋がついていたので、このメモは梅田が作成したものだと認定できます。このメモには、「10.10　PM5、恵子を渋谷で拾うこと。道玄坂の○○店の前。　熱海の現場まで3時間か？　熱海市○○町○番地」と記載されていました。これはいわゆる犯行メモであり、実際に発生した事件と日時場所等が一致していることなどから真摯性が認められます。したがって、これは精神状態の供述のひとつの類型として、非伝聞ないし明文のない伝聞例外として証拠能力が認められ、梅田が恵子を拾って熱海に行こうとしていたことを立証することができます。ただ、既にお話ししたように、精神状態の供述が直接立証できるのは、当該本人の精神状態に限られますので、このメモ自体から、直ちに恵子も梅田と待ち合わせて熱海にいこうとしていたことまでは立証できません。梅田としては恵子と一緒に熱海に行こうと考えていた、ということを間接事実とした上で、恵子自身の犯行の意図や計画については、他の間接事実とあいまって立証すべきことになります。

> **設問14（バリエーション）** 仮に、弁護人は、梅田の子分桜井のPSを同意した上で、更に桜井の証人尋問を請求したとする。検察官は、調書に同意した以上、反対尋問権は放棄しているのだから、証人尋問は必要性がなく、許されない、と主張した。裁判所は、桜井の証人尋問を認めることができるか。

　実務では、検察官請求のPSを被告人・弁護人が同意しながら、その供述者の証人尋問を請求することが私の若いころにはときどきありました。PSを同意して裁判所がそれを読むことを了解するのだから、なぜ屋上屋を重ねて証人尋問を請求するのか、という疑問が生じるでしょう

が、「同意するが信用性は争う」として、弁護人がこのような対応をすることは稀にですが見られました。ただ最近ではこのような例はほとんどなくなっているようです。しかし、このような対応については、その理論的な問題として、そもそもPSを同意しながら、証人尋問も請求するということが許されるのか、ということがあります。

　この問題は、法326条の同意というものの法的性質をどのように考えるかによって結論が異なってきます。実務では、当事者が請求する供述証拠について同意がなされることは非常に多いです。まず、被告人が公訴事実を争っていない場合には、被告人は検察官請求の書証のほとんどを同意した上で情状証拠を請求するのが一般です。被告人が犯罪の成否や犯人性を争っている場合でも、争っても意味がない客観的な事実についての書証は同意するのが一般です。したがって、公判の実務で刑訴法326条の同意が果たす役割は極めて大きいのです。そこで、まず同意についての基本的な問題を理解しておきましょう。

　なお、同意は「書面又は供述」に対してなされるものであり、証拠物等の非供述証拠に対しては、刑訴法326条の同意ではなく、取調べに異議がないという当事者の意思表示です。

【反対尋問放棄説と証拠能力付与説】

　同意の法的性質には、大別して反対尋問放棄説と、証拠能力付与説があります。反対尋問放棄説とは、文字どおり、同意は反対尋問を放棄する当事者の意思表示だと考えます。証拠能力付与説は、伝聞証拠である書証に証拠能力を付与する当事者の訴訟行為だと考えます。この両説のいずれをとるかによって、①被告人の自白調書に対する同意の意味、②同意する一方で原供述者の証人尋問を請求することの可否（上記設問の問題）、③違法収集証拠である書証に対する同意の意味、などについて説明や結論が異なってきます。反対尋問放棄説は、①について、被告人が自らに対して反対尋問を行うことは考えられないので、自白調書に対する同意は本来の刑訴法326条の同意ではなく、自白の任意性を争わないという証拠調手続上の効果を生じさせるものだとし、また③については、326条の同意とは別個の、当事者主義の一場面としての責問権の放棄により瑕疵が治癒されるからであるとします。また、②については、同意は反対尋問の放棄である以上、PSを同意しながら原供述者を証人尋問することは許されないということになります。

　反対尋問放棄説は、これらの説明に難点がある上、実務的には意味のある②を否定するので妥当でなく、証拠能力付与説が通説です。この説なら被告人の自白調書に対する同意も、違法収集証拠である書証に対する同意も合理的な説明ができますし、②についても書証に証拠能力を与えることは証明力を認めることまでは意味しないので、原供述者の証人尋問が必要であれば許されることになります。

【「相当性」が必要】

　同意さえすれば、どんな書証も常に証拠能力が認められのではなく、刑訴法326条は「その書面が作成され又は供述のされたときの情況を考慮し相当と認めるときに限り」としています。例えば、任意性のない自白や、違法収集証拠である書証で、その収集過程の違法性が極めて重大であるような場合には、同意があっても証拠能力は認められません。

　例えば、**最大判昭和36・6・7刑集15巻6号915頁（大阪西成ヘロイン事件）**は、

「本件麻薬取締官作成の捜索差押調書及び麻薬を鑑定した厚生技官作成の鑑定書は、第一審第一回公判廷において、いずれも被告人及び弁護人がこれを証拠とすることに同意し、異議なく適

法な証拠調べを経たものであることは、右公判調書の記載によって明らかであるから、右各書面は捜索、差押手続の違法であったかどうかにかかわらず証拠能力を有する」
と判示し、違法収集証拠であっても同意等により証拠能力が認められるとしました。

他方、**福岡高判平成7・8・30判時1551号44頁**は、捜査官が、参考人に署名押印させた白紙の調書用紙を利用して虚偽の供述調書を作成し、それを唯一の証拠資料として捜索差押令状の発付を受けて覚せい剤を差し押さえた事案について

「原審において、被告人は差押調書及び鑑定書の取調べに同意し、本件覚せい剤の取調べに異議なしと意見を述べているけれども、その前提となる捜索差押えに、当事者が放棄することを許されない憲法上の権利の侵害を伴う……重大な違法が存するのであり、このような場合に右同意等によって右各証拠を証拠として許容することは、手続の基本的公正に反することになるから、右同意書があっても右各証拠が証拠能力を取得することはないといわなければならない」
としました。こんなニセの調書に基づいて得られた書証は同意によっても証拠能力を与えるべきでないことは当然だと思われます

【同意の本来の主体は被告人であるが、通常は弁護人にのみ意見を聞いている】

刑訴法326条は同意の主体を「検察官及び被告人」としており、弁護人は含めていません。しかし、公判では、検察官請求の書証について、裁判所は弁護人のみに同意不同意の意見を聞き、弁護人のみがその意思を表示し、被告人に対しては特段尋ねていないのが通常です。稀に、被告人が争っているのに、弁護人が書証を同意するような場合、裁判所が被告人にも確認的に尋ねる程度のことはあるようです[3]。このような弁護人の同意不同意は、弁護人の固有の権利としてではなく、被告人の包括的代理権に基づいてなされています。

通常、書証に対する同意は、被告人と弁護人の意見が合致した上でなされています。ただ、稀には、被告人が争っていても弁護人は書証を同意するなど、双方の意見が食い違うように見えることもあります。本来は、双方がよく打ち合わせをした上で意見を統一するべきなのですが、ときには、被告人が不同意としていたずらに争うよりも、弁護人としては、同意した上で情状面で有利に持っていく方がベターだと考えたり、同意してもその書証は被告人のためになんら不利にはならないので弁護人としては同意する、というようなケースもあります。そのような場合には、弁護人の不同意意見が、被告人が争っていることの意味を損なってしまうことになるのかどうか、という視点で判断されます。**大阪高判平成8・11・27判時1603号151頁（百選86事件）**がこのような事案でした。覚せい剤所持・自己使用事案で、被告人は、使用事実を否認し、所持については、「付近の公衆電話台の上にあった千円札数枚を拾い、上着ポケットに入れていたが、本件覚せい剤はその二つ折れとなっていた千円札に挟まっていたもので、職務質問を受けた際に初めて気付いた」と所持の犯意を否認していました。弁護人は、被告人の述べたところと同じであると述べたが、検察官請求証拠については全部同意し、一審は、請求の全証拠を採用して取調べの上、有罪としたのです。ところが、被告人の現行犯人逮捕手続書等には、被告人に覚せい剤の認識があったかのような記載があったのです。そうであればこれは被告人の所持の犯意の否認とは矛盾する内容ですから、弁護人はこれを同意すべきではありませんでした。そこで本判決は、

---

(3) 罪状認否については、裁判所はまず被告人に認否を尋ね、その後で弁護人に尋ねている。

「被告人が公訴事実を否認している場合には、検察官請求証拠につき弁護人が関係証拠に同意しても、被告人の否認の陳述の趣旨を無意味に帰せしめるような内容の証拠については、弁護人の意見のみにより被告人がこれらに同意したことになるものではないと解される。……本件の場合、被告人は……覚せい剤所持の事実につき、覚せい剤であることの認識はなかった旨具体的に争っており、前記の弁解内容に照らし、被告人の否認の陳述の趣旨を無意味に帰せしめるような内容の証拠、すなわち……覚せい剤所持の事実に関する証拠の中、被告人に覚せい剤であるとの認識があった旨の立証に資する司法巡査作成の現行犯人逮捕手続書、……被告人を現行犯逮捕した警察官であるA及び梅田の各検察官調書……については、右弁護人の同意の意見によって被告人の同意があったとすることはできず、従って、被告人の意思に沿うものか否か確認することなく、直ちにこれら証拠を同意書証として取調べ事実認定の資料とした原判決には、刑訴法326条1項の適用を誤った違法があるものというべきである」

としました。他方、被告人の尿の鑑定書等については、被告人は自己使用を否認していましたが、その否認の弁解には具体性がなかったため、本判決は、

「具体的主張のないその否認態様にかんがみ、弁護人が、同意した被告人の尿に関する鑑定書……を含む関係証拠は、右否認の陳述の趣旨を無意味に帰せしめるような内容の証拠ではないから、弁護人の同意の意見のみで、被告人の同意があったものとしたことに違法・不当はない」

としました。これは、尿から覚せい剤反応が出ていたとしても、自己使用の犯意がなければ被告人は無罪ですので、尿から覚せい剤反応が出たこと自体を争う必要がない事案だったのでしょう。しかし、仮に被告人が「この尿自体が自分のものではなく警察官が他人のものとすりかえた」などと弁解しているのであれば、弁護人はこの尿の鑑定書を同意すべきではありません。それは「被告人の尿」ではなく、「他人の尿」の鑑定結果かもしれないからです。

> **設問15（バリエーション）** 仮に、桜井が、証人尋問において、PSどおりの供述をしたとする。弁護人は、以前、桜井が、捜査官の取調べを受けた直後、梅田に対し、「10月3日の夜のことを刑事に聞かれたから、深く考えずしゃべってしまった。ごめんなさい。その日に梅田さんのアパートに行ったりしなかったよね」というメールを送っていたことを梅田から聞いていたので、そのメールの該当部分を証拠化し、刑訴法328条の弾劾証拠として請求した。このメールは弾劾証拠として証拠能力が認められるか。

刑訴法328条は、伝聞証拠であっても、公判期日等における被告人や証人などの「供述の証明力を争うためには」証拠能力が認められるとしています。これが、弾劾証拠の問題です。これも実務上しばしば重要な争点となりますので、基本を勉強しましょう。

【非限定説と限定説、弾劾証拠として認められるための要件】

同条自体は、上記以上に弾劾証拠について特段の制限をしていません。しかし、古くから、同条により許容される証拠は、いわゆる自己矛盾供述に限定されるか否かについて、学説判例に争いがありました。

古い判例は非限定説でした。例えば、**東京高判昭和36・7・18判時293号28頁**は、公判供述と

実質的に矛盾する第三者の実に17名もの警察官や検察官に対する多数の供述調書を、被告人や他の証人の捜査段階の供述調書の弾劾証拠として許容しています。この背景には、刑訴法328条の条文自体はなんらの限定をしていないことに加え、我が国はアメリカのような陪審制と異なり職業裁判官による裁判なので、裁判官は、実質的立証のために採用された証拠と、弾劾証拠として採用された証拠をきちんと区別して前者のみを公訴事実の心証形成に用いる訓練ができているという考え方があったと思われます。

しかし、いかに実質的証明に用いないとはいえ、弾劾証拠の名の下に湯水のように書証が公判に持ち込まれることは適切でなく、学説はあくまで当該供述者自身の自己矛盾供述に限るべきだとする限定説が通説でした。そして、判例も次第に、**東京高判平成5・8・24高刑集49巻1号174頁**が、公判供述をした者以外の供述調書、捜査報告書、実況見分調書及び現行犯人逮捕手続書を採用したのを違法とするなど、限定説をとるものが現れてきました。

この争いに決着をつけたのが**最判平成18・11・7刑集60巻9号561頁、判時1957号167頁、判タ1228号137頁（百選87事件）**であり、限定説をとることを明言したのです。

この事案は、現住建造物放火事件において、火災のあった付近の住民が、そのときの被告人の言動について証言したところ、弁護人が、328条に基づき、消防司令補が、上記証人から公判供述とは実質的に異なった内容の事実を聞き取ったことが記載された「聞き込み状況書」を証拠請求したというものです。ところが一審は却下し、控訴審もこれを支持したため弁護人が上告しました。本判決は

「刑訴法328条は、<u>公判準備又は公判期日における被告人、証人その他の者の供述が、別の機会にしたその者の供述と矛盾する場合に、矛盾する供述をしたこと自体の立証を許すことにより、公判準備又は公判期日におけるその者の供述の信用性の減殺を図ることを許容する趣旨のものであり、別の機会に矛盾する供述をしたという事実の立証については、刑訴法が定める厳格な証明を要する趣旨であると解するのが相当である。そうすると、刑訴法328条により許容される証拠は、信用性を争う供述をした者のそれと矛盾する内容の供述が、同人の供述書、供述を録取した書面（刑訴法が定める要件を満たすものに限る。）、同人の供述を聞いたとする者の公判期日の供述又はこれらと同視し得る証拠の中に現れている部分に限られるというべきである</u>」

として上告を棄却しました。弁護人が請求した「聞き込み状況書」に記載された証人の自己矛盾供述部分は、消防司令補による供述録取書の性質を有するのですが、その部分には、証人の署名押印がなかったため、刑訴法が定める要件を満たしていなかったからです。この判決は、限定説を明言したことはもとより、自己矛盾供述自体が供述録取書の場合には署名押印の要件が必要だとしたことに重要な意義があります。

事例の場合は、桜井の公判供述の弾劾のために、弁護人が桜井の供述書であるメールを弾劾証拠として請求すること自体は、自己矛盾供述ですので、許されます。ただ、桜井は梅田の子分ですから、公判で梅田の面前で梅田に不利なことをあえて供述したことの方に信用性が高いと思われるので、弾劾の効果は余り上がらないでしょう。

【弾劾証拠に関するその他の問題】

(1) 補助事実について

学説の中には、純粋の補助事実（証人の性格・能力・利害関係・偏見など純粋に証人の信用性のみに関する事実）については、自己矛盾供述以外であっても弾劾証拠として許容される、という

有力な説もあります。しかし、「あの証人は日ごろから嘘つきだ」「被告人から賄賂を貰って嘘の証言をした」などという怪しげな文書の類が、弾劾証拠の名の下に公判に氾濫することになれば、裁判所の事実認定に不適切な影響を与えかねないのでこの説には賛同できません。また、これらの補助事実は自由な証明の対象なのだからもともと伝聞法則は適用されない、という考え方もあります。しかし、既にお話ししたように、自由な証明と厳格な証明とは、実際の裁判では判然と区別されていません。自由な証明で足りるとされる補助事実でもそれが事実認定に重要な影響を与えるようなものであれば厳格な証明によるべきでしょう。

(2) 片面的構成説について

学説の中には、検察官が請求する弾劾証拠は自己矛盾供述に限るが、被告人側から請求するものはそれに限られないという有力な説もあります。しかし、刑訴法は、321条1項3号が「犯罪事実の存否の証明」、としていることや、刑訴法322条1項は、被告人に有利な証拠についても証拠能力を要求していることなどから、刑訴法は検察官請求の証拠と被告人側の請求証拠の証拠能力には差を設けていないと見るべきです。捜査機関と被告人側には証拠の収集能力に大きな差があることは、もともと検察官の立証は合理的な疑いを超える全面的な挙証責任があるのに対し、被告人側は、犯罪の不成立を「証明」する必要はなく、それに合理的な疑いを生じさせれば足りる、ということによってバランスが保たれています。前記平成18年最判も、弁護人が請求した弾劾証拠の証拠能力が否定されたものであり、片面的構成説は採っていません[4]。

(3) 増強証拠と回復証拠

「証明力を争う」ということは、証明力を減殺する場合に限られ、それを増強する場合は含まれないと解されています。公判でしっかり供述したのに、その信用性を更に高めようとしてそれと同じ内容の調書を「取調べの際も同じ供述をしています」ということで請求はできません。他方、回復証拠とは、公判廷での供述が自己矛盾供述で弾劾された後、弾劾された側が公判供述と一致する供述を提出するものですが、一致供述は、相手方の弾劾証拠に対する弾劾であり、結果として公判供述の証明力を回復させるものとして許容されると解されています。

(4) 証人尋問終了後に作成された検察官調書について刑訴法328条適用は可能か

刑訴法328条は、弾劾証拠が作成された時期については何も定めていません。そのため、例えば、証人が公判で供述した後に検察官がその証人を取調べ、「実は公判では被告人を現場で見なかったと言ったが、本当は見たのです。でも被告人の前ではそれを言えませんでした」というPSを作成した場合、このPSが弾劾証拠として認められるのか、という問題があります。**東京高判平成6・7・11高刑速平成6年78頁**は、公判供述の後に作成された自己矛盾供述を弾劾証拠として採用することは必ずしも刑訴法328条に違反しないとしつつ、公判での反対尋問の活用や証人の再喚問等の余地があるのに安易にこれによるべきではないとした上、当該事案では、コカインの密輸入事案において、身の危険を感じた共犯者が公判廷で真実を証言できなかった旨の検察官調書に関し「公判廷において同趣旨の供述をする可能性はほとんどない」ことを理由として同条による証拠能力を肯定しています。検察官としては、できる限り、証人の再喚問などに努め

---

(4) 拙稿「刑事訴訟法演習」法教423号（2015年）138頁参照。

るべきであり、公判証言後に作成された調書を安易に弾劾証拠として請求することは控えるべきでしょう。

第4章
違法収集証拠の諸問題

　違法収集証拠とその排除法則は、証拠法の最重要問題の一つです。実務でもこの問題は頻繁に登場します。警察官の職務質問・所持品検査に行き過ぎた有形力の行使があれば、それが重大な違法であったとして発見・差し押さえられた覚せい剤の証拠能力が排除されて無罪になることもあります。他方、警察官の捜査にわずかでも違法があれば証拠はすべて排除する、ということになれば、時には生命身体の危険にさらされながら捜査に従事している警察官に対し酷に失することにもなり、また、本来処罰されるべき犯人や犯罪が見逃されて社会正義に反することにもなりかねません。犯人がお咎めなしとされて迷惑を被るのは被害者であり、社会です。捜査機関の不手際の責任を被害者や社会に直ちに負わせてよいということにはなりません。捜査の違法性は、真っ黒な重大な違法から、真っ白な適法な捜査との間に、うすい灰色、灰色、濃い灰色、黒に近い灰色、まで様々な程度があります。これらのどこからが証拠が排除される重大な違法となるのか、また違法であるとしても排除するのが相当であるのか、の判断は容易ではありません。被疑者の人権をも尊重しつつ真実を発見して社会正義を実現するためには、違法収集証拠排除の法則について正しく理解し、具体的事案に対して的確な当てはめを行う必要があります。

　違法収集証拠排除法則の問題が、刑訴法の他の重要問題と異なるのは、この法則は法の明文には一言も規定されておらず、判例法によって形成されてきたことです。ですから、違法収集証拠の排除法則を正しく理解して具体的事案での的確な運用を行うためには、その前提として、違法収集証拠の排除法則がどのようにして生まれ、それが我が国にどのようにして導入され、判例学説が発展・深化を遂げてきたのか、という大きな視点に立った理解が大切です。まず、それらの大きな流れを勉強し、次に、違法収集証拠排除法則の具体的内容や要件、それに関連する様々な問題点、主な判例等を勉強した上で、様々な事例によって実践的に応用力を身に付ける勉強をしていきましょう。

第1　違法収集証拠排除法則の生成・発展の歴史の概観

　違法収集証拠の排除法則の母国はアメリカです。アメリカでは判例法によってこの法則が形成され、それが次第に我が国の学説・判例にも導入されるようになりました。

1　アメリカにおける排除法則生成発展の経緯等

　興味深いのは、この法則の母国であるアメリカにおいても、昔から排除法則が当然のものとして受け入れられていたのではないことです。一昔前には、排除法則は「社会の安全を犠牲にする誤った感傷の所産である」「お巡りがへまをしたから犯人が放免されるのは筋違いである」などの根強い批判があり、また、排除法則の抑止効自体疑わしいとの実証的研究も相次ぐなど、排除法則については大きな議論がありました。しかし、激しい論争を経て、次第に排除法則が確立するに至りました。

1886年のボイド事件の判決（Boyd v. UnitedStates, 116 U. S. 616）が違法押収物の排除を初めて宣言し、1914年のウイークス事件の判決（Weeks v. United States, 232 U. S. 383）が、排除法則は連邦憲法上の要求であることを明らかにしました。そして、1961年のマップ対オハイオ事件の判決（Mapp v. Ohio, 367 U. S. 643, 660）が、連邦の排除法則は、州に対しても適用されるべきであるとし、これによって、違法収集証拠排除法則は、連邦のみでなく州も含めてアメリカの全域で適用されることが確立したのです[1][2][3]。

2 我が国における排除法則の生成発展の経緯

我が国でも、昔はこの法則はまったく認められていませんでした。**最判昭和24・12・13裁判集刑15号349頁**は、「押収物は押収手続が違法であっても、物其自体の性質、形状に変異を来す筈がないから其形状等に関する証拠たる価値に変わりはない」としていました。しかし、我が国でも、アメリカにおけるこの法則の発展の経緯を、かなり大きな時間差の下に追いながら、学説や下級審判例が、さらに上級審の判例が、この法則を紹介・導入・応用しつつ定着を見るに至ったのです。

我が国の下級審が初めて違法収集証拠の排除を認めたのは、**大阪高判昭和31・6・19高刑特3巻12号631頁、判時79号7頁**でした。これは著名な西成ヘロイン事件の控訴審判決であり、被疑者の緊急逮捕に伴う無令状捜索について、被疑者が帰宅する前に捜索・差押えを先行させてしまったことの違法性が問題になった事案です。大阪高裁は、差し押さえられたヘロインを違法収集証拠として排除し、無罪としたのです。ウイークス事件に遅れること42年でした。その上告審の**最大判昭和36・6・7刑集15巻6号915頁、判時261号5頁、判タ119号22頁**は、奇しくもマップ事件と同じ年の判決です。この最判は、差押えは違法ではなかったとして原判決を破棄差戻ししたのですが、15人のうち、6名の裁判官が排除法則は認められるべきものであることを肯定しており、そのうち証拠能力も否定すべきとする2名の裁判官の反対意見もありました。この判例は我が国の最高裁における排除法則の萌芽とも評価できるでしょう。

しかし、その後昭和40〜50年代にかけて、下級審で、収集手続の違法を理由として違法収集証拠やその派生証拠の証拠能力を否定する裁判例が増えてきました。

そして、ついに、**最判53・9・7刑集32巻6号1672頁、判時901号15頁、判タ369号125頁（大阪天王寺覚せい剤所持事件〈百選90事件〉）**が、我が国においても違法収集証拠の排除が認められるべきであることとその要件を宣言したのです。しかし、当該事件の具体的判断では、収集手続は違法ではあるが違法性は重大ではなかったとして証拠は排除しませんでした。マップ事件に遅れること17年でした。

その後、最高裁及び下級審で、証拠収集手続を違法とした上で証拠排除まではしなかったもの、下級審においては、手続を違法とした上、証拠排除を認めた判例が相次ぎました。

（1） 井上正仁『刑事訴訟における証拠排除』（1985年、有斐閣）がこれらの判例法理形成研究の原点となった労作である。
（2） なお、違法収集証拠問題に限ることではないが、アメリカ連邦憲法の修正条項については、我が国の憲法31条以下の諸規定を始め、刑訴法上の様々な条文等にその理念等が含まれており、これを知っておくことが、我が国の刑事訴訟法の理解をより深めることになるので、インターネット等で一読しておくことを勧めたい。
　※修正4条（不合理な捜索・逮捕・押収からの保障、令状主義）、5条（大陪審、二重の危険、自己負罪拒否特権）、
　　6条（陪審、証人、弁護人の援助）、14条（全ての州での適正手続等の保障）が特に重要である。
（3） ドイツでは、「証拠禁止」の概念が発達した。

そして、**最判平15・2・14刑集57巻2号121頁、判時1819号19頁、判タ1118号94頁（百選96事件〈大津違法逮捕事件〉）** が、最高裁として初めて具体的事案において証拠排除を認めたのです。最判昭和53・9・7から25年もかかったことになります。

みなさんが、違法収集証拠についての判例を勉強するときに、これらの大きな流れを踏まえることが、個々の判例の理解を踏まえるために役立つことになります。

第2　違法収集証拠排除法則の論拠と排除法則に関する重要な問題点

違法収集証拠排除法則をめぐって、どのような問題点があるのか、ということをまず頭の中のマップとして理解しておくことが大切です。

1　排除法則の論拠

まず、この法則が必要とされ、認められる論拠は何かという問題です。これについては、

ア　適正手続論（規範説・憲法保障説）

違法収集証拠の利用は適正手続に関する憲法上の保障に反するとする。

イ　司法の廉潔性説（無瑕性説）

違法収集証拠の使用は司法に対する国民の信頼を裏切る。違法な証拠収集行為の結果の利用を拒否することにより、司法の汚れなき性質を保持し、国民の司法に対する尊敬・信頼を確保しようとする。

ウ　抑止効説

将来の違法捜査の抑制のためには違法収集証拠の排除が最善の方法である。

という三つの考え方があります。アについては、違法収集証拠の排除法則が憲法31条や35条に直接基づくものだとの考え方は少数説にとどまります。しかし、憲法の適正手続の保障の理念は、広い意味で排除法則の基盤になっているといえます。それを踏まえつつ、排除法則のウの抑止効説を中心とし、イの司法の廉潔性の保持をも併せて論拠とするというのが我が国で大方の支持を得ている考え方です。

2　具体的問題点

次のような様々な問題点がありますが、それは、上記の排除法則の論拠を踏まえつつ、排除の要件や具体的な考慮事情などを検討・理解することによって自ずとその結論が導かれることになります。

ア　排除法則の要件について、最判53・9・7刑集32巻6号1672頁の判旨を踏まえつつ、より網羅的な排除の要件をどのように考えるべきか。

イ　排除法則の要件の具体的当てはめの際に考慮すべき事情にはどのようなものがあるか。

ウ　証拠物に限らず、違法な取調べ等によって得られた自白についても排除法則の適用があるか。

エ　申立適格（排除の申立てをする資格）を当該証拠収集手続における違法行為の被害者等に限定すべきか、他の被疑者等もその手続の違法性を申立てることが許されるか。

オ　私人の違法行為によって収集された証拠については、排除法則の適用があるか否か。

カ　違法収集証拠に基づいて更に得られた証拠（派生証拠・毒樹の果実）について、どのよう

な範囲・程度において排除がなされるべきか。
キ　違法収集証拠に対して被告人側が同意し、あるいは取調べに異議がない場合には証拠能力が認められるか。

第3　最判昭和53・9・7の判旨とそれを踏まえたより網羅的な排除法則の要件など

1　事案の概要と判決要旨

《事案の概要》

　警ら中の警察官等が、挙動が不審で、売春の客引きの疑いもあった被告人を職務質問するうち、被告人の落ち着きのない態度、青白い顔色から、覚せい剤中毒の疑いを持ってさらに職務質問を続行した。その際、A巡査の所持品提示の要求に被告人が一部提示した後、A巡査らが他のポケットを触ったところ、上着左内側ポケットに何か固いものを感じ、その提示を求めた。被告人は何かぶつぶつ言って不服らしい態度を示していたが、A巡査はポケットに手をいれてプラスチックケース入りの注射針1本とちり紙の包を取り出した。包を開けると、ビニール袋入り覚せい剤様の粉末が入っており、試薬で検査すると覚せい剤であることが判明したので、現行犯逮捕し、差し押さえた。

　一審は、差押は違法で令状主義に反する重大なものであるとして無罪とし、原審も検察官控訴を棄却したので検察官が上告した。

《判決要旨》

　「違法に収集された証拠物の証拠能力については、憲法及び刑訴法になんらの規定もおかれていないので、この問題は、刑訴法の解釈に委ねられているものと解するのが相当であるところ刑訴法は、『刑事事件につき、公共の福祉の維持と個人の基本的人権の保障とを全うしつつ、事案の真相を明らかにし、刑罰法令を適正且つ迅速に適用実現することを目的とする。』（同法1条）ものであるから、違法に収集された証拠物の証拠能力に関しても、かかる見地からの検討を要するものと考えられる。ところで、刑罰法令を適正に適用実現し、公の秩序を維持することは、刑事訴訟の重要な任務であり、そのためには事案の真相をできる限り明らかにすることが必要であることはいうまでもないところ、証拠物は押収手続が違法であっても、物それ自体の性質・形状に変異をきたすことはなく、その存在・形状等に関する価値に変わりのないことなど証拠物の証拠としての性格にかんがみると、その押収手続に違法があるとして直ちにその証拠能力を否定することは事案の真相の究明に資するゆえんでなく、相当でないというべきである。しかし他面において、事案の真相の究明も、個人の基本的人権の保障を全うしつつ、適正な手続のもとでなされなければならないものであり、ことに憲法35条が、憲法33条の場合及び令状による場合を除き、住居の不可侵、捜索及び押収を受けることのない権利を保障し、これを受けて刑訴法が捜索及び押収等につき厳格な規定を設けていること、また、憲法31条が法の適正な手続を保障していること等にかんがみると、証拠物の押収等の手続に、憲法35条及びこれを受けた刑訴法218条1項等の所期する令状主義の精神を没却するような重大な違法があり、これを証拠として許容することが、将来における違法な捜査の抑制の見地からして相当でないと認められる場合においては、その証拠能力は否定されるものと解すべきである」

「被告人の承諾なくその上衣左側内ポケットから本件証拠物を取り出したA巡査の行為は、職務質問の要件が存在し、かつ、所持品検査の必要性と緊急性が認められる状況のもとで、必ずしも諾否の態度が明白ではなかった被告人に対し、所持品検査として許容される限度をわずかに超えて行われたに過ぎないのであって、もとより同巡査において令状主義に関する諸規定を潜脱しようとの意図があったものではなく、また、他に右所持品検査に際し強制等のされた事跡も認められないので、本件証拠物の押収手続の違法は必ずしも重大であるとはいえないのであり、これを被告人の罪証に供することが、違法な捜査の抑制の見地に立ってみても相当でないとは認めがたいから、本件証拠物の証拠能力はこれを肯定すべきである」

2 本最決を踏まえたより網羅的な排除法則の要件など

一般に判例が規範を述べるときには、学者の論文などとは異なり、あくまで当該事案について妥当な結論を導き出すために必要な限度で規範を述べるものです。したがって、本最判が示した排除法則の規範等についても、本判決の文言を形式的に引用するのではなく、判旨を踏まえつつ、より網羅的な排除法則の規範を考える必要があります。

【排除法則の論拠について】

本判旨は、「憲法及び刑訴法になんらの規定もおかれていないので、この問題は、刑訴法の解釈に委ねられている」としていることから、排除法則が憲法の規定を直接の根拠規定であるとまでは考えていません。他方、「憲法31条に……かんがみ」「憲法35条～の所期する令状主義の精神」と表現していることから、憲法の適正手続保障の理念ないし要請は、広い意味で排除法則の基盤であると考えているのでしょう。学説でも「憲法の趣旨に照らして刑訴法を解釈した」とみるのが有力です。

他方、「将来における違法な捜査の抑制の見地からして相当でないと認められる場合」としていますが、司法の廉潔性などには触れていません。しかし、最高裁が排除の論拠として違法捜査抑止効がすべてだとは考えてはおらず、司法の廉潔性の保持というものも、排除の論拠に含まれると考えてよいでしょう。本最判の後のこれを踏まえた判例では、例えば、**最判昭和58・7・12刑集37巻6号791頁、判時1092号127頁、判タ509号71頁（神戸ホステス宅放火事件）**の伊藤裁判官の補足意見で、違法な別件逮捕中に獲得された自白について「違法収集証拠として排除するのが、適正手続の要請に合致し、また将来において同種の違法捜査が行われることを抑止し、司法の廉潔さを保持するという目的からみて相当である」と述べられています。また、大阪高判平成4・1・30高刑集45巻1号1頁（大阪西成覚せい剤使用事件）の判決は、「将来における違法な捜査の抑制の見地及び条理上要求されるいわゆる司法の廉潔性の見地から相当でない」と判示しています。

【排除の要件について】

本判旨は、

「令状主義の精神を没却するような重大な違法があり、これを証拠として許容することが、将来における違法な捜査の抑制の見地からして相当でない」

としています。しかし、捜査の中には、令状主義とは関係のないもの（例えばおとり捜査について「おとり捜査令状」などは存在しない）もありますし、また排除の論拠は抑止効のみには限られま

せん。そのため、今日大方の支持を受けている排除法則の要件としては、この判旨を踏まえつつ、より網羅的な要件として「違法の重大性」と「排除の相当性」とする説が大方の支持を得ています。

この2要件については、いずれか一方を満たせば直ちに排除されるのか（競合説）と、ふたつの要件はともに充たさなければならないとするのか（重畳要件説）の二説があります。①客観的には違法は軽微なように見えても、警察官がそれを頻繁に繰り返しているため違法捜査抑止のために排除すべき場合もありますが、競合説であれば排除が可能なのに、重畳要件説であれば排除できないのではないか、という問題があります。他方、②違法は重大であっても、非常なレアケースで警察官が再び同種の違法行為を繰り返すおそれがない場合（いわゆる「たまさかの違法」）にも競合説ではすべて排除すべきことになり、具体的事案の結論の妥当性を欠くという問題もあります。私は、重畳要件説が妥当だと考えています。①の問題については、一見軽微な違法のようにみえても、警察官がそれを意図的に繰り返しているのであればそれは重大な違法と評価すれば妥当な解決が導かれるでしょう[4]。

【排除要件該当判断の際に具体的に考慮すべき事情】

違法の重大性と排除の相当性を判断する際に具体的に考慮すべき事情としては、本判旨では明示されていません。しかし、「手続違反の程度、手続違反がされた状況、手続違反の有意性、手続違反の頻発性、手続違反と当該証拠獲得との因果性の程度、証拠の重要性、事件の重大性等の諸要因を総合的に検討すべきだ」とする考え方が大方の支持を得ています[5]。大津違法逮捕事件の最判も、「証拠の重要性等諸般の事情を総合すると」としています。このような考え方は、一定の違法があれば直ちに排除すべきとする絶対的な排除論ではなく、「相対的排除論」と呼ばれる考え方です。なお、これに更に加えて「他の適法な捜査によってその証拠を獲得することが可能であったか」ということ（補充性）もそれらの事情に含めていいでしょう。

3　前記第2のその他の重要な問題点については、どのように考えるべきか。

これらの問題点は、既に述べた排除法則の論拠や、網羅的な排除法則とその要件、具体的に考慮すべき事情などを理解すれば、おのずとその答えが導かれます。

(1)　**私人の違法行為によって収集された証拠物には排除法則の適用があるか否か。**

排除の論拠を抑止効説のみに求めれば、私人が犯罪捜査に関与するのは偶発的なレアケースであり、将来の再発は考え難いため排除は相当でない、ということになるでしょう。しかし、排除の論拠を司法の廉潔性にも求めれば、私人の証拠収集行為の違法性が極めて重大である場合には、そのような行為によって得られた証拠は、たとえ私人によるものとはいえ、それを裁判の証拠に用いるのは司法の廉潔性を損なうものとして排除の余地があるということになるでしょう。

(2)　**申立適格（排除の申立てをする資格を当該証拠収集手続における違法行為の被害者等に限定すべきか、他の被疑者等もその手続の違法性を申立てることが許されるか。**

アメリカでは、違法集証拠排除の申立適格（standing）について、侵害された捜索場所に客観

---

(4)　拙稿「刑事訴訟法演習」法教425号（2015年）166頁参照。
(5)　大谷直人「違法に収集した証拠」刑訴争点［3版］194頁参照。

的に合理的なプライバシーの期待を有する者に限定されることが判例上確立しているそうです[6]。日本でも地裁レベルで限定説に立つものがあります（**東京地決昭和55・3・26判時968号27頁、判タ413号79頁、成田空港管理棟侵入事件**）。

　しかし、学説では、申立適格を厳格に解する説は少なく、排除法則が相対的判断であることを踏まえて、申立人と違法捜査との関係は、総合的判断の一要素として考慮すれば足りるとするのが多数説です[7]。排除の論拠について、司法の無瑕性論や抑止効論に立てば、これに限定すべきことにはならないでしょう。つまり重大な違法行為によって得られた証拠を、他の被告人の裁判においても用いることが、司法の廉潔性を損なうものとなり、あるいは、当該相手方との関係のみならず、他の被告人の裁判においてもその証拠を排除しなければ、違法捜査抑止の目的は果たし得ないという場合もあり得るからです。

(3)　証拠物に限らず、違法な取調べ等によって得られた自白についても排除法則の適用があるか。

　この問題は、自白法則の根拠の問題と表裏一体です。自白法則の論拠については、現在、任意性説（虚偽排除と人権擁護）と違法排除説との二元論ないし総合説が通説・判例となっています。したがって、取調手続の違法を根拠としても自白が排除される場合があります。典型は、松戸市殺人事件（ロザール事件）の**東京高判平成14・9・4判時1808号144頁（百選73事件）**が、9泊10日の宿泊を伴う取調べによって得られた自白調書を排除するに際し、

<u>「自白を内容とする供述証拠についても、証拠物の場合と同様、違法収集証拠排除法則を採用できない理由はないから、手続の違法が重大であり、これを証拠とすることが違法捜査抑制の見地から相当でない場合には、証拠能力を否定すべきであると考える」</u>

と判示しています。

(4)　違法収集証拠に基づいて更に得られた証拠（派生証拠・毒樹の果実）について、どのような範囲・程度において排除がなされるべきか。

　この問題については、項を改めて勉強しましょう。

(5)　違法収集証拠に対して被告人側が同意し、あるいは取調べに異議がない場合には証拠能力が認められるか。

　同意の意義について証拠能力付与説に立つと、違法収集証拠でも同意によって証拠能力が付与されそうですし、証拠物についても取調べに異議がなければ証拠能力を認めてよさそうです。判例も、前記の西成ヘロイン事件の**最判36・6・7**が、麻薬取締官作成の捜索差押調書及び麻薬を鑑定した厚生技官作成の鑑定書について、第一審で<u>被告人及び弁護人がこれを証拠とすることに同意し、異議なく適法な証拠調べを経たものであることから、**「右各書面は、差押手続の違法であったかどうかにかかわらず証拠能力を有する**ものであるとしました。しかし、刑訴法326条の同意は「相当と認めるときに限り」との限定が付されています。排除の論拠を、違法捜査の抑止や司法の無瑕性に求めると、当人が同意したり、取調べに異議がないとする場合であっても、違法性が極めて重大な場合においては、これらの論拠からは排除を相当とすべき場合もあり得るでしょう。

　福岡高判平成7・8・30判時1551号44頁は、警察官が参考人に署名・押印させた白紙の供述

（6）　小早川義則『毒樹の果実論』（2010年、成文堂）137頁。
（7）　大谷・前掲注(5)197頁。

調書用紙を利用して虚偽の供述調書を作成し、その調書を被疑事実の裏付けとなる唯一の資料として捜索差押許可状の発付を受け、覚せい剤を差し押さえた事件につき、原審では被告人が差押調書・鑑定書の取調べに同意し、覚せい剤の取調べに異議なしとしましたが

「当事者が放棄することを許されない憲法上の権利の侵害を伴う……重大な違法が存するのであり、このような場合に右同意等によって右各証拠を証拠として許容することは、手続の基本的公正に反することになるから、右同意書があっても右各証拠が証拠能力を取得することはないといわなければならない」

として同意等の効果を認めませんでした。警察官が虚偽の調書を作成したという極めて重大悪質な事案であり、司法の無瑕性や違法捜査抑止の視点から、たとえ同意があったとしても証拠が排除されるべきことを示した事例です。

第4　毒樹の果実論（派生証拠の問題）

毒樹の果実論とは、違法に収集された第一次証拠が排除される場合に、その違法収集証拠に基づいて更に発見・獲得された第二次証拠（派生証拠）についても排除されるのかどうか、排除されるとしたらその要件と範囲はどのようなものか、という問題です。これもアメリカの判例法で形成された法理です。排除される第一次証拠が「毒樹」であり、それによって得られた第二次証拠が「果実」です（fruits of poison tree）。

アメリカの判例法では、第一次証拠が排除されるからといって、それと因果関係のあるすべての派生証拠まで排除するのは妥当でないため、次のようないくつかの救済法理が認められています。

【独立入手源の法理】
捜査機関が違法捜査とは無関係の独立の情報源からすでに「果実」の存在を把握していた場合

【希釈法理】
違法捜査による第一次証拠の発見とこれに基づき発見された第二次証拠との因果関係が希薄化していた場合

【不可避発見の例外法理】
当該違法捜査によらなくとも、いずれその証拠が発見・押収される状況にあった場合

日本の判例の中にも、これらの法理を勉強した裁判官が、これらの法理を明文では記載しなくても、このような考え方を判旨の中に反映させているものが少なくありません。

1　毒樹の果実論についての指導的判例

前掲の**最判昭和58・7・12**の神戸ホステス宅放火事件において、伊藤裁判官は補足意見で

「このような違法収集証拠（第一次的証拠）そのものではなく、これに基づいて発展した捜査段階において更に収集された第二次的証拠が、いわゆる『毒樹の実』として、いかなる限度で第一次証拠と同様に排除されるかについては、それが単に違法に収集された第一次的証拠となんらかの関連をもつ証拠であるということのみをもって一律に排除すべきでなく、第一次的証拠の収集

方法の違法の程度、収集された第二次的証拠の重要さの程度、第一次的証拠と第二次的証拠の関連性の程度等を考慮して総合的に判断すべきものである」
と述べました。

　この事件では軽微な住居侵入罪による別件逮捕という違法性が極めて重大な手続によって得られた放火事件の第一次自白が排除されましたが、その毒樹の果実である、放火事件の再逮捕・勾留中に得られた捜査官による反復自白の調書も排除されました。しかし、捜査官とは独立した立場である裁判官による勾留質問調書や、消防職員による質問調書については、排除は認められませんでした。

　伊藤裁判官はアメリカ法の権威であり、この意見は補足意見ですが法廷意見の考え方を代弁しておられるとも評価され、これがその後の判例に指導的な影響を与える重要なものとなりました。例えば、大阪高判平成4・1・30高刑集45巻1号1頁、判タ920号16頁（大阪西成覚せい剤使用事件）は、職務質問や任意同行の違法が重大で、任意同行後に採取された尿の鑑定書等を違法収集証拠として排除しましたが、その尿の鑑定結果に基づいて発付された捜索差押許可状によって被告人の自宅から発見押収された覚せい剤についてまでは排除しなかったという事案です。判決は、

「いわゆる第2次証拠の証拠能力については、結局は第1次証拠の証拠収集の違法の程度、第2次証拠入手との関連性、第2次証拠の重要性、事件の重大性、捜査機関の意図等を総合的に判断して決すべきであるところ、前示のように違法に収集された第1次証拠に基づき発付された逮捕状による逮捕が証拠入手に先行しているとはいえ、逮捕状の被疑事実の嫌疑は十分で、発行につき司法判断を経由している上、逮捕の時点で覚せい剤が発見され、被告人の新たな覚せい剤の使用が発覚したのは全くの偶然であって、右逮捕状執行とは別に職務質問を行うことによっても発覚した可能性がなかったとはいえない」

などとして、差し押さえられた覚せい剤までは証拠排除しませんでした。この判旨は、伊藤裁判官の補足意見を踏まえつつ、それに肉付けした上、不可避発見の法理の考え方もにじませたものとなっています。

　なお、大阪高判昭和52・6・28刑月9巻5-6号334頁、判時881号157頁、判タ357号337頁（杉本町交番爆破等事件〈百選75事件〉）は、偽計約束や利益誘導等による違法な取調べによって自白が排除されるとした場合に、その自白に基づいて発付された捜索差押許可状によって発見押収された爆弾等の派生証拠の排除の可否を判示したものです。排除される自白を獲得することとなった取調べ等の違法性の程度の強さによって、派生証拠が排除される場合とそうでない場合が生じるという判旨でした。これは最判昭和53・9・7刑集32巻6号1672頁が出される前の年に、重要事件についていきなり派生証拠の排除の問題について詳細に検討・判示したものであり、その論理については様々な評価はありますが、私は、この判決の基本的視点には今日でも参考となる的確なものを含んでいると思います。詳しくは判文に当たってください。

2　違法承継論、密接関連論、毒樹の果実論と相互の関係

　派生証拠の問題を検討するについては、毒樹の果実論という考え方のみでなく、違法承継論や密接関連論という考え方もあります。またそれらの考え方が相互にどのような関係にあるのか、ということも問題です。

(1) 違法承継論

最高裁が、違法承継論を用いた著名な判例として、**最判昭和61・4・25刑集40巻3号215頁、判時1194号45頁、判タ600号78頁（奈良生駒覚せい剤使用事件〈百選91事件〉）**があります。これは、警察官が、覚せい剤事件捜査の目的で被告人の自宅に早朝赴き、承諾がないのに被告人の寝室にまで上がり込んで被告人を警察に任意同行し、長時間留め置いた後で尿を提出させたという事案でした。しかし、採尿行為それ自体には違法な点はありませんでした。本決定は

「本件においては、被告人宅への立ち入り、同所からの任意同行及び警察署への留め置きの一連の手続と採尿手続は、被告人に対する覚せい剤事犯の捜査という同一目的に向けられたものであるうえ、採尿手続は右一連の手続によりもたらされた状態を直接利用してなされていることにかんがみると、右採尿手続の適法違法については、採尿手続前の右一連の手続における違法の有無・程度も十分考慮してこれを判断するのが相当である」

とした上、任意同行と留置きは違法であり、

「これに引続いて行われた本件採尿手続も違法性を帯びるといわざるを得ない」

としました。しかし、結論においては、違法性は重大とはいえなかったとして証拠排除はしませんでした。違法承継論というのは本来、行政法上の概念なのですが、最高裁は、これを刑事手続に応用したといえます。その場合のキーワードは「同一目的・直接利用」の概念です。この事案では警察官は当初から被告人に覚せい剤使用の嫌疑をもって採尿するために違法な任意同行をしたものであったため、「同一目的・直接利用」の違法承継論になじむものでした。その後も、違法承継論を用いて判断する判例も少なくありません。

(2) 密接関連論

最高裁が初めて具体的事案で証拠を排除した、**最判平15・2・14**の大津違法逮捕事件で、最高裁は第一次証拠と派生証拠の排除の可否を判断するについてこの考え方を用いました。この事案は、警察官が、被告人の自宅に赴き、令状の発付を受けていた窃盗罪で逮捕するに当たり、令状を持っていくのを忘れたため、無令状で逮捕しました。その後警察に引致してから、尿を提出させたところ、その尿から覚せい剤反応が出たため、その鑑定結果に基づいて被告人の自宅に対する捜索差押許可状を取得し、また、以前から発付を受けていたが未執行だった窃盗罪についての捜索差押許可状をも持ち、二つの令状により被告人の自宅を捜索したところ、覚せい剤が発見されたので差押えた、という事案です。判決は、第一次証拠である尿の鑑定結果報告書等は証拠排除しましたが、派生証拠である自宅から発見された覚せい剤については排除しませんでした。最高裁は、第一次証拠について

「本件採尿は、本件逮捕の当日にされたものであり、その尿は、上記のとおり、重大な違法があると評価される本件逮捕と密接な関連を有する証拠であるというべきである。」

としましたが、覚せい剤については、

「本件覚せい剤の差押えは、司法審査を経て発付された捜索差押許可状によってされたものであること、逮捕前に適法に発付されていた被告人に対する窃盗事件についての捜索差押許可状の執行と併せて行われたものであることなど、本件の諸事情にかんがみると、本件覚せい剤の差押えと上記(2)の鑑定書との関連性は密接なものではないというべきである。したがって、本件覚せい剤及びこれに関する鑑定書については、その収集手続に重大な違法があるとまでは言えず、その他、これらの証拠の重要性等諸般の事情を総合すると、その証拠能力を否定することはできな

い」
として、覚せい剤の証拠能力を認めました。ここには、希釈法理や不可避発見の法理の考え方が窺えますね。司法審査を経て令状が発付されたことにより当初の違法性が希釈され、また、もともと窃盗罪での捜索差押許可状はあったのだから、これに基づく捜索をすればいずれは発見されていたであろう、ということです。

　奈良生駒事件で最高裁が示した違法承継論の考え方を大津事件では用いなかったのは、同一目的・直接利用」の関係にはなかったからだと考えていいでしょう。大津事件では当初は窃盗罪での逮捕が目的であり、覚せい剤事件捜査の目的はなかったので、「同一目的」という概念にはあてはまりません。そこで、最高裁は密接関連論という考え方を用いたと言ってよいと思います。しかし、だからといって最高裁が以後は違法の承継論という考え方を放棄したとまではいえないように思います。

(3) それぞれの論の関係

　これについては、相互の関係はどのようなものか、どの論が中心となるべきか、などについて学説は様々です。しかし、まず基本的にいえることは、違法収集証拠排除の法則は、基本的には第一次証拠の排除の問題として生まれたものですが、派生証拠、毒樹の果実である第二次証拠であっても、それは広い意味での違法収集証拠の排除の問題にほかならないということです。当初の捜査の違法行為が重大である場合に、それに基づく排除の効果を、第一次証拠、派生証拠のどこまで及ぼすべきか、という問題だといってもいいでしょう。三つの論は相互に対立・排斥しあうものではないともいえます。

　ただ、三つの論が、どのような場面の判断において用いられ、また用いるのが妥当であるかについては、具体的事案によります。まず、毒樹の果実論は、それ自体が、第二次証拠である派生証拠の排除の可否を論じるためのものであり、第一次証拠自体の排除のためにはこの論は用いられません。他方、違法の承継論や密接関連論は、第一次証拠についても、派生証拠についても共に適用が可能な考え方です。奈良生駒事件で問題となったのは第一次証拠である尿の鑑定報告書でした。しかし、第一次証拠の収集の違法性が重大であり、それが排除される場合に、第一次証拠の収集の違法性が、第二次証拠の収集手続にも承継されるということもあり得ます。**東京地決平成12・11・13判タ1067号283頁（千駄木強盗致傷事件）**では、軽微な旅券法違反での勾留延長後に取得された強盗致傷事件の自白の証拠能力が違法な別件勾留中に得られたものとして排除されましたが、派生証拠である、その後の再逮捕・勾留中に得られた反復自白について、違法の承継論を用いて排除しています。

　密接関連論についても、第一次証拠と派生証拠のいずれについても用いることが可能なのは、大津違法逮捕事件で、最高裁がその双方に密接関連論を用いて判断しているとおりです。私の整理としては、密接関連論と違法承継論とは、前者の方が上位概念であり、違法承継論は、密接に関連する場合の一つの類型として、同一目的・直接利用の関係がある場合に用いることがふさわしい論であると整理するのがよいだろうと考えています。

第5　実践的応用問題

　これまで勉強したことを踏まえて、具体的事例の中で考えていきましょう。次の各事例につい

て、違法収集証拠として排除されるべきでしょうか。簡単なコメントをしておきますので皆さん自身でよく考えてみてください。

〔事例 1〕

甲は、ふだん、違法な捜査をしたことがない真面目な警察官であった。甲はA女と交際していたが、A女が最近覚せい剤に手を出していることを知って驚き、「そんな人と警察官の僕が交際はできない」と別れ話を持ち出した。A女はそれを恨み、嫌がらせのために、甲が飲もうとしていたコーヒーカップに、こっそり少量の覚せい剤を入れたため、それを知らない甲はそのままコーヒーを飲んでしまった。その夜、甲は繁華街をパトロール中、覚せい剤の前科があるXが通りかかり、甲の姿を見て逃げ出そうとしたので、職務質問のため停止させ、ポケット内の物を見せるよう求めたが、Xはこれに応じなかった。甲は昼間に飲まされた覚せい剤の影響で異様な興奮状態に陥っており、「貴様とっととださんかい」と怒鳴りながらいきなりXの胸ぐらをつかんでゆさぶり、上衣ポケットに手を差し入れて財布を取り出して開けたところ、白い粉の入ったビニール袋が発見された。甲は予試験をしたところ覚せい剤の反応が出たので、Xを現行犯逮捕するとともにその覚せい剤を差し押さえた。

【コメント】
　甲の違法行為は客観的には重大です。競合説なら、それだけで直ちに排除されることになります。しかし、重畳要件説なら、違法は重大であっても排除の相当性を検討することになります。甲は知らずに飲んだ覚せい剤の影響という稀有ともいえる事情によってこのようなことをしてしまったのであり、甲が再びこのような違法行為を繰り返すおそれはないでしょう。これがいわゆる「たまさかの違法」と言われる事案です。排除の相当性の判断は違法捜査抑止の視点が中心ですから、違法は重大でも排除は相当とはいえない、という結論も十分考えられるでしょう。

〔事例 2〕

Xは、プロの窃盗グループの一人で、仲間のYと一緒に侵入盗を繰り返し、何度も服役歴があった。しかし、Yが窃盗の分け前の分配で汚いことをすることで不満に思っていたことや、自分が年をとったことから、もう盗みから足を洗うため警察に自首することにした。その際、以前、捜査で親身になって世話を受け、恩義を感じていたA刑事にせめて恩返しをしたいと考えた。Xは、以前Yと共に犯した窃盗で、盗んだロレックスの高級時計をYが自宅にまだ保管していることを知っていたので、こっそりそれを盗み出し、警察に出頭してA刑事に訳を話して任意提出した。A刑事は驚いたが、これを受け取って領置した。

【コメント】
　Xのロレックスの取得は窃盗に当たる違法行為によるものであり、違法は重大です。もし警察官がこのようなことをすれば、証拠が排除されることはあまりにも当然です。しかし、Xは私人です。私人による違法収集証拠も、その違法性が極めて重大な場合には、司法の廉潔性保持の観

点から排除される場合はあるでしょう。しかし、Yはもともと窃盗犯であり、盗品であるロレックスの占有について保護すべき法益は薄いでしょう。Xは、窃盗から足を洗うこととして、進んで警察捜査に協力しようとの気持ちでロレックスを盗み出したのであり、自分の利益のためではありませんでした。違法は重大といわざるを得ませんが、排除の相当性までは認められないように思われます。

〔事 例 3〕

警察官甲・乙らは、あるビルで事務所への盗難事件が頻発しているため、窃盗犯の警戒や検挙の目的で、深夜、そのビル内をパトロールしていた。ビルの地下の喫茶店にXら3名の男がたむろしていた。Xらは、甲らを見ても別段逃げ出すわけでなく、その場にとどまっていた。甲らは、Xらを起立させ、そこに並ばせたうえ「何か変なもの隠していないか」と言いながら、Xらの衣服の外側からポケット付近などを軽く叩くなどして所持品検査を行った。すると、3人目のZの上着の胸ポケット付近になにか固くて細長い物の感触があった。そこで甲は「これは何だ」と言ったが、Zは身体をよじらせるようにしてポケット内を見せようとしなかったので甲は右手をZの上着内ポケットの中に差し入れ、入っていた茶色の封筒を抜き出した。封筒の中には注射器と白い粉の入ったビニール袋が入っており、甲は予試験をし、覚せい剤の反応が認められたので、Zを現行犯逮捕するとともにこの覚せい剤と注射器を差し押さえた。

【コメント】

甲らの行為は、ポケットを外側から軽く叩き、固い物の感触があったため、上着ポケットに手を差し入れて中の封筒を取り出した、というものです。一見すると**最判昭和53・9・7刑集32巻6号1672頁**の事案に似ており、捜索に類する行為として違法ではあるが違法性は重大とまではいえないとして排除はされないようにも思われます。しかし、最判の事案とは重要な違いがあります。最判の事案では職務質問を行った場所や被告人の不審な挙動等から、覚せい剤の所持や使用が強く疑われるものでした。しかし、この事例では、甲らは窃盗事案の警戒等のためにパトロールしていたのであり、Xらには窃盗についても、覚せい剤の所持等についても、それらが疑われる不審な状況はなにもありませんでした。にもかかわらず、甲らはXらを起立させ、次々と無差別に所持品検査を行いました。窃盗や覚せい剤事犯の疑いのもとにこれらの所持品検査を行う必要性・緊急性は認められず、無差別に行った検査の行為の相当性は、その具体的状況の下で許される限界を超えていたというべきです。覚せい剤は証拠排除されるべきでしょう。**大阪高判昭和56・1・23判時998号126頁（大阪要撃5号事件）** の判決は、このような事案について、

「ポケットへ手を入れて内容物を取り出すような所持品検査、すなわち捜索については、更にその必要性も緊急性も、ともに全然存在しなかったことは明白である。……被告人の容疑は窃盗であって、覚せい剤取締法違反の容疑は毫もなく……」

などとして、この覚せい剤は証拠排除されるべきだとしています（ただ、原審で被告人らが鑑定書等に同意等をして適法に取調べられたことから結論においては証拠能力を肯定した）。

〔事例　4〕

　あるアパートでV女が絞殺されているのが発見された。情況証拠から、V女と同棲していたXの犯行であることが強く疑われたが、逮捕状を得るまでの証拠はなかったので、警察はXを発見して任意同行後、取調べを開始した。夜間になってもXは自白しなかったが、帰るあてもないというので、警察は警察署近くの旅館の二間続きの部屋にXの承諾を得て宿泊させ、警察官4人が、Xを取り囲むように雑魚寝した。このような宿泊を3日間続け、毎日朝から夜9時ころまで取調べたところ、3日目の夜、XはV女の殺害を自白するに至った。ただ、取調べそのものは、黙秘権を告知し、詳細な弁解を聴取しつつ、その矛盾点を丁寧に問い質し、情理を尽くして説得を行うものであり、取調べ方法について問題点は認められなかった。

【コメント】

　高輪グリーンマンション殺人事件の**最決昭和59・2・29刑集38巻3号479頁、判時1112号31頁、判タ524号93頁（百選6事件）**は、4泊5日の宿泊を伴う取調べについて、違法とまではいえないとしました。それからすると本事例では2泊3日ですから、自白の証拠能力は認めてもよいように思われます。しかし、同事件とこの事例の違いは、宿泊の態様です。本事例では、二間続きの部屋に警察官がXを取り囲むようにして「雑魚寝」しています。睡眠という、人が最も心身の健康保持のために必要とし、プライバシーを侵害されたくないことについてこのような宿泊の仕方は極めて問題です。その違法は重大というべきであり、この間に得られた自白調書は排除されるべきでしょう。取調べの追及方法自体には違法性はないので「任意性」の問題ではありませんが、宿泊を伴う違法な取調べと言う手続の違法によっても自白調書が排除されるという判例は確立しています。**東京地決昭和55・8・13判時972号136頁**（向島こんにゃく商殺人事件）も、このような宿泊を伴う取調べは実質的に逮捕と同視すべき情況にあり、その違法は重大であるとして、検察官の勾留請求を却下したことへの検察官の準抗告を棄却しました。

〔事例　5〕

　警察官甲・乙らは、覚せい剤所持の嫌疑に基づいた捜索差押許可状によりXの自宅を捜索した。引出しの中からビニール袋入りの覚せい剤と思われる結晶が発見された。甲がXに対し「これはなんだ。やっぱり覚せい剤を隠してたな」と言うと、Xは「そんなあほな」とふてくされて口答えした。そこで甲らは、「お前は生意気だ」と怒鳴りながら、Xの頭を小突き、腰のあたりを数回足蹴りした。

【コメント】

　警察官が、捜索の際に相手方に暴行を振るうということは言語道断であり、その違法性は重大です。しかし、本事例では、甲らが暴行を振るったのは覚せい剤が発見された後のことでした。暴行と覚せい剤発見の間には因果関係はありません。したがって、この覚せい剤は証拠排除されないでしょう。警察官の暴行については、別途、懲戒処分、国家賠償訴訟の提起、場合によっては、特別公務員暴行陵虐罪による告訴、などの方策でその責任を問うべきです。**最決平成8・**

10・29刑集50巻9号683頁（和歌山西署捜索中暴行事件）では、このような事案について、

「警察官の違法行為は、捜索の現場においてなされているが、その暴行の時点は証拠物発見の後であり、被告人の発言に触発されて行われたものであって、証拠物の発見を目的とし捜索に利用するために行われたものとは認められないから、右証拠物を警察官の違法行為の結果収集された証拠として証拠能力を否定することはできない」

としました。もし、捜索中に、なかなか対象物が発見できないことに業を煮やした警察官が「お前、隠しとらんで早く出さんかい」と怒鳴りながら暴行し、その結果被告人が隠していた覚せい剤の場所を教えて発見させた、という事案であれば、証拠が排除されることは当然です。

〔事例 6〕

警察官は、ある過激派の爆発物取締罰則違反により、Xを逮捕・勾留して捜査を続けていた。それはある派出所に対する爆弾による爆破事件の嫌疑であった。Xは、当初事実を否認していたが、警察官は厳しく執拗に追及し、「このまま否認を続けていたら、お前の恋人も幇助犯で逮捕してやる。素直に罪を認めれば、執行猶予となるよう検事に頼んでやる」などの脅迫や甘言を用いて取調べたところ、これに屈したXは、派出所の爆破には自分も共謀に参加して実行したことを自白するに至った（第一次自白）。更に、自暴自棄になったXは、警察官がこれまで把握していなかった、Xらが製造した爆弾を、ある研究所の倉庫に隠していることも警察官に打ち明けた（第二次自白）。警察官はこの旨のXの自白調書を作成し、これを唯一の資料としてその場所に対する捜索差押令状を請求し、発付を受けた。直ちにその場所を捜索すると、Xの自白どおり、未使用の爆弾3個が発見されたのでこれを差し押さえた。

【コメント】

これは前掲の大阪杉本町交番爆破事件の事案を素材としたものです。本事例では、第一次自白は脅迫や甘言を用いた利益誘導によって得られたものであり任意性を欠くので排除されることは当然です。しかし、第二次自白については微妙なところです。これ自体は、警察官が追及したのではなく、Xが警察官も知らなかった爆弾の所在を自ら打ち明けたものです。この第二次自白まで排除されるかは、一概にはいえないでしょう。第一次自白で任意性を欠くに至った事情や警察官の違法な取調べによる影響が、第二次自白の段階までどの程度及んでいたか、ということを慎重に判断すべきでしょう。仮にこの第二次自白までは証拠排除されない、ということになれば、それに基づいて令状により発見押収された爆弾の証拠能力は、問題なく肯定されます。しかし、仮にこの第二次自白も排除されるとした場合、爆弾はその毒樹の果実としての排除が問題となります。司法審査を経た令状によって発見されたことや、爆弾製造・所持という事件の重大性や爆弾の現物という証拠の重要性などから、その証拠能力までは否定されないだろうと思われます。

第5章 訴因と公訴事実の諸問題

　訴因と公訴事実の問題は、実務においては、捜査を終えて事件を起訴するときの公訴事実をどう構成して記載するべきか、ということや公判で公訴事実どおりの立証が困難となった場合の対応策を考える上で、極めて重要なものです。しかし、この問題は、刑訴法の中で捜査法と証拠法のいわば狭間にあり、みなさんにとってなじみが薄く、十分に勉強する機会が少ない分野のようですね。その上、現在定着した訴因と公訴事実についての基本的な考え方と実務の運用は、刑訴法の明文とはずいぶん異なっており、そのことが、この問題を考えるときにみなさんをとまどわせています。その原因は、訴因制度が、戦前の旧刑訴法にはなく、戦後にGHQの指導の下で現行刑訴法が制定された際に、初めて我が国に採り入れられたことにあります。実際の運用の経験のないままでこの制度が法律で定められたため、運用を開始すると条文の明文どおりの解釈ではさまざまな不都合な問題があると理解されるようになりました。そのため、訴因制度の是非自体も含めて、訴因制度の問題点について大きな議論が生じ、それらを適切妥当に解決するために、判例や学説は様々な解釈論を展開することになりました。そして、今日定着した解釈論の中には、明文の規定の文理とは大きく異なるものが少なくないのです。これは伝聞法則の問題にも似通ったところがあります。そのため、これらの訴因制度の導入から今日までの実務への定着の経緯を理解することが、訴因制度をめぐる様々な問題点をよりよく理解できることに役立ちます。ここでも、「急がば回れ」です。本章では、まずこれらの経緯を踏まえた訴因制度の意義等について理解した上で、基本的な問題点である、訴因の特定の諸問題、訴因変更の要否の諸問題、訴因変更の可否の諸問題などについて、様々な事例に基づいて勉強していくことにします。

第1　訴因制度導入の経緯と、定着した「訴因」の意義

> 設問1　現行刑訴法に「訴因」の概念はどのような経緯で規定されるに至ったのか。

　「訴因」という概念や制度は旧刑訴法にはなく、旧刑訴法は起訴状に「犯罪事実及び罪名を記載すべし」と定めていました。「公訴事実」も明文にはなく講学上の概念でした。しかし、戦後GHQは、刑訴法に起訴状一本主義とともに「訴因（count）」の導入を求めたのです。旧刑訴法はドイツ型の職権審理主義であり、起訴と同時に検察官は一件記録を裁判所に提出し、予審制度もありました。GHQが起訴状一本主義と訴因制度の導入を求めた主な理由は、予断排除、職権審理主義の制限、当事者主義の導入などにありました。
　しかし、戦前の職権審理主義の制度に慣れた日本側の立案担当者にとっては、このGHQが求める訴因制度の導入の要請は衝撃であり、「原子爆弾」だとすら受け止められたそうです。

設問2　「公訴事実」とは何か。旧刑訴法と現行刑訴法との間で公訴事実の概念はどのような違いがあるか。

　旧刑訴法下においては、「犯罪事実」として起訴状に記載される事実は、真実発見の「手掛り」にすぎず、裁判所は、捜査段階の嫌疑を引き継いで、事件が同一である限り、自由に真実を探索し、確定することができました。「傷害致死」の起訴状でも、これと実体法上一罪の関係にある住居侵入をも認定し、殺人罪を認定することもできたのです。現行法は刑訴法256条２項で「公訴事実」を明文化し、訴因制度も導入したので、旧法下におけるような裁判所の事実認定は行えなくなりました。しかし裁判実務家の間に定着した職権審理主義の裁判の伝統は根強く、それが訴因制度をめぐって様々な議論を引き起こしたのです。

設問3　裁判における審判の対象は、「訴因」か「公訴事実」か。

　審判の対象は訴因か公訴事実かという審判対象論争は、戦後、長く激しく続きました。
　公訴事実説は、職権審理主義に慣れた裁判官を中心とした根強い考え方でした。公訴事実とは、検察官の主張を越えた、手続の背景にある「実体」ないし客観化された犯罪の嫌疑であり、旧法下の公訴事実と同趣旨だ、と考えるのです。起訴状に書かれていない部分も含めた公訴事実全体が審判の対象だとします。「訴因」とは、そのような公訴事実の「法律構成」を示したものにすぎない、と考えるのです。
　訴因説は、訴因とは単なる法律構成ではなく、それ自体が検察官が審判を求める特定化された具体的犯罪事実の主張であると考えます。審判の対象は公訴事実ではなく、訴因自体だと考えるのです。この説が学者を中心に次第に有力となっていきました。
　この論争は激しく、戦後間もない時期には、訴因制度がこのような混乱をもたらしていることへの反発から「訴因抹殺論」まで登場し、法制審議会で取り上げられたことすらあったのです。しかし、長い論争を経て、次第に審判の対象は訴因である、という説が優位になり、今日では完全にそれが定着しました。しかし、この論争の経緯が、訴因の特定や訴因変更をめぐる様々な問題点の背景にもなっています。

設問4　「訴因」とは何か。

　今日定着した審判の対象は訴因であるとの考え方によれば、論者によって表現にはやや違いもありますが「**検察官が審判を求める特定化された具体的犯罪事実の主張である**」というのが適切です。訴因は法律構成ではなく、あくまで「具体的犯罪事実」を記載したものなのです（事実記載説）。

> **設問5** 起訴状に記載される「公訴事実」（刑訴法256条1項）と「訴因」との関係はどのようなものか。

　訴因とは、事実を記載したものであり、それが審判の対象であるという定着した考え方によれば、訴因と異なる「公訴事実」というものを観念する必要がなくなります。今日では、公訴事実はすなわち訴因のことである、と言い切ってよいというのが定着した考え方です。しかし、この考え方は刑訴法の明文とは大きく食い違います。刑訴法256条3項は「公訴事実は、訴因を明示してこれを記載しなければならない」としていますが、公訴事実イコール訴因なら、訴因を公訴事実に代入すれば、「訴因は訴因を明示して」ということになります。また、312条は訴因変更について「公訴事実の同一性を害しない限度で……〜訴因の……」変更が許されるとしていますが、ここでも訴因を公訴事実に代入すれば「訴因は訴因の同一性を害しない限度で〜」ということになります。同義反復、トートロジーですね。

　現行刑訴法の制定当時の立案担当者は、戦前の職権審理主義の裁判に慣れていたため、審判の対象は訴因の背後にある歴史的社会的実体としての犯罪の嫌疑だと考えており、公訴事実と訴因とは異なるものだと考えてこの条文を作ったのでしょう。しかし、審判対象論争を経て訴因対象説が確立した今日、定着した実務は立法者の意図を離れてしまったことからこれらの明文の文理と大きく異なるものとなってしまいました。

> **設問6** 刑訴法312条（訴因の変更）1項にいう「公訴事実の同一性」の概念の「公訴事実」とはどういう意味か。

　旧刑訴法時代や戦後の現行法制定当時の立法者の考え方は、審判の対象は公訴事実であって訴因はその法律構成だと考えており、条文の文理上もそれが自然な解釈でした。しかし、論争の末、訴因説が定着すると、公訴事実と訴因は同じものだと考えられるようになりました。そうすると、同条にいう「公訴事実の同一性」という言葉の中の「公訴事実」の4文字については、それ自体に特段の意味はないことになってしまいます。そこで今日、この概念は、訴因変更が許される限界を意味する「機能概念」ないし「道具概念」にすぎないという考え方が定着しています。

第2　訴因の「特定」の諸問題

　訴因が審判の対象である具体的事実を記載するものである以上、それが特定されていなければならないのは当然のことです。訴因が特定されない起訴がなされれば、裁判所は、刑訴法338条4号の「公訴提起の手続がその規定に違反したため無効であるとき」として公訴棄却の判決をすることになります。したがって、起訴が有効であるために、どの程度の事実の記載が訴因の特定のために必要か、ということが訴因の諸問題の出発点です。

1 訴因の特定に関する基本問題

> **設問 1** 起訴状に公訴事実として記載された事実はすべて訴因として不可欠な事実であるのか。

まず、ある殺人罪の公訴事実の記載例を示してみましょう。

「 被告人 は、住宅建築を業とする甲株式会社の営業部長として勤務していたものであるが、同社の営業部長Ｖ（当時56歳）が、かねてから被告人の営業成績が悪いと叱咤していたことを恨んでいたところ、○月○日午後５時ころ、○○市△町○番地の同社本社営業部室内において、同僚の面前で、Ｖから「お前は役立たずの会社の荷物だ」などと面罵されたことに憤激し、 殺意をもって 、卓上にあったカッターナイフで、Ｖの胸部・腹部等を５回突き刺し、よって、そのころ、同所において、 Ｖを 腹部大動脈切断による出血により 死亡させて殺害した ものである。」

これらの記載のすべてが訴因の特定のために不可欠のものではありません。起訴状に記載される公訴事実としての訴因には、訴因の特定のために不可欠な事実、不可欠とまではいえないが、被告人の防御のために重要な事実、その他の事実で検察官が任意に記載するもの、など様々なものが記載されています。動機は殺人などの重大な犯罪なら書くことが多いですが、軽微な事件ならほとんど書かれていないのが実情です。また、私が若いころ捜査に従事していたときは、重大事件については動機も具体的に書くよう指導を受けていましたが、近年はかなり状況が変化しているようです。むしろ起訴状の公訴事実には動機は原則的に記載せず、それは証明予定事実記載書面や冒頭陳述書で明らかにする、という運用が定着しつつあるようです。被害者の年齢は、生命身体に対する罪では書くのが通常です。財産犯の場合、強盗や恐喝なら被害者の年齢も書く場合が多いですが、窃盗、横領、器物損壊などの場合には通常は書いていません。この辺りの任意的記載事項についての問題については全国統一的なかっちりとした基準があるというわけではなく、ある程度は当該検察官や上司のスタイル・流儀による部分もあります。

記載された事実について審理の過程で異なる認定をすべきことになった場合には訴因変更の要否が次の問題となりますが、その要否の判断のためには、その事実がこれらのどの事実に属するのか、ということが大前提となります。

> **設問 2** 訴因として特定が必要な事実は何か。法256条３項の「訴因を明示するには、できる限り日時、場所及び方法をもって罪となるべき事実を特定してこれをしなければならない」とされる「日時、場所、方法」は訴因の特定上不可欠なものか。

訴因の特定のためにはどのような事実の記載が必要かという問題については、従来から「識別説」と「防御権説」の対立がありました。

【識別説】
識別説が通説、実務であり、訴因の記載が他の犯罪事実と識別可能な程度であれば足りるとし

ます。ただ、識別説も、被告人の防御の必要性を考慮しないのではなく、識別ができていれば、それが同時に被告人の防御の範囲を示すことになると考えるのです。また更に具体的な被告人の防御活動のためには、訴因に記載されなくとも公判での冒頭陳述とか検察官の釈明等によって対応されれば足りると考えます。

　この説によれば、上記の公訴事実の記載例で、訴因の特定のために不可欠な部分は、「**被告人は**」「**殺意をもって**」「**Ｖを**」「**死亡させて殺害した**」という４点のみになります。単なる「被告人は人を殺害した」では誰を殺害したのかが特定できず、「Ｖを死亡させた」だけでは、殺人か、傷害致死か、過失致死か、という構成要件が特定できませんが、この４点の記載があれば、他の犯罪と識別ができることになります。アンダーライン部分の日時場所方法の記載は、訴因の特定上不可欠の事実ではないが、刑訴法256条３項が「できる限り日時、場所及び方法をもって罪となるべき事実を特定」すべきだとしているために記載が必要となるものです。これら以外の事実は、記載が必要ではないが、検察官が任意に記載するものです。犯行の動機とか、より詳細な日時場所方法などであり、中には単なる余事記載に過ぎない些末な事実が記載されることもあります。

　識別説が通説・実務であるとはいえ、近年では単に他の犯罪との識別さえできればよい、ということでは足りず、それに加えて、訴因に記載された事実自体が、有罪判決の罪となるべき事実として刑罰権の発生の根拠を示すものでなければならないとする考え方が有力になっており、妥当だと思われます。そうすると、例えば日時場所方法についても、少なくともその中心部分は記載が必要となるものもあるでしょう。例えば、外国人が外国人を殺害した場合、日本国内での犯行でなければ処罰はできませんので犯行場所の記載は不可欠でしょうし（刑法２条ないし３条の２参照）、窃盗罪なら時効は７年ですから、犯行が７年以上前のものなら刑罰権は消滅していますので、時効にかかっていないことを示す日時の記載は不可欠というべきでしょう。

【防御権説】
　学説では多数説であり、訴因の記載が、他の犯罪事実との識別のためだけでなく、被告人の十分な防御権の行使に支障がないまでに必要だとします。訴因の意義や機能として、被告人の防御権の保障に審判対象の確定とは独立した意味を認めるものです。

　この説に立てば、上記のアンダーライン部分や犯行の動機などの記載は、もともと訴因として記載が必要な事実だということになります。すると刑訴法256条３項の規定は、確認的なものに過ぎないと考えるか、あるいは、防御のために最低限必要な記載ではなくとも、より防御の範囲を具体的に示すために記載可能な事実は記載すべきことを求めるものだということになるでしょう。しかし、防御権説に対しては、防御のために必要な事実の範囲や程度が明確でないこと、訴因に詳しい事実を記載しすぎると裁判所に予断を与えかねないこと、被告人の防御のためには、訴因に記載しなくとも証明予定事実や冒頭陳述の記載や釈明などで十分に対応が可能であること、などの批判があります。

【主な判例】
　ア　最大判昭和37・11・28刑集16巻11号1633頁、判時322号２頁、判タ140号69頁（白山丸事件）
　これは、被告人の中国への密出国の出入国管理令違反の事件であり、被告人が黙秘して出国の日時場所が判明しなかったため、昭和27年４月ころから昭和33年６月下旬までの間に本邦から中

国に密出国した、という極めて幅の広い訴因で起訴されたことの適法性が争われました。判決は、

「(256条3項の規定は）審判の対象を限定するとともに、被告人に対し防御の範囲を示すことを目的とするものと解されるところ、犯罪の日時、場所及び方法は、……本来は罪となるべき事実そのものではなく、ただ訴因を特定する一手段としてできる限り具体的に表示すべきことを要請されているのであるから、犯罪の種類、性質等の如何により、これを詳らかにすることができない特殊事情がある場合には、……法の目的を害さない限りの幅のある表示をしても、その一事のみをもって罪となるべき事実を特定しない違法があるということはできない」

としてこのような訴因を適法としました。当時中国とは国交がなく、密出国の日時場所は被告人の自供に依拠せざるを得ないことなどが特殊事情として考慮されたものです。

イ　最決昭和56・4・25刑集35巻3号116頁、判時1000号128頁、判夕441号110頁（広島吉田町覚せい剤使用事件）

覚せい剤の自己使用事件で、被告人が否認し、使用の日時場所が判明しないため、「9月26日ころから10月3日までの間、広島県高田郡吉田町内、及びその周辺において」覚せい剤を使用したという訴因が適法とされたものです。このような事案は実務では少なくありません。通常、覚せい剤は、自己使用すると体内に残存する成分は尿などにより次第に排泄され、その残存期間は1週間程度だとされます。そのため、尿から覚せい剤が検出された場合、その採尿時点から遡って1週間程度の間に自己使用したことが推認されるので、このような訴因を記載するのです。これを「否認形式の起訴」と実務では呼んでいます。ただ、覚せい剤の使用者は、一日に何回も注射するなどは珍しくありませんが、自己使用罪には常習罪の規定はなく、個々の自己使用が単独で一つの犯罪です。そのため、否認形式の起訴の趣旨については、採尿に最も近い最終使用行為を起訴したものだとする説（最終行為説）、1週間の間に少なくとも1回は使用したことは明らかなのでそれを起訴したとする説（最低一行為説）、この間の複数回の使用を包括一罪として起訴したとする包括一罪説、がありますが、実務では最終行為説が採られています。

ウ　最決平成14・7・18刑集56巻6号307頁、判時1800号155頁、判夕1105号140頁（前原遺体白骨化事件）

発見された遺体が白骨化し、司法解剖によっても死因が明確にならず、被告人らが犯行を否認して実行行為者や具体的犯行方法の特定ができなかったため、「被告人Xは……単独又はY・Zと共謀の上、○○ころ、○旅館において、Vに対し、頭部等に「手段不明の暴行を加え、頭蓋骨折等の傷害を負わせ……頭蓋底骨折に基づく外傷性脳障害又は何らかの傷害により死亡するに至らしめた」とする予備的訴因の追加の訴因変更請求がなされた事案でした。本決定は、「暴行態様、傷害の内容、死因等の表示が概括的なものであるにとどまるが、検察官において、当時の証拠に基づき、できる限り日時、場所、方法等をもって傷害致死の罪となるべき事実を特定して訴因を明示したもの」と認めました。

2 事例による検討

〔事　例〕

　暴力団甲組の組長X、組員Yの2名が、組員であった被害者V男が不始末をしたということで、殴る蹴るのリンチを加え、硬膜下出血の重傷を負わせたとして、下記の公訴事実により、平成23年11月30日、さいたま地方裁判所に起訴された。被害者は死には至らなかったが、こん睡状態に陥り、回復のめどが立っておらず、被害状況の取調べはできていない。
　「被告人X、Y両名は、共謀の上、平成23年10月21日午後8時ころ、○市○○町○丁目○番地所在の被告人X方自宅倉庫内において、V男に対し、その頭部をつかんで背後の壁に数回強く打ち付け、腹部、腰部等を十数回足蹴にしたり手拳で殴打するなどの暴行を加え、よって、同人に対し、加療期間不詳の硬膜下出血の傷害を負わせたものである。」
　硬膜下出血の傷害は、頭部を壁に打ち付けたために生じたことは証拠上明らかである。
　第1回公判期日において、被告人両名の弁護人は、次の点について主張や求釈明を行った。
①　硬膜下出血の原因となった暴行は、いずれの被告人が行ったものか。これは犯行の方法として刑訴法256条3項により訴因を明示するために記載されなければならないので、この記載がない起訴状は違法である。
②　本件の共謀は、いつ、どこで、どのようにして成立したか。事前共謀か現場共謀か。それらも訴因に明示されるべきである。
　検察官は、これに対し、これらは、訴因に不可欠な記載事項ではないので、立証段階で明らかにする旨主張した。しかし、弁護人は、これらの点は、被告人両名それぞれの罪責の判断に極めて重要であり、これらが明らかにならなければ、適切な防御活動はできない旨強く反論した。裁判所も、検察官に対し、争点を明確にするために、できる限りの釈明を行うよう促した。
　そこで、検察官は、検討の上、次の訴因変更や釈明を行った。
①　硬膜下出血の主な原因は、被告人Yの暴行によるものとして、訴因を「被告人Yがその頭部をつかんで背後の壁に数回強く打ち付け」と変更した。
②　本件の共謀は事前共謀であり、平成23年10月17日又は18日の午後、被告人X方の応接間において、被告人両名がV男に対して制裁を加えることを謀議して成立した、と釈明した。
　検察官が、①の訴因変更をした理由は、事件当時、その現場に、同組の運転手をしていたWも同室しており、Wが捜査官に対して「頭部をつかんで壁に打ち付けたのは組員のYだ」と供述していたためであった。

設問1　本件で、弁護人が釈明を求めた事項は、「訴因」の記載上不可欠なものか。

　共犯事件でどの被告人がどんな実行行為をしたのかということや、事前共謀事案における謀議行為が行われた日時場所等については、被告人の防御のために極めて重要です。特に共謀共同正犯事案で、共謀にのみ加わったが実行行為をしていない被告人にとっては謀議の参加の事実のみ

が有罪の決定的な根拠ですので、それを明らかにしないと防御ができないと考えるのは当然です。そこで防御権説からは、これらの記載は訴因の特定のために不可欠だとして、公判の冒頭ではこのような要求が強くなされるのが通常です。しかし、実務は識別説に立っていますので、少なくとも訴因の特定としてはこれらの記載は不可欠ではなく、それらは、あくまで検察官の任意の訴因変更や冒頭陳述・釈明によって示されれば足りるとしています。

なお、裁判員裁判対象事件では必要的に公判前整理手続が行われ、その他の事件でもこの手続が任意的に行われることがあります。本件が仮に殺人や傷害致死事件であれば、公判前整理手続は必要的です。本件では傷害事件ですので公判前整理手続は任意的なものです。公判前整理手続が開かれた場合には、証明予定事実記載書面が検察官から提出されますので、上記のように弁護人が明示を求めた内容は、この書面に記載されることが多く、また釈明等も含めた争点の整理はこの手続の中で行われることになります。

> **設問2** 検察官は、弁護人の求釈明に応じる義務はあるか。仮に検察官が、これに応じなかった場合、裁判所はどうすべきか。

訴因の特定としては不可欠ではなくとも、検察官は、任意に訴因を変更したり、あるいは釈明に応じることでこれらの事実を明らかにすることは少なくありません。これらを検察官が明らかにすることによって、審理の争点がより明確になりますし、検察官としても最終的に裁判所に有罪の判断をしてもらうためには、特定する必要がないとはねつけるのは適切でなく、証拠上立証できる範囲でできる限りこれらの対応を行うことが適切妥当な場合が多いからです。本事例でもそのような観点から、検察官は、任意に傷害の原因となった暴行を行った者がYであったと訴因を変更し、事前共謀の日時場所の釈明に応じたのです。

これらの対応を、訴因変更によるか、釈明によるかは、内容や事案によってケースバイケースです。もともと訴因の記載に不可欠な事実が漏れていた場合には、それを加える場合には訴因の変更（ないし補正）によるべきです。その他の事実の場合には、重要な事項で、検察官が自信をもって証明できると考える事実については訴因変更により、それほどではないが、任意に明らかにすれば足りる事実については釈明によっているのが一般的だといえます。

第3　訴因の変更の要否などの諸問題

まず、前記事例の具体的進行を想定してこれらの問題を考えていきましょう。

〔事　例〕
上記の検察官の訴因変更と釈明を踏まえ、主な争点は①本件の事前共謀の成否、②傷害の原因となった暴行はいずれの被告人によってなされたものか、ということに整理された。
弁護人の主張は以下のとおりである。
①　被告人Xの弁護人
事前共謀はなかった。本件は現場共謀である。事前共謀があったとされる10月17日は、被告人Xは終日ゴルフに行っており、アリバイがある。

V男を叱正するために若干の暴行を被告人両名が行ったことは事実であるが、被告人Xは、傷害の原因とされる頭部を壁に打ち付ける暴行はしていない。その原因は、逃げようとしたV男が転んで自分で壁に頭を打ち付けたことによるものである。
　②　被告人Yの弁護人
　事前共謀はなかった。10月17日は、所用で横浜に行っており、被告人X方に行ったことはない。被告人Yも、V男の頭部を壁に打ち付ける暴行はしていない。たまたま転んだV男の打ちどころが悪かったために硬膜下出血が生じたものと思われ、その原因となった暴行は被告人Yによるものではない。
　公判段階においては、次のように審理が進んだ。
　ア　10月17日、被告人Xがゴルフに行っていたことについて弁護人が請求したゴルフ場の裏付け資料の証拠調べがなされ、検察官は、その資料は被告人とは別人のものであるなどと争ったが、真偽は定かでなかった。検察官は、17日が事前謀議の日として確からしいと考えていたので、もっぱら、弁護人側提出のゴルフ場の裏付け資料の信憑性を強く争っており、18日が事前謀議の日であるとの可能性についての立証は特段していなかった。
　イ　傷害の原因となった暴行については、検察官が、前記の組の運転手Wに対して証人テストを行った。その当時、Wは、組から離れ、正業に従事するようになっていた。Wは、検察官に対し、「実は、捜査段階で、頭部をつかんで壁に打ち付けたのは組員のYだと話していたが、それは嘘だ。本当は、組長のXがやったのだ。しかし、捜査が始まってから、組長から、『Yが全部罪をかぶるから、お前もよく考えて警察に話せ』と因果を含められていたので、Yのせいだと話したものだ」などと新たな供述をした。
　Wは公判においても、ほぼ同様の証言をした。そこで、検察官は、これを踏まえて、訴因を「被告人XがV男の頭部をつかんで背後の壁に数回強く打ち付け」と再度変更した。

> **設問1**　事前共謀の日時の特定について、裁判所は、上記の審理を踏まえて「10月18日」に成立した、と認定することが許されるか。

　検察官は、釈明においては事前共謀の日時を10月17日又は18日、としていました。これに照らせば、裁判所が18日だ、と認定することは許されそうです。しかし実際の審理ではもっぱら17日の謀議とアリバイの成否をめぐって攻防がなされ、18日の可能性についてはいわばエアポケット状態になっていました。このような場合に、裁判所がいきなり18日だと認定してしまえば被告人側にとっては不意打ちとなってしまいます。そのため判例では、このような場合「争点顕在化手続」というものが必要だとしています。これについての指導的判例が、**最判昭和58・12・13刑集37巻10号1581頁、判時1101号17頁、判タ516号86頁（よど号ハイジャック事件）**です。この事案は、謀議の日時場所について、検察官は釈明や冒頭陳述で「3月12日から14日までの3日間、喫茶店白鳥において」と特定していました。しかし、審理はもっぱら13日か14日の謀議について争われ、12日の謀議の可能性については攻撃防御がなされていなかったにもかかわらず、控訴審では、12日の謀議も認定してしまいました。本最決は、
　「第一審判決の認めた13日夜の第一次協議の存在に疑問をもち、右協議が現実には12日夜に行われたとの事実を認定しようとするのであれば、<u>少なくとも、12日夜の謀議の存否の点を控訴審に</u>

おける争点として顕在化させた上で十分の審理を遂げる必要があると解されるのであって、このような措置をとることなく、13日夜の第一次協議に関する被告人のアリバイを認めながら、卒然として右第一次協議の日を12日夜であると認めてこれに対する被告人の関与を肯定した原審の訴訟手続は、本件事案の性質、審理の経過等にかんがみると、被告人に対し不意打ちを与え、その防御権を不当に侵害するものであって違法である」
としました。争点顕在化措置というのは、明文にはない判例学説上の概念です。そのやり方にはいろいろな方法があり、きちんとやるのなら期日間整理を行ってもよいでしょうし、その他にも、本事例の場合なら、裁判所が検察官に対し「検察官は以前釈明した18日の謀議の可能性について更に立証をする予定はありますか」と促し、弁護人に対し「弁護人はそれに対して何らかの反証をされますか」などと促すことでも足りるでしょう。

> **設問2** 裁判所は、証人Wの供述の信用性について疑念を抱いたため、検察官が訴因変更した被告人XによるV男の頭部をつかんで背後の壁に打ち付けた暴行について心証を得なかった場合、「被告人X又はYがその頭部をつかんで背後の壁に数回強く打ち付け」とうように認定することが許されるか。

本事例では、検察官は、せっかく、いったん実行行為者を被告人Yだと特定する訴因変更をしたのに、運転手Wが本当は組長の被告人Xが実行行為者だと真実を打ち明けたため、再度の訴因変更をしました。あまり格好のよいことではありませんが、検察官としてはやむを得ない措置でした。裁判所が訴因どおりの実行行為者の認定の心証が得られない場合に、訴因変更なしに訴因と異なる認定が許されるか、ということは重要な問題です。

これに関する最も指導的で重要な判例が<u>最決平成13・4・11刑集55巻3号127頁、判時1748号175頁、判タ1060号175頁（百選45事件）</u>です。この事案は、被告人Xが、Y、Zらと共謀して犯した保険金詐欺についての口封じのため、Yと共謀してZを殺害・死体遺棄した事件でした。当初の公訴事実は「被告人は<u>Yと共謀の上</u>、頸部を締め付けて殺害」とし、実行行為者を特定していなかったのですが、第一審係属中に、検察官は、「被告人が、Zの頸部を締め付けるなどして殺害」に訴因変更しました。審理の結果、一審判決は「<u>Yまたは被告人あるいはその両名においてZを殺害した</u>」と認定したため、被告人は、このような訴因変更手続を経ない認定は法令違反であるとして上告したが、最高裁はこれを棄却したのです。

《決定要旨》
「殺人罪の共同正犯の訴因としては、その実行行為者がだれであるかが明示されていないからといって、それだけで直ちに訴因の記載として罪となるべき事実の特定に欠けるものとはいえないと考えられるから、<u>訴因において実行行為者が明示された場合にそれと異なる認定をするとしても、審判対象の画定という見地からは、訴因変更が必要となるとはいえないものと解される</u>」
「とはいえ、<u>実行行為者が誰であるかは、一般的に、被告人の防御にとって重要な事項であるから、当該訴因の成否について争いがある場合等においては、争点の明確化などのため、検察官において実行行為者を特定するのが望ましいということができ、検察官が訴因においてその実行行為者の明示をした以上、判決においてそれと実質的に異なる認定をするには、原則として訴因変更手続を要するものと解するのが相当である</u>」

「しかしながら、実行行為者の明示は、前記のとおり、訴因の記載として不可欠な事項ではないから、少なくとも、被告人の防御の具体的な状況等の審理の経過に照らし、被告人に不意打ちを与えるものではないと認められ、かつ、判決で認定される事実が訴因に記載された事実と比べて被告人にとってより不利益であるとはいえない場合には、例外的に、訴因変更手続を経ることなく訴因と異なる実行行為者を認定することも違法ではないものと解すべきである」

とした上、本件について具体的に検討し、被告人が自己の実行行為を争った審理経過や、その主張を一部受け入れた判決内容等に照らし、不意打ちでなく、被告人にとってより不利益でもなかったとして、訴因変更手続を経なかったことは違法でないとした。

本決定が示した訴因変更の要否の判断の枠組みは

A 　審判対象の画定のために必要な事項（訴因の記載として不可欠な事項）
　　→「拘束力ある訴因事実」であり、訴因変更が必要

B 　訴因の記載として不可欠ではないが、訴因に記載され、被告人の防御にとって重要な事項
　　→「拘束力のない訴因事実」であり、原則的には訴因変更が必要だが、具体的審理状況に照らし、被告人にとって不意打ちでなく、より不利益にもならない場合には例外的に不要。

C 　いずれにも当たらない事項
　　→　不要

ということになります。

【本事例への当てはめ】

本事例は、上記平成13年最決のような殺人の事案ではありませんが、傷害罪であっても本事例のような重い傷害の原因となった暴行を共犯者のどちらが行ったかということは量刑にも大きな影響を及ぼし得る重要な事実ですので、この判例の考え方は本事例にも基本的に妥当します。

まず、被告人Xにとっては、いったん自分が実行行為者だという訴因変更で名指しをされていたのが、自分だとは限定されず、自分又はYであるかもしれない、とされるのですから、Xにとっては、不意打ちでもなくより不利益にもならず、このような認定は許されます。なおその前提として、共犯事案では、実行行為をした者とそうでない者との間では、同じ犯罪が成立しても実行行為をした者の方が犯情が悪く刑が重くなるのが通常です。Yにとっては、いったんは自己が実行行為者として特定されたのち、Xが実行行為者だと訴因が変更されたので一安心していたところに、再度自分も実行行為者の可能性があるとされるのですから、やや不意打ちないし不利益となることは否定できません。ただ、当初はYとされていたので、防御活動はしていたでしょうし、XまたはYという択一的な認定の場合には、XについてもYについても、自分自身が実行行為をしたという前提での重い刑は科されず、疑わしきは被告人に有利に、という利益原則が働き、自分自身では実行行為をしていないという前提での量刑がなされるため、実際にはYにとっても不利益は生じないといえるでしょう。したがって、このような択一的認定は許容されると考えていいでしょう。

第5章　訴因と公訴事実の諸問題

> **設問3**　裁判所が、未必の殺意は認められず、傷害致死であると判断した場合、そのように認定するために何らかの手続が必要か。

　ここは本事例を少し離れて、殺人事件の場合を想定して考えてみましょう。
　上記平成13年最決は、訴因変更の要否の判断枠組みを示しましたが、当該事案はあくまで共謀事案における実行行為者の特定に関するものでした。しかし、審理の過程で訴因と異なる認定が必要となる場面は、それに限らず非常に多岐にわたります。どんな細かい事実でも訴因と異なる認定をするには訴因変更が必要だというのは実際的ではありません。そのため、事実記載説に立つ通説・判例でも、わずかな事実の変更の場合にもすべて訴因変更が必要となるのではなく、「**事実に重要な、あるいは実質的な差異が生じた場合**」に訴因変更が必要だとしています（緩やかな事実記載説）。
　そこで、平成13年最決は、共謀事案における実行行為者の特定が問題になった事案ですので、その他の様々な事実の変更について、訴因変更が必要となる「訴因の記載事実に重要な、あるいは実質的な差異が生じた場合」とはどういうものを指すのか、ということが問題となります。具体的に問題となる場面の例としては、

① 　いわゆる縮小認定
② 　作為犯と不作為犯
③ 　単独犯と共同正犯
④ 　幇助犯と共同正犯
⑤ 　故意犯と過失犯
⑥ 　既遂と未遂
⑦ 　未必的故意と確定的故意
⑧ 　現場共謀と事前共謀
⑨ 　過失の態様の変化
　　注意義務の根拠となる具体的事実、注意義務の内容、違反の具体的行為
⑩ 　実行行為そのもの（素手の殴打とバットでの殴打）、結果そのものの変動（加療期間等）
⑪ 　殺意の発生時期
⑫ 　動　機

など極めて多岐にわたります。これらの問題については、平成13年最決が示した「審判対象の画定に不可欠か否か」「そうでなくとも被告人の防御にとって重要な事実であり、それが訴因に記載されたものかどうか」「具体的審理の経過において被告人にとり不意打ちでなくより不利益といえるものでないかどうか」などの基本的視点から、個々の事案ごとに検討していく必要があります。
　そこで設問3は、これらの中の①のいわゆる縮小認定の問題です。結論として、これには全く問題はなく、訴因変更のないままで傷害致死を認定することは許されます。その他の例でも、強盗の訴因に対し、脅迫の程度が反抗抑圧にまでは至っていなかったとして恐喝罪を認定したり、覚せい剤の営利目的所持の訴因について、営利目的が認められないとして単純所持を認定するような場合があります。このような縮小認定は、被告人にとって不意打ちでもなく、量刑ははるかに軽くなる有利なものです。また、もともと殺人の訴因には黙示的に傷害致死の訴因も含んでい

るからだという説明もなされます。設問4以下で更にいくつかの問題を検討しましょう。

> **設問4** 仮に、裁判所が、事前共謀の成立は認められず、現場共謀であると判断した場合には、そのように認定するために何らかの手続が必要か。

この場合には、訴因変更は通常は不要な場合が多いと考えてよいでしょう。一般に、現場共謀の事案よりも、事前共謀の方が、犯行が計画的だということになりますので、刑は重くなり、現場共謀にすぎないと認定することは不意打ちでもより不利益でもない、ということがいえます。ただ、事案によっては、例えば、もともと事前共謀の共謀共同正犯ということで犯行時に現場にはいなかった、ということで起訴されたのに対し、謀議の際には参加していなかったが、犯行時に現場にいて自ら実行行為もした、という事実を認定するのであれば訴因変更が必要になるでしょう。本事例では、もともと事前共謀であることは訴因変更ではなく釈明で明らかにしたことなので、訴因変更は必要でありません。

> **設問5** 本件では、事前共謀であると検察官が釈明したが、仮に現場共謀として起訴されたり、釈明がなされた事案について、事前共謀を認定しようとする場合にはどのような手続が必要か。

識別説によれば、本来は、共同正犯事案では、単に「共謀の上」と記載すれば足り、それが現場共謀であるか、事前共謀であるかの区別や事前謀議の日時場所等は訴因の特定上は不可欠でないとされます。しかし、検察官が任意に、訴因に現場共謀だという事実の記載をした場合、事前共謀だと認定するためには訴因の変更が必要です。被告人にとっては、事前謀議を認定されることは不意打ちになる上、事前共謀の方が犯行が計画的で犯情は悪くなるからです。もし、訴因には単に「共謀の上」とのみ記載され、検察官が訴因変更でなく「本件は現場共謀である」と釈明によって明らかにしていた場合に事前共謀と認定するためには、裁判官は再度の釈明を求めるなどして争点顕在化の措置をとり、被告人側に防御の機会を与えておくべきです。

> **設問6** 本件では起訴状に犯行の動機が記載されていないが、仮に、「V男が、組の当番の義務を怠ったため、制裁を加えようと企て」と動機が訴因に記載されていたとする。審理の過程で、実は、制裁の原因は、V男が被告人Aの愛人と情交関係を持ったことであることが明らかとなった場合、裁判所がそのような動機を判決で認定するためにはどのような手続が必要か。なんらの手続なしに、訴因と異なる動機を認定できるか。

識別説の立場では、犯行の動機は訴因の記載する必要はありません。これは刑訴法256条3項の日時場所方法にも当たりません。近年は、犯行の動機は起訴状の訴因には書かない傾向が強くなっています。しかし、実務では特に殺人等の重要事案では、今日でも、動機が立証可能であれ

ば記載することも少なくありません。特に保険金目的殺人のように動機が極めて重要な意味を持つ場合には書くのが通常です。動機がどのようなものであるかは、量刑上非常に重要であり、例えば同じ殺人罪でも保険金目的であれば、死刑ないし無期の刑すら考えられるのに対し、偶発的で被害者にも落ち度がある殺人では、懲役10年ないし15年程度にとどまることも珍しくありません。したがって、動機が訴因に記載された以上、平成13年最決に照らせば、それと異なる動機を認定することが被告人に対し不意打ちとなるか、より不利益となるかどうかによって判断すべきことになります。東京高判平成7・1・27判タ879号81頁（葛生事件控訴審判決）は、殺人罪における動機についての訴因と異なる認定について、

「本件のように動機が問題となり、被告人の犯意あるいは犯行そのものが争われているような事案においては、動機の有無は犯意・犯行の認定とも密接な関係を持ち、事実認定上の重要な争点となってくるのである。したがって、動機犯の場合においては、通常起訴状にも、犯行の原因として、動機の点が記載され、検察官の冒頭陳述でもこの点について詳しく言及するのが通例である。かかる訴因に記載された犯行の動機とは別個の、これまで防御の対象とされていない動機を認定していきなり犯意を肯定することは、不意打ちともなりかねず、すこぶる問題であるといってよい。したがって、訴因に明示された動機と異なる動機によって犯行を認定するためには、やはり、訴因変更の手続をとり、これを争点として顕在化させることが必要であるように思われる」

と判示しています。他方、**大阪高判平成12・7・21判時1734号151頁**は、恐喝事案における動機について、①恐喝の原因動機は構成要件ではなく訴因の特定上必要的記載事項でないこと、②恐喝の動機原因の相違によって社会的事実の同一性が失われないこと、③被告人に実質的な不利益をもたらさない限り公訴事実と異なる恐喝原因、動機を認定するために訴因変更を行う必要はないこと、④恐喝原因・動機を公判廷で争点として顕在化させ、被告人に防御の機会を与えれば足りることなどから、訴因変更は不要であるとしました。具体的事案に応じて適切な判断が必要です。

本設問の事例では、訴因記載の動機は当番を怠ったことに対する制裁という暴力団特有の悪質なものですが、愛人と情交関係をもったことに対する怒りであれば被害者にも落ち度があり、量刑上有利になります。被告人がそのような弁解をしていたのであれば不意打ちにもならないので訴因変更なしにこの異なる動機を認定してよいでしょう。

設問7 暴力団員Xが、対立する暴力団の組員Vを拳銃で射殺し、捜査段階では、自己の単独犯であったと供述していたので殺人罪の単独犯として起訴された。しかし、公判段階で、Xは「実はこの事件は組長Yから命令され、いやいやながら実行したものだ」と弁解を始めたとする。しかし、組長Yは既に死亡していた。検察官は、このXの弁解は信用できないと考えたため、単独犯の訴因を維持した。しかし裁判所としては、この弁解は信用でき、XとYとの共謀による殺人だとの心証をもった。この場合、裁判所は、訴因変更なしで共謀共同正犯を認定することができるか。

本事例とは離れますが、これも訴因変更の要否の難しい問題の一つです。実務では、単独犯の訴因に対し、被告人が「他に共犯者がいる」と公判で弁解する事案が少なくありません。その弁

解が真実の場合もあれば、自己の刑責を軽くするための虚偽である場合など様々です。弁解が真実と思われれば検察官は自ら共犯への訴因変更請求を行うことも考えられます。しかし、検察官が弁解は虚偽だとして訴因変更請求をしないのに、裁判所が弁解は信用できると考え、あるいはその弁解が排斥できないと考えた場合に問題が具体化します。もし他に共犯者がいて、実行行為自体を共同して行ったという事案であれば、被告人に殺人罪の認定をするためには、共謀や共同実行の事実という当初訴因に含まれていない新たな事実の証明が不可欠ですので、訴因変更なしにそのような認定はできません。しかし、実行行為自体は被告人が単独で行った場合に、背後に共謀共同正犯者がいるという場合にも必ず訴因変更が必要かどうかという問題が生じます。

最決平成21・7・21刑集63巻6号762頁、判時2096号149頁、判タ1335号82頁は、窃盗等事件で、共謀共同正犯の事実が認められても被告人一人の行為により犯罪構成要件のすべてが満たされる場合には、裁判所は当初の単独犯のままで認定してよいとしました。他方、札幌高判平5・10・26判タ865号291頁は、拳銃による殺人等の罪で単独犯として起訴された暴力団組員の被告人が、公判で組長の指示により実行したと主張した事案について、単独犯には合理的疑いが残るので、被告人に利益に判定し、組長との共謀を認定すべきだとしています。自ら決断して実行した単独犯よりも、背後の組長の指示で実行させられた場合の方が被告人の量刑上有利である上、被告人の弁解に沿う認定だからです。他方、共同正犯か単独犯かは訴因の特定に不可欠な事項だと考えるのなら、単独犯の訴因に対して訴因変更なしに共同正犯を認定することは許されないと考えるのが自然だと思われます。しかし、その立場に立ったとしても、背後に主犯格の共謀者がいる疑いがある以上、重い単独犯の刑を科すことは許されません。そのため、罪となるべき事実としては単独犯を認定しつつ、量刑上は、共謀共同正犯が認められる場合の刑を科すのが有力な実務です。更に「被告人単独、または第三者との共謀」という択一的な認定を行うことも考えられるでしょう。その場合でも、量刑は被告人に有利な共謀を前提としたものとすべきこととなります。東京高判平成4・10・14高刑集45巻33号66頁は、被告人が強盗の実行行為をすべて行った事案について、共同正犯と単独犯とを択一的に認定して懲役3年6月の刑を言い渡した原判決について、原判決の択一的な認定事実を肯定した上、「単独犯と共同正犯の各事実について具体的な犯情を検討した上、犯情が軽く、被告人に利益と認められる事実を基礎に量刑を行うべきであると考える。本件においては、共同正犯の事実の方が犯情が軽く、被告人に利益と認められるので、この事実を基礎に量刑を行うことになる」とし、原判決を破棄して懲役3年を言い渡しています[1]。

設問8 前問（設問7）において、裁判所は、検察官に対し、X・Y両名の共謀の訴因に変更することを促し、あるいは訴因変更命令を出すことが可能か、又はそうするべきか。また、仮に裁判所が訴因変更命令を出した場合、訴因は変更されるか。

刑訴法312条2項は、裁判所は審理の経過に鑑みて適当と認めるときは訴因の追加や変更の命令ができると定めています。しかし、今日の実務では、裁判所が訴因変更「命令」を出すことは

---

(1) 拙稿「刑事訴訟法演習」法教426号（2015年）156頁参照。

皆無に近いといってもよく、少なくとも私の経験では聞いたことがありません。せいぜい、訴因変更の「勧告」か示唆、ないし求釈明で対応するのが実務だといえます。その意味ではこの条文はほとんど空文化しているといっても過言ではないように思います。この条文が刑訴法に盛り込まれたのは、既にお話ししたように、当時まだ裁判所の職権審理主義による真実の発見の伝統が強く残っていた時期のことでした。また、審判の対象は訴因ではなくその背後にある歴史的・社会的事実としての公訴事実であるという説が根強かったため、裁判所が審理によってそれを把握し、それが検察官の設定した訴因に合致しないということであれば裁判所がこのような命令を出せるようにしておこう、ということにあったものだと思われます。しかし、今日、訴因とは審判の対象であり、当事者主義の下で訴因の設定は検察官の専権事項である、という考え方が定着していますので、もはや訴因の変更を裁判所が命令するということは、実務的にはほとんど考え難いということになったわけです。また、仮に裁判所が訴因変更命令を出した場合、検察官がそれに応じなくても命令どおりに訴因が変更されるのか、については訴因変更命令の形成力の問題として過去には議論されたことがありました。しかし訴因変更命令に形成力がないことは今日ではまったく異論がありません。

> **設問9** 殺人罪で起訴された事案について、審理の状況に照らし、裁判所は、殺人罪は認定できず、重過失致死罪の限度でしか認定できないとの心証に至った。しかし、検察官は訴因の変更をしようとしない。裁判所は、訴因が変更されないままで重過失致死罪を認定することができるか。

　これは許されません。同じ被害者の死亡事件であり、重過失致死罪は殺人の故意犯よりも刑はずっと軽いのですが、過失を認定するためには、注意義務の発生根拠やその状況、注意義務の内容、それにどのように違反して結果を発生させたか、ということの立証が必要です。これらは当初の殺人の訴因には含まれていない事実です。殺人を傷害致死と認定するような縮小認定ではありません。したがって、過失犯への訴因変更がなされない限り、裁判所は無罪とするしかありません。検察官が過失致死罪への訴因変更を請求すれば裁判所はこれを許可することができます。これは後で勉強しますが、殺人と、同じ被害者に対する過失致死の罪とは公訴事実の同一性があるからです。
　先ほど、訴因変更命令は今日ではほとんど空文化しているとお話ししました。ただ、その極めて例外的な場合として、**最決昭和43・11・26刑集22巻12号1352頁、判時540号23頁、判タ229号255頁（伊勢市暴力団猟銃発砲事件）** があります。この事案は、暴力団幹部の被告人Xが、組事務所で、Yに発砲したところ、Yに当たらず傍らにいたZに命中、死亡させたとして殺人罪で起訴されたのですが、検察官は殺人の訴因を維持していたため、一審では殺人の犯意は認められず暴発によるものとして無罪とされました。しかし、本最決は、
　「裁判所は、<u>原則として、自らすすんで検察官に対し、訴因変更手続を促しまたはこれを命ずべき義務はない</u>……が、本件のように、起訴状に記載された殺人の訴因についてはその犯意に関する証明が充分でないため無罪とするほかなくても、<u>審理の経過にかんがみ、これを重過失致死の訴因に変更すれば有罪であることが証拠上明らかであり、しかも、その罪が重過失によって人命を奪うという相当重大なものであるような場合には、例外的に、検察官に対し、訴因変更手続</u>

を促し、またはこれを命ずべき義務があるものと解するのが相当である」と判示しました。つまり、放置すれば人の死亡という重大事件が無罪となってしまうような場合には、裁判所は例外的に後見的な役割を発揮し、訴因の変更命令等もなすべき義務があるとしたわけです。しかし、今日ではこのような場合でも訴因変更命令までは出さず、勧告ないし示唆程度にとどめるのが実務だといえるでしょう。

第4 訴因変更の可否に関する諸問題

1 訴因変更の可否の基本問題

　これまでは、審理の経過により訴因どおりの事実が認定できなくなった場合に、異なる認定をするためには訴因の変更が必要か、という問題を考えてきました。しかし、事実の変化が余りに大きすぎる場合にまで訴因の変更が許されるのか、という問題があります。いわば訴因変更が許される外縁の問題です。刑訴法312条は、「公訴事実の同一性を害しない限度」において訴因変更が許されるとしています。しかし、既にお話ししたように、今日では公訴事実と訴因とは同じものだと考えられていますので、ここにいう「公訴事実の同一性」というのは、訴因の変更が許される限界を意味する「機能ないし道具概念」考えられています。まず、公訴事実の同一性の問題の基本を勉強した上で、事例に即して勉強することにしましょう。また、公訴事実の同一性が認められる範囲においては、1回の手続で訴因の変更等による同時処理が可能ですので、その範囲内の事実を別に起訴することは二重起訴として禁止の効力が及び、判決確定後の再訴に対しては一事不再理の効力が及びます。更に、公訴時効停止の効力も同じ範囲に及ぶことになります。

> 設問1 「公訴事実の同一性」とは何か。

　伝統的な考え方は、公訴事実の同一性は、公訴事実の単一性と狭義の同一性の問題だとします[(2)]。

【公訴事実の単一性】

　公訴事実の単一性とは、当初訴因と異なって認定しようとする事実が実体法上一罪（単純一罪か、数罪であっても科刑上一罪）の関係にあるかどうか、ということです。もし実体法上一罪の関係にはないのであれば、当初訴因の事実と、新たに認定しようとする事実とは併合罪の関係にあり、単一性が認められません。その場合は、検察官は、新たに認定しようとする事実を追起訴するしかありません。当初の訴因事実については、公訴を取り消すか、甘んじて無罪判決を受けることになります。

（2）　近年、公訴事実の単一性と狭義の同一性の判断基準について、その両者はすべて非両立性の基準で判断が可能であり、単一性の基準はあえて必要ないとする説も有力である（大澤裕「公訴事実の同一性と単一性（上）、（下）」法教270号〈2003年〉56頁、272号〈2003年〉85頁など）。しかし、裁判の実務における現実の思考過程としては、まず、公訴事実の単一性の有無を検討して訴因変更が可能な外縁の範囲内にあるか否かを判断した上、この枠内にあると判断された場合に、次に狭義の公訴事実の同一性を検討する、という判断過程は、実践的で有効なものであり、依然としてその通有性は高い。

【狭義の同一性】

　このような公訴事実の単一性が認められることを前提として、次に「狭義の同一性」が必要となります。単一性さえ認められれば一切の例外なく訴因変更が許されるのではなく、当初の訴因に記載された事実と新たに認定しようとする事実の間の「ねじれ」が一定の許容される限度内でなければならないということです。この狭義の同一性とは何か、についてはかねてから次のような様々な学説がありました。

　ア　歴史的事実同一説
　イ　社会的嫌疑（関心）同一説
　ウ　法益侵害同一説
　エ　訴因共通説
　オ　刑罰関心同一説
　カ　罪質同一説
　キ　構成要件共通説
　ク　行為態様・構成要件的類似説
　ケ　防御同一説

　しかし、これらの各説はそれぞれ一長一短な面があります。例えば**ア**の歴史的事実同一説などは、すでに過去のものとなった審判の対象についての公訴事実説に親和性があります。また、**ウ**の法益侵害説は、例えば公務員Aが業者Bから100万円の賄賂を貰ったとして収賄罪で起訴された場合、審理の過程でそれはBが自ら渡した金ではなく、Aから指名停止にするぞ、と脅されて支払ったもので恐喝に該当することが明らかとなった場合であっても、賄賂罪と財産犯である恐喝罪とは法益が異なりますので訴因変更は許されなくなるなどの難点があります。

　そこで、**判例は、これらの特定の説によることなく「基本的事実同一説」に立っています。**犯罪を構成する具体的な事実関係の基本部分において社会通念上密接関連性、近接性（日時・場所等）、同一性（被害者、被害物等）、共通性（態様・方法等）があるといえるかを判断基準とするのです。

　判例のもう一つの考え方の流れとして、「択一関係」ないし「非両立性」をも判断の基準としています。つまり、当初訴因事実Aと、異なる認定をしようとする事実Bとが、AかBのいずれかしか成立しない、という非両立関係にあることが必要だとします。「基本的事実の同一性」と「非両立性」との関係については、そのどちらがより中心的な基準なのかについて論者によって見解は様々であり、非両立性こそが中心的な基準であるとの考え方もあります。ただ、私としては、基本的事実が同一であれば狭義の同一性は認められ、その判断が困難なような場合に、非両立であるか否かを補完的に考慮するのが適切だろうと考えています。

　なお、基本的事実の同一性と非両立性とは視点の裏腹の違いの問題であり、重なるものであるのか否かという問題があります。言い換えれば、非両立ではあるが、基本的事実が同一でない場合というものがあるかということです。これは後から事例の中で勉強しましょう。

設問2　次の各事案において、検察官が訴因変更を請求した場合、認められるか。

(1) 詐　　欺

〔寄付募集条例違反〕

　○市においては、不特定多数の者から寄付を募集しようとする場合には市長の許可を受けなければならない、という寄付募集に関する条例（罰則付き）があった。被告人は、真実は、東日本大震災復旧支援の資金とするためはなく、自己が利得を得る目的であったのに、地震復旧支援のためと偽り、Ｖら約60名の市民から約100万円を騙取したとして、詐欺罪により公判請求された。ところが、公判において、弁護人が、被告人が市民から受領していたお金のうちの相当額を実際に被災地に送金していたことや、残りのお金も一部経費に充てた以外には、まだ手元に残しており、被災地に今後送金する意図も有していたと主張し、詐欺の犯意を強く争った。検察官としては、弁護人が主張する事実についての裏付けが捜査段階において十分でなかったことから、詐欺罪の訴因では有罪判決を得ることが困難になったと判断した。そこで、検察官は、「被告人は、○市長の許可を受けないで、Ｖら60名から、合計100万円の寄付募集を行った」という、○市寄付募集条例違反の事実への訴因変更を請求した。

　これは許されます。最決昭和47・7・25刑集26巻6号366頁、判時679号3頁、判タ280号320頁（小松市寄付募集事件）は、類似の事案について
　「詐欺の各事実と、予備的訴因追加申立書掲記の金沢市金銭物品等の寄付募集に関する条例違反または小松市寄付金品取締条例違反の各事実との間には、それぞれ公訴事実の同一性があるとの原審の判断は正当である」
としています。ただ、これについては、詐欺罪と条例違反とが罪数上どのような関係になるのかの問題があります。仮に当該条例の構成要件の無許可の寄付募集の罪の構成要件が、詐欺罪とのいずれも成立し得るものであり、両罪は観念的競合の関係になるのか、それとも詐欺罪が成立する場合には、条例違反は成立しない、という非両立の関係にあるのか、の問題です。前者の場合であれば、当初の詐欺罪の訴因は維持したままで、条例違反の訴因を「追加」することになり、詐欺罪については無罪、条例違反についてのみ有罪ということになります（ただ、観念的競合の場合は主文で無罪を言い渡さずに理由中で示すことになる）。後者であれば、訴因の「変更」の問題です。ただ、実務では、当初の訴因でも有罪となる可能性が残っておれば、いきなり変更請求はせず、詐欺罪の訴因は主位的訴因として維持したままで、条例違反の訴因について「予備的」な変更請求をすることになります。312条の条文には訴因の「予備的」な追加・変更は明文にはないのですが、実務では認められており、むしろその場合の方が多いでしょう。殺人では故意の立証が困難となり、無罪となる可能性はあるが、まだ有罪の見込みはある、という場合なら、殺人の訴因は主位的訴因として保持したままで、重過失致死罪の訴因変更を「予備的」に行うのが通常の実務です。もし、完全に重過失致死罪の訴因に変更してしまったら、裁判所は殺人の訴因について有罪の心証を得ていたとしても、無罪とせざるを得なくなってしまいますので、予備的な変更というのは実務的には非常に合理的なものです。

(2) 覚せい剤使用

> 〔覚せい剤の使用日時・場所の変更〕
> 　被告人Ｘは、「平成23年5月10日、さいたま市○○町所在の被告人自宅において、覚せい剤若干量を含む水溶液を自己の身体に注射して使用した」との訴因で公判請求された。ところが、その後、被告人の愛人Ｙ女が、覚せい剤の使用罪で逮捕され、同女の自白から、同年5月13日、同女と被告人Ｘとが、東京都北区の同女のマンションにおいて共に覚せい剤を相互に注射し合って使用したことが判明した。検察官は同女の自白の信用性は高いと判断し、被告人Ｘについての前記訴因を、同女の自白に基づき、「被告人Ｘは、Ｙ女と共謀の上、平成23年5月13日、東京都北区○○町所在の同女のマンションにおいて、覚せい剤若干量を含む水溶液を、相互の身体にそれぞれ注射して使用した」との訴因への変更を請求した。

　この変更請求は認められないと考えるべきです。というのは、覚せい剤の使用者は、ときには一日数回も注射するこことは珍しくなく、覚せい剤の自己使用罪は一回の使用ごとに成立し、複数の使用は併合罪となります。だとすれば、この事例では、5月10日のさいたま市の被告人自宅での自己使用と、3日後の東京都北区での愛人方での自己使用とは、そのいずれも事実であったと思われ、両者には公訴事実の「単一性」がないからです。

　ちなみに、**最決昭和63・10・25刑集42巻8号1100頁、判時1000号128頁、判タ441号110頁（百選46②）**では、「栃木県の被告人方で、Ａと共謀の上、午後5時30分ころ、Ａをして自己の腕に注射させた」、という当初訴因を、一審の検察官が「午後6時30分ころ、茨城県のスナックで、自己の腕に注射した」の訴因変更請求をしたことについて、一審裁判所は、公訴事実の同一性を欠くとしてこれを認めず無罪としましたが、控訴審はこれを認めて原判決を破棄しました。

　本最決は
「（被告人が）供述を変更し、これが信用できると考えたことから、新供述に沿って訴因の変更請求をするに至ったというのである。そうすると、<u>両訴因は、その間に覚せい剤の使用時間、場所、方法において多少の差異があるものの、いずれも被告人の尿中から検出された同一覚せい剤の使用行為に関するものであって、事実上の共通性があり、両立しない関係にあると認められるから、基本的事実関係において同一であるということができる。</u>したがって、右両訴因間に公訴事実の同一性を認めた原判断は正当である」
としたのです。しかし、これは本事例とは似て非なる事案です。同最決の事案は、当初訴因と変更しようとする訴因は、栃木県と茨城県をまたぎ、わずか1時間の差しかありませんでした。スーパーマンでもない限り、この二つの自己使用をどちらも行うことはできません。したがって、当初の訴因は最終自己使用としては認められなかったという事情があったと思われます。

　本事例では、さいたまでも東京北区でもどちらでも自己使用できたのですから、同最決の事案とは異なります。しかし、仮に、実は被告人はハワイに行っていて帰国したのは5月12日の夜のことであり、10日にさいたまで自己使用したというのは全くの嘘であった、ということであれば、この訴因変更は認められるでしょう。

(3) 窃盗・盗品有償譲受け

> 〔窃盗・盗品有償譲受け〕
>
> 被告人Ｘは、「平成23年２月１日、静岡県熱海市○町○丁目○番地ホテル月光内において、宿泊中のＶ所有に係る背広上下１着及びＶ名義のキャッシュカード１枚を窃取した」との訴因で公判請求された。しかし、公判において、被告人は「捜査段階では自白していたが、実は、それは嘘で、本件の背広等は、２月５日ころ、渋谷区内のホテルで、知人のＹから、１万円で譲り受けたものだ。これまでＹをかばって嘘をついていた」と供述するに至り、その弁解は排斥できない情況となった。そこで、検察官は、窃盗の訴因から、２月５日の盗品有償譲り受けの罪の訴因への変更を請求した。

　この訴因変更は認められるでしょう。窃盗の本犯者として起訴されたのですが、窃盗の本犯者は、盗品に関する罪の主体とはなり得ず、両者は非両立の関係にあります。同一被害品についての犯罪であり、日時場所も比較的近接していますので基本的事実の同一性は認められます。**最判昭和29・５・14刑集８巻５号676頁**は、10月14日静岡県でホテル宿泊中の客Ａから背広・定期入れ等を窃取したとの訴因に対し、10月19日、東京都内で自称Ｂから依頼を受け背広を質入れしたという事実への変更について、

　「（物件の同一性、罪質上の密接な関係、日時・場所の近接性に鑑みれば）一方の犯罪が認められるときは他方の犯罪の成立を認め得ない関係にある……から、かような場合には他方の犯罪の成立を認め得ない関係にある」

として、訴因変更を認めています。

> 〔そのバリエーション〕
>
> 被告人Ｘは、平成22年１月５日に、福岡県久留米市の旅館で背広一着等を窃取した、との訴因で起訴されていたが、公判段階で、１年以上後の平成23年２月10日ころ、渋谷区内のホテルで、知人Ｙから譲り受けたものだ、ということが明らかになった場合、前記同様の訴因変更請求は認められるか。

　同一の背広についての窃盗罪と盗品に関する罪ですから非両立の関係にあり、訴因変更は認められそうにもみえます。しかし、前記最判は、「日時場所の近接性に鑑みれば」としています。一年後の福岡県と東京との際は、この近接性は認めがたく、基本的事実が同一であるとはいえないでしょう。訴因変更は認められず、検察官は公訴を取り消して新たに起訴するか、当初訴因は無罪を受けることは覚悟で維持して、追起訴するしかないでしょう。非両立であっても基本的事実の同一性は認められない例の一つです。

(4) 収賄・贈賄

〔収賄と贈賄〕

○市役所緑地課の係長Xは、高校時代からの友人であった暴力団組員Yの口利きにより、公園の造成工事について、Yが紹介する造園業者Zに対し、入札の予定価格を漏洩した。Yは、Zに対し「今後もずっと情報を漏らしてくれるから、Xには50万円を渡せ」と求め、Zはこれに応じて、Xに現金50万円を供与した。この事実が発覚し、Xは収賄罪、YとZは、共謀によるXに対する50万円の贈賄罪で公判請求された。ところが、公判が進むにつれ、この50万円の供与については、YがXに先に話をもちかけ、50万円のうち20万円をYが貰うという話をつけた上で、YがZに前記の要求をしていたことが判明した。そこで検察官は、Yについて、贈賄罪の共犯としての訴因から、Xとの共謀による収賄罪の訴因への変更を請求した。

これは認められます。**最判昭和36・6・13刑集15巻6号961頁、判時268号28頁**は、収賄の共同正犯の訴因について、訴因変更手続を経ることなく、贈賄の共同正犯を認定したことを違法としたで、

「本件公訴事実と原判決認定の事実とは、基本的事実関係においては、同一であると認められるけれども、もともと収賄と贈賄とは、犯罪構成要件を異にするばかりでなく、一方は賄賂の収受であり、他方は賄賂の供与であって、行為の態様が全く相反する犯罪であるから、収賄の犯行に加担したという訴因に対し、訴因罰条の変更手続を履まずに、贈賄の犯行に加担したという事実を認定することは、被告人に不当な不意打ちを加え、その防御に実質的な不利益を与える虞があるといわなければならない」

としています。これは訴因変更の要否についての問題ですが、当然にこのような訴因変更は許されるわけです。

(5) 過失運転致死・犯人隠避

〔過失運転致死と犯人隠避〕

Xは、自動車を運転し、ハンドル操作を誤って同車を歩道上に乗り上げさせ、被害者V女を脳挫傷により死亡させた。その時、助手席には友人のYが乗っていた。しかし、Xは、交通違反の繰り返しにより、本件事故が発覚すれば運転免許が取り消されることを恐れる余り、Yに対して、必要な賠償費用等は全部自分が用意するから、身代わりになって運転していたことにして欲しいと懇請した。Yはこれに応じ、間もなく到着した警察官に対し、運転して事故を起こしたのは自分である旨虚偽の申立てをし、警察官もそれを信じて、本件はYによる過失運転致死罪であると判断して事件を立件して送致し、検察官はYを公判請求した。

ところが、公判段階に至り、Yは、その後Xが自分だけを悪者にし、後の面倒見が悪いことに立腹するとともに、死亡事故で重い刑責を問われることをおそれ、弁護人と相談の上、本件事故は、自分は身代わりであって、真犯人はXであることを公判廷で供述するに至った。検察官は、驚いたが、直ちに警察に指示して捜査を遂げさせたところ、XもYに身代わ

りを依頼したことを自供するに至り、Yの過失運転致死罪はそのままでは無罪となることが確実となった。そこで検察官は、Yの過失運転致死罪の訴因を、「自己が運転して事故を起こしたものではないにも関わらず、警察官に対し、虚偽の申立てを行い、犯人であるXを隠避させた」との訴因への変更を請求した。

　この訴因変更は、許されません。同一の交通事故についての、過失運転致死と、その犯人の隠避とはまったく非両立の関係にあるので、一見、訴因変更は認められてもよさように見えます。しかし、自動車を運転して事故を起こすという行為と、その犯人を隠避するという行為はその基本的事実自体に大きな違いがあります。検察官としては、Yの公訴を取り消した上で、Yについて犯人隠避の罪を改めて起訴しなければなりません。もしYの事件の有罪判決が確定しているのなら、検察官は再審請求をしなければなりません。このような事案も、非両立関係にはあっても基本的事実の同一性を欠くため、狭義の公訴事実の同一性が認められない例の一つです。

第 4 編
諸外国の刑事司法制度

我が国の刑事司法制度は、明治維新以降、当初はフランスの影響を受けた治罪法に始まり、その後ドイツの影響を受けた旧刑事訴訟法、そして戦後には旧刑訴法の骨格は大きく変えることなくアメリカの影響をも受けた現行刑事訴訟法、という変遷や発展を遂げてきたこと、また、これらを知ることが、現行刑事訴訟法の内容や問題点のより深い理解に役立つことをこれまでにもお話ししてきました。

　本編では、さらに、アメリカをはじめとする主要国の刑事司法制度を概観することにします。刑事訴訟法の分野に限らず、どんな法分野を勉強するにあたっても、比較法的視点というのは極めて重要です。それによって自分の国の法制度の優れた点、良い点、足らざる点、悪い点、がよく見えてきますし、自分の国で問題とされることを、各国がどのような制度や運用によって対処しているのか、ということが理解できるようになります。それは、自分の国の制度を所与のものとするのでなく、その問題点を克服し、よりよい制度への改革や改善を進めるうえでも非常に大切なことです。

　ただ、諸国の法制度を勉強する際に大切なことは、他国のある部分の制度等のみを取り上げてそれが優れたものだとし、その部分だけをいわばつまみ食いのようにして、我が国の制度を批判する材料としたり、その直接的な導入が必要だと強調するような姿勢ではだめだということです。どんな国の刑事司法も完璧なものはなく、必ず長所と短所、いわば光と影をもっています。ある国の制度の長所は、他国では足りない点であり、その逆もまた真なり、だと言ってもよいでしょう。比較法の視点は、その国の制度全体を捉え、またその国の歴史、文化、社会的な背景をも踏まえることが極めて大切です。そのうえで、他国の制度の中で我が国にも導入するに値する優れた点があるとすれば、それを単純に接ぎ木するのでなく、我が国の国民性、文化、社会の実情やこれまで定着した制度の運用をも踏まえつつ、それらになじんで運用の実が上げられるような工夫と努力の下に我が国への導入を図ることが求められます。

　以下に、アメリカ、イギリス、フランス、ドイツ、中国の刑事司法制度を概観するのもこのような視点に立っています。アメリカと中国については私自身が滞在して直接見聞した事情を踏まえたものですが、他の国については、文献に表われたものや、私が法務検察奉職時代に先輩・同僚・後輩検事の在外研究報告等の見聞などから学んだものが中心です。これらには公刊物未登載資料から得た知識情報も多く含まれます。そのため、本編の論述は、論文や教科書などといえるものではありません。また、これらの国の中には近年、様々な刑事司法制度の改革がめまぐるしいほど進展している国もあり、以下の記述が今日の最新の事情を紹介できているとは限りません。みなさんは、それを踏まえて、本編については比較刑事司法の分野に一層の興味と関心をもっていただけるための糸口を与える水先案内人的な「読み物」と考えていただければ幸いです。

第1章
アメリカの刑事司法

【はじめに】

　アメリカでは「ミランダルール」という判例法理が確立しています。アリゾナ州でのメキシコ移民アーネスト・ミランダが起訴された誘拐・婦女暴行事件について1966年に連邦最高裁が示した判決に基づくものです（Miranda v. Arizona（384 U.S. 436（1966）））。このルールは、身柄を拘束された被疑者は、①You have the right to remain silent.（あなたには黙秘権がある。）②Anything you say can and will be used against you in a court of law.（供述は、法廷であなたに不利な証拠として用いられる事がある。）、③You have the right to have an attorney present during questioning.（あなたは弁護士の立会いを求める権利がある。）④If you cannot afford an attorney, one will be provided for you.（もし自分で弁護士に依頼する経済力がなければ、弁護人を付けてもらう権利がある。）という4点の告知が不可欠とするものです。これを被疑者に告知した上、被疑者が明確にこの権利を放棄しない限り、捜査官は一切の取調べができません。取調べに応じるように説得することも許されません。ただ、被疑者がこの権利を放棄して任意に供述することもかなり多いようです。みなさんは、アメリカの映画やテレビドラマの刑事もので、極悪犯人が逮捕されてもこの告知をされ、平然と弁護士の立会いを求め、黙秘する場面を目にしたことがあるでしょう。我が国の論者の中には、我が国では密室の取調べによる追及が冤罪を招いているので、このミランダルールをそのまま我が国にも導入すべきだというような主張もみられます。しかし、それはいわゆるつまみ食いの主張です。なぜアメリカではミランダルールが確立しているのか、なぜミランダルールの下でもアメリカの捜査機関は困難な重大事件を摘発・訴追できるのか、そのために我が国にはないどのような武器が捜査機関に与えられているのか、などの制度の全体構造を踏まえた上で、ミランダルールをその中に位置づけて理解することが大切です。一言でいえば、これまでの我が国では、密室での情理を尽くした厳しい取調べによって被疑者に真実の自白を得ることが捜査の大きな柱であり、しかし、それが時には虚偽の自白を生むこともあるという影の面を持っています。それに対し、アメリカではそのような密室での追及に頼ることは少ないが、様々な捜査の強力な武器を活用し、それらの捜査構造全体で被疑者に対し自白（有罪答弁）や捜査への協力を迫るという違いがあります。その反面として、そのような捜査構造に由来して、我が国では生じないような冤罪事件が発生する可能性もかなり秘めているのです。私は若手検事のころ、約5か月間、アメリカに在外研究員として派遣され、ワシントンDCのほか、ウエストバージニア、テネシー、ジョージア、フロリダの4つの州の連邦検察庁でアメリカの刑事司法実務を勉強する機会を得ました。比較的短い期間でしたが、受入庁では、私が日本の検事であるという同業者に対する親近感からか、アメリカの犯罪捜査の非常に生々しい実情を幅広く見聞させてくれ、捜査官ならではの興味深い本音の話も多く聞かせてくれました。それらを通じた私の印象は、彼らの捜査の武器とその使い方が、これほどまでに日本とは違うのか、という驚きであり、そのような強力な捜査の武器を与えられているアメリカの捜査官を羨ましくも感じる一面、このような捜査は日本にはとてもなじまないし、導入すべきではないだろう、と感じたことも少なくありませんでした。以下に、私自身が見聞したものや様々な報告等によるアメリカの犯

第1章 アメリカの刑事司法

罪捜査の実情を紹介しましょう。

【覆面捜査官による大規模な侵入窃盗団の摘発】
　テネシー州の連邦地検での見聞です。郊外の高級住宅街を中心にプロの窃盗団による侵入窃盗事件が多発したため、連邦地検、FBI、州の警察などの捜査機関が合同の捜査態勢（TASK FORCE）を構築し、大掛かりな摘発に乗り出しました。数十万ドルの予算を講じ、廃屋となった工場の地下室に、盗品を買う店を設置しました。もちろんFBIなどの覆面捜査官が運営する偽のショップであり、さまざまな闇のルートで「あそこの店は盗品を高く買ってくれる」という噂を流布しました。すると少しずつ、窃盗犯たちが盗んだ貴金属などを売りに来ます。ショップの背面の壁にはビデオ録画機が隠されています。覆面捜査官らは、犯人たちから盗品を高く買ってやります。そして、だんだんとこの話が「あそこの店では高く買ってくれるらしい」などとほかの犯人たちにも伝わると、彼らも次々と盗品を売りに来ます。人間は愚かなもので、覆面捜査官からバーボンウイスキーを飲まされたりして巧みに水を向けられると調子に乗ってしまい「これはどこで盗んだ、あの家はいいカモだった」などの自慢話をし始めます。それらはバッチリと背後のカメラで録音録画されています。私はこのビデオを見せてもらいましたが、何日何時何分何秒としっかり表示されており、犯人の画像と会話が鮮明に記録されていました。そして、数カ月近くもこのような盗品買いを続け、予算を使い切ったところで店を閉めます。そして録画された画像等から、明確に犯罪が立証できるものを選別し、まずそれらの犯人を逮捕します。すると必ず弁護人がつきますのでFBIや連邦の検事たちが、相手方と司法取引の交渉を開始します。「あなたの窃盗の罪はこの録画で完璧に立証できる。もし否認するなら、立件できる全事件を起訴し、陪審裁判でマキシマムの求刑をする。しかし、もし有罪答弁をするなら、起訴する事件は絞り込んでやる。さらに、条件は、大陪審で他の共犯者の氏名や共謀などをすべて証言することだ。それによって捜査に協力すれば、起訴はもっと絞り込んで求刑を下げてやる」などと迫るのです。すると、犯人は弁護人と相談し、損得勘定をしっかり計算して、この辺で手を打った方が賢明だ、と言うことで、この取引に応じることになります。後は芋づる式です。この犯人が大陪審で共犯者を証言すれば、その共犯者を逮捕し、起訴してまた司法取引交渉を始める、というわけです。私はある事件で、連邦の検事が、被疑者や弁護人と司法取引をし、その合意をする場面に立ち会わせてもらいました。合意は書面にして双方がサインします。その後検事と犯人・弁護人が握手をして「Congratulation！」「Good Luck！」などと笑いながら声をかけあっていました。なんともあっけらかん、とした光景に唖然とさせられたというのが正直なところでした。

【談合事件捜査】
　私は、「私の事件帖３」で紹介した談合贈収賄事件捜査を経験し、当時我が国では談合は津々浦々で恒常的に行われ「必要悪」だとすら言われていたことへの疑問や、同事件の捜査で公正価格阻害目的の立証に苦心したことから、我が国ではもっと談合事件捜査に積極的であるべきでないのか、アメリカではこの種事件に一体どのようにして取り組んでいるのだろうか、という強い関心を持っていました。このような疑問を、当時滞在していたジョージア州アトランタ市の連邦地検の検事正ラリー・トンプソン氏に話したところ、同市にある連邦司法省反トラスト局（Untie-Trust Division）の地方支局長の検事であるドナルド・キンケード氏を紹介していただき、そこに通って勉強させてもらうことになりました。アメリカの検事たちの多くは検事のポストに長くと

どまらず、民間弁護士や政府機関などを転々としてよりお金を稼ぐ法律家になっていくことが多いのです。しかし、キンケードさんは、反トラストの分野で長くキャリアを積まれた専門家である初老の紳士であり、日本の同業者である私がこの分野に関心をもっていることをとても喜んで、非常に立ち入った捜査の実情や捜査手法などを懇切に教えてくださいました。キンケードさんや部下の若手検事たちから教えてもらったアメリカの談合事件の捜査手法は驚くべきものでした。まずアメリカでは、談合罪は独禁法の一つであるシャーマン法違反の罪です。同法は「カルテル」を禁止しており、談合も競争を排除して業者がカルテルを形成した罪に問われます。その罪は、談合によって競争を排除して価格を協定した、ということだけで当然に違法（Illegal per se）とされます。日本のように談合金という不正利益の取得や、公正な価格を害した、などの要件はなんらありません。反トラスト局は、常時、アメリカ全土の談合を含む独禁法違反の摘発に目を光らせています。日本の法務省に「独禁法違反部」という部があり、主要都市にその支局があるようなものです。彼らの捜査のやり方は、マニュアル化されています。全国の公共工事の入札状況に常時目を光らせ、談合が行われていると疑われる状況の有無について、十数項目のチェックポイントがあり、嫌疑が濃厚になると捜査を開始します。まず談合に参加しているいくつかの業者をターゲットとし、いきなり談合罪を摘発するのでなく、通信傍受や覆面捜査を活用するなどして、内部情報を探っていきます。特に有効なのが、郵便詐欺（メールフロード・Mail Fraud）、通信詐欺（ワイヤーフロード・Wire Fraud）という犯罪の立件です。これらの犯罪は、州際通商（interstate commerce）において違法な行為のために郵便や電話等の通信を利用した、ということだけで犯罪を構成するものでいわゆる形式犯です。これらは、通信傍受をしたり、覆面捜査・おとり捜査をすることなどによって比較的簡単に摘発できます。これらの犯罪は本体の談合罪に対して「付帯的条項（Collateral Statute）」と呼ばれ、談合罪に限らず、様々な複雑重要事件の摘発の武器として多用されています。アメリカの連邦の判例を読むと、知能犯事件での訴因に極めて頻繁にメールフロード、ワイヤーフロードが含まれていることが分かります。そして、ターゲットにした特定の業者について、何件かのメールフロードなどの立件が可能なまでの内偵を進めると、その業者に働きかけを開始します。そして、既にメールフロードなどで訴追できる状況にあることを伝え、司法取引に応じて捜査に協力すれば、起訴すべき事件を大幅に減らしてやる、などと働きかけます。ターゲットがこれに応じれば、大陪審で証言させます。大審審捜査については、後でお話ししますが、サピーナという極めて強力な捜査手段があり、証拠収集に絶大な効果を発揮します。あとは前にお話しした窃盗事件と同様で、芋づる式に業者を摘発し、頭を下げて司法取引に応じたものは有罪答弁で軽い刑で決着し、最後まで抵抗して争う業者については、立件できる事件をすべて起訴するなどして陪審による有罪判決を獲得し、過酷なまでの刑が科されることになります。アメリカでは我が国のように併合罪という、何件有罪となっても有期刑の長期は1・5倍まで、という被告人側のメリットはなく、刑は単純加算されますので、時には懲役数十年ないしそれ以上、という重い刑が科されることもあります。談合罪のシャーマン法違反の刑は、30年近く前の当時さえ、懲役刑のほかに、罰金刑が100万ドル、というものでした。今日でははるかに引き上げられています。このような司法取引が実効性をもつ理由の一つはアメリカの刑の過酷さにもあります。談合事件で司法取引に応じず最後まで抵抗した業者は、実刑判決、100万ドルの罰金刑に処せられていました。だから、ほとんどの被告人は、このような極めて大きなリスクを避けるため、どこかの時点で司法取引に応じ、有罪答弁で決着していくのです。他方、我が国では、談合罪の刑は懲役はわずか2年以下、罰金は当時たったの20万

円以下でした。今でこそ罰金は250万円以下に引き上げられていますが、アメリカの刑からすれば雀の涙のようなものです。わたしが経験した事件のみならず、日本では贈収賄とか談合とか選挙違反で、実刑になる事案は極めて少なく、ほとんどが執行猶予か罰金刑です。地方都市で、贈収賄事件などで業者の被疑者を追及していると、彼らは、実刑になることはないと知っているので、それよりもお世話になった市長さんたちのことを取調官に話したことが明るみにでると、「もう村には帰れない」ので、市長への賄賂や予定価格の漏洩を受けたことは話せずに悩み苦しむ、という心境になる人達がほとんどだと感じます。彼らは刑事的制裁よりもむしろ社会的制裁を恐れるのです。アメリカで司法取引の実効性を支えているひとつの理由は、取引に応じて捜査に協力しなければ、過酷な刑が迫っている、ということにもあるのです。

　私は、キンケードさんに、日本では不正の利益の取得や公正価格阻害の立証が極めて困難であることや、起訴されてもほとんどが執行猶予か罰金で済んでしまう談合事件捜査の実情を話しました。キンケードさんは「何が公正な価格など、そんな立証はエンドレスデイベート（終わりなき論争）だろう。競争を排除するだけで価格が吊り上げられるのはそれ自体が常識ではないか」「確かに談合罪で有罪とされて実刑を課される人々は街の名士であったり教会の長老さんであったりする立派な市民（Fine Citizen）だろう。しかし、アトランタの街では、貧しい黒人の青年が10ドルをひったくって盗んでも刑務所にいくのだ。談合をやっている業者たちは、仲間で共謀し合って嘘をつき、政府や国民から何千万ドルという金を盗んで（Steal）いるのだ。だから、そのような厳しい刑が科せられるのは当然なんだ」と話してくれました。私は、その話はよく理解できると感じる反面、日本では、もっとこの種事件の摘発に積極的になるべきではあっても、アメリカほどのすさまじい摘発が我が国社会でそこまで必要とされるのかについては、いささか疑問に感じたのです。

　日本でも、その後日米構造協議などを経て、捜査機関も、公正取引委員会も談合等の摘発に積極的になってきました。また、談合に参加した業者が進んで委員会に談合の事実を申告すると有利な取り扱いを受けることができるリーニエンシーという制度も導入され、一定の成果を上げているようです。国民性や法文化、倫理観などの違いの中で外国の制度や運用が我が国にどこまでなじむのか、という問題を考えるヒントになるといえるでしょう。

【通信傍受】

　アメリカでは通信傍受の要件は極めて緩やかであり、日常的な捜査手段として頻繁に活用されています。古い時代には判例法で認められていましたが、1968年に、包括的犯罪防止及び市街地保安法という法律で、犯罪捜査のための通信傍受が立法化されました。毎年、合衆国裁判所執行管理室統計部というところが、裁判所と検察当局の報告に基づき、議会報告用のワイヤータップレポートというものを作成しています。ある報告によると、1995年には、通信傍受が連邦と州の裁判所によって許可された総数は1,058件であり、その捜査によって2,577人が逮捕されました。令状請求が却下されるのはわずかであり、約69パーセントが薬物犯罪だそうです。通信傍受が最も活用された例として、ニューヨーク州の強盗事件では傍受が266日間にわたって実施されたそうです。電話傍受が69％、携帯電話・電子メール等の電子的装置が19％などと報告されています。せっかく通信傍受法ができた我が国では、対象犯罪が薬物・銃器、集団密航、組織的殺人等に限定され、期間は原則10日間（最大30日間）というように極めて厳しく、年間せいぜい十数件程度しか活用できていない、いわばがんじがらめの法律だとの感を否めず、アメリカとは雲泥の

差がありました[1]。私はアトランタで、FBIの通信傍受の現場を見せてもらいましたが、オペレーションルームでGパンを履いた捜査官が鼻歌交じりで傍受していたのが印象的でした。

【おとり捜査】

我が国では、おとり捜査は、昔から、薬物密売事件や銃器事件の捜査でわずかながら実施されていました。しかし、その件数は少なく、私自身が直接間接におとり捜査を用いた事件の捜査処理に関与した経験は、30数年の間に3～4件にすぎません。それも悪質で組織的な密売事件等に限られていました。しかし、アメリカではおとり捜査は対象犯罪の限定もなく、日常的な捜査手段として頻繁に活用されています。

そのようなアメリカでも、あまりに行き過ぎたおとり捜査ではないかと物議をかもし、批判を浴びた事件がアブスキャム事件でした。この事件は1978年から2年間にわたりニューヨークのFBIが実施したおとり捜査でした。FBIは当初、盗品売買組織摘発のため、アラブのシーク（族長）が資産運用のために設立したと称して、実際は盗品買いを業とする偽の会社であるアブドルエンタープライズ社を設立しました。それは、詐欺で服役していた男を保釈をと引き替えにFBIに協力させるなどし、覆面捜査官らと共に運営させていたものでした。ところが、ニュージャージー州の市長で上院議員のEが地元のホテル建設で利益を狙っているとの情報を得るや、ホテルのカジノ開設許可の権限をもつカジノ規制委員会副委員長のMとEにターゲットを変更し、FBIのおとり捜査審査委員会が、Eへの2万5,000ドル、Mへの10万ドルの賄賂の提供の許可を与えたのです。その間、捜査で没収した豪華なヨットにターゲットの政治家や、怪しげな協力者連中を招待してパーティーを開いたりもしています。そして、EとMを招き、FBI本部が指示した、犯意を立証するために「カジノ許可がなければ取り残されるし、それこそがこの金の目的で、我々がここに集まっている理由だ」などの巧みなトークをしたあと、逡巡するMが、結局金の誘惑に負けて10万ドルの賄賂を受け取る場面を秘密録画したのです。この捜査は、更に、移民許可をめぐる賄賂提供のおとり捜査にも発展し、これらの捜査により、12名の被告人が収賄等の罪で起訴され、その中には、7人もの連邦下院・上院議員が含まれていました。1980年3月にニューヨークタイムスのスクープによりこの捜査が発覚し、終わりを遂げたのですが、さすがにこのおとり捜査にはやり過ぎだと厳しい批判が寄せられました。連邦司法省ではこれを契機に、おとり捜査のガイドラインを策定することになりました。アブスキャム事件のほかにも、80年代初期に、シカゴで長い間裁判官が賄賂を受け取っているとの情報を得たFBIが展開した、裁判官らをターゲットする「オペレーション・グレイロード」事件も有名です。この事件では、地元の警察にも知られないため全国のFBIから選抜した捜査官を犯人に仕立てて薬物所持の犯人として逮捕させ、その弁護人にもおとり捜査官が扮し、裁判官に賄賂を提供させたのです。3年間このような捜査を続け、15人の裁判官、49人の弁護士、多数の警察官、裁判所書記官が有罪となったのです。まさに映画やテレビドラマを地で行ったおとり捜査でした。このような捜査は、我が国では犯意誘発型のおとり捜査の典型として到底許容されないでしょう。

なお、おとり捜査にも通じるものですが、アメリカでは、捜査官が身分を隠してマフィアなどの組織に潜入し、長期間マフィア内部の組織や犯罪情報を収集する「覆面捜査」も活用されてい

---

(1) 平成28年5月の通信傍受法の改正により、対象犯罪、期間などの制限がかなり緩和され、その活用が期待される。

ます。

【様々な捜索・差押えの例外法理】

　日本では、捜索・差押えは令状によるのが原則で、例外的に無令状で許されるのは逮捕に伴い、その現場で行われる場合に限られています。例えば、ある事件についての捜索の実施中に、その場所に別の事件である拳銃や覚せい剤などの法禁物が発見された場合でも、それらを差し押さえることはできず、管理者がいれば任意提出を受けるか、それができないなら、裁判所に令状を取りに行くしかありません（被疑者がその場にいればその法禁物所持の現行犯として逮捕し、その逮捕事実の証拠物として差し押さえることは可能です）。アメリカではこのような場合、「プレインビューの法理」が判例により認められ、適法な職務の執行中に法禁物が発見された場合にそれを無令状で差し押さえることが許されています。日本では、かつて、このような「緊急捜索・差押え」を認める法改正を求める動きもありましたが認められないまま今日に至っています。また、アメリカでは自動車内に法禁物が隠匿されていると疑われる場合に無令状で自動車内を捜索できる「自動車例外の法理（automobile exception）」も判例により認められています。更に、いわゆる包括的差押えについては、日本ではオウム越谷事件の最決平成10・5・1刑集52巻4号275頁、判時1643号192頁、判タ976号146頁（百選22事件）が、例外的・限定的にこれを認める判示をしましたが、アメリカでは「詐欺性充満の法理」という判例法が形成され、組織や事業活動に詐欺性が充満していると認められる場合には、令状の差押え対象物の特定性の要件が不要あるいは大幅に緩和され、膨大な証拠資料を包括的に差し押さえることが許容されています[2]。

　このようにアメリカでは個々の立法によらずとも、判例法によって、捜査官に不可能ないし著しい困難を強いることなく効果的に証拠物を発見押収する権限が認められているのです。

【陪審裁判】

　陪審制は、アメリカのデモクラシーのシンボルです。しかし、私の見る限りアメリカの陪審制はその光と影が極めて強いように思います。アメリカの陪審制については非常に多くの論稿があります。私は、アメリカの陪審にも関心があったので、訪ねた4つの州では陪審裁判が開かれるたびに傍聴し、検事、弁護士その他関係者に、ことあるごとに陪審制に対する評価を聞いてみました。もちろん、陪審に対する人々の意見は様々ですが、おおくくりにいうと、「陪審制に問題は多い。しかし、アメリカにとって陪審制は必要だし、これをなくすことはできない」というものだと感じました。人によっては「必要悪（Necessary Evil）」という言葉を使う人もあれば、「民主主義のシンボルだ」と言って、陪審制のない日本について冷ややかな評価をする人もいました。

　ワシントンDCで懇談した刑事弁護で活躍している弁護士は、「陪審によって真実が発見されるとは思っていない。ワシントンのダウンタウンで、黒人青年が白人警官を射殺した事件の陪審では、12人の陪審員全員が有色の人で、被告人にシンパシーを持つ人だった。その事件では証拠は真っ黒だったが、青年は無罪となってしまった。でも、アメリカに陪審は必要なのだ。今は黒人

（2）　拙稿「いわゆる『包括的差押え』をめぐる諸問題について」曽根・田口古稀（下）435頁以下、拙稿「捜索差押えの特定性の要求に関するアメリカ合衆国連邦裁判所判例の諸法理とその実情──『詐欺性充満の法理』を中心として──(1)～(4)」比較法学49巻1号（2015年）83頁以下、2号（2015年）1頁以下、3号（2015年）41頁以下、50巻1号（2016年）1頁以下を参照されたい。

の人権もずいぶん尊重されるようになったが、市民権運動以前の古い時期には、優秀な黒人青年でも大学に行ける人はわずかであり、裁判官になるような人々はみな白人で豊かな層の出身だった。そのようなエリートが、貧しく差別されている青年たちの有罪無罪を決めることはよくない。陪審であれば、どんな被告人でも無作為に選ばれた市民によって裁かれることになる。その手続は誰に対しても平等なのだ。真実を知っているのは神様と真犯人だけだ。陪審裁判で真実が発見されるとは限らない。でもそれが民主主義のルールに従って得られた結論なのだから被告人も社会も受け入れるしかないのだ」と語っていました。この弁護士が話した事件の逆の例は、カリフォルニアで起きたロドニーキング事件です。黒人青年を警察官が路上で袋叩きにしているところがビデオ録画され、その警察官たちは白人で、郊外の白人が多い地域の裁判所で陪審裁判を受けた結果、無罪とされ、それに激怒した黒人たちがロスアンジェルスで大暴動を起こしたものでした。

　陪審をめぐる有名な映画にヘンリーフォンダ主演の「12人の怒れる男たち」とグレゴリーペックが主演した「アラバマ物語」があります。いずれも1950年代の古い白黒映画です。前者では、フォンダ演じる陪審員の粘り強い説得・議論によって無実の青年が有罪を免れました。陪審裁判の優れた点という視点から引用されることが多い映画です。後者は、当時黒人差別の激しかった南部アラバマ州の田舎町で無実の罪で起訴された黒人青年を、ペックが演じる白人の良心的な弁護士が見事な弁護活動を行って誰の眼からも無罪だと思われたのが、陪審12人が全員白人で有罪とされたという悲劇であり、陪審の負の面が現れています。この映画は、ハーパー・リーという女性が、幼いころの自分の父の実話を書いた「To Kill a Mockingbird」という本を映画化したものです。アメリカではバイブルの次くらいよく読まれているというほどの長年のベストセラーで、様々なメッセージを含んだ素晴らしい映画です。私は学生諸君にこれを是非観るよう勧めています。私が法務省勤務時代、アメリカの司法長官が訪日した際、随行の司法省の検事たちと会食しました。その中のある女性検事がアラバマ州出身だというので、私は「To Kill a Mockingbirdは、素晴らしい映画ですね」と言うと、彼女は途端に目を輝かせ「あなたはあの映画を観たのか！」と喜んで話がはずんだこともありました。ちなみに、グレゴリーペックは、「ローマの休日」で主演するなど往年のハンサムな名優でしたが、彼は自分が演じた多くの映画の中で、アラバマ物語が最も心に残る作品だったそうです。以前、アメリカで、映画の中の最高のヒーローは誰かを選ぶという企画があり、007のジェームズボンドら多くのアクションスターを差し置いて、ペックが演じたアテイカス・フインチと言う南部の貧しい町の弁護士がこのヒーローに選ばれたそうです。これらの映画は古いドラマではありますが、陪審のもつ影の部分を今日にも通じるものとして伝えています。「12人の怒れる男」では、他の陪審員たちが有罪だと決め込んですぐに評決をしようとするところを、ヘンリーフォンダが演ずる陪審員が粘り強く説得し、無罪の結論に導いたというもので、人によっては、これこそが陪審の理想だ、という評価をする向きもあります。しかし、別の見方をすれば、もしその場にヘンリーフォンダのような陪審員が加わっていなかったとすれば、被告人はあっという間に有罪にされていたのであり、むしろ陪審の恐ろしさの面をも含んでいると思います。

　陪審制の最大の問題点は、陪審員12人が全員一致で結論を出すことが必要なため、一人でも反対すれば陪審裁判は成立せず、ミストライアルになってしまうことと、有罪にしろ無罪にしろ、評決の理由は一切明らかにされないこと、にあるといえるでしょう。人によっては、陪審は「ブラックボックス」だという評価もあります。そこで、検察側と弁護側は、12人の陪審員の選定手続

において、いわば秘術の限りを尽くして、自己の側に有利な判断をしてくれそうな陪審員を選任させようとします。多数の候補者から、一定数について双方が理由を示さない「専断的忌避」を行い、陪審員から排除させることができます。大きな事件ではお金のある被告人は「陪審コンサルタント」という探偵業のような業者に依頼して、候補者の身上、生活、性格などを徹底的に調べあげ、それを専断的忌避権行使の参考情報にします。いわば自己に有利な陪審員の陣取り合戦です。日本の裁判員制度では裁判員の選任手続は非公開で、候補者のプライバシーを保護していますが、アメリカの陪審員選任手続は公開の法廷で行います。双方の当事者がプライバシーにわたって候補者に根掘り葉掘り質問することもあります。そして、専断的忌避をされた候補者は、裁判長から「ご苦労様でした、どうぞお帰りください」と言われると、半ばバツの悪そうな、半ばほっとしたというような顔つきで退廷するところを何度も見ました。アメリカの検事に、どのような目安で判断するのかと聞くと「我々検察側が確保しようとするのは、中流の白人の婦人などだ。彼女らは犯罪というものに本能的に恐怖心と憎しみを持っているからだ。反対に忌避しようとするのは、理科系の学者。緻密に考えすぎ、些末なことにこだわって疑問ばかりもってしまう。それと、被告人がマイナリティーならマイナリティーの候補者。彼らは被告人にシンパシーをもつので証拠上は有罪でも無罪意見でがんばってしまうからだ」などと話していました。ただ、このような陪審員候補者の専断的忌避は人種差別にもつながるとして批判も根強かったことから、1986年のバットソン対ケンタッキー事件（Batson v Kentucky 476 U.S. 79; 106 S. Ct. 1712）において、連邦最高裁は、検察官が、4人の黒人候補者全員を忌避したことを違法とし、まず、被告人側が、自己が識別できる人種的集団の一員であり、検察官がそれを排除するように忌避権を行使したとの一応の証明をした場合には、検察官の方に、忌避は人種に関係のない理由であったことの証明責任が転換されるものとしました。つまり検察官が次々と専断的忌避をする候補者が黒人であったりすると、弁護人が「バットソンチャレンジ」を申し立てます。そうすると、検察官の方で、忌避したのは人種的理由でなくその他の合理的な理由に基づくものであったことを説明しなければならなくなるのです。

　このように問題が少なくない陪審制もアメリカでは不動のものです。それは、陪審制の導入の歴史にも由来します。アメリカがイギリスの植民地時代に、本国から、植民地の人々にも本国の国民並みの権利を保障しようということで陪審制が導入されていました。ところが、この陪審制が、皮肉なことにアメリカのイギリスに対する独立運動を支援する武器として活用されたのです。というのは、独立を標榜し、本国政府を批判するような様々な言動が犯罪として摘発され訴追されたのですが、検察官や裁判官はイギリス国王の任命です。しかし、陪審員は、みんな植民地の市民たちです。そのため、証拠上や法律上は有罪が明らかであっても、陪審員の評決による答申は「無罪」とするものが相次ぎました。この現象は、「Jury Nullification」、陪審による法の無視、とか無効化、と呼ばれます[3]。このように陪審制度はアメリカの独立、建国の歴史と不可分のものでもあったため、連邦憲法の修正6条は、「すべての刑事上の訴追において、被告人は、犯罪が行なわれた州、および事前に法律によって定められた地区の公平な陪審による迅速な公開の裁判を受ける」権利を保障しているのです。この陪審による法の無視が、今日のアメリカの陪審裁判でもときにはなお行われていることは、さきほどの例でも理解できるでしょう。

---

(3)　丸田隆『アメリカ陪審制度研究――ジュリー・ナリフィケーションを中心に――』（1988年、法律文化社）に詳しい。

【刑事司法を支える機関・組織など】
ア　アメリカの法律と裁判所

　アメリカは連邦制であり、司法制度も連邦と州の二重構造です。連邦には連邦の地裁から最高裁までの各裁判所があり、州にも州の下級裁判所から最高裁判所までそれぞれ設置されています。アメリカには50の州、ワシントンDCと、グアム・プエルトリコなどの自治区を含めて54の「法域」があります。

　連邦にはアメリカ合衆国憲法と、様々な分野の連邦法があり、州には州の法律があります。犯罪には連邦法に違反する犯罪と州法に違反する犯罪がありますが、同じ犯罪行為が州法でも連邦法でも共に犯罪とされるものも多いです

　州の裁判所で有罪無罪の判決が確定した場合でも、しばしばそれが連邦の最高裁に上告移送されることがあります。それは、連邦憲法の修正14条が、

　　「いかなる州も、合衆国の市民の特権または免除を縮減する法律を制定し、執行してはならない。いかなる州も、人から法のデュープロセスによらずして生命、自由もしくは財産をはく奪してはならない。またいかなる州も、その管轄権の中で何人にも法の平等な保護を否定してはならない。」

と定めているため、州による刑事裁判の結果や内容が連邦憲法の権利の保障に合致しない場合には、この条項に基づいて、連邦最高裁の審理に付されることができるからです。ミランダ事件も、当初はミランダ対アリゾナ州の事件であり、有名な違法収集証拠の排除原則をアメリカ全土に広めることとなったマップ対オハイオ事件もオハイオ州の事件でした。

　連邦の地方裁判所は、小さな州では一か所、大きな州ではいくつかの地域に分けて数か所設置されています。控訴審は、巡回控訴裁判所（Circuit Court）と呼ばれ、全米を11のブロックに分けて設置されます。これは昔、控訴審は各地に常設できなかったので控訴審の裁判官が巡回して控訴事件を審理したことに由来するそうです。連邦最高裁は、DCに置かれ、長官以下9人の裁判官で構成されます。長官の名前をとってその在籍期間中の最高裁を「ウオーレンコート」とか「バーガーコート」などと呼んでいます。

　アメリカの裁判官の特徴は、連邦と州によってまったく異なります。連邦の裁判官は、大統領の任命により「ポリテイカルアポイントメント」と呼ばれる政治的任命によります。地元の上院議員の推薦に基づくのですが、いったん任命されると定年はありませんし、転勤もありません。連邦地裁の判事に任命されるのは、法律家にとって極めて栄誉なことです。私はある州の連邦地裁判事の任命式を見ましたが、家族や友人総出で、荘厳ですが、どこかお祭り騒ぎのような感じもし、聖書による宣誓のあと、任命された判事や家族の満面の笑みなどが印象的でした。他方、連邦判事に任命されるためには上院議員の推薦が必要なため、政治力や人脈の強さも左右するのだとの声を耳にすることもありました。もちろん、人格能力が優れている法律家であることは当然の前提ですが。ある州の連邦地裁判事は90歳近いおじいさんでした。陪審裁判の手続中に、癇癪もちで関係者を怒鳴りつけることもあるので、横にいた検事が「みんな早く辞めて欲しいと思ってるんだけど、ライフタイムだからだれも辞めさせられないんだよ」と苦笑いしていました。また、転勤がないということもあって、おとり捜査のオペレーショングレーロード事件の例にもあるように、裁判官の汚職ということも時折あるようです。日本では、裁判官の任用制度の厳正さはもとより、数年おきの全国転勤により、地元の闇の勢力とのつながりなどは生じる余地がありませんが、そのあたりはアメリカはかなり異なるようです。陪審制度というのも、ある意味

で、このような裁判官の任命制度の短所を補う意味もあるといっていいように思います。
 イ　アメリカの検事のこと
　検察制度も裁判所と同じく、連邦と州の二重構造です。連邦については、日本のように「検察庁」というような名称ではなく、「U.S. Attorney`s Office」といいます。直訳すると「合衆国代理人事務所」です。これはアメリカの当事者主義を象徴しています。本書では便宜上「連邦検察庁」という用語を使いますが、ここは民事であれ刑事であれ、合衆国政府の代理人である法律家が勤務する役所なのです。連邦地検には大きなところには民事部（Civil Division）と刑事部（Criminal Division）が置かれています。そして民事事件でも刑事事件でも政府側を代理して事件を処理するのです。日本では政府を当事者とする訴訟では、法務局の訟務部門に配置される訟務検事が訴訟活動を担当しています。いわばアメリカの連邦検察庁は、日本の検察庁と法務局の訟務部門が同居しているという感じです。アメリカの刑事事件の判例が刑事事件であっても「Marron v. United States（マロン対合衆国事件）」「Stanford v. Texas（スタンフォード対テキサス事件）」などと表示されているのは、刑事訴追も、検察官が政府を代理して行うという当事者主義に基づいているからです。ただ、「Prosecutor(検察官)」という呼称も用いられており、連邦地検のベテラン検事が「おれはフエデラルプロセキューターだ」と誇らしげに言うことを聞いたこともありますが、法的には合衆国の代理人なのです。アトランタのような大きな連邦地検でも検事正に相当する合衆国代理人は一人だけです。アトランタの大地検の検事正のラリー・トンプソン氏は、なんと38歳の黒人でした。トンプソン氏は共和党員で、「黒人を甘やかすアフアーマテイブアクション⑷には、自分は反対だ」という信念の持ち主でした。彼からアトランタ中心にある大ホテルの最上階での地元の名士たちの「キワニスクラブ」の昼食会に連れていかれたことがありましたが、数百人の参加者の中で黒人は彼だけでした。しかしみなさんが次々と彼を取り囲んでにこやかに談笑している光景が印象的でした。彼は自宅のクリスマスパーテイーにも誘ってくれ、私と二人きりになった時、しんみりと、自分の生い立ちを語ってくれました。彼は差別の激しかったアトランタ（マルチン・ルーサー・キング牧師の故郷）の黒人の貧しい家庭に育ったのですが、父親から「白人と同じ能力なら勝てるはずがない。誰の眼からみてもお前の方が優秀だと思われて初めて奴らと対等に戦えるのだ」と言われ、成績はオールＡでないと許してくれず、Ｂの成績をとろうものなら思い切り殴られたそうです。そして歯をくいしばって猛勉強し、全米トップクラスのミシガンロースクールを優秀な成績で卒業し、地元の大規模ローフアームで活躍していたところをレーガンに認められたのでした。彼はその後連邦司法省の大幹部になりました。私のアメリカ滞在中、最も忘れがたい素晴らしい人でした。
　大勢の部下検察官たちは、「Assistant U.S Attorney」であり、政治的任命でなく検事正の採用によります。彼らのほとんどは、数年間の勤務で、できる限り捜査などの実績を上げ、それをバネにして、より大きな弁護士事務所に採用されたり、企業内や政府の法律家になっていったりします。日本のように、いったん検事に採用されたら頻繁な転勤などに堪えて定年近くまで検事として勤務する者が多いのとは大違いです。このようなアメリカの法律家のキャリア形成過程は、「Steppingstone（飛び石・昇進への足掛かり）」というような表現をする人もいます。しかし、少数ですが、定年近くまで連邦検事として勤務する人もいます。同窓生たちは年収数十万ドルや

（４）　affirmative action　マイノリテイーの人々の不利な現状を是正するため、入学・就職などで講じられる様々な優遇措置。

それ以上の稼ぎをしているのに、連邦検事の年収は当時で6万ドル以下。キンケードさんもそうでした。しかし「自分はお金のためではない。人々の安全と社会正義のために働いているのだ」と語っており、そのためか、私たち日本の検事が激務と厳しい職務と勤務環境のもとで犯罪捜査に専念していると知って、ことのほか共感をもっていただいたようです。FBIや市の警察官たちとバーなどで話をしていたときのことですが、中には「俺は地検の若い検事たちなど信用していない。どうせあいつらは、何か事件で手柄を上げれば何年かたったら弁護士になり、犯罪者の弁護をして金を稼ぐんだ」などと言い、私のような捜査に専念する日本の検事を、同業者の仲間意識でとても歓迎してくれました。他方では、長年連邦検事を務めている優秀なベテランの検事たちは彼ら第一線の捜査官たちから深い信頼と尊敬を得ていることも感じられました。

州の検事は、選挙によって選ばれるところが多いようです。その一つの特徴は、選挙ですから、明確に、自分の在任中の犯罪捜査についてどんなことを目標としてどんな成果を上げるか、ということを選挙戦でアピールすることです。これは、有言実行という成果を上げる上での大きなインセンティブとなる反面、やや犯罪捜査が政治的になりかねない、という二面性をも持っているように感じました。

【その他の捜査機関】

第一次捜査機関の多様性は日本よりも大きいようです。連邦だけでも、FBI（連邦犯罪捜査局、司法省に置かれる）のほか、DEA（薬物取締局）、IRS（財務省、脱税事件等を捜査）、ATF（タバコ、アルコール局）などの捜査機関がそれぞれの専門分野について犯罪捜査の法執行を行っています。これらの捜査機関が、時には州の捜査機関とも連携して、タスクフォースを組むことも少なくありません。

【大陪審制度】

これはアメリカの刑事司法の大きな特徴を有する制度です。修正第5条は、自己負罪拒否特権、適正手続の保障、二重の処罰の禁止などの重要な権利保障の規定ですが、その中で、「何人も、大陪審の告発または起訴によらなければ、死刑を科せられる罪その他の破廉恥罪につき責を負わされることはない」と定めています。被疑者が大陪審の起訴による権利を放棄すれば、これによらない訴追も可能であり、実数的にはそのほうがずっと多いです。大陪審は、刑事訴追にも民意を反映させるための重要な制度です。23人の無作為に抽出された陪審員が構成し、検察官が実際上、その活動を準備し、進めていきます。本来、この制度は、市民が権力機関によって恣意的な訴追をされることを防ぐことに意味があったのですが、今日では、むしろ大陪審は、検察官の強力な捜査の武器として活用されていることに特徴があります。というのは、大陪審の捜査は密行性が極めて強く弁護人などは関与できません。そしてその権限は絶大であり、サピーナという、証人を強制的に喚問したり、関係者に文書や証拠物の提出を命じる権限があります。サピーナのうち、「文書提出命令状」と訳される「subpoena duces tecum」では、一般的に、証人に対して、いかなる帳簿、記録、書面、データ、その他サピーナが指定する対象物の提出をも命じることができます。捜索差押許可状に求められる特定性の要求はなく、「関連性」も個別の要証事実との関連性は必要なく「捜査に関連」すれば足ります。これに逆らって応じなければ、法廷侮辱の、身柄拘束をも含む極めて厳しい制裁が課されます。また、大陪審は民意の反映なのですから、通常の捜索差押許可状のように裁判官の審査は不要です。それが違法とされることは極めて

まれであり、裁判所は、サピーナに従うことが不合理（unreasonable）又は過酷（oppressive）な場合にのみ、これを取り消し、又は修正することができます⑸。しかも、大陪審を実際上動かしているのは検察官であり、重要複雑事件では1年以上もかけて大陪審捜査を遂行することもあるようです。捜査になかなか協力してくれない参考人の呼び出しにすら苦労している日本の検事からみると、羨ましい限り、というのが正直なところです。

　こうして、連邦の検事たちは、大陪審を活用して複雑困難な事件捜査を強力に進めていきます。そして、捜査が終わると、23人の陪審員中過半数の議決によって起訴がなされます。これが正式起訴（Indictment）」と呼ばれ、大陪審を経ない簡易な起訴（Information）と区別されます。証拠物の獲得は、捜査官が捜索差押令状によって行うことはもちろん可能であり、通常は捜査機関がこれにより、あるいは判例法理が認める様々な無令状捜索・差押えによって証拠物を収集しています。複雑大規模な事案においては、情況に応じて、令状等と大陪審サピーナの双方の手段を効果的に使い分けながら証拠物の獲得を行うことも少なくありません。

　私は、ある州の大陪審捜査を、親しくなった検事に誘われて見聞させてもらいました。ある大陪審捜査が行われた日に、終わってから陪審員たちと懇談の機会がありました。彼らはみな、自分たちが重要で困難な事件の捜査に関与していることを誇らしげに思っていることが感じられました。「日本には5th　amendment（自己負罪拒否特権）があるのか」「陪審はないのか」「どうして悪い犯人から取調べで自白を得ることなんかできるんだ、そんなわけないだろう」などと私への質問も相次ぎました。

【刑事手続のアウトライン】

　連邦の通常の身柄事件の捜査・公判の手続のアウトラインはおおむね次のようなものです。大陪審捜査による場合には、これらの流れとはある程度異なります。

　　逮捕→ブッキング（事件の登録ないし立件）→告発適否の判断→コンプレイント（告発状）提出→冒頭手続（イニシャルアピアランス）→予備審問→起訴（インフォーメーション）→アレインメント→正式事実審理前の申立→陪審又は裁判官による裁判→有罪　判決→量刑手続

　アメリカでは、無令状逮捕は多くなされ、重罪については公共の場所でなら無令状で逮捕可能です。逮捕される率は日本よりずっと多いようです。ただ、いったんは逮捕されても、イニシャルアピアランスの直後に保釈されるケースも多いです。日本では保釈は公判請求後の制度であるのと異なる面です。裁判は、陪審による裁判について被告人がそれを受ける権利を放棄すれば、裁判官による裁判（ベンチトライアルという）を受けることもできます。陪審では有罪か無罪のみを判断するので、有罪とされた場合には、その後裁判官による量刑手続があります。この量刑判断のために、保護観察官が裁判官に対するレポートを提出します。また、さまざまな量刑の考慮要素について、犯罪基本等級と犯罪経歴等級、加重・減軽事由、複数訴因の計算などについて、詳細な表にした量刑ガイドラインというものが設けられており、裁判官はレポートを踏まえつつ、このガイドラインに沿って判断し、刑を決めることになります。

（5）　拙稿「いわゆる包括的差押えをめぐる諸問題について」曽根・田口古稀（下）435頁参照。

【判例法の国】

アメリカは、母国イギリスの伝統をうけた判例法（コモンロー）の国です。しかし、他方で、連邦でも州でも非常に多くの成文法も制定されています。刑事に関する連邦法の成文法典の中心は第18編です。「タイトルエイテイーン」と呼称されています。また連邦刑事訴訟規則や連邦証拠法規則という詳細な規則も制定されています。

アメリカが判例法の国であることはアメリカの刑事裁判の判例をいくつか読むと実感されます。アメリカの判例は、一般的に日本の判例よりもかなり長文です。ただ、大きな違いは、日本の判例は、有罪無罪の事実認定については極めて詳細で緻密な判示がなされるのに対し、アメリカは、争われる事件での事実認定は陪審によるため、その理由は示されないので判決にはなんら記載されません。しかし、その前提となった法の規範や手続の適法性については、日本の判決よりもはるかに長く論じられるのが通常です。そして、ある問題については、それに関して先行する過去の重要で指導的な判例はほとんど漏らさず指摘・引用し、それらが示した規範や判断を踏まえて、当該事件における法律問題や手続の適法性について詳細に判示していきます。結論となる多数意見は、法廷意見として特定の裁判官が自分の名前で執筆しますが、それに対する個々の裁判官の補足意見（concur）や反対意見（dissent）が詳細に記載されることも多いです。

【私の感想】

アメリカの刑事司法は、良くも悪くも極めてダイナミックです。ミランダルールの下でも被疑者らが否認する悪質な重要犯罪の摘発が可能なのは、これまで紹介したような、極めて強力な様々な捜査の武器が捜査機関に与えられているからです。反面、我が国のように被疑者を取り調べて追及する反面で詳細にその弁解を聴取し、その裏付けをとることによって捜査段階で被疑者の嫌疑がないこと、あるいはその合理的疑いを発見して不起訴にすることにより、限りなく有罪の可能性が高い者のみを起訴するというというような捜査処理はあまりなされていないように思われます。被疑者・被告人の中には、実は無実であり、徹底的に戦えば無罪を勝ち取れる可能性もないとはいえないが、形勢が極めて不利であることから、陪審で有罪にされて極めて重い刑を科されるリスクを回避するためにやむを得ず適当なところで司法取引に応じて有罪答弁をする、という例も少なくないと指摘されることもあります[6]。他方、アメリカでの手続の適法性の審査は、我が国よりもずっと厳しく緻密であるという印象も受けます。裁判では、有罪無罪の事実認定は陪審によるので、被告人・弁護人側は、その前哨戦として、裁判開始前に捜査手続の適法性を争って公訴棄却を申し立てたり、あるいは違法収集証拠の排除などを求めます。有罪認定のための決定的な証拠物が排除されてしまえば、検察官は公訴維持を断念して公訴を取り消すことも迫られる場合もあります。また、陪審裁判では、裁判長が陪審の評議の開始前に、陪審員が心得て理解すべき様々な問題点について説示（Jury Instruction）を行いますが、もし、有罪判決となり、上訴する場合には、原審の公判前や公判段階における証拠採否の判断や裁判長の説示が違法であったことなどが詳細に主張されます。陪審員の有罪の事実認定自体には上訴ができないので、もっぱら法律論と手続論の違法性が主戦場になる訳です。

ただ、多くの判例などを読んで受ける印象は、アメリカの裁判所は、一方では、捜査の適法性

（6） アメリカにおける司法取引の実情については、古い文献であるが、佐藤欣子『取引の社会——アメリカの刑事司法——』（1974年、中央公論新社）に詳しい。

について極めて緻密で厳しい審査を行う一方で、捜査官が直面するさまざまな困難や危険を理解し、「法は不可能を強いない」という発想の下に、例えば、本来は令状が必要とされる捜査であっても例外的にそれを不要とする様々な救済法理を判例によって形成していることです[7]。アメリカ人が具体的事案について適切妥当な結果を求めるプラグマテイズムの合理的な発想がよく感じられます。

　アメリカで日常的に行われている司法取引については、私は、正直なところ、違和感を感じることが少なくありません。否認する被疑者を取調べる中で、「もし認めれば死刑求刑を無期に落としてやる」「実刑でなく執行猶予にしてやる」「10件起訴できるのを3件で勘弁してやる」とでも持ちかければ被疑者は自白するだろうな、ということは想像の世界ですがよく感じられます。しかし、そのようなことを一般化するのが果たして妥当なのでしょうか。死刑の恐怖をも乗り越えて、情理を尽くした取調べによって自白し、被害者に心から謝る、ということによって初めて遺族も多少なりとも心が安まるでしょう。求刑を無期に落としてくれるので自白した、ということを遺族や社会が受け入れることは我が国では考え難いと思います。このような司法取引制度の一般化は、究極的な意味において、日本の刑事司法から倫理性を奪ってしまうのではないか、と私は懸念しています。

　ただ、だからといって、犯罪者も犯罪組織もますます悪質巧妙化している今日、昔ながらの取調べによる追及で事案を解明することが困難を増していることも事実です。したがって、我が国の国民感情や刑事司法の根幹を損なわない限度において、司法取引などのアメリカの制度も、適切な範囲・程度において我が国に導入することも必要ではないか、というのが私のアメリカ滞在で受けた印象でした[8]。

　法制審議会での審議において、被疑者が、捜査機関に知られていない自己の犯罪について重要なものを供述してその犯罪事実を明らかにしたときに刑の減軽を認めるという「自己負罪型の司法取引」の導入には反対・慎重な意見が多く見送られ、経済犯罪等一定の範囲について捜査公判協力型の司法取引等を導入することとされ、これに基づいて平成28年5月に刑事訴訟法の改正が実現しましたが、そのような判断は極めて賢明なものだったと思います[9]。

　アメリカの若い検事たちが比較的短期間で弁護士に転進していくものが多いことから一線の捜査官たちから必ずしも強い信頼を得ていないような辛口のエピソードを紹介しましたが、これも日本の検察官の制度や人事と、一長一短の問題だといえるでしょう。日本の検事たちは、犯罪捜査・公判を天職とし、強いプロ意識、職人気質をもって長年職務に従事します。それは、豊富な経験の蓄積と後継者への継受、組織の一体性という面では優れた面をもっています。他方、そのような専門性の高さは、時として自分たちの立場だけが正義だと思い込みがちな、ある種の排他性、独善性をも招きかねないおそれも含んでいます。これは弁護士や裁判官やその組織についても、現れ方の違いはあれ、大なり小なり通ずるものがあるといえるでしょう。日本の法曹三者が、同じ試験に合格して同じ法曹養成教育を受けながら、いったんそれぞれの道に進むと、個人的にも組織的にも、異なる立場や考え方に対する懐の深さのようなものを失いがちになってしま

（7）　拙稿・前掲注(2)「捜索差押えの特定性の要求に関するアメリカ合衆国連邦裁判所判例の諸法理とその実情——『詐欺性充満の法理』を中心として——(1)～(4)」参照。
（8）　拙稿「検察実務の課題」ジュリ1148号（1999年）276頁以下参照。
（9）　拙稿「捜査公判協力型協議・合意制度及び刑事免責制度の意義と課題」刑ジャ43号（2015年）14頁以下参照。

うという傾向を感じるのは私だけではないと思います。そのような意味からは、アメリカの法律家の多くが、一つの職業のみで職業人生を終えるのでなく、異なる立場をかなりの頻度で移動して様々な職業経験を積み重ねていくことは、アメリカの法曹社会全体の柔軟さや強さの一つの基盤にもなっているように感じるのです。

第2章
イギリスの刑事司法

【イギリスの刑事司法制度の歴史と特徴の概観】[1]

　イギリスの刑事司法制度の特徴は、まず、イングランド・ウエールズとスコットランドでは大きな違いがあることです。イギリス本土北方のスコットランドでは、ローマ人が侵入し、長い間、イングランドと対立していたため、刑事司法制度についてもローマ法に由来する大陸法的な性質が根強く残っています。例えば検察制度にそれが端的に現れており、スコットランドでは、検察官が公訴権を独占し、検察官が警察官を指揮して証拠を収集する伝統があります。つまり日本と似ているのです。

　ところが、イングランド・ウエールズでは、11世紀にノルマンによる征服はあったものの、法制度は、大陸法とは異なって独自のコモンローによる法制度が発展・確立しました。コモンローとは、成文法典ではない判例法を基盤とするものです。このイングランド・ウエールズの法制度を、以下に「イギリスの法制度」と呼んでお話しします。イギリスでは憲法ですら成文法典はなく、不文憲法であるといわれます。イギリスにおける憲法とは、議会の決議や裁判所の判例、国際条約等のうち、国家の性格を規定するものの集合体を指します。ただ、そのような憲法を構成するもののうちかなりの部分は個々の成文法であり、一部は権力や国王の権能、貴族の権限や儀礼の様式などについての慣習法も含まれます。一般的にイギリスの憲法を構成しているとされる主な成文法としては、マグナ・カルタ(1215年)、権利の請願（1628年）、人身保護法(1679年)、権利の章典（1689年）などが挙げられます。

【イギリスの裁判所と法律家】

イギリスの刑事事件を扱う裁判所は、以下のように構成されています。

・**治安判事裁判所**

　　約700か所。全刑事事件の約95％を扱う。通常3名（法制上は2～6名）の治安判事（素人裁判官）又は1名の職業裁判官である地区判事が置かれる。6月以下の拘禁刑と罰金刑のみを科すことができる。

・**刑事法院（クラウンコート）**

　　78か所。日本の地方裁判所に相当し、重大事件を扱う。有罪答弁がなされなかったときは、陪審による事実認定に引き続き裁判官による量刑手続がなされる。

　　治安判事裁判所からの上訴裁判所でもある。

・**控訴院刑事部**

　　ロンドンに1か所あり、三十数名の判事により、年間6,000件ほどの刑事上訴事件を扱う。

（1）　小島吉晴「英国の刑事司法制度の特徴」ひろば　1997.8　46頁、清野憲一「英国刑事法務事情(1)～(3)」刑ジャ3号（2006年）69頁以下、4号（2006年）69頁以下、5号（2006年）110頁以下。なお、同検事が、同誌に継続的に英国の最新法務事情を紹介している。本稿の紹介も主にこれらの論稿に基づく。

・**最高裁判所**

　従来、イギリスには最高裁判所はなく、議会である上院の上告委員会という機関が控訴院からの民刑事事件の上告事件を審理していた。

　なお、このほかに少年裁判所や薬物事件裁判所も置かれています。特徴的なのは治安判事裁判所で、治安判事は法律の専門家でなく、地元で信望の厚い識者から選ばれます。法律の専門教育を受けたリーガルアドバイザーが治安判事を補佐しています。最高裁判所は2009年に初めて設置されました。それまでは、貴族院の上訴委員会が最高上訴機関であり、我が国のような三権分立の国ではなかったのです。

　通常の刑事裁判手続の流れは、まず、犯罪には、正式起訴犯罪（刑事法院のみで審理可能なもの）、両性犯罪（刑事法院及び治安判事裁判所の双方で審理可能なもの）、略式起訴犯罪（治安判事裁判所のみが審理可能なもの）に大別されます。刑事法院において、有罪答弁がなされなかったときは、陪審による事実認定に引き続き、裁判官による量刑手続が行われます。

　イギリスの弁護士は、バリスター（法廷弁護士）とソリシター(事務弁護士)に分かれており、それぞれの資格試験や養成制度は異なります。法廷弁論権はバリスターのみに与えられ、バリスターは依頼者からの直接の事件委任は受けません。依頼者からの事件の受任や相談はソリシターが行い、法廷活動はソリシターの依頼に基づいてバリスターが行います。起訴された事件でも法廷での証人尋問や論告・弁論は、検察官から依頼されたバリスターが行います。映画などに出てくる、法廷で白いかつらをかぶって雄弁に弁論しているのがバリスターです。ただ、近年は、この両者の分離の垣根が少しずつ低くなっているようです。

【私人訴追の伝統とイギリスの警察・検察】

　イギリス刑事司法の最大の特徴は、私人訴追の伝統です。スコットランドのような検察官はいませんので、刑事事件でも基本的に犯罪被害者等が私人として起訴できるという伝統があります。当事者主義の原点だともいえるでしょう。ただ、私人が現実に捜査・起訴することは容易ではないので、実際の事件の大半は、警察が捜査・起訴をしています。しかし、警察は法律の専門家でもなく、公判の審理の能力経験もないことなどから、従来、有罪が得られる見込みが乏しい事件や、裁判にかける価値がないような事件を起訴する例も多かったのです。そこでこれらの事件がむやみに裁判に持ち込まれることがないようにするため、1986年に初めてイギリスに検察官制度ができました。CPS（Crown Prosecution Service）がそれです。しかし、できたばかりのイギリスの検察官には、捜査権がないことはもとより、公訴権すらありませんでした。何が権限かというと、警察が起訴した事件を起訴後、裁判を始める前に事後的にチェックします。有罪が得られる相当な見込のある証拠があるか（証拠テスト）と、公判にかけるだけの公益性のある事件か（公益テスト）の２面からチェックを行い、これらのテストに堪えない事件については検察官が公訴を取り消すのです。自ら関係者の取調べも含む捜査権を有し、警察に対して適切に指揮指導・助言をし、時には独自捜査で検事逮捕もし、公訴権を独占している日本の検事からすればいかにも物足りないと思われる制度だと感じられます。CPSも発足当時は、その存在意義などについて警察などからの評価は必ずしも芳しくなかったようです。しかし、2003年からは、一定の軽微な事件を除いて、警察の訴追に対して検察官が助言できる制度が確立し、2004年からは各警察署に当番警察官が配置され、また、検察官から警察に対して電話で助言することもできるようになったとのことです。さらに、検察官にも限定的に訴追の権限が付与され、一定の捜査権限も付

与されるようになりました。2005年の時点で、検察庁の人員は約7,800人、検察官が約2,700人いるとのことです。我が国の検察庁の定員は、平成27年度ですが、検察官2,744人（検事1,845人、副検事899人）、検察事務官等9,052人となっています。。人口比で考えると、むしろイギリスの検察の方が大きな組織に育っているといえるかもしれません。

なお、ロンドンにはSFOと呼ばれる重大経済犯罪捜査庁（Serious Fraud Office）があります。ここでは、ホワイトカラークライム全般について、法律家、会計士、警察官が共同して強力な捜査態勢を構築しています。同庁は、100万ポンド以上の被害が見込まれる重大経済事犯の捜査に当たっており、被疑者を含む関係者に対して出頭、答弁、証拠開示等を強制できる強力な捜査権限が付与されています。

【捜査手続の特徴など】
イギリスの犯罪捜査の手続は、かつては厖大な裁判例による判例法によって運用されていましたが、1984年警察刑事証拠法（「PACE」と呼ばれる）がこれらをとりまとめて警察の権限や犯罪捜査の基本を定め、その後も頻繁な立法によって捜査機関や手続の強化が図られてきました。

イギリスの犯罪捜査は、日本の検事からみると、いわゆるラフジャスティスの特徴が顕著だといえます。まず、被疑者の逮捕は、要件が極めて緩やかであり、広汎な無令状逮捕が行われています。我が国の無令状の現行犯逮捕の要件は極めて厳格ですが、イギリスでは、日本的な現行犯・準現行犯逮捕のような場合以外にも「犯罪が行われたと合理的に疑われる場合で、有罪であると合理的に疑われる者」についても可能であり、私人についても、正式起訴可能事件については「有罪であると合理的に疑われる者」についても無令状逮捕が可能とされています。逮捕される率は非常に高く、2004年の統計で、142万件の検挙件数のうち、逮捕件数は135万件に及びます。ちなみに、日本は47万件の検察庁受理事件で、身柄率は約32パーセントでした。捜索・差押えについては、原則的には治安判事の令状が必要なのですが、被疑者を逮捕する場合には無令状での捜索・差押えが認められ、また大多数の事件は警察官が無令状で逮捕していることから、実質的に無令状の捜索・差押えが極めて広範に行われています。また、被疑者を逮捕した場合に捜索が可能な場所は、我が国の合理説・相当説によって認められる範囲よりもずっと広く、逮捕現場、被疑者が逮捕直前にいた場所、逮捕された者が占有・管理していた場所にまで認められています。

その反面、逮捕された被疑者の起訴までの身柄拘束期間は短く、原則的に24時間以内であり、治安判事裁判所の令状により最大96時間までは延長が可能です。しかし、テロ犯罪に対する捜査の強化のため、2006年までに、テロ犯罪については検察官等の請求により高等法院判事が発する令状により28日間まで延長が可能とされました。捜査段階の保釈も認められますが、逮捕と保釈を繰り返すことによって事実上、相当長時間の取調べを行う運用も重大犯罪についてはなされているようです。

基本的に警察官が捜査し、有罪と思えば起訴を行い、検察官が証拠・公益性のチェックをして事後的に公訴の取消しをするのですが、伝統的に、俗にいう「51パーセントルール」というものがあり、警察は、有罪の可能性が50パーセント以上あれば起訴するのが通常だといわれます。「有罪となる見込みが無罪となる見込みより高いこと」で足りるとされるのです。当然に無罪率は我が国よりもはるかに高くなります。

このような我が国から見ればラフに見える捜査と訴追が行われている背景は、根本的には訴追

側の挙証責任の問題に大きくかかわっています。我が国では、検察官は犯罪事実と犯人性、違法性、責任能力のすべてについて立証する責任を負い（唯一の例外は名誉棄損罪における真実性の証明）、違法性阻却事由や責任阻却事由が認められないことも含めて立証しなければなりません。しかし、イギリスでは、基本的に立証責任が分配されており、例えば、賄賂罪について公務員に金を渡したことを検察官が立証できれば、それが賄賂の趣旨でないことは、被告人側が立証すべきであり、また、薬物の所持が立証されれば、違法薬物であったことの犯意がなかったことは被告人側が立証すべきことになります。正当防衛やアリバイの成立などについても被告人側に立証責任があります。また、殺人罪については、身体の枢要部に対して重大な傷害を負わせる故意が認められれば、殺人罪は成立し、我が国での「殺意」というものは問題とならないそうです。これらの立証責任の転換等については、制定法に基づくものと判例法に基づくものの双方があります。ですから、警察としては、挙証責任のない事実も含めて綿密な裏付け捜査を行う必要がないのですから、相当程度の積極証拠が収集され、外形的事実が認められさえすれば起訴するということになります。

　イギリスに留学ないし派遣された後輩検事たちから聞いた話ですが、イギリスでは逮捕した被疑者の取調べは非常にあっさりしており、通常は30分程度、重大事件でもせいぜい1時間程度で終わるのが通常で、イメージとしては日本での弁解録取程度のものだ、ということです。日本では、例えば自宅から覚せい剤が発見押収された場合、被疑者が「俺のものじゃない、誰かが勝手に置いていったんだろう」などと弁解すれば、その弁解を詳細に聴取して、そのような可能性があるかどうか、被疑者の交友関係や被疑者宅の人の出入り情況などの裏付け捜査を綿密に行い、その弁解があながちウソとは言い切れない、ということになれば起訴はできません。しかし、後輩検事の話では、このような事件は、本人の管理する空間から違法薬物が発見されればそれだけでさっさと起訴してしまうそうです。取調べの目的自体が被疑者から真実を聞き出すというよりも、将来の公判に備えて弁解内容を固定しておくということに主な意義があると考えられているようです。

　我が国で、取調べの録音録画の可視化問題が厳しく議論された当時、イギリスでは全面録音されていることがさかんに強調されていましたが、イギリスの取調べの実情が、被疑者を長時間、綿密かつ詳細に取り調べて真相を追及するというようなものではないため、その録音は捜査官にとって痛くもかゆくもないということでしょう。

　また、起訴状に記載される公訴事実自体が極めて簡潔であり、例えば、傷害事件の公訴事実は「XとYは、1992年6月27日、Vに暴行を加え、傷害を負わせたものである」という程度であり、また、交通事故事件の実況見分調書も、我が国で行うような詳細緻密なものではなく、事故の状況を示す極めておおまかな図面が使用されている程度だそうです。

　かつて平野龍一博士は、我が国の刑事司法が過度の精密司法であり、捜査官が被疑者を追及して極めて緻密な取調べや捜査を行うことに対する批判から、当事者主義を実質化した「あっさり捜査、あっさり起訴」を提唱されました。検察官が裁判官のような視点で有罪が確実に得られる見込みがない限り起訴しないというような運用ではなく、捜査や起訴はもっとあっさりと行い、公判での審理を活発化し、その結果として無罪が大幅に増加することもやむを得ないというような考え方です。イギリスは、まさにこれを地で行っているといえるでしょう。

　通信傍受は、犯罪捜査のみならず国家保安上の目的から、広汎な傍受が可能であり、令状の有効期間3か月で6か月まで延長可能です。おとり捜査も広く実施され、2004年には、未成年者へ

の酒類販売事件で、5764名が逮捕されたとの報告があります。

司法取引については、制度としてはないが、実務上はあるとのことであり、検察官の公訴取消し制度と関連して行われることがあるようです。

注目すべきは、1994年に、黙秘権の事実上の廃止がなされたことです。さすがにこれに至る経緯では、賛否の激しい議論がなされました。しかし、その結論として、

「被疑者が自己の防御に関する供述をしなかったときには、裁判所及び陪審員は、その事実から適当な推認をすることができる」

① 訴追前に警告を受けながら、尋問された事実を話さなかったとき
② 逮捕された時点で、対象者の衣服、所持物、逮捕場所にある物や痕跡について説明しなかったとき
③ 犯行時に現場にいたことについて説明を拒んだとき

ということが法律で定められました。正面から黙秘権の廃止、と言っている訳ではありません。しかし、被疑者が、当然知っているはずのことを話さなかったり、疑いをかけられてきちんと反論する供述をしなかった場合、裁判所と陪審員は、そのような被疑者の対応から「適当な推認」をすることができる、とされたのであり、被疑者としては陪審で有罪との心証をもたれる危険を避けるためには黙秘を続けるわけにいかず、結局供述を強いられてしまうことになるのです。

【死刑制度】

イギリスでは1964年に死刑が廃止されました。それをもたらしたのは明らかな冤罪により無実の人の死刑を執行してしまったことが大きな契機でした。1949年に、エバンス・クリステイ事件という事件が発生しました。エバンスが妻の死体を埋めたことを申告し、娘の死体も発見されました。エバンスは自分が殺したのではなく、同じ家の1階に住む元警官のクリステイの犯行だと主張したが、その後自分が殺したと自白しました。エバンスは起訴され、公判では否認してクリステイの犯行だと主張しましたが、陪審裁判で有罪とされ、翌年死刑が執行されました。しかし3年後、クリステイの自宅から6名の女性の死体が発見されました。逮捕されたクリステイは、6名の殺害のみならずエバンスの妻の殺害も実は自分が殺したのだと自白し、エバンスの無実が明らかになりました。クリステイも死刑が執行されました。1955年、エバンスについて死刑の誤りを内務大臣が認め、死後恩赦とされたのです。

【イギリスの陪審制度の歴史】

陪審の起源については様々な説があるようですが、有力な説として、その最も古い芽のようなものは、9世紀初頭の大陸のフランク王国にあり、国王の権利を確認するために地域の重要な者に証言させた制度 に遡るといわれています。それが、11世紀のノルマン・コンクエストを経てイングランドに伝えられたといわれています。なお、こうして大陸からもたらされた制度とは別に、10世紀末ころアングロ・サクソンの王エゼルレッド2世が、12人の騎士に、聖物に対して「いかなる無実の者も訴追することなく、いかなる有罪の者を隠すことはない」との宣誓をさせることとした法律にも、陪審の一つの起源を遡ることができるという説もあるそうです。

しかし、大陸のフランク王国の方では、その後陪審制は発達せず、イギリスの方でこれが発達しました。それは12世紀のイングランド王ヘンリー2世がこの制度の発展に力を入れたことにあるそうです。土地と相続の争いを解決するために、自由かつ法律上の資格のある男性12人が集め

られ、宣誓の下、誰が真の所有者ないし相続人であるかについて自らの知識を述べる訴訟類型が作られ、これが今日の民事陪審の原型だといわれています。ヘンリー2世は、刑事裁判でも、後の大陪審に当たる訴追陪審を創設し、法律上の資格のある男たちに、宣誓の下、犯罪について疑わしい人物を誰か知らないか報告させ、また、裁判においても12人の全員一致を原則とする今の陪審裁判の原型が形作られたとのことです。以前の時代には、犯人と被害者とが決闘で決着をつける決闘裁判とか、石を抱かせたまま水に放り込み、浮かび上がらず沈んでしまえば有罪、とするなどの神判が刑事裁判でした。日本の上代の「盟神探湯」に似ていますね。この陪審制の萌芽ともいえる裁判制度は、イギリスの刑事裁判の発展の歴史において極めて重要な役割を果たしたといえます。

　こうして、イギリスでの陪審裁判は、その後も発達を遂げ、不動のものとなりました。他方、大陸の方では、中世には長く神判などの古い伝統が存続し、近代的刑事司法への脱皮は、18世紀のフランス革命後まで待たれることになったのです。

　そして、この陪審制が、アメリカのイギリス植民地にも移植され、それがアメリカの本国に対する抵抗・独立運動の武器としても役割を発揮することとなったのは先にお話ししたとおりです。

第3章
フランスの刑事司法

【フランスの刑事司法制度の歴史と特徴の概観】

　フランスは大陸法系の最も典型的な国で、ローマ法の影響を受けた詳細な成文法典主義の国です。中世には絶対王政下のアンシャンレジームが長く続いていました。1789年に起きたフランス革命の中で、同年の「人及び市民の権利宣言」によって、無罪推定原則、刑事手続法や実体法の法定原則などの近代的刑事法の基本的なかたちが法規範として登場しました。そして、1791年にはイングランドの刑事大陪審と小陪審が導入されました。その後、1808年のナポレオン治罪法典の下では、陪審制をとらない例外裁判所が許容され、陪審員も知事の選任による名望家から選ばれるなど、イングランドとは異なる独特の制度となりました。ナポレオン治罪法典は当時として完成度の高い成文法典であり、我が国でボアソナードの指導により初の近代的刑事法典として制定された治罪法の手本ともなったものでした。我が国の警察や検察の制度も、その基本はフランスに倣ったものです。

　フランスの刑事司法の大きな特徴は予審制度です。予審制度は我が国でも治罪法によって導入されて以来、旧刑事訴訟法まで維持されていましたが、現行刑事訴訟法の制定の際に廃止されるに至りました。しかしフランスは今も予審制度を維持しており、予審制度のもつ強力な捜査の権能の反面、被告人の人権保障の面で少なからぬ問題も含んでいるため、近年、目まぐるしいとも言っていいほどの様々な改革が進められています。下記の捜査手続の内容等も、筆者が現在把握できている範囲内のものです[1]。

【裁判所と法律家】

　裁判所は、司法権に属する司法裁判所の他に、行政権に属する行政裁判所の2類型があり、その他に、いずれにも属さない、憲法裁判所である憲法院があります。憲法院は、パリに1庁設置され、9人の裁判官によって構成されます。法律案の議決後、大統領の署名前の違憲審査、大統領や国会議員の選挙に関する裁判などを管轄します。刑事裁判を行う司法裁判所は次のような構成となっています。

- **小審裁判所**（刑事については違警罪裁判所と呼ばれる）
  473庁　2万フラン以下の罰金刑の刑事事件の第一審
- **大審裁判所**（刑事については、軽罪裁判所と呼ばれる）
  181庁　10年以下の拘禁刑、多額の罰金刑の刑事事件の第一審
  原則的に、3人の裁判官による合議制
  予審判事が配置される
- **重　罪　院**
  99庁　10年を超える拘禁刑の刑事事件の第一審

（1）　白取祐司『フランスの刑事司法』（2011年、日本評論社）はフランスの刑事司法制度と近年の様々な改革の状況についての詳細な研究である。

3人の裁判官と6人の陪審員（参審員）による審理
　　　　※少年の重罪事件を審理する少年重罪院も設置
・控　訴　院
　　33庁　第一審裁判所の控訴事件。原則的に3人の裁判官の合議（陪審裁判の控訴事件については、裁判官3人と陪審員9人との合議）
　　重罪公訴部が設置。予審についての上訴審の役割を担う。
・破　棄　院
　　パリに1庁。下級裁判所の判決に対する破棄申立てを審理
・その他、少年裁判所〈133庁〉、商事裁判所、労働審判所等がある。
　フランスの法律家と法曹養成制度の特徴は、裁判官・検察官の司法官と弁護士とは、異なる二元性が採られていることです[2]。

【警察・検察官による捜査手続】

　フランスでも多くの事件は警察が捜査を開始します。フランスでは、捜査機関に、捜査活動として、日本にはないようなさまざまな強力な権限が与えられています。

　例えば、身元監視制度・身元確認制度があり、フランス領土内にいる全ての者は身元の証明義務があり、司法警察職員によって身元監視が実施されます。これは本来、行政警察の作用なのですが犯罪捜査に関連して行われることも多いようです。警察官は、自らの判断で、犯罪の嫌疑に基づき、相手方の身元確認をできます。対象者が応答拒否した場合などは、警察官は最大4時間、留置できます。協力しない場合には、指紋採取・写真撮影が唯一の手段である場合には、検事正の許可を得て行うことができます（拒否には3年以下の拘禁刑を含む）。

　警察が独自に行うことができる捜査として「予備捜査」と「現行犯捜査」いう概念があります。また、予審判事からの共助の嘱託によっても捜査も行います。「予備捜査」とは警察が自主的に行う非公式捜査のことであり、検察官が現場に到着したり、予審の審理が開始されると、警察はこのような独自の捜査権限を解かれます。特徴的なのは「現行犯捜査」で、この場合の「現行犯」とは日本より広い概念です。犯罪の発生を警察が認めた場合、現行犯捜査が開始されますが、開始後は中断なく捜査を継続できます。24時間とか48時間の捜査の継続も認められているようです。現行犯という概念自体が広く、日本の狭義の現行犯、準現行犯のみでなく、例えば家屋内で犯罪が行われたことが家主等により発見された場合も含みます。この捜査では、住居以外の捜索には制限がなく、自動車検問も制限がなく、犯罪について情報を提供できる全ての者の呼出と尋問（出頭強制可能）ができます。重罪については、検事正は被疑者への拘引状を発付できます。司法警察員は、全ての者に対し、捜査終了までの現場立ち去りを禁止することができます。我が国の警察官から見れば羨ましいほどの強力かつ広範な権限です。

　警察留置（仮留置）という制度があり、司法警察員は、捜査の必要のために人の留め置きが可能です。以前は被疑者か参考人かを問わず可能でしたが、その問題性が批判され、現在では、犯罪を犯したか、犯そうとしたことを疑わせる者に対象が絞られています。その時間は24時間で、検事正の許可により24時間の延長が可能であり、予審判事の決定で更に48時間の延長が可能であり、最大は96時間となります。テロ犯罪では更に長期の拘束が可能です。仮留置開始後20時間ま

（2）　上石奈緒「フランスの法曹養成制度」日本弁護士連合会法曹養成対策室報No.5（2011年）21頁。

で弁護士の接見はできず、テロ犯罪ではその制限は最大72時間となります。

　検察官は、司法警察を指揮して捜査を行い、公訴権を有します。ただ、検察官の独立性は日本ほど高くなく、独立した検察庁はなく、検事局が、大審裁判所、控訴院、破棄院にそれぞれ所属して設置されています。

　被害者も私訴原告として、予審開始請求や、被告人を直接軽罪裁判所に呼び出すこともできます。

　警察・検察の捜査が終了すれば、検察官は事件を処理しますが、判決裁判所に起訴するか、予審を請求することになります。軽罪及び違警罪についての判決裁判所に対する起訴の方法としては、検事正が被告人を裁判所に直接呼び出して行うなどの簡易な方法も可能です。事件の数としては違警罪や軽罪の方が多く、1996年の統計では、起訴された事件数は、軽罪裁判所が約37万件、違警罪裁判所が約13万件、予審請求が約4万4,000件、となっています。どのような犯罪についても予審を行うことは法律的には可能ですが、重罪及び一定の軽罪について予審が義務的とされ、違警罪については、検事局からの請求がある場合のみ開かれます。実際は、予審が請求されるのは複雑で問題点のある事件が中心となります。

【予審制度】

　フランス刑事司法の最大の特徴は予審制度です。

　予審とは、検察官が公訴を提起した事件について、予審判事が公判を開始すべき事件であるかどうかの審査を行うものです。予審は重罪事件においては必要的に、軽罪事件では裁量的に実施されます。しかし、その実際的な機能は、複雑重大事件などを中心に、予審判事の主宰の下に強力な捜査を遂行することにあります。予審は証拠収集などの公判準備を行う手続であり、収集された証拠を予審判事が検討して公判を開始するに足りると判断すれば公訴を行うべき管轄裁判所への移送決定が行われます。

　予審裁判所には、予審判事による予審と控訴院の重罪公訴部による予審の2段階があります。予審判事は、自ら証拠を収集し、予審被告人等の尋問を行います。自らあらゆる証拠調べができるほか、司法警察に嘱託をして共助を得ることができます。予審判事の権限は絶大で、かつては「予審判事はナポレオンより強い」と言われたことさえありました。自らが裁判官ですから、強制捜査について他の機関の許可を得る必要がなく、誰を予審被告人とするかの選択も予審判事の権限です。検事局は予審開始請求をしますが、その請求書の記載は参考に過ぎず、予審判事はこれに拘束されません。予審判事が警察に捜索押収の嘱託をする場合いは、「〇〇事件について△△を捜索し、真実発見に有用と思料される必要とされるすべての証拠を差し押さえること」と言う程度の特定で足り、日本のような対象物の特定は必要でありません。

　予審の身柄拘束は、捜査段階の勾留に相当するのですが、極めて長期に及ぶことが多く、1966年の統計では、予審の平均期間は16.1か月となっています。

　以前は、勾留・保釈の身柄拘束についても予審判事自らに決定権限がありました。また、通信傍受も、予審判事が必要と認めれば警察に嘱託することができました。しかし、予審制度のもつ人権制約の強さに対する批判などから様々な改革がなされています。その最大のものは、2000年になされた「無罪推定法」による刑事訴訟法の改正であり、身柄拘束の決定権限は、予審判事ではなく、別の「自由と勾留判事」と呼ばれる裁判官の権限とされました。この法律では警察留置に対する司法的抑制の強化などもなされました。被告人の人権保障のために、従来は認められて

いなかった予審段階での弁護人の援助を受ける権利や、予審捜査に対する不服申立て制度など、様々な改革が進められました。

　通信傍受も予審判事の命令により行われます。以前は予審判事が自ら必要性を判断し、警察に嘱託して実施していましたが、現在は1991年の立法措置により法律に従って実施されています。対象犯罪は「重罪及び法定刑が2年以上の拘禁刑に当たる軽罪」であり、日本よりもはるかに広範です。最大4か月間ですが、更新も可能です。通信傍受には犯罪捜査ではない行政盗聴と犯罪捜査のための司法盗聴がありますが、司法盗聴だけでも年間1万件近く実施されており、平成28年の通信傍受法の改正以前には年間十数件しか実施されていなかった日本と雲泥の差があります。

　予審の捜査が終了し、公判を行うには足らない事件だと判断されれば免訴となり、公判を行うべき事件だと判断されれば、管轄裁判所に移送します。重罪事件については、検事長を経由して控訴院に置かれる重罪公訴部へ移送し、同部において、公判に付すべきだと判断すれば判決裁判所への移送決定を行います。これは、いわゆる予審の二審制であり、重罪公訴部では合議体で審査がなされます。重罪公訴部は、有用と判断する全ての捜査行為を命じて予審捜査を補充することができ、予審完成の役割を負います。また、重罪公訴部は、予審判事の決定に対する不服申立てについても審査を行います。

　1994年の統計では予審に継続した被告人の未決勾留終了人数28,746人の内訳は、

予審免訴	1,063人
重罪院へ移送	2,312人
少年重罪院へ移送	77人
軽罪裁判所へ移送	21,954人
少年裁判機関へ移送	1,519人
そ　の　他	

となっています。

　予審判事があまりに強力な権限を付与されていることに対する批判から、近年、予審制度の廃止をも含めて激しい議論が巻き起こり、様々な改革が進められています。しかし、基本的に予審制度そのものは維持されており、当面は、予審制度の存続を前提とした改革の動きが続くものとみられています。予審制度自体を廃止することへの抵抗が根強い原因には、フランスの検察官が行政機関としての性格が強いため政治からの独立性が薄いことにもあるようです。

【捜査手続に関する改革のうねり】
　2000年の無罪推定法では、予審制度について被告人の権利保護などの観点から改革がなされましたが、その改革に対する警察や司法官らからの批判の声も大きく、2002年から2004年にかけて、治安を強化する方向での「無罪の推定法補充法」「犯罪増加への司法適応法」という大規模な刑事訴訟法の改正の法律（当時の司法大臣の名をとって「ペルベンⅠ、Ⅱ法」と呼ばれる）が制定されました。これらは、組織犯罪に対する新たな監視や潜入捜査、警察留置の期間延長や防御権の制限、これまで任意の取調べしかできなかった警察が検事の許可によって参考人を強制的に出頭させることができること、「現行犯捜査」の重大犯罪についての遂行期間の延長、など捜査機関の権限を大幅に強化するものでした。

　他方、2000年から2001年にかけてウトウロという町で起きた児童に対する性的虐待事件での予

審捜査により起訴された十数人の被告人のうちの多数が冤罪であったことが発覚し、この問題解明と再発防止策検討のために国民議会に調査委員会が設置されるなどした結果、それを踏まえて2007年に誤判防止のために、予審についての合議制の導入や予審の未決勾留に対する審査態勢の強化などの改革がなされました。これら近年のフランスの刑事手続立法の動向をみると、被疑者被告人の人権擁護の強化の方向であれ、捜査権限の強化の方向であれ、時代や社会の変化に対して極めて大胆かつ柔軟な法的措置が採られていることが極めて印象的です。

【フランスの陪審制】

フランスでは、フランス革命後、陪審制が創設されましたが、それは陪審制とは言っても裁判官と陪審員の合議体であるため、実質的には参審制だといえます。以前は、3人の裁判官と、9人の陪審員により構成されていましたが、2012年から陪審員は6名となりました。有罪判決は多数決によります。古い時期には陪審員は知事の選任による名望家から選ばれていましたが、1978年から、選挙人名簿からの無作為抽出となりました。また、以前は、陪審裁判への上訴は認められていませんでしたが、ヨーロッパ人権保護条約が定める二審制の保障にも反する疑いがあった上、軽罪ですら控訴が可能なのに重罪である陪審裁判への控訴ができないことの問題性から、2000年の立法措置により陪審裁判への控訴の制度ができました。当初は被告人側だけからの控訴を認めていましたが、2002年の法改正で検察官による控訴も認められるようになりました。控訴審の合議体は、重罪院の一審裁判への控訴の場合、裁判官3名と陪審員9名です。2012年からは軽罪裁判所の一部地域でも陪審裁判が行われるようになりましたが、その合議体は小さな構成となっています。

第4章
ドイツの刑事司法

【ドイツの刑事司法制度の歴史と特徴】[1]

ドイツも大陸法の伝統の国です。司法制度はフランスからの強い影響を受けつつ、独自の発展を遂げました。例えば、フランスは革命後に陪審制を創設し、ドイツもこれに倣ったのですが、その後ドイツは陪審制度をやめて参審制に移行しました。また、ドイツにも以前は予審制度がありましたが、予審は廃止され「中間手続」という制度になりました。日本が、明治維新後、当初はボアソナードの指導でフランス法制に倣ったが、その後ドイツ的な法制に移行したのは既にお話ししたとおりです。

もう一つの大きな特徴は、ドイツは連邦制なので、連邦の裁判所と州の裁判所の二重構造であることです。この点はアメリカにも似たところがあり、フランスとは異なる点です。

【裁判所】

州には次のように区裁判所、地方裁判所、高等裁判所が置かれ、刑事事件について管轄しています。

- 区裁判所

    刑事裁判所（裁判官、求刑1年以下の事件）

    参審裁判所（裁判官1、参審員2）　州地裁の管轄に属しない3年以上の自由刑の事件

- 地方裁判所

    小刑事部（区裁判所の控訴審、裁判官1、参審員2）

    大刑事部（4年超の自由刑、裁判官3、参審員2）

    ※なお、謀殺罪等の重大事犯や経済事犯、国家保護事犯、少年保護事犯などを専門的に扱う特別大刑事部もおかれている。

- 高等裁判所

    内乱罪やテロ犯罪など特定の犯罪第一審を管轄するとともに、地方裁判所刑事部の控訴審判決に対する上告審として管轄を有する。

連邦には、連邦憲法裁判所、連邦通常裁判所（民事、刑事、行政等）が置かれています。

連邦通常裁判所は、地方裁判所及び高等裁判所の一審判決に対する上告審です。特に重要な法律判断（判例変更など）を行う場合には、連邦通常裁判所長官と各刑事部2人によって構成される大刑事部が招集されます。

---

(1) 金尚均＝辻本典央＝武内謙治＝山中友理『ドイツ刑事法入門』（2015年、法律文化社）、ハンス＝ユルゲン・ケルナー（小川浩三訳）『ドイツにおける刑事訴追と制裁』（2008年、信山社）、ゲラルト・グリュンヴァルト（福井厚監訳）『ドイツ刑事証拠法』（1999年、成文堂）など参照。

【犯罪捜査を行う機関や手続の基本的な流れ】

　警察、検察による捜査の遂行は日本と比較的よく似ています。警察は組織としては州におかれますが連邦の捜査機関として連邦警察局もあります。犯罪捜査の法的な主宰者は検察官ですが、検察自体には捜査遂行の組織がないため、検察官の指揮指導により、警察が実質的な捜査の遂行に携わります。そのため、州の法律で、検察の捜査員として特別の捜査権限をもつ者が定められています。ただ、通常は、警察自身が自主的に捜査を進めて事件を検察に送致しているのが実情のようです。

　検察官は、刑事訴訟法上、独立の司法機関であり、当事者ではなく、裁判官と同様に被疑者被告人の有利不利を問わず真実を探求して証拠を収集する義務を負います。

　被疑者の身体拘束、家宅捜索、住居内盗聴をはじめとする様々な強制処分については捜査判事としての裁判官の命令が原則的に必要です。しかし、多くの場合、緊急やむを得ない場合には、検察官やその補助者による命令も認められています。

　事件が発生すれば警察からの報告で主任検事が決定されます。被疑者の身柄拘束が必要な事件では、検察官が裁判官に勾留を請求します。勾留法制はかなり厳しく、身柄事件の割合は余り高くないようですが、いったん身柄となれば、起訴前・起訴後の勾留の区別はなく、3か月目に審査、6か月目に上級裁判所による審査がなされるなど、捜査段階の未決勾留期間は非常に長いのです。私は、法務省勤務当時、ドイツから来訪した検事さんから日本では起訴前の逮捕・勾留が最大23日間であるが、どうしてそんな短い期間で捜査ができるのか、と尋ねられたことがあります。私は、重要困難事件では、逮捕前に長期間の内偵捜査を進めて、事件がかなり煮詰まってから被疑者を逮捕することなど、いろいろ説明したのですが、それでもまだ信じられない、という顔つきをしていました。フランスで予審の身柄拘束期間が1年以上に及ぶことから、フランスの刑事司法関係者も、日本の身柄捜査の期限が23日間しかないことは、想像もできないと感じていると、フランスに派遣された後輩検事から聞いたことがあり、これにも似通った受け止め方でしょう。もっとも、単なる期間の長短のみで比較できるものではありません。日本では、重要事件ではこの23日間に連日被疑者を厳しく追及する取調べがなされますが、ドイツやフランスでは、長い勾留期間中に、日本のような連日の追及がなされるわけではありません。また、裁判官や検察官が被疑者の尋問を行う場合には、弁護人の立会権が認められています。なお、検察官による尋問も、基本的に裁判官による権限と同一であり、被疑者の出頭を強制する検察官の権限も認められているところは日本との大きな違いです。ただ警察官による尋問については、任意でしか行えません。

　捜査段階から、裁判官が積極的に関与することが多いのも大きな特徴です。日本の刑訴法226条に相当するような、起訴前の証人尋問は広く活用されています。検察官が裁判官に関係者の証人尋問を請求し、尋問には検察官が立ち会い、時には夜半までなされることも珍しくなく、尋問に対して嘘を言えば、偽証で直ちに検察官が仮逮捕することもあるそうです。日本では226条による起訴前の証人尋問はめったになされませんが、ドイツでは日常的に活用されているのは、裁判所が自ら真実を発見する、という職権審理主義がその基盤にあるようにも思われます。

【様々な捜査手法】

　勾留以外の捜査処分についても、日本にはない様々な手法が用意されています。

　例えば、ラティツア（検挙、などを指す俗語〈刑訴法163条〉）といって、なんらかの犯罪の嫌疑

がある場合、一定の場所（居酒屋など）に居合わせる人の人定事項の確認が許され、その目的のために、嫌疑をかけられている人に対して、一時的な自由拘束（最大12時間）及び所持品検査が許され、また第三者に対しても、相当性の枠内で、一時的に身柄拘束ができます。また、公共道路上での検問所設置も法律の根拠があり（刑訴法111条）原則として裁判官の命令によりますが、遅滞のおそれがあれば不要です。一定の重大犯罪捜査のために認められ、検問所では、一時的自由拘束を含む人定確認措置ができ、嫌疑のある者と第三者を問わず、所持品検査、身体・車両の捜索等が許されるそうです。通信傍受は、一定の重大犯罪（日本よりは広い）について認められ、警察の要請を受けて検察官が裁判官に命令を請求します。緊急を要する場合には検察官も通信傍受命令を発することができます。その期間は３カ月が限度ですが事情により延長も可能です。

　住居や事務所などに密かに機器を設置し、その内部で行われる会話を傍受する手法については、日本では現在は一切認められておらずその立法の動きもありませんが、ドイツでは長い議論を経て、1998年にドイツ基本法と刑訴法の改正により、一定の重大犯罪について可能となりました。その命令は、国家保護事件を管轄する特別刑事部が権限を有し、緊急の場合には裁判長単独でも命令が可能という厳格さがありますが、期間は３カ月で延長も可能となっています。組織犯罪などの解明のために、警察官やその協力者を身分を秘して密かに組織に潜入させて情報を収集する「隠密捜査官」ないし「秘密連絡員」という制度も設けられています。

　また、日本では、最近、広域窃盗事犯などの犯人らの尾行のために、被疑者が使用する車両の車体にGPS発信器を密かに取り付け、その位置情報を把握しながら尾行を実施するいわゆるGPS捜査の適法性が争われる事件が増加しており、任意捜査として適法とするものと違法な強制処分であるとする判例が分かれています[2]。ドイツでは、無令状で行うGPS捜査について、尾行目的に限られず更に幅広く被疑者を追跡監視する技術手段の使用について、刑訴法100条が、「写真撮影、監視の技術的手段」として、相当の重大性のある事件において、被疑者の所在場所の把握が困難な場合に、写真撮影以外の「特に監視の目的のために意図されたその他の特別の技術手段を用いることができる」という規定がありました。過激派の爆弾テロ事件で、捜査機関が裁判官の命令なしで、被疑者使用車両にGPS発信器を取り付けて約３カ月間、追跡監視を実施した事件の適法性が争われ、ドイツ連邦憲法裁判所はこれを適法とし、更に欧州人権裁判所でも争われましたが、欧州人権条約には違反しない、とされました。ドイツではその後GPS捜査について具体的立法を行い、現在では、24時間を超えて継続する、あるいは２日を超えて行われる監視については原則的に裁判官の命令により、緊急を要する場合には、３日以内に裁判官から事後承認を得ることを条件に検察官やその補助者によっても命令ができるようになっています。

【起訴法定主義と起訴手続】

　ドイツの特徴は起訴法定主義が採られていることです。日本は、ドイツの刑事法制に倣いながら、起訴法定主義だけは採用せず、起訴便宜主義を採りました。「検察官は、法律上別段の定めのない場合には、事実につき十分な根拠の存する限り、すべての訴追し得る犯罪行為を訴追する義務を負う」（刑訴法152条）とされます。これは、政治的恣意による不訴追の防止や裁判における真実発見の公判中心主義に立脚するものです。ただ、だからといってすべての事件を起訴する

──────────

（２）　平成29年３月15日、最高裁はこれを違法な強制処分とする判決を出した（最大判平成29・３・15刑集71巻３号13頁〈百選30事件〉）。

ことは妥当でないので、訴追免除の要件は、法律で詳しく規定されており、それらは、おおむね日本であっても、起訴猶予等の不起訴処分が相当である事件と対応しているように思われます。また、略式命令は、広く活用され、軽罪事件については罰金額の上限がありません（日本は100万円まで）。法定刑が自由刑であっても、6月未満なら法定刑に罰金がなくとも、例えば「罰金日数5月、一日50マルク」などの命令が可能だそうです。日本では、略式命令を請求するためには被疑者の承諾が必要とされますが、ドイツでは不要で、否認事件でも可能です。これらの略式命令の広範で柔軟な活用も、起訴法定主義の現実的な妥当性を支えているもののように思われます。

【中間手続】

正式な起訴がなされた場合、「中間手続」に移行します。これが予審制度の廃止に伴って導入された手続でした。これは、起訴後、正式の公判である主要手続開始決定までの手続です。検察官は、起訴と同時に一件記録を裁判所に送付します。裁判官がそれを検討して公判開始するか否かをこの中間手続によって決定するのです。

ドイツには、予断排除のための起訴状一本主義はありません。検察官は起訴する際、起訴状には、起訴状には、①頭書き、②事実関係・罰条、③証拠方法、④重要な捜査結果を記載します。謀殺事件では20頁近くにも及ぶ例があるそうです。ドイツに派遣された検事の話では、これは論告の先取り的なイメージだということでした。

中間手続では、被告人に証拠申請または異議申立の機会が与えられ、必要に応じて国選弁護人が任命されます。審理は非公開で行われ、公判を開始するにふさわしい事件だと裁判官が判断した場合には、公判開始決定がなされ、主要手続である公判に移行します。訴訟条件が欠けていたり、行為の可罰性が認められないなどの場合は公判不開始決定がなされます。

【公判手続】

最も中心的な、州地方裁判所の大刑事部の公判審理は、3人の裁判官と2人の参審員の合議体によります。

参審員は4年の任期制であり、地方自治体提出する推薦名簿に基づいて選任されます。その推薦は、事実上政党レベルで行い、議席数に応じて配分されるそうです。無作為抽出である陪審制や、日本の裁判員制度とは異なるところです。被告人に不利益な裁判をするには3分の2以上の多数決によります。

起訴状一本主義ではなく、起訴状に事件の概要や証拠関係も記載されている上、裁判官が公判前に記録に目を通し積極的に職権主義による審理を行います。参審員は事前にこれらの記録などを読むことはできません。そのため、既に記録を読んで事件の内容や証拠関係が頭に入っている裁判官と、まったく白紙で臨む参審員との間には、理解の度合いに大きな差があります。また、人数も裁判官の3人よりも参審員は少ないので、参審員の意見が裁判に反映する度合いは、日本の裁判員制度よりはかなり低いといわざるをえません。

ドイツの刑事裁判の特徴は、職権審理主義です。「裁判所は、真実の究明のために、職権により、裁判にとって意義を有するすべての事実と証拠方法にまで証拠調べを及ぼさなければならない」（刑訴法244条2項）とされます。検察官、被告人・弁護人も証拠調べ請求権があるが、それは第二次的性格のものです。裁判所が自ら実体的真実を発見し、検察官の起訴事実に拘束され

ず、実体法上同一性のある事実の全てに審理が及びます。アメリカのような訴因制度はありません。

アメリカのような違法収集証拠排除法則はありませんが、証拠禁止という考え方が定着しています。

公判手続は、基本的に裁判長の訴訟指揮に基づいて進行します。集中審理、直接主義が原則です。証人尋問は裁判長が行い、検察官、被告人または弁護人、陪席裁判官や参審員は、質問の希望が申し出られたときにこれが許されます。実は日本の刑訴法も、戦前のドイツにならった職権審理主義を基本として定められており、刑訴法304条１項は、証人や鑑定人尋問では「裁判長又は陪席の裁判官が、まず、これを尋問する」となっているのですが、実情は全く異なり、当事者主義により検察官や弁護人の方が先に主尋問・反対尋問を行っています。しかし、ドイツでは、現在でも、文字どおりの職権審理主義により、裁判長自らが積極的かつ中心的に尋問を行っているのです。

ドイツには伝聞法則はありませんが、直接主義、口頭審理主義の伝統があります。書面の証拠は原則的に認められず、証人尋問が原則です。例えば、被告人の自白調書には証拠能力が認められませんが、捜査官が被疑者等から聴取した内容を証言すれば、それが証拠となります。原則的に供述調書や供述録取書の証拠能力はなく、尋問調書の証拠能力は死亡などによる供述不能などの場合に狭く限定されています。被告人・弁護人が同意する場合には1987年から認められるようになりました。

ドイツにはアメリカのような司法取引は制度としてはありませんでした。しかし、従来から、裁判所と手続関係者が手続の進行や結論について協議し、そこで形成された合意に基づいて判決をする実務もかなり行われていました。例えば、被告人が自白する代わりに軽い刑を与えるというようなものです。それを制度として正面から肯定するかどうかについて長く議論があったのですが、2009年に、刑訴法に257条Ｃという規定が設けられ、裁判所は適当と認める場合に、検察官及び被告人と手続の進行及び結論について協議して一定の合意を形成することができることとされました。

【ドイツの刑事訴訟法制の特徴】

ドイツの刑事訴訟制度は、日本がかつてそれに倣ったように、基本的には日本の制度と似た面が多いのです。しかし、非常に大きな違いは、ドイツの場合、刑事訴訟制度に関する法律が極めて頻繁且つ柔軟に立法されたり改正されていることです。ドイツでは憲法自体もかなり頻繁に改正されていますが、現行の刑事訴訟法は、1987年の公布以降、2014年までに100回以上の改正が重ねられ、刑事手続の実情に応じて立法者が適時に法改正による対応がなされています。犯罪の悪質化や巧妙化などに対応できるために、上記のような様々な新たな捜査手法が、頻繁な法改正によって実施が可能とされているのもその表れです。日本においては、捜査機関に対して新たな捜査手法や権限を与える刑訴法の改正等は非常に困難であり、いわば「固い強制処分法定主義」のもとにあることとの違いには大きなものがあります。

第5章
中国の刑事司法

【中国の刑事司法の歴史と特徴】

　私は、法務省と外務省との人事交流により、北京にある在中華人民共和国日本国大使館の一等書記官として、1986年4月から1989年4月までの3年間勤務しました。この間、ダイナミックな改革・変貌を遂げる中国の司法制度について見聞・研究し、また、中国と日本の法律家や学者の皆さんとの司法交流のお手伝いをし、訪中団の弁護士などの先生方の中国の司法関係機関の視察・訪問・懇談などのお世話をさせていただきました[1]。

　私が着任した当時は、中国が物凄い勢いで司法制度の建設を進めている時期でした。文化大革命により司法制度は崩壊し、法律関係者の多くは地方に「下放」されて辛酸をなめたのですが、1979年から、鄧小平が、中国の近代化のためには法制度の整備構築が不可欠だとして「右手で建設、左手で法制」の掛け声のもとに、憲法、刑法、刑事訴訟法などの重要法律を矢継ぎ早に制定していました。着任当時、「民法通則」が制定されたばかりでした。

　また、中国の人民に法律の知識を理解させることが重要だとして「普法教育（法律普及教育）」が全国的に強力に推進され、人民日報に胡耀邦総書記自らが生徒になってこの授業を受ける光景が報道されたりもしていました。ただ、これらの驚くほどのスピードでの法律の制定の裏腹で、司法の独立が国家の基本的体制として確保されていない中国の実情について、表面的には日本法にも似通った様々な法律が制定されても、それが、果たしてどのように社会や人々の現実の権利の保障や救済のために活用されていくのか、ということについては慎重な評価検討が必要だとも感じさせられていました。

　中国の司法制度の最大の特徴は、日本のような三権分立制ではなく、司法機関は全国人民代表大会と共産党の指導監督を受け、司法制度の分野から国家の建設を進めていく役割を担っていることです。例えば、日本の最高裁長官や検事総長に当たる最高人民法院の院長、最高人民検察院の検察長は、全国人民代表大会の任命によりますし、毎年春、人民大会堂で開催される全国人民代表大会で、最高人民法院と最高人民検察院のその年の活動報告がなされて承認を受けなければなりません。また、人民代表大会は、全国の各省、県、市などにも置かれていますので、それらの地域における法院や検察院もそれらの各人民代表大会と対応しています。

　なお、日本の内閣・各省に相当する国務院には「司法部」がおかれ、おおむね日本の法務省に相当します。私は法務省から派遣されたため、カウンターパートの中心は司法部と最高人民検察院でした。

【中国の法律家】

　裁判官は法官、検察官は検察員、弁護士は律師と呼ばれます。文革で司法制度が壊滅状態になったことから、法律教育を受けた専門的人材の要請は、当時まだ困難な状況にありました。例えば最高人民検察院の幹部や各地の検察院の幹部には、法律の素養はなく、革命で活躍した功績の

（1）　この間の見聞・研究については、拙稿「中国法制事情(1)〜(8)」法の支配70号（1987年）〜79号（1989年）。

評価などからそのポストにあてられている傾向が少なくありませんでした。司法試験もなかったのですが、1986年に私が着任して間もなく、司法部関係者と懇談したとき、司法部律師局の幹部が「明日、全国初めての律師の統一試験が実施されるので、自分は問題文を抱えて眠れない」と言っていたのが印象的でした。当時全人口は12億人程度で、律師は全国で2万人足らずでした（当時の日本とほぼ同じ数）。司法部の幹部が「今世紀中にこれを10万人にまで増やす」と言っており、私は、そんなこと無理だろうと内心思ったのですが、その目標は達成されました。そればかりか、2016年3月に中華全国律師協会が発表したところによると、中国の律師の人数は約29万7,000人にまで増加したとのことで、その勢いに驚かれます。当時、律師は国家公務員であり、国務院司法部[2]の監督を受けていたのですが、現在ではその独立性や自由度が高まっています。また、2002年からは、法官と検察員と律師の統一司法試験が制度化されました。こうして、中国の法律家は着実に、その専門性が高められています。しかし、主に地方などでは、法官や検察員らの汚職事件も後を絶たないようで、司法関係者の腐敗の防止・摘発というものも中国司法界の大きな課題となっています。

【裁判機関】

日本の簡易裁判所に相当する基層人民法院、地裁に相当する中級人民法院、高裁に相当する高級人民法院と最高人民法院があります。検察院もそれぞれこれに対応して置かれています。これらのどの組織にも共産党の委員会があります。また、大きな裁判所では、多数の合議体がありますが、個々の合議体は、裁判所から独立しておらず、重要事件などの判決では、その法院におかれる法院長が主宰する裁判委員会の指導や了承を得る必要があります。

【中国の犯罪捜査】

犯罪捜査の中心を担うのは公安機関で、日本の警察に相当します。公安と検察院との関係は、実情的には、日本と比較すると公安の組織・力の方が検察院よりもずっと大きいという印象を受けます。公安は、国務院に公安部（警察庁に相当）があり、全国にピラミッド的に公安局が置かれています。公安部には日本の入国管理局に相当する出入国管理局が置かれていて、私は残留孤児の帰国手続などで同局から大きな協力を得ていました。また、在留邦人が刑事事件を起こして身柄を拘束されると、ウイーン条約に基づいて領事の面接が必要になるので、私もしばしば北京市公安局に呼び出されて被疑者と面接し、国選弁護人のような活動をすることもありました。なお、公安部とは別に国務院に国家安全部があり、省単位では国家安全庁、市単位の国家安全局という組織があります。これらの組織は公安部や公安局のように犯罪捜査を任務とするのではなく、情報機関としての性格を有しています。

公安の力の大きさの一つの表れは「治安管理処罰法」です。私の在勤当時は、法ではなく条例でしたが、2005年に条例は廃止されて法律となりました。120条近い条文があり、これが対象とする犯罪は53か条にわたって定められ、日本の軽犯罪法などよりははるかに広く、日本の刑法犯のかなりの部分を含んでいます。この事件の捜査は公安の権限で行うことができ、警告、罰金、

（1）　司法部は日本の法務省に相当する。ただ、日本の法務省ではその特別の機関として検察庁が置かれているのに対し、中国では検察は全国人民代表大会の監督を受ける最高人民検察院を頂点とする組織であり、司法部とは組織的な関係はない。

行政拘留などの処罰の制裁を科すことができます。最大、罰金は2,000元、拘留は15日までとなっています。「行政拘留」とはいってもれっきとした処罰であり、日本の刑法犯や特別法犯に相当するかなりの多くの犯罪がこの行政手続により公安独自の権限で行われていることに特徴があります。

　刑事司法手続としての捜査手続は、刑事訴訟法によって定められており、同法は1979年に制定されましたが、数次の改正を経て、現行法は2013年から施行されています[3]。警察（公安）は、逮捕については独自の判断で可能で、その要件は日本の現行犯よりも広く、対象者は現行犯人又は「十分な嫌疑のある者」、とされ、また、例えば「身辺または住居で犯罪の証拠が発見されたとき」とか「真実の氏名・住所を言わず、身元が不明であるとき」などにも認められます（同法80条）。警察は、被逮捕者について勾留の必要が認められるときには、逮捕後、原則として3日以内に検察に勾留の承認審査を請求します（89条）。勾留した後の捜査のための身柄拘束期間は原則として2カ月以内です（154条）。捜索については、警察も検察も、捜索状が必要ですが、それは独自の判断で行うことができます（134条）。基本的に、捜査段階における裁判官の関与はありません。被疑者の取調べについては、「被疑者は、捜査官の質問に対してありのままに答えなければならない。ただし、当該事件と関係のない質問に対しては、回答を拒否する権利がある（118条1項）」とされ、黙秘権は認められていません[4]。また、捜査官は、被疑者の取調べに当たって、自己の犯罪についてありのままに供述することにより寛大な処理が得られる旨を定めた法律の規定を被疑者に告知しなければならない」（118条2項）とされます。中国では、「罪を認める者に対しては寛大な刑を、否認する者については峻厳な刑を」という伝統的な考え方があり、同条はそれを示しています。中国では刑は厳しく、財産犯や汚職事件などについても重大な場合には死刑に処せられるなど、死刑事件の数は極めて多いですが、死刑については「緩刑」という独特の制度があります。中級人民法院が言い渡した2年間の猶予期間付死刑判決は高級人民法院が許可しますが、その後の本人の反省の状況などに照らして、最高人民法院が再審査し、死刑を執行しないこととすることができます（235条～240条）。

　私が着任後間もないときに非常に印象に残ったのは、北京の街を歩いているとき、公安局と検察院と法院の三者の連名で「犯罪を犯したものが進んで出頭すれば、寛大な処分にする」との広告が街角のあちこちに貼られていたことです。このようなことにも、中国の司法関係機関が、我が国のような三権分立ではなく共産党や人事民代表大会の指導の下に国家の安定や建設のために犯罪の摘発や取締を担っていくという特徴が現れています。

　なお、私が在勤した当時、「労働教養制度」というものがありました。これは、各地方政府の労働教養管理委員会が、「社会秩序を乱した」などの理由で、裁判によらず、人民を勾留して強制労働に付することができる制度です。全国に約350ヶ所あり、収容者は約16万人と言われます。勾留期間は3年以下で、更に1年間の延長が認められるなど長期に及び、司法審査なしでこのような長期拘束がなされることの問題性は大きく、内外の批判を受けていました。私も在勤中、刑務所視察などは比較的たびたび行えましたが、労働教養施設はなかなか見学の機会をもらえず、一度だけ北京郊外の施設を見学したことがあるだけでした。2013年11月に開催された第18期中央

（3）　法務省大臣官房司法法制部編『中華人民共和国刑事訴訟法』（2013年、法曹会）。
（4）　拙稿「国際捜査共助の要請に基づき、中華人民共和国において、同国の捜査機関が作成した共犯者　の供述調書等の証拠能力――福岡一家殺害事件上告審判決――」刑ジャ32号（2012年）154頁参照。

委員会第3回総会において、この制度の廃止が決まったそうです。

【近年の刑事司法の問題と改革推進の状況】

　その昔、文化大革命以前の中国では「物を落としても持ち主のところに返されてくる」などと犯罪がほとんどないなどと喧伝されていました。売春もないし暴力団犯罪もないなどとも言われていました。しかし、改革開放による経済の発展などに伴い、中国の犯罪情勢は大幅に悪化しており、また、司法の腐敗も大きな問題となっているようです。そのためには、公判の証拠裁判主義の充実徹底、裁判官・検察官の選任制度の改革や待遇の改善、弁護権の強化、捜査権に対する司法権のコントロールの強化、黙秘権の確立や違法収集証拠排除法則の導入、などが改革の課題となっているそうです。広大な国家で、多数の民族を擁する中国が今後安定的な発展を遂げられるか否かについて、司法の民主化と治安の確保のバランスの舵取りには難しいものがあり、今後の動向が注目されるでしょう。

おわりに

　本書を通読された感想はいかがでしょうか。刑事訴訟法を勉強し、司法試験を目指す皆さんにも、司法試験や法学教育に関係はしないが刑事司法制度についてより広く理解したいと考える一般読者の皆さんにも、本書が、我が国の刑事司法を考える視野を広げる上で少しでも役に立ったとすれば幸いです。

　犯罪捜査というものは、被害者や社会に大きな危害をもたらす犯罪との戦いです。そのためには、悪質・巧妙な犯罪を摘発できるための強力な捜査手段、つまり武器が必要です。しかし、強力な捜査手段はその鋭利さ故に、用い方を誤れば、被疑者・被告人の人権を侵害する副作用を伴います。まさに両刃の剣です。しかし、だからといって、捜査機関に強力な捜査の武器が与えられず、「なまくら刀」あるいは「毒にも薬にもならない」捜査手段しかなければ、泣くのは犯罪被害者であり、笑うのは悪質な犯罪者です。世界の諸国はいずれもそれを直視し、悪質・巧妙な犯罪を摘発できる刑事司法制度の構築や捜査手段の導入のために様々な努力・工夫を続けています。以下に、本書のまとめとして、日本の刑事司法の歴史や社会的背景、現状と問題点、将来の展望について随想的に述べることにします。

【先進諸国の中で日本の捜査機関が与えられている捜査の武器・手段は最も乏しく弱い】

　マスコミや社会にあまり理解されていないのは、先進諸国の中で、日本の警察を始めとする捜査機関は、法律によって与えられている捜査の手段・武器が最も乏しく、弱いということです。アメリカでは、罪種を問わない広範な通信傍受・会話傍受やおとり捜査、覆面侵入捜査、陪審裁判による苛酷な刑を背景として日常的に用いられている司法取引や刑事免責による自白・供述の引出し、重罪について一般的に認められる無令状逮捕、判例法によって認められているプレインビューの法理や自動車捜索令状の例外法理（オートモビルエクセプション）による無令状捜索・差押え、検察官の捜査の武器として活用されている大陪審捜査による証言や証拠書類の広範かつ強制的な確保・収集、などその強力さや多様さは驚くほどです。ですから、ミランダルールの下で、逮捕された被疑者の取調べができなくとも、捜査官は痛くもかゆくもないのです。イギリスでは、警察官が嫌疑を抱きさえすれば無令状で逮捕できることや、51％ルールと呼ばれる起訴のハードルの低さ、挙証責任の分配、黙秘権の事実上の廃止、などが特徴的です。フランスでは、ナポレオンよりも強いとさえ言われていた予審判事による捜査の遂行やフランス特有の「現行犯捜査」などがあり、比較的穏健な捜査制度と思われるドイツでも、裁判官による捜査段階の尋問の積極的活用や近年認められた会話録音などもあり、またこれらの国における通信傍受は日本よりもはるかに要件が緩やかです。

　これに対して、日本では、厳格な要件の下での被疑者の逮捕・勾留や捜索・差押え以外には、強力な捜査の武器はほとんど与えられていません。「盗聴法」だと批判・攻撃する反対運動が激しい中で平成11年にようやく成立した通信傍受法も、その要件の厳しさは諸国の比ではなく、平成28年に対象犯罪が相当程度拡大されましたが、その効果の発揮はこれからの課題です。司法取引については、我が国の国民性や法文化に合う程度・範囲で、捜査公判協力型協議合意制度や刑事免責制度が同年の刑事訴訟法改正で初めて導入されましたが、その効果の発揮は未知数でこれからの課題となっています。

おわりに

　他方、警察等の捜査機関は、与えられている捜査の武器が乏しいにもかかわらず、困難な事件を摘発できなかったり、摘発できたとしても捜査に行き過ぎがあったりすると、マスコミや社会から厳しく批判されます。権力側にある人や組織は常に社会から批判を受けるべき立場にあることは当然です。しかし、犯罪手口や組織の悪質巧妙化による捜査の困難さを自ら体験している私の眼からすれば、捜査の武器が乏しい中で懸命に犯罪と戦っている第一線の捜査官を気の毒に思うことすらあります。

【それが、取調べなど限られた捜査の手段の過剰な用い方を招いてきた】

　他方、日本では逮捕された被疑者の取調べによる追及は上記の諸国よりもはるかに厳しいといえます。自白以外の客観的証拠の収集手段にも乏しいうえ、司法取引な取調べをして不起訴や寛刑の約束でもしてしまえば、任意性は吹っ飛びます。正直な被疑者ほど素直に自白するのですが、悪質な被疑者ほど頑強に否認し、あるいは巧妙な弁解をするのが常です。ですから、捜査官は否認や弁解をする被疑者をますます熱心かつ厳しく追及することになります。しかし、時として、捜査官の思い込みや客観証拠の検討の不十分さなどから、無実の者を誤って逮捕し、厳しい取調べを行った結果、虚偽の自白をさせ不幸な冤罪事件を招いたこともありましたし、今後もそれが二度と発生しないとは限りません。

　また、取調べに限らず、例えば職務質問や所持品検査における有形力の行使の場面などで、しばしば警察捜査の行き過ぎが厳しく批判されています。その責任転嫁は許されないものの、私は、このような事態が生じるのは、第一線の捜査官に合理的で強力な捜査の手段が与えられていないことに原因の一部があるといっても誤りではないと思っています。

【弁護士や研究者はそれを厳しく批判してきたが、それらの批判には歴史的背景がある】

　このような厳しい取調べがもたらす問題を中心に、戦後、弁護士や多くの研究者は、具体的事件捜査の問題はもとより、取調べを中心的な武器とした我が国の刑事事件捜査の在り方について、その制度そのものを「密室の追及が招く冤罪」「人質司法」などと厳しく批判してきました。他方、そのような批判勢力には、警察等の捜査の違法を厳しく糾弾する反面、捜査機関に新たな捜査の手段・武器を与えるための立法についてはことごとく反対する、という傾向が強かったのも事実です。その背景には、戦後民主主義の下で、刑事司法をめぐる学界や法曹界の中に、捜査機関を敵対勢力と見る反権力思想に根差したイデオロギー的な対立構造が存在していたといってもいいでしょう。

　しかし、それには歴史的背景がありました。戦前のいわゆる特高（特別高等警察）や憲兵隊による摘発等においては、刑事手続も行政手続も混然とし、拷問などのすさまじい人権侵害が広く行われ、被疑者や被告人の人権は蹂躙されていました。これらが敗戦とともに、捜査権力に対して、それまでは抑え込まれていた厳しい批判・反感を一斉に噴出させることになったのは自然なことでした。しかも、新憲法や新刑訴法で生まれ変わったように見えた我が国の刑事司法も、衣が変わればたちどころに中身が変わるというような生易しいものではなく、戦前に公然と行われていた人権無視の違法捜査の悪しき伝統は戦後も根強く存在していたのです。戦後の冤罪をもたらしたひどい捜査を担ったのは戦前の特高上がりの刑事だったというようなこともあったようです。死刑事件が再審無罪とされた著名な事件の捜査は、私たち今日の捜査官から見てもひどいものでした。予断に基づく見込み捜査により、逮捕や起訴の価値がおよそないような軽微な別件で

逮捕し、いきなり本件の厳しい過酷な追及を続ける違法不当な別件逮捕・勾留もまかりとおっていましたし、血液型の捜査の証拠の収集や鑑定の仕方などの客観捜査においても極めて多くの問題を含んでいました。これは戦後の混乱期のみでなく、昭和58年7月12日の神戸ホステス宅放火事件の事例を始めとして、比較的新しい時期においてもなお散見されていたのです。ですから、弁護士や研究者が、捜査機関に対して、強い批判や不信感を抱き、上記のような姿勢をとる傾向が強かったことには無理からぬ面があったといえるでしょう。

【捜査機関の行き過ぎた捜査を是正してきたのは、闘う弁護人や研究者の努力だった】

今日では、私の事件帖で紹介した事例のように、別件逮捕・勾留を行う場合など、かつてのような露骨なやり方ではなく、違法・不当のそしりを受けないような捜査に努めることが警察や検察の間に浸透しています。しかし、それは、警察や検察が自らの反省に基づく自主的な努力によってそのように改めてきたとは残念ながらいえません。違法・不当な別件逮捕・勾留による捜査を行ったことが裁判で厳しく批判、弾劾され、自白調書が証拠排除され、無罪判決も受けるなどの手痛い失敗や苦い経験によるものでした。また、被疑者の接見についても、私の若いころは、10日間の勾留中にせいぜい2回程度、1回に30分程度しか弁護人の接見を認めず、またそのために「面会切符」と揶揄された接見指定書を必要としていました。しかし、今日では被疑者と弁護人との接見については、施設の戒護等に支障がない限り連日の接見も可能となるなど、過去における問題情況は格段に改革・改善がなされました。

これらの改革や改善は、闘う弁護人や研究者が、困難な弁護活動を懸命に展開あるいは支援し、逮捕・勾留や取調べの違法・不当を追及・弾劾し、あるいは多くの接見国賠訴訟の提起遂行などによって勝ち取ってきた成果でした。私は、立場の違いはあれ、これらの闘う弁護人等の先生方の姿勢と努力には大いに敬意を抱いています。

【立場性の問題──人はその「立場」からの制約を逃れることは容易でない──】

我が国の法曹は、同じ司法試験に合格し、同じ司法修習を受け、いわゆる「同じ釜の飯を食った」間柄です。ところが、一旦、検事、弁護士、裁判官に分かれてそれぞれの専門家になっていくと、それぞれの組織の気風や考え方に染まっていき、相互の間の理解の不足や対立の意識が昂じていくという、ある意味で不思議ともいえる状況にあります。これは、アメリカのように検事から弁護士へ、あるいはその逆へ、という職業相互の流動性が日本では乏しいことや、日本人の根っからの真面目さや自己が属する組織等への忠誠心の強さなどが背景にあるのでしょう。このような日本の法曹の在り方は、その専門性や組織の強さを高めるという面では利点もある反面、法曹相互間にお互いの立場や考え方に対する懐の深い相互理解を欠き、頑なな意見の対立を招きがちであるという問題も伏在させています。私は、検事としての長い経験を踏まえて、捜査機関に十分な捜査の武器を与えることの必要性を主張していますが、もし私が検事にならず、弁護士になっていたとしたら、警察・検察捜査の批判の急先鋒に立っていたかもしれませんし、「盗聴法」の法案反対の立場に立っていたかもしれませんね。

【私はなぜ検事になったか】

早稲田の学生諸君からよくこの質問を受けました。私が京都大学に入学した当時は第二次安保反対の大学闘争真っ盛りで、京大の時計台も過激派学生により占拠されるなどすさまじい状況で

した。私自身は過激な左翼の思想や運動にはとうていなじめないノンポリ学生でしたが、闘争に参加していた友人も少なくなく、その正義感などには敬意を持っていました。塾の教師などをして自活しながら司法試験を受ける動機になったのは、著名な冤罪事件であった八海事件の本を読み、自分もこのような無実の人を救える弁護士になろうと思ったことでした。司法試験に合格し、修習が始まってから、私は友人たちと一緒に、無罪判決を勝ち取った弁護士との交流会などに積極的に参加しました。それらの先生方が、金儲けのためでなく手弁当で無実の人々の救援のために活躍されている話を聞いて、大いに感銘を受け、自分もこのような弁護士になりたいと思っていました。ところが、次第に何か違和感を持つようになったのです。そのような先生方は、いかに警察や検察がひどい捜査をしているか、ということを鋭く批判されます。それはおそらくそのとおりだったのでしょう。しかし、考えてみれば、弁護士が何年も頑張って無罪判決を勝ち取ることは大変立派ではあるが、そもそも無実の者だったのなら、検察官が的確な捜査をして、真犯人でないことや嫌疑が十分でないことを明らかにし、不起訴にすることが最大の人権救済ではないか、と思うようになったのです。他方、犯罪被害者や社会の怒りに応えて事件の真相を解明し、真犯人を摘発して厳正な処罰を加えることは重要です。この二つの異なる視点の要請を、共に自分自身の努力によって実現できるのは検事しかない、という気持ちが強くなってきたのです。そして友人たちからは随分反対されましたが、検事になることを決意しました。以来34年の間、自分の未熟さなどの故に、至らなかったことや反省すべき点も少なくありませんが、私としては自分が検事の道を選んだことは間違いがなく、その初志を貫くことができたと思っています。

【闘う弁護人のことなど】

　検事が起訴した事件について無罪を主張して争う「闘う弁護人」は、検事にとって手ごわい存在です。私が起訴し、あるいは決裁官として捜査処理を指導した事件についても、闘う弁護人によって厳しく争われた事件が少なくありません。しかし、弁護人が無実を主張する被疑者・被告人のために捜査機関と闘うのはその当然の責務です。若い検察官の中には、闘う弁護人に対して過度に警戒心や反感を抱きがちな傾向も見られます。しかし、検察官は法によって権力を与えられている一方、弁護人は在野法曹として様々な事件を抱える中で刑事弁護に従事する負担は非常に大きいのです。ですから、検察官はそのような弁護人の立場をも理解し、懐の深い対応、いわば「横綱相撲」ができなければなりません。法廷で、真向から闘った結果、時には無罪判決を受けることもあります。しかし、それは検事にとって悔しいことではある反面、その悔しさと苦い教訓は検事を成長させることになります。また、お互いにフエアに闘った結果として無罪判決を受けても、検察官としてはその弁護人に対し、敵ながらあっぱれという思いを持つことも少なくなく、その後の事件捜査において、かえって信頼関係が生まれることもあるのです[1]。検察官の真実義務は絶対的ですが、弁護人はそうではなく、真実義務よりも被疑者・被告人に対する誠実義務の方が優先します。接見等をして、たとえその被疑者・被告人が本当は罪を犯していると思っても、本人があくまで無実を主張するのなら弁護人はそのために闘わなければなりません。また、警察や検察の捜査に甘さや不備があるのならそれを徹底的に指摘して無罪を勝ち取ることも弁護人の務めです。

　私は、京都地方検察庁検事正を退官するに当たり、部下検察官諸君に、「私は、検事を辞めて

（1）　拙稿「検察実務の課題」ジュリ1148号（2012年）276頁以下参照。

弁護士登録はするが、弁護人として、法廷で君たちと対決することはしない。私を育ててくれた検察OBの一人としてこれからも君たちを応援していきたい。しかし、もし君たちがずさんな捜査で間違った起訴をするようなことがあれば、私は事務所の弁護士をバックアップしてしっかり無罪をとりにいくから、覚悟しなさい。それに負けないようなしっかりした捜査をしてほしい」と言い残して検察を去りました。その後、現に私の所属事務所で、重要な事件で若手弁護士が無実を争い、私も種々アドバイスをしながら無罪を勝ち取ったものがあります。その事件に限らず、若手弁護士から相談を受ける事件の中には、警察・検察の捜査に基本的な不備があったり捜査処理方針に問題があると思われるものも散見されます。しかし、私も偉そうなことはいえません。私が起訴の決裁をした多くの事件の中には、主任検察官も、決裁官の私も、事件の問題点等に気づかず、公判で批判を招くことになったものもあるだろう、とヒヤリとさせられます。

　私は、外務省に出向して北京の日本国大使館に３年間勤務していたころ、領事業務の一環である邦人保護が私の担当職務の一つでした。邦人が中国国内で逮捕された場合、ウイーン条約に基づく領事業務として、大使館員がその邦人と接見し、当局と交渉するなどして早期の身柄解放に努力する責務があります。そのため、勤務期間中、北京市公安局などに逮捕された邦人の身柄解放のための保護活動もしばしば行い、いわば国選弁護人に通じるような経験もしました。検事の道を選んだときの気持ちに加え、このような経験も、私が弁護人の活動の重要性やその立場の理解を深める上で役に立っています。

　検察官と闘う弁護人との望ましい関係は、例えばこういうものでしょう。ある事件では公判で真向から争い合っていますが、別の事件で、その弁護人が逮捕された被疑者と接見すると、被疑者は捜査官には否認しているが、真実は罪を犯していることが分かったとします。このまま否認を続ければ公判請求されるしかありません。しかし、罪を認め、被害者に慰謝の措置をとれば、略式命令で終わるか、あるいは起訴猶予の可能性もあると思われたとします。そのような場合、弁護人が検察官に面会を求め、被疑者に罪を認めさせた上で、事件を略式命令請求、あるいは被害者に慰謝の措置を採って起訴猶予にしてもらえないか、というような率直な相談を検事にできるような関係です。検察官にはそのような弁護人の相談に懐深く対応できるような度量が求められます。検察官と闘う弁護人との間に対立・対抗意識しかなければ、このような関係は生まれませんね。両者の対立の巻き添えを食うのは被疑者ということになってしまいます。ルールに基づいて闘い合う検察官と弁護人との間では、右手では激しく殴り合っても左手ではしっかり握手できる、という複眼思考が大切でしょう。検察官が、闘う弁護人に敬意を抱くことがあるのと同じように、弁護人の目から見ても「あの検事は正義感が強く積極的だが、被疑者や弁護人の立場も理解できる人間味のありそうな人だな」と思われれば、自然にそのような関係が育っていくものと思います。

　ただ、残念ながら、弁護人や弁護活動の中には、権力と闘うことが何か自己目的のようになり、被疑者が罪を犯していようといまいと無罪を勝ち取ることだけが唯一の目的であり、罪を犯した被疑者被告人の更生の可能性や、犯罪被害者の怒りや悲しみについて一顧だにしていないのではないか、と感じさせられることも散見されます。無罪を勝ち取ればまだしも、争うだけ争った結果、結局は有罪となり情状も悪く厳刑に処せられる結果を招くことが真に被告人の利益にかなうものとなったのかどうか、疑問を感じさせられることもあります。罪を犯した者が無罪となって処罰を逃れることと、罪を犯したことを反省悔悟し、その責任をとるということと、どちらが被告人にとって人間として真の利益となり、また弁護人にとっても大切であるか、という問題

は容易には答えの出ないことかもしれません。私は事務所の若手弁護士から事件の相談を受ける時、「もし被疑者が本当に罪を犯しているのだったら、罪を認めて反省悔悟し、情状酌量を求めることの可能性も探ってみてはどうか。しかし、あくまで本人が否認し、争うのだったら、粛々と徹底的かつフエアに争い、捜査のずさんさなどを容赦なく指摘して無罪を勝ち取ればよい」とアドバイスしています。

ラグビーでは、血を流すような激しい肉弾戦の後でも、ノーサイドとなればお互いの健闘を称えあい、汗みどろのジャージを交換します。剣道では、「礼に始まって礼に終わる」「打って反省、打たれて感謝」という教えがあり、激しい打ち合いの中でも相手に対する尊敬と礼儀を失ってはいけません。法曹三者の間にも、このような気風というものを育てていきたいものです。

【新たな時代の刑事司法制度の構築に向けて】

犯罪情勢は国内的にも国際的にもますます深刻化し、それに対して厳正的確に対応できる捜査制度の構築が求められます。一方で、それが人々の人権を不当に侵害するものであってはなりません。かつては、捜査の違法を鋭く批判・糾弾する一方で、捜査官に新たな捜査の武器を与えることにはことごとく反対する「何でもハンタイ」の風潮は少なくありませんでした。それは、かつて、山本七平氏が名著「日本人とユダヤ人」の中で述べた「日本人は水と安全はただで買えると思っている」という日本人の意識の反映だったようにも思います。しかし、近年、このような風潮は着実に変化しつつあるように思います。弁護士会の中にも、犯罪被害者問題や、民事暴力問題に真剣に取り組んでおられる多くの先生がおられ、その献身的な活動には頭が下がります。また、大阪地検特捜部問題に端を発した法制審議会の特別部会において、取調べの録音録画問題を始めとして鋭い対立軸のある課題について、関係各位が激論を重ねながら、全会一致の答申によりこれらの課題についての結論を取りまとめられ、法改正の実現に至ったことには心から敬意を表したいと思います[2]。このような動きの中に、私は、刑事司法制度に関わるすべての人が、その立場や基本的な姿勢にはそれぞれのものがあるとしても、是々非々の観点に立ち「真犯人を逃さないとともに、誤って無実の人を罪に陥れることがない刑事司法制度」の構築に向けて、建設的な議論を進めていくための着実な芽が既に生まれ、育ちつつあると大きな期待を感じています。本書が、そのような議論の裾野を広げるためにいささかでも役に立つものとなれば、筆者にとり望外の喜びです。

先日、テレビで「真実の龍馬に迫る」という興味深い番組がありました。私は坂本龍馬のファンで、高知勤務経験もあるので、大変面白く観ました。その終わりに、坂本龍馬の言葉が紹介されました。

> 「何と申しましても、危機にあるこの国をどうするのかということから成り立つ議論なので、両方の考えをお互いわかり合い、双方からどうしようか、と言いながらよき方向を選ぶのがいい方法だと考えます。
>
> そうでなければ『こちらが道理だ』とか『大義はなんだ』など議論を戦わすようになれば、かえって障害を生むことになるでしょう。談笑しながら双方の友好を求め合うようでないと、とても大成はできないと考えます」

（2）拙稿「『捜査・公判協力型協議・合意制度及び刑事免責制度』の意義と課題」刑ジャ43号（2015年）14頁以下参照。

この国を世界に誇り得る独立国とするために命を懸けて維新の嵐の中を駆け抜け、凶刃に倒れた龍馬の言葉です。なんだか、今日の刑事司法に関わる私たちすべてにも投げかけられているメッセージであるように感じるのは私だけでしょうか。

平成29年4月

判 例 索 引

大判昭和13・6・14大審院刑集17巻433頁	156
最(三小)判昭和24・12・13裁判集刑15号349頁	252
札幌高函館支判昭和26・7・30高刑集4巻7号936頁	237
最(三小)判昭和26・12・18刑集5巻13号2527頁	144
最大判昭和27・3・5刑集6巻4号351頁	143
最大判昭和27・4・9刑集6巻4号584頁	235
福岡高判昭和28・8・21高刑集6巻8号1070頁、判時13号24頁	233
東京高判昭和28・11・25特報39号202頁	116
最(二小)判昭和29・5・14刑集8巻5号676頁	286
福岡高判昭和29・5・29高集7巻6号866頁	95
最(一小)決昭和29・7・15刑集8巻7号1137頁	36
最(三小)決昭和29・10・26裁判集刑99号531頁	116
最(二小)判昭和29・11・5刑集8巻11号1715頁	74
最(三小)判昭和30・11・29刑集9巻12号2524頁	237
最(二小)判昭和30・12・16刑集9巻14号2791頁	96
最(三小)判昭和31・3・27刑集10巻3号387頁、判時75号23頁、判タ59号63頁	242
大阪高判昭和31・6・19高刑特3巻12号631頁、判時79号7頁	252
最(一小)判昭和32・7・25刑集11巻7号2025頁	244
最(二小)決昭和32・11・2刑集11巻12号3047頁	241
最(三小)判昭和33・5・20刑集12巻7号1398頁	143
最大決昭和33・7・29刑集12巻12号2776頁	28
最大判昭和36・6・7刑集15巻6号915頁、判時261号5頁、判タ119号22頁	44、245、252
最(三小)判昭和36・6・13刑集15巻6号961頁、判時268号28頁	287
東京高判昭和36・7・18判時293号28頁	247
大阪地判昭和37・2・28下刑集4巻1-2号170頁	64
最大判昭和37・11・28刑集16巻11号1633頁、判時322号2頁、判タ140号69頁	270
大阪高判昭和38・9・6高刑集167巻526号、判時360号9頁	64
最(一小)判昭和38・10・17刑集17巻10号1795頁	208
東京地判昭和38・12・21下刑集5巻11-12号1184頁	157
最(三小)決昭和39・11・10刑集18巻9号547頁	212
静岡地判昭和40・4・22下刑集7巻4号623頁	224
東京高判昭和41・6・28判タ195号125頁	93
最(三小)決昭和41・11・22刑集20巻9号1035頁、判時467号65頁	223
福岡高決昭和42・3・24高刑集20巻2号114頁、判時483号79頁、判タ208号158頁	129
最(三小)決昭和42・9・13刑集21巻7号904頁	95、97
最(二小)判昭和43・3・29刑集22巻3号153頁、判時515号84頁、判タ221号176頁	131

最（三小）決昭和43・11・26刑集22巻12号1352頁、判時540号23頁、判タ229号255頁	281
金沢地七尾支判昭和44・6・3刑月1巻6号657頁、判時563号14頁、判タ237号272頁	122
東京高判昭和44・6・20高刑集22巻3号352頁、判時575号8頁、判タ243号262頁	44
最（一小）決昭和44・10・2刑集23巻10号1199頁	144
京都決昭和44・11・5判時629号103頁	93、114
最大判昭和44・12・24刑集23巻12号1625頁	24、240
東京地決昭和47・4・4判時665号103頁、判タ276号286頁	60
最（三小）決昭和47・7・25刑集26巻6号366頁、判時679号3頁、判タ280号320頁	284
仙台地決昭和49・5・16判タ319号300頁	129
福岡高判昭和50・3・11刑月7巻3号143頁	68
最（一小）判昭和50・4・3刑集29巻4号132頁	94、112
名古屋地決昭和50・9・11下刑集9巻7号872頁	96
最（三小）決昭和51・3・16刑集30巻2号187頁、判時809号29頁、判タ335号330頁	24、38、72
最（一小）判昭和51・11・18裁判集刑202号379頁、判時837号104頁	83
大阪高判昭和52・6・28刑月9巻5-6号334頁、判時881号157頁、判タ357号337頁	259
東京高判昭和53・3・29刑月10巻3号233頁、判時892号29頁	126
最（三小）判昭和53・6・20刑集32巻4号670頁、判時896号14頁、判タ366号152頁	40、91
東京地決昭和53・6・29判時893号3頁	242
最（一小）判昭和53・9・7刑集32巻6号1672頁、判時901号15頁、判タ369号125頁	42、91、253、254、259
東京高判昭和54・8・14判時973号130頁、判タ402号147頁	115
東京地決昭和55・3・26判時968号27頁、判タ413号79頁	257
最（一小）決昭和55・4・28刑集34巻3号178頁、判時965号116頁、判タ415号114頁	58、110
東京地決昭和55・8・13判時972号136頁	105、264
最（三小）決昭和55・9・22刑集34巻5号272頁、判時977号40頁、判タ422号75頁	64
最（一小）決昭和55・10・23刑集34巻5号300頁、判時980号17頁、判タ424号52頁	47、79
東京地決昭和56・1・22判時992号3頁	199、232
大阪高判昭和56・1・23判時998号126頁	263
最（一小）決昭和56・4・25刑集35巻3号116頁、判時1000号128頁、判タ441号110頁	271
最（三小）決昭和56・11・20刑集35巻8号797頁、判時1024号128頁、判タ459号53頁	73
広島高判昭和56・11・26判時1047号162頁、判タ468号148頁	84
大阪高判昭和57・3・16判時1046号146頁、判タ467号172頁	208
大阪高判昭和57・9・27判タ481号146頁	144
東京高判昭和57・10・15判時1095号155頁	74
最（三小）判昭和58・7・12刑集37巻6号791頁、判時1092号127頁、判タ509号71頁	122、255
最（三小）判昭和58・12・13刑集37巻10号1581頁、判時1101号17頁、判タ516号86頁	274
高松高判昭和59・1・24判時1136号158頁	131

最（一小）決昭和59・1・27刑集38巻1号136頁、判時1105号32頁、判タ519号76頁 ………… 153
最（二小）決昭和59・2・13刑集38巻3号295頁 ……………………………………………… 36
最（二小）決昭和59・2・29刑集38巻3号479頁、判時1112号31頁、判タ524号93頁
　………………………………………………………………………………………… 105、264
大阪高判昭和59・4・19高刑集37巻1号98頁、判タ534号225頁 ……………………… 124
松山地裁大洲支部判昭和59・6・28判時1145号148頁、判タ50号29頁 ………………… 67
最（二小）決昭和59・12・21刑集38巻12号3071頁、判時1141号62頁、判タ546号107頁
　………………………………………………………………………………………… 198、239
大阪高判昭和60・12・18判時1201号93頁、判タ600号98頁 ……………………………… 121
最（二小）判昭和61・4・25刑集40巻3号215頁、判時1194号45頁、判タ600号78頁 ……… 260
名古屋高判昭和62・9・7判タ653号228頁 ………………………………………………… 150
大阪高判昭和63・2・17高刑集41巻1号62頁 ……………………………………………… 108
最（三小）決昭和63・2・29刑集42巻2号314頁 …………………………………………… 137
東京高判昭和63・4・1東高刑時報39巻1～4号8頁、判時1278号152頁、判タ681号228頁
　…………………………………………………………………………………………… 25、240
最（三小）決昭和63・10・25刑集42巻8号1100頁、判時1000号128頁、判タ441号110頁 …… 285
最（三小）決平成元・7・4刑集43巻7号581頁、判時1323号153頁、判タ708号71頁 ……… 107
豊島簡判平成元・7・14判時1336号156頁 …………………………………………………… 21
東京地決平成2・1・11刑集44巻4号392頁 ………………………………………………… 86
最（二小）決平成2・6・27刑集44巻4号385頁、判時1354号60頁、判タ732号196頁 ……… 86
浦和地判平成2・10・12判時1376号24頁 …………………………………………………… 123
千葉地判平成3・3・29判時1384号141頁 …………………………………………………… 72
大阪高判平成3・11・6判タ796号264頁 …………………………………………………… 29
大阪高判平成4・1・30高刑集45巻1号1頁、判タ920号16頁 ……………………… 255、259
東京高判平成4・10・14高刑集45巻33号66頁 ……………………………………………… 280
東京高判平成5・8・24高刑集49巻1号174頁 ……………………………………………… 248
大阪高判平成5・10・7判時1497号134頁 …………………………………………………… 50
大阪高判平成6・4・20高刑集47巻1号1頁 ………………………………………………… 50
東京高判平成6・5・11高刑集47巻2号237頁、判タ861号299頁 ………………………… 52
東京高判平成6・7・11高刑速平成6年78頁 ……………………………………………… 249
最（一小）決平成6・9・8刑集48巻6号263頁、判時1516号62頁、判タ868号158頁 ……… 52
最（三小）決平成6・9・16刑集48巻6号420頁 ………………………………………… 36、47
名古屋高判平成6・9・28判時1521号152頁 ………………………………………………… 144
東京高判平成7・1・27判タ879号81頁 ……………………………………………………… 279
最（三小）判平成7・6・20刑集49巻6号741頁 …………………………………………… 192
福岡高判平成7・8・30判時1551号44頁 ……………………………………………… 246、257
最（三小）決平成8・1・29刑集50巻1号1頁、判時1557号145頁、判タ901号145頁 …… 45、95
最（三小）決平成8・10・29刑集50巻9号683頁 ……………………………… 113、264、265
大阪高判平成8・11・27判時1603号151頁 …………………………………………………… 246
最（二小）判平成9・3・28裁判集民182号855頁、判時1608号43頁 …………………………… 30

最（二小）決平成10・5・1刑集52巻4号275頁、判時1643号192頁、判タ976号146頁 ………………………………………………………………………………………… 29、297

最（二小）判平成10・9・7裁判集民189号613頁、判時1661号70頁、判タ990号112頁 ……… 121

千葉地判平成11・9・8判時1713号143頁 ………………………………………………… 106

福岡地判平成12・6・29判タ1085号308頁 ………………………………………………… 123

東京地決平成12・11・13判タ1067号283頁 ………………………………………… 124、261

最（二小）決平成13・2・7裁判集刑280号115頁、判時1737号148頁 ………………………… 58

最（三小）決平成13・4・11刑集55巻3号127頁、判時1748号175頁、判タ1060号175頁 …… 275

和歌山地決平成13・10・10判タ1122号132頁 ……………………………………………… 224

最（一小）決平成14・7・18刑集56巻6号307頁、判時1800号155頁、判タ1105号140頁 …… 271

東京高判平成14・9・4判時1808号144頁 ……………………………………………… 106、257

最（一小）決平成14・10・4刑集56巻8号507頁、判時1802号158頁、判タ1107号203頁 …… 49

東京地判平成15・1・22判タ1129号265頁 ………………………………………………… 243

最大判平成15・4・23刑集57巻4号467頁、判時1829号32頁、判タ1127号89頁 ………… 153

大阪高判平成15・7・7刑集58巻5号351頁 ………………………………………………… 75

東京高判平成15・8・28公刊物等未登載 …………………………………………………… 50

最（三小）判平成15・10・7刑集57巻9号1002頁、判時1843号3頁、判タ1139号57頁 …… 132

最（一小）決平成16・7・12刑集58巻5号333頁、判時1869号133頁、判タ1162号37頁 …… 75

東京地判平成17・6・2判時1930号174頁 ……………………………………………… 25、240

大阪高判平成17・6・28判タ1192号186頁 ………………………………………………… 225

最（一小）決平成17・7・19刑集59巻6号600頁、判時1905号144頁、判タ118号251頁 ……… 66

最（二小）決平成17・9・27刑集59巻7号753頁 …………………………………… 200、218

東京高判平成17・12・26、判時1928号122頁 ……………………………………………… 158

仙台高秋田支判平成18・7・25刑集61巻1号5頁 ………………………………………… 77

大阪地判平成18・9・13刑集63巻7号890頁 ……………………………………………… 70

最（三小）判平成18・11・7刑集60巻9号561頁 …………………………………… 197、248

最（一小）決平成19・2・8刑集61巻1号1頁、判時1980号161頁、判タ1250号85頁 ……… 77

大阪高判平成19・3・23刑集63巻7号911頁 ……………………………………………… 70

東京高判平成20・3・27 東高記事判決時報59巻1～12号22頁 ……………………… 209

最（二小）決平成20・4・15刑集62巻5号1398頁 ……………………………… 25、117、240

東京高判平成20・5・15判時2050号103頁 ………………………………………………… 121

最（二小）決平成20・8・27刑集62巻7号2702頁、判時2020号160頁、判タ1279号119頁 … 238

最（三小）決平成21・7・21刑集63巻6号762頁、判時2096号149頁、判タ1335号82頁 …… 280

最（三小）決平成21・9・28刑集63巻7号868頁、判時2099号160頁、判タ1336号72頁 ……… 70

東京高判平成22・1・26判タ1326号280頁 ………………………………………………… 191

最（二小）判平成24・9・7刑集66巻9号907頁、判時2164号45頁、判タ1382号85頁 ……… 225

最（一小）決平成25・2・20刑集67巻2号1頁、判時2180号142頁、判タ1387号104頁 …… 226

最大判平成29・3・15刑集71巻3号13頁 …………………………………………………… 320

著者略歴

太 田　　茂（おおた・しげる）

1949年福岡県出身。
1973年司法試験合格、1974年京都大学法学部卒業。
1977年大阪地方検察庁検事に任官後、熊本、神戸、大阪各地検勤務を経て、1986年から在中華人民共和国日本国大使館一等書記官。1989年法務省官房人事課、1993年高知地検次席検事。以後、法務省刑事局参事官、東京地検刑事部副部長、法務省司法法制課長、同秘書課長、大阪地検次席検事、長野地検検事正、最高検総務部長、大阪高検次席検事を経て、2011年8月京都地検検事正を退官。
2012年早稲田大学大学院法務研究科（法科大学院）・法学部教授。
2017年4月より日本大学危機管理学部教授。
警察大学校特別捜査幹部研修所専門講師、同志社大学大学院生命医科学研究科嘱託講師、法務省犯罪白書研究会委員。

主要著書・論文

「中国法制事情(1)〜(8)」法の支配70号（1987年）〜79号（1989年）
「アメリカ合衆国連邦裁判所にける捜索差押えの特定性の要求に関する判例法理の研究
　──『詐欺性充満の法理』を中心として──(1)〜(4)」比較法学49巻1号（2015年）〜50巻1号（2016年）
その他、ジュリスト、刑事法ジャーナル等への刑事訴訟法の判例解説など多数
『ゼロ戦特攻隊から刑事へ』（共著、2016年、芙蓉書房出版）
『実践刑事証拠法』（2017年、成文堂）

応用刑事訴訟法

2017年9月20日　初版第1刷発行

著　者　太　田　　茂
発行者　阿　部　成　一

〒162-0041　東京都新宿区早稲田鶴巻町514番地
発行所　株式会社　成　文　堂
電話 03(3203)9201(代)　Fax 03(3203)9206
http://www.seibundoh.co.jp

製版・印刷・製本　恵友印刷
©2017　S.Ohta　　　検印省略

☆乱丁・落丁本はおとりかえいたします☆
ISBN978-4-7923-5217-2　C3032

定価（本体3,500円+税）